I0798632

# SAMMLUNG TUSCULUM

Herausgeber:
Niklas Holzberg
Bernhard Zimmermann

Wissenschaftlicher Beirat:
Kai Brodersen
Günter Figal
Peter Kuhlmann
Irmgard Männlein-Robert
Rainer Nickel
Christiane Reitz
Antonios Rengakos
Markus Schauer
Christian Zgoll

# YSENGRIMUS

Lateinisch-deutsch

Mit einer Einführung und Erläuterungen
herausgegeben und übersetzt von
Michael Schilling

DE GRUYTER

ISBN 978-3-11-066315-0
e-ISBN (PDF) 978-3-11-066346-4

**Library of Congress Control Number:** 2019957125

**Bibliografische Information der Deutschen Nationalbibliothek**
Die Deutsche Nationalbibliothek verzeichnet diese Publikation in der Deutschen Nationalbibliografie; detaillierte bibliografische Daten sind im Internet über http://dnb.dnb.de abrufbar.

© 2020 Walter de Gruyter GmbH, Berlin/Boston

Für Einbandgestaltung verwendete Abbildungen:
Cologny (Genève), Fondation Martin Bodmer, Cod. Bodmer 52: 6v/7r
(www.e-codices.unifr.ch)

Satz im Verlag
Druck und Bindung: Hubert & Co. GmbH & Co. KG, Göttingen

♾ Gedruckt auf säurefreiem Papier
Printed in Germany

MIX
Papier aus verantwortungsvollen Quellen
FSC® C016439

www.degruyter.com

*Für Erik und Thorsten*

# INHALT

EINFÜHRUNG 9
Autor, Entstehungsraum und -zeit 9
Zur Struktur 11
Motive 15
Erzählformen 19
Facetten der Komik 22
Zeitkritik 27
Zur Wirkungsgeschichte 31
Zur vorliegenden Ausgabe 33

TEXT UND ÜBERSETZUNG 35

ERLÄUTERUNGEN 483

LITERATURVERZEICHNIS 509

# EINFÜHRUNG

In der Vorrede zu seiner bis heute maßgeblichen Ausgabe des *Ysengrimus* sagt der Herausgeber Ernst Voigt, er sei sich während seiner Untersuchung immer bewusst gewesen, dass er *das umfassende, planmäßig angelegte, geistreich und kunstvoll durchgeführte Werk eines der grössten Dichter des M*[*ittelalters*] *bearbeite.* Auch wenn Wissenschaftler zuweilen dazu neigen, den Wert der von ihnen untersuchten Texte (oder auch anderer Objekte) zu überschätzen, lässt sich in diesem Fall die Bedeutung des Werks schon allein an seiner Wirkungsgeschichte ablesen. Die Namen Isegrim und Reinhard (Reineke) für Wolf und Fuchs erscheinen in dem lateinischen Tierepos zum ersten Mal und sind, vermittelt über die zahlreichen volkssprachigen Bearbeitungen des Stoffs, bis heute vertraut. Doch auch der Text selbst ist von hoher literarischer Qualität und hält für den modernen Leser etliche Entdeckungen und Überraschungen bereit, seien es erzählerische Kunstgriffe wie Zeitlupe oder stream of consciousness, seien es die Spielarten der Komik, die vom Wortwitz bis zum abgrundtief schwarzen Humor reichen, oder sei es die aus der Feder eines Geistlichen hervorgegangene beißende Satire auf die kirchlichen und klösterlichen Zustände der Zeit.

## *Autor, Entstehungsraum und -zeit*

Der Autor des *Ysengrimus* ist unbekannt. Spätere Florilegien mit ausgewählten Sentenzen aus dem Text werden als *Proverbia Bernardi* (Berlin, Staatsbibliothek: Ms. Phillips 1827; 13. Jahrhundert), unter der Angabe »magister Nivardus de Ysengrimo et Reinardo« (Berlin, Staatsbibliothek: Ms. Diez. B. Santen 60; um 1300) oder als *flosculi Balduini Ceci* (Paris, Nationalbibliothek: Ms. lat. 16708;

15. Jahrhundert) überliefert. Solange sich aber die Namen Bernards, des Magisters Nivardus und Balduins des Blinden nicht mit konkreten historischen Personen verbinden lassen, kann man weder die Frage beantworten, welcher der Namen dem Autor des *Ysengrimus* zuzuordnen ist, noch entscheiden, ob überhaupt eine der Angaben zutrifft. Zudem überliefert keine der fünf Handschriften, die den vollständigen Text enthalten, einen Autornamen. Daher bleibt der Verfasser nach derzeitigem Kenntnisstand im Dunkel der Anonymität.

Es kann aber aufgrund der zahlreichen Textbezüge zum klösterlichen Milieu, der mehrfachen Zitate der Benediktinerregel und nicht zuletzt der Latinität als gesichert gelten, dass der Autor ein Kleriker und näherhin ein Klostergeistlicher war. Zudem enthält der Text deutliche Hinweise, wo der Autor und sein Publikum zu lokalisieren sind. Bei dem Kloster Blandinium, in das Isengrim eintritt (V, 447), handelt es sich um die Abtei St. Peter vor den Toren Gents. Mit dem Heiligen Bavo ruft der Esel Karkophas den Patron der Stadt an der Schelde an (III, 717). Und die Verehrung der Heiligen Pharaildis (II, 71), deren Gebeine im Kloster St. Bavo verwahrt wurden, beschränkte sich auf Gent und Umgebung. Gent gehörte ferner zur Diözese Tournai und zum Erzbistum Reims, die mehrfach im Text erwähnt werden. Und auch die zweimalige Nennung der Schelde (IV, 592; V, 551) verweist auf die Region um Gent als den Entstehungsraum des *Ysengrimus*. Die Gesamtheit dieser Bezugnahmen auf die Scheldestadt wäre andernorts nur zum Teil oder gar nicht verstanden worden.

Die Anführung historischer Personen und des zweiten Kreuzzugs (1147–1149) erlaubt eine ziemlich genaue zeitliche Eingrenzung des Textes. Da die sarkastische Kritik an Anselm von Tournai (V, 100–130) voraussetzt, dass dieser einerseits schon Bischof ist und anderseits noch unter den Lebenden weilt, muss der *Ysengrimus* zwischen 1146 (Bischofsweihe Anselms) und 1149 (Tod Anselms) entstanden sein. In seinem Schlusswort erwähnt Fuchs Reinhard die Sturzflutkatastrophe, die in der Nacht des 7. September 1147 in Thrakien über das Kreuzfahrerheer hereinbrach (VII, 675f.). Die Nachricht über dieses Ereignis verbreitete sich im westlichen Europa im Frühjahr 1148. Daraus ergibt sich, dass der *Ysengrimus* zwischen dem Eintreffen der Meldungen aus Thrakien im Frühling 1148 und dem Tod Anselms von Tournai am 24. August 1149 abgeschlossen wurde.

## *Zur Struktur*

Die älteste Handschrift des *Ysengrimus* hat den Text in sieben Bücher eingeteilt. Voigt hat diese Gliederung für seine Ausgabe übernommen, auch wenn die Einschnitte zwischen Buch I und II sowie zwischen Buch IV und V problematisch erscheinen, da sie die Erzähleinheiten vom Wolf als Fischer und von Fuchs und Hahn jeweils durch die Buchgrenze in zwei Teile schneiden. Auch kleinteiligere Gliederungen nach Handlungsepisoden, wie sie die Seiten- und Zwischentitel in der vorliegenden Übersetzung vornehmen, führen nicht immer zu eindeutigen Ergebnissen: Ist die Vergewaltigung der Wölfin durch Reinhard eine eigene Erzähleinheit, welche die Episode vom Wolf im Kloster in zwei Teile zerfallen lässt? Oder gehört sie als zeitgleiche Parallelhandlung zur Mönchsphase Isengrims und dient als eingeschobener Kontrast zum zölibatären Klosterleben?

Der *Ysengrimus* bietet ein Beispiel episodischen Erzählens, bei dem die einzelnen Erzähleinheiten auf den ersten Blick einigermaßen eigenständig nebeneinander gestellt zu sein scheinen. Dieser Eindruck kommt nicht zuletzt dadurch zustande, dass der Autor auf vorgängige unverbundene Erzählstoffe vornehmlich der Fabeltradition zurückgegriffen hat. So ist die Fabel vom Löwenanteil schon bei Äsop überliefert, und auch der Hoftag des kranken Löwen hat seine Vorläufer in der äsopischen Tradition. Zugleich tritt in diesen

Fällen aber schon auf der Ebene des handelnden Personals deutlich hervor, wie stark sie zu integralen Bestandteilen des übergeordneten Erzählganzen umgeformt worden sind, sei es, dass bei der Beuteteilung der Esel durch den Wolf ersetzt wird, sei es, dass der Kreis der Beteiligten in der Hoftagsfabel um etliche Tiere erweitert wird, denen dann auch in anderen Episoden tragende Rollen zufallen.

Schaut man genauer hin, erkennt man, dass der Autor die einzelnen Episoden sehr wohl zu einem epischen Zusammenhang verwoben hat. Schon die Eingangsszene enthält eine Fülle von Signalen, welche die Begegnung von Fuchs und Wolf als Teil eines ausgedehnten narrativen Geflechts markieren. Der Einstieg in medias res schließt an Vergil mit seiner *Aeneis* an, die Gegenstand des mittelalterlichen Lateinschulunterrichts war. Mit Isengrim und Reinhard betreten Prot- und Antagonist den Schauplatz, die fortan die Ereignisse bestimmen. Aus den Worten des Wolfs geht alsbald hervor, dass die für Reinhard lebensbedrohliche Situation eine Vorgeschichte hat, bei der Isengrim den Kürzeren gezogen hatte: Mit den Stichworten vom ›Brabanter‹ und ›Slaventrunk‹ (I, 48f.) erinnert der Wolf an die Prügel, die ihm in der Wallfahrtsepisode verabreicht worden waren (IV, 609, 633–636). Der scheinbar unverfängliche und freundliche Gruß des Fuchses an die Wölfin und die Wolfswelpen (I, 144f.) wird sich im Fortgang der Lektüre als ein Giftpfeil im Mantel der Höflichkeit erweisen, wenn man erfährt, dass Reinhard wenige Wochen zuvor seine ›Herrin‹ vergewaltigt (V, 818, B1–18) und seine ›Vettern‹ besudelt hatte (V, 739f.). Und auch die Rolle Isengrims als Mönch in der fingierten Verteidigungsrede vor dem Synodalgericht (I, 423ff.) erklärt sich erst vor dem Hintergrund der Vorgeschichte des Wolfs im Kloster. Sowohl der Einstieg in medias res als auch die Querverweise auf vorangegangene Ereignisse deuten damit schon in der ersten Episode darauf voraus, dass die Vorgeschichte nachträglich noch erzählt werden wird, narratologisch mithin wie in der *Aeneis* ein ordo artificialis vorliegt. Durch den ordo artificialis gelangt entgegen der Chronologie der erzählten Geschehnisse die einzige Episode an den Anfang des Textes, in der Isengrim dem Fuchs überlegen ist; in der Reihe der Auseinandersetzungen mit seinem Kontrahenten befindet sich der Wolf hier auf seinem Höhepunkt. Was folgt, ist ein Lebenslauf in absteigender Linie, bei dem Isengrim nach und nach Teile seines Körpers und schließlich sein Leben einbüßt.

An der Eingangsszene lässt sich überdies bereits beobachten, wie der Verfasser episodenübergreifende Korrespondenzen anlegt, die ein Netz um das Werk spannen und es auch auf diese Weise zusammenhalten. Wenn Reinhard seinen ›Oheim‹ provozierend fragt, ob er sich auf den Verzehr von Schweinefleisch verstehe (I, 225), ist darin ein versteckter Hinweis auf den Schluss des Epos enthalten, wo sich die Selbstverständlichkeit, dass der Wolf Schweine frisst, ins Gegenteil verkehrt und Isengrim seinerseits von Schweinen gefressen wird. Eine handlungsbestimmte Entsprechung findet sich auch zu der Begegnung Reinhards und Isengrims vor dem Klostereintritt des Wolfs. Der Fuchs wirft seinem ›Oheim‹ acht Krapfen zu, die dieser mit seinem weit aufgesperrten Rachen im Fluge auffängt und samt Schüssel so schnell verschluckt, dass er glaubt, nur geträumt zu haben (V, 362ff.). Im Kloster unterbreitet Isengrim dann seinen Mitbrüdern Reformvorschläge, deren wichtigster darin besteht, die ›windige Speise‹ (*ventosus cibus*; V, 602, 606f.) der Krapfen durch bissfeste Schafe zu ersetzen. In der Rachensprung-Episode geht der Wunsch des Wolfs in Erfüllung. Diesmal fliegt keine Schüssel voll Krapfen, sondern ein ausgewachsener Widder auf das aufgerissene Maul Isengrims zu. Im Gegensatz zu den acht (!) luftigen Krapfen erweist sich der Schafbock jedoch als unbekömmlich, da seine acht (!) Hörner den oberen Teil des Wolfskopfs durchbohren (VI, 103–105).

Auch über Bibelzitate können Verstrebungen innerhalb des Epos eingebaut werden: Isengrim macht Reinhard ironisch das Gefressen-Werden mit der Behauptung schmackhaft, ihn tragen zu wollen – allerdings nicht auf dem Rücken, sondern im Innern seines Magens *more prophetae*, also nach Art des Propheten Jonas im Bauch des Wals (I, 35). Diese biblische Anspielung gibt Reinhard in der nächsten Episode zurück, wenn er den Wolf glauben macht, dieser habe den Wal mit dem Propheten am Schwanz hängen gehabt und deswegen nicht fliehen können (II, 225f.). Unter der Hand gibt er seinem Widersacher damit zu verstehen, dass dieser sich bei dem Versuch, Reinhard zu verschlingen, überhoben habe. Und Isengrims Untergang schließt noch einmal an das Bibelzitat der Eingangsszene an, wenn die Sau Salaura den Wolf, der zuvor seine prophetische Verwünschung ausgesprochen hatte, auffordert, die Rolle des Jonas zu übernehmen, während sie selbst der Wal sein wolle (VII, 374, 381f.).

Des Weiteren sind es bestimmte Bildfelder, die zum Zusammenhalt der episodischen Struktur beitragen. Eine besondere Rolle spielt dabei die Speisemetaphorik. Da der Wolf durch seine unablässige Fressgier charakterisiert ist, werden ihm immer wieder metaphorische Speisen und Getränke aufgetragen. Die Bauern entbieten dem wölfischen ›Abt‹ ihre Reverenz und servieren dem festgefrorenen Isengrim Schläge (I, 1021ff.). Die Senfmühle, die den Wolf bei seinem Hinauswurf aus dem Kloster im Rücken trifft, wird als Kuchen bezeichnet (V, 1079). Und ironische Ambivalenz zeichnet die Worte des Widders Joseph im Anschluss an seinen Rachensprung aus, wenn er den ohnmächtig am Boden liegenden Wolf fragt, ob ihm die verabreichte Mahlzeit nicht bekommen oder ob er schon gesättigt sei (VI, 109ff.). Die Ironie liegt darin, dass die von Isengrim erwartete Mahlzeit des ›Flugschafs‹ sich unverhofft in eine schmerzhafte Karambolage mit den Widderhörnern verwandelt hat. Auch als Getränke werden dem Wolf Prügel aufgetischt, die als Minnetrunk ausgegeben werden (II, 654ff.; IV, 450ff.) und mehrfach ironisch auf den bitteren Kelch des Leidens anspielen (II, 176, 678, 681).

Mit der am Heldenepos orientierten kunstvollen Erzählstruktur der nachgeholten Vorgeschichte geht die Installation eines schlüssigen Zeitgerüsts einher, durch das die einzelnen Erzählabschnitte miteinander verbunden sind. Ausgangspunkt zur Bestimmung der Zeitstruktur ist die Angabe, dass der Hoftag des kranken Löwen unter dem Sternzeichen des Krebses, also im Juli stattfindet (III, 38). Da die Wallfahrt als chronologisch erste Station des Textes genau ein Jahr früher erfolgte (III, 617ff.), setzt die erzählte Zeit hier ein. Ebenfalls noch im Sommer schließen sich die Erzähleinheiten von Fuchs und Hahn sowie vom Wolf im Kloster an. Die Eingangsepisode der Schinkenteilung folgt im Herbst desselben Jahres (I, 143, 425). Isengrims Fischfang mit dem im Eisloch festgefrorenen Schwanz geht im Februar des Folgejahrs vonstatten (I, 665, 945), und wohl noch im selben Monat versucht sich der Wolf als Feldmesser. Im Anschluss an den Hoftag im Juli, also noch im Sommer desselben Jahres bemüht sich Isengrim, sein verlorenes Fell durch das Korvigars (Wolf und Pferd) bzw. des Widders Joseph (Der Rachensprung) zu ersetzen. Im Frühherbst (das Fell ist mittlerweile wieder nachgewachsen, so dass der Löwe es zum zweiten Mal herunterreißen kann) folgen die Episoden vom Löwenanteil und vom Schwur auf das Wolfseisen (VI, 434), bevor es dann zur Tag-und-Nacht-Gleiche Ende September (VII, 55) zur finalen Katastrophe für Isengrim kommt.

## *Motive*

Ein durchgängiges Motiv bildet Isengrim in der Rolle des Geistlichen, wobei ihn seine Gesprächspartner als Mönch, Abt oder Bischof ansprechen. Dabei ist allen Beteiligten bewusst, dass Isengrims Mönchstum nur von kurzer Dauer war, sein Anspruch auf die höheren Kirchenämter auf einer krassen Verkennung seiner Situation beruhte und seine ›Bischofsweihe‹ lediglich als Verspottungsritual erfolgte. Die Klosterepisode des Wolfs wird somit zum stillen Zentrum des Textes. Ihr ordnen sich zahlreiche Handlungen in den anderen Szenen zu, etwa das Schneiden der Tonsur mit dem Hufeisen des Wallachs Korvigar, die Zitate der Benediktinerregel in der fingierten Verteidigungsrede bei der Schinkenteilung oder, besonders eklatant, in der Inszenierung von Isengrims Tod als Messe.

Bislang hat man übersehen, dass nicht nur die Krapfen und die Aussicht auf reichliche Nahrung Isengrim zum Eintritt ins Kloster bewegen. Ein tiefer liegender Grund wird in der Wallfahrtsepisode angedeutet. Hier gibt sich der Wolf als Anachoret aus, um sich der Pilgerschar anschließen zu können. Die vorgetäuschte kulinarische und sexuelle Enthaltsamkeit verwandelt sich notgedrungen in echte Enthaltsamkeit, als die Tierversammlung den das Weite suchenden Isengrim in der Tür einklemmt und zu malträtieren beginnt. Hirsch, Bock und Widder machen sich über die außerhalb des Hauses befindliche vordere Hälfte des Wolfs her, während sich drinnen Hahn und Ganter dem Rücken und Schwanz widmen. Am schlimmsten und schmerzhaftesten aber wütet Reinhard, der sich am Glied Isengrims verbeißt (IV, 641f., 649f.). Nachdem der Wolf derart für das Zölibat zugerichtet und ins Kloster eingetreten ist, begibt sich der Fuchs auf direktem Weg zu Isengrims Höhle, wo er gegenüber den Wolfswelpen Zweifel an ihrer Abstammung (V, 711) und an der Zeugungsfähigkeit ihres Vaters sät, den er als altersschwach und hinfällig hinstellt (V, 727ff.). Indem er die Jungen mit seinem Urin und Kot markiert, kennzeichnet er sie als seinen Besitz und setzt in konsequenter Fortführung seiner Denk- und Handlungsweise anschließend seinem ›Oheim‹ Hörner auf.

Der Eingang in medias res und der ordo artificialis der nachgeholten Vorgeschichte gaben erste Hinweise auf Berührungspunkte mit dem Heldenepos. Die Anlehnung an die heroische Dichtung setzt sich auf der Ebene der Motive fort. Eines dieser heldenepischen Motive bildet die ehrwürdige Abstammung des Protagonisten und weiterer Akteure und deren Einbindung in einen Sippenverband. Salaura führt ihre 66köpfige Rotte wegen ihres hohen

Alters und ihrer außergewöhnlichen Schlauheit an; sie ist mit allen Mitgliedern der Gruppe entweder blutsverwandt oder verschwägert (VII, 141–148) und blickt auf fünf Generationen und ihren Ahnherrn Reingrim zurück (VII, 9). Auch Isengrim beruft sich auf eine lange Ahnenreihe und prahlt mit einem ›Lovo dem Großen‹ als Spitzenahn, von dem er in einer Folge von 28 Generationen abstamme (V, 699). Nur wenige Verse später ist die Rede davon, dass die Wolfshöhle sogar schon seit 44 Generationen im Besitz der Wolfssippe sei (V, 708). Beide Hinweise auf den Herkunftsstolz des wölfischen Adels werden vom Autor umgehend konterkariert, wenn Reinhard die im Fuchsloch feststeckende Wölfin vergewaltigt, mithin massive Zweifel an der Legitimität der Abstammungsreihe aufkommen müssen.

Ein anderes Licht wirft der Autor auf den adligen Herkunftsstolz in der Episode von Fuchs und Hahn. Reinhard packt Sprotin bei seiner Familienehre, indem er bezweifelt, dass der Hahn Sohn eines Vaters sein könne, der so hervorragend auf einem Bein und mit geschlossenen Augen zu singen verstanden habe. Als Sprotin den Beweis antritt, diese Fähigkeiten von seinem Vater geerbt zu haben, packt ihn der Fuchs nunmehr am Kragen, verliert seine Beute aber durch eine symmetrische Gegenlist. Der Hahn appelliert nämlich seinerseits an den eitlen Stolz Reinhards, wenn er beklagt, als Adliger von einem nichtswürdigen Räuber entführt zu werden, der sich ungestraft von irgendwelchen dahergelaufenen Bauern beschimpfen lasse. Als der Fuchs sich daraufhin umwendet und sein Maul öffnet, um die Rufe der verfolgenden Bauern zu erwidern, kann Sprotin sich in Sicherheit bringen.

Der Sippenverband kommt auch bei dem Motiv des Heldenkatalogs ins Spiel. Die Aufzählung und namentliche Nennung der Pilger stellt zunächst nur die Partner eines Bündnisses vor, das als Sicherheitsgarantie für den Weg nach Köln geschlossen wird (IV, 5–20). Die militärische Ausrichtung der unterschiedlichen Aufgaben der Gruppenmitglieder – Hirsch, Bock und Widder versehen den Waffendienst, der Esel ist für den Tross zuständig, Reinhard agiert als Chefstratege, und Ganter und Hahn übernehmen den Wachdienst – weist bereits auf ein kommendes Kampfgeschehen voraus. Dieses kündigt sich durch einen zweiten Heldenkatalog an, der mit präziser Angabe der Verwandtschaftsgrade Isengrims Sippe aufführt (IV, 742–756). Die selbstverständlich gleichfalls zum Inventar der Heldendichtung gehörende Schlachtschilderung kippt ins Parodistische, wenn der Esel beim vergeblichen Versuch, sich auf das Dach zu retten, stürzt und zwei Wölfe im Wortsinn ›platt‹ macht. Als dann noch der Ganter mit den Flügeln schlägt, zischt und droht, den Wölfen den Kopf wegzublasen, verlieren die wölfischen Heroen tatsächlich ihren Kopf und ergreifen die Flucht.

Ein kleines Kabinettstück aus dem Bereich der Heldendichtung liegt auch vor, wenn der Hahn den Fuchs zum Zweikampf herausfordert, als dieser sich aus Furcht vor einem vermeintlich herannahenden Jäger und seinen Hunden zur Flucht wendet. Die Reizrede, die Sprotin seinem Widersacher nachruft, fällt umso triumphierender aus, als die List des erfundenen Jägermeisters die natürlichen Machtverhältnisse auf den Kopf gestellt hat.

Auffällig ist, dass im Werk, das ein geistlicher Autor für ein klösterliches Publikum verfasst hat, die Instanz Gottes erst im Schlusslied Salauras eine gewichtigere Rolle spielt. Vorher beschränken sich die Erwähnungen Gottes auf formelhafte Anrufungen und zitathafte Sentenzen ohne größere Bedeutung. Allerdings kommt der Text mehrfach auf die Instanzen Fortunas und des Schicksals zu sprechen, ohne dass diese der göttlichen Providenz untergeordnet würden, wie es seit der *Consolatio Philosophiae* des Boethius üblich war. Anstelle des *inevitabile fatum* der heroischen Dichtung, das den Gang der Ereignisse unbeirrbar und zielgerichtet umsetzt, werden die Schicksalsmächte im *Ysengrimus* zu undurchsichtigen Kräften, die nicht nur willkürlich (II, 424, 462), sondern vor allem böswillig agieren (III, 9f.; VII, 299f.). Es hat den Anschein, dass diese Personalisierung Fortunas und des Fatums ähnlich wie die bereits erwähnten Motive das heldenepische Muster unterlaufen und parodieren sollen.

Gleiches gilt schließlich auch für des Helden Untergang, dem nichts Heldenhaftes oder Tragisches eignet, wenn die Rotte von 66 Schweinen den Wolf schneller verschlingt, als er sterben kann (VII, 425f.). Und Isengrims letzte Worte, in denen er den Wächter über die Darmwinde beschwört, sind eine groteske Parodie jener heroischen Sterbereden etwa eines Beowulf oder Patroklos, in denen sich der visionäre Blick auf die Zukunft des eigenen Volkes oder auf das Schicksal des Feindes richtet.

## *Erzählformen*

Der Autor des *Ysengrimus* verfügt über ein breites Spektrum erzählerischer Möglichkeiten, die zum Teil geradezu experimentellen Charakter annehmen. So versucht er etwa durch den Vorgang des Erzählens mimetisch zu spiegeln, was gerade erzählt wird. Das kann als narrative Miniatur vonstatten gehen: Wenn Hirsch, Eber, Fuchs, Widder, Bock, Bär und Esel gleichzeitig dem vom Hof scheidenden Isengrim ihre Abschiedsgrüße hinterherrufen, kommt es zu einem Klangbild von Überlappungen und Wiederholungen, das der Autor durch das zweimalige *commendatus deo*, das doppelte *dulcis amice* und das dreifache *nunc* wiedergibt (›Jetzt Gott befohlen, lieber Freund‹; III, 1175f.). Das kann aber auch ausführlichere Formen annehmen: Das Spiel, das Reinhard vor der Schinkenteilung mit dem Bauern spielt, indem er ihn immer wieder anlockt und foppt, ihn hin und her und beständig im Kreis führt, wird narrativ nachvollzogen. Auch der Erzähler ergeht sich in immer neuen Windungen und Wendungen, um sein Publikum das mit Hoffnung und Enttäuschung operierende Vorgehen des Fuchses miterleben zu lassen. Dabei legt der Autor komplexe rhetorische Strukturen an, die dem labyrinthischen Lauf des Fuchses (*Daeda-*

*lia fallax ... arte*, ›in trügerischer Manier mit dädalischer Kunst‹; I, 278) entsprechen.

In Hinblick auf die literaturwissenschaftliche Schulmeinung, die Erzähltechnik des stream of consciousness sei eine Erfindung des 19. Jahrhunderts, ist es überraschend, zumindest einer Vorform des Bewusstseinstroms schon im 12. Jahrhundert zu begegnen. Als die Bauern und der Landpfarrer den im Eis des Fischteichs festgefrorenen Wolf finden und ihn zu erschlagen drohen, schießen Isengrim viele Gedanken durch den Kopf, die in asyndetisch gereihten Infinitiven, mithin in einer lockeren syntaktischen Struktur wie beim stream of consciousness dargeboten werden. Hat diese lose Gedankenfolge zunächst noch wie bei einem inneren Monolog einen erkennbaren Bezug auf das äußere Geschehen, das der Wolf gern rückgängig machen würde, beginnt sie sich bald zu verselbständigen und sich, wen wundert's, dem Verzehr von Schafen zuzuwenden, um schließlich vor dem Hintergrund des römischen Sprichworts *lupus non curat numerum* (›den Wolf kümmert die Zahl nicht‹) bei der ›verkehrten‹ Zählweise zu landen, mit der die Bauern ihre Schafe zählen (nämlich aufwärts statt abwärts; I, 989–1018).

Zuweilen bedient sich der Autor auch des zeitdehnenden Erzählens. Wenn sich der Bauer in der Schinkenraubszene auf den Fuchs stürzt, begnügt sich der Erzähler nicht mit einer bloßen Benennung des Vorgangs. Vielmehr werden die Absicht des Bauern, sein Anschleichen, sein Kampfruf, sein sprungbereites Beugen der Knie, das Vorstrecken der Arme und die unsanfte Landung auf dem Erdboden beschrieben – genug Zeit also, dass Reinhard seinem Verfolger ausweichen kann (I, 317–322).

Über mehr als zehn Verse erstreckt sich die Schilderung des Axthiebs, mit dem die Magd Aldrada Isengrim ins Jenseits befördern möchte (II, 104–115), wobei die Blitzartigkeit des Schlags (*ut fulgur*, II, 109) in einem komischen Kontrast zum Zeitlupentempo des Erzählens steht. Und als Isengrim, nunmehr vom Eise befreit und um seinen Schwanz verkürzt, zum Sprung über die Köpfe und Schultern der Umstehenden ansetzt, um sein Heil in der Flucht zu suchen, friert der Erzähler diese dramatische Szene ein, indem er seinem Publikum in einer 16 Verse langen Digressio mitteilt, was der Wolf alles nicht macht (II, 133–148).

Ein besonderes Augenmerk verdient der Einsatz von Zitaten im *Ysengrimus.* Voigt hat in der Einleitung zu seiner Ausgabe herausgestellt, dass der Autor zwar seinen Stil an den Werken des Horaz und Vergils, vor allem aber Ovids geschult hat und ihnen zahlreiche Wendungen und Ausdrücke verdankt. Zugleich habe er es aber vermieden, kompilatorisch Verse oder gar längere Passagen in seinen Text zu übernehmen.

Anders steht es bei den sprichwörtlichen Redensarten und Bibelzitaten, die sich in großer Zahl über den ganzen Text verstreut finden. Sie werden vom Erzähler, vor allem aber von den Akteuren in ihren Redepartien eingesetzt. Dabei können die Sentenzen maliziös und ironisch das Verhalten des jeweiligen Widerparts kommentieren oder argumentativ zu beeinflussen suchen. So unterlegt Reinhard seine Worte, mit denen er den Wolf ausweglos dahin manövriert, sich das Fell abziehen lassen zu müssen, immer wieder mit Sprichwörtern, und auch Isengrim bedient sich in seinen wenigen Widerworten, wenn auch vergeblich und ohne die sarkastischen Untertöne, dieses rhetorisch-argumentativen Mittels. Mag die Gnomik mal defensiv, mal offensiv von den Akteuren gebraucht werden – in jedem Fall wird ersichtlich, dass der Anspruch der Allgemeingültigkeit, den Sprichwörter wie auch Bibelzitate transportieren, dazu benutzt wird, die Interessengebundenheit ihres Redezusammenhangs zu verschleiern.

Einen speziellen Fall interessegebundener Zitierweise bietet die Verwendung der Benediktinerregel. Besonders intensiv beruft sich Isengrim auf die Regel, als er seinen imaginierten Fürsprecher vor dem Synodalgericht unter Anführung von wenigstens vier Kapiteln der *Regula* ›beweisen‹ lässt, dass der Wolf sich in völliger Übereinstimmung mit dem klösterlichen Recht Reinhards Anteil am Schinken angeeignet habe (I, 432–434, 441f., 457). Es ist vielleicht kein Zufall, dass der Fuchs in der Folgeszene, in der er sich für den erlittenen Verlust rächt, seinerseits die Ordensregel zitiert, um Isengrim dazu zu bringen, sich ausnahmsweise dem Verzehr von Fischen zuzuwenden (I, 555f.). Und im Kloster kennt sich Isengrim wiederum gut im Regelwerk des Benedikt aus, wenn es um die Verteidigung des Mittagsschläfchens und des Weingenusses geht (V, 586f, 937f.). Es leuchtet ein, dass derartige Bezugnahmen besonders bei einem klösterlichen Publikum Anklang gefunden haben.

## *Facetten der Komik*

Eines der wesentlichen Kennzeichen des *Ysengrimus* ist sein überreiches Angebot unterschiedlichster Spielarten der Komik. Der Autor brennt geradezu ein Feuerwerk von Pointen ab, welche eine große Bandbreite vom einfachen Sprachspiel bis hin zu komplexen Handlungsabläufen voll von Ironie, beißendem Sarkasmus und schwärzestem Humor umfassen. Auf der Ebene des Wortwitzes sind insbesondere jene Beispiele anzuführen, die auf sprachlichen Missverständnissen liturgischer Formeln beruhen und für eine lateinkundige geistliche Zuhörerschaft sicher ihren spezifischen Reiz besaßen. So werden Wörter der Messlitanei im Verständnis der Magd Aldrada zu den Heiligen Osanna, Excelsis, Alleluia und Celebrant. Der Landpfarrer, dem Reinhard den Hahn stiehlt, beherrscht nur ein eingeschränktes Liedrepertoire, so dass er schon in der Fastenzeit den Osterhymnus *Salve, festa dies* anstimmt (I, 741). Dementsprechend lässt es auch seine Gemeinde an Präzision beim Responsum fehlen, wenn sie ihrem Prediger nicht mit *kyrie eleison*, sondern mit *kyri olé!* antwortet. Dabei stellt der Autor die Hispanisierung der griechischen Erbarmensbitte geschickt durch die Tmesis und Schlussstellung des *olé!* im Pentameter aus: *…et 'kyri' vulgus* *'olé!'* (… und ›Kyrie…‹, antwortete die Gemeinde, ›olé!‹; I, 742). Etwas anders liegt der Fall bei Isengrim, dem seine Klosterbrüder nahelegen, mit *Dominus vobiscum* (›der Herr sei mit euch‹) zu grüßen. Zwar folgt der Wolf ihrer Bitte, doch spielt ihm sein hungriges Unterbewusstsein einen Streich und lässt ihn den Gruß in *cominus, ovis, cúm!* (›Herbei, du Schaf! Komm!‹; V, 548f.) umwandeln.

Immer wenn Isengrims Pläne, seine ›Gefährten‹ zu fressen, scheitern und er dafür von seinen Kontrahenten abgestraft wird, bricht sich Schadenfreude Bahn. Das kann in ausgiebigen Schmähungen und komisierenden Kommentaren der Beteiligten erfolgen wie etwa in der Wallfahrtsepisode, als die Pilger den eingeklemmten Wolf körperlich und verbal heftig malträtieren. Das kann aber auch durch eine lakonische Bemerkung des Erzählers geschehen: Als Isengrim gedemütigt und ohne Fell den Königshof verlässt, heißt es ganz lapidar und umso sarkastischer: ›Er ging ab, als wäre er mit der Gastfreundschaft nicht zufrieden gewesen‹ (III, 1178).

Auf sprachlicher Ebene steht häufig die bereits angesprochene Metaphorik (etwa des Essen oder kirchlicher Zeremonien) im Dienst der Komik, die auch schon mal zotige Qualitäten annehmen kann. Als Isengrim dem Wallach Korvigar, der sich anerbietet, dem Wolf die Tonsur nachzuschneiden, vorhält, dieser verfüge doch gar nicht über das erforderliche Barbierwerkzeug, zeigt ihm das Pferd nicht nur das Rasiermesser seines Hufeisens, sondern auch den Streichriemen seines Gliedes, in welchem Isengrim freilich eher einen Pilgerstab sehen möchte. Neben der Metaphorik bringen auch Doppeldeutigkeiten Komik ins Spiel. So bei dem vorgeblichen Friedenskuss zwischen Salaura und Isengrim. Selbstverständlich geht es dem Wolf ausschließlich darum, das Schwein in Reichweite seiner Zähne zu bekommen, zumal er als Dreibeiner in seinem Bewegungsradius eingeschränkt ist. Daher möchte er wie ein Priester bei der Messe der Sau einen Friedenskuss auf den Rüssel drücken. Zugleich aber deutet der Wortwechsel der beiden Widersacher auch eine erotische Komponente des Kusses an, die sich in der Rede Isengrims bis zum Liebesbiss und zur sexuell-kulinarischen Vereinigung steigert (VII, 77–84; vgl. auch V, 700).

Mehrfachkodierungen betreffen die Sprache, können aber auch in Bezug auf Handlungen vorgenommen werden. Als Aldrada dem Wolf den Schwanz abschlägt, verliert sie auf dem Eis das Gleichgewicht und landet mit ihrem Gesicht auf der frischen Wunde. Soweit das nackte Geschehen. Der Erzähler schildert den Vorgang ironisch als Versuch der Entschuldigung: Kniefällig leiste die Magd mit ihrer Nase im Hintern des Wolfs Abbitte und wolle den Wundschmerz durch ihre Küsse lindern. Die Perspektive Isengrims auf das Geschehen ist freilich eine andere. Er fürchtet, dass Aldrada ihm auch noch den verbliebenen Schwanzstummel abbeißen wolle, und springt in panischem Schrecken auf und davon.

Die Worte, welche die anderen Tiere über Isengrim äußern oder an ihn richten, sind von Furcht, meist aber von Ironie, Spott und Hohn bis hin zu Sarkasmus und Zynismus geprägt. Ein Paradebeispiel dieser Redeweisen bietet der Auftritt des Wolfs auf dem Hoftag (Buch III). Reinhard, der gerade ein Wolfsfell für die Heilung des Königs empfohlen hat, versucht scheinheilig, seinen ›Oheim‹ zur freiwilligen Hergabe seines Fells zu bewegen, indem er diesen Akt als große Ehre hinstellt, die Isengrims Ruhm für Generationen sichern werde. Als Isengrim nicht recht überzeugt ist, schlägt der Fuchs als Kompromiss ironisch vor, der Wolf möge sein Fell dem König doch wenigstens für kurze Zeit leihen. Es überrascht wenig, dass Isengrim diesen Kompromiss für nicht tragfähig hält. Bei der anschließenden Feststellung des Alters des Wolfs geben alle Zeugen vor, Isengrim nicht schaden zu wollen, nur um ihn umso auswegloser dem Verlust seines Fells entgegenzutreiben. Glaubt man, mit dem Abziehen des Wolfsfells sei der Höhepunkt der Szene und der Peinigungen Isengrims erreicht, sieht man sich getäuscht. Voller Häme streiten die Tiere darüber, ob man dem Wolf nicht auch noch die kümmerlichen Reste seines Pelzes wegnehmen müsse, als Reinhard seinen blutüberströmten ›Oheim‹ bezichtigt, er habe das Fell nicht hergeben wollen, um das darunter getragene frisch gefärbte und daher noch triefende Purpurgewand zu verbergen in Sorge, man könne ihm dieses nehmen. Indem der Wolf dem König den Anblick seines Prachtgewands vorenthalten habe, habe er sich der Majestätsbeleidigung schuldig gemacht, die eine schwere Buße erfordere. Tatsächlich wirft sich Isengrim, der sich nicht mehr anders zu helfen weiß, dem König im Akt der Deditio zu Füßen. Doch immer noch ist kein Ende des makabren Spiels der füchsischen Grausamkeiten erreicht. Dem Wolf sind noch Fellreste auf dem Kopf und an den Füßen verblieben. Den Fußfall mit vorgestreckten Vorderpfoten deutet Reinhard als Fehdeansage und offene Rebellion gegen den König; Isengrim habe Fehdehandschuh und Hut in den Ring geworfen. Die Demütigung des Wolfs erreicht ihren Abschluss, als ausgerechnet der Fuchs sich beim Löwen für die Schonung des Wolfs verwendet, Isengrim also seinem ›Neffen‹ auch noch dankbar sein muss. In der chronologisch anschließenden Szene übt sich auch der Erzähler im schwarzen Humor, wenn er über die Fliegen, die den blutigen Wolf umschwärmen, sagt, sie würden den Kranken mit allzu großer Anteilnahme besuchen (VI, 5f.).

Über zwei Drittel des Textes bestehen aus direkter Rede. Da versteht es sich, dass die sprachliche Komik dominiert. Doch beherrscht der Autor des *Ysengrimus* durchaus auch die Handlungskomik, die zuweilen an filmische slapsticks gemahnt. Erinnert sei an die Szene, in welcher der Esel Karkophas sich mit einiger Verspätung, weil er sich zu lange mit Fressen aufgehalten hat, vor dem Wolfsrudel zu seinen Pilgergefährten auf das Dach der Herberge flüchten will. Der Erzähler zeigt das Langohr gewissermaßen zwischen Himmel und Erde: die Vorderhufe auf dem Dach, die Hinterhufe auf dem Heuhaufen, der kurz zuvor noch als Nahrung gedient hatte. Bei der letzten verzweifelten Anstrengung, sich doch noch nach oben in Sicherheit zu bringen, rutscht Karkophas ab und fällt auf die beiden vorderen Wölfe. Reinhard und Ganter Gerhard nutzen die Situation und versetzen die Sippe Isengrims in Angst und Schrecken, so dass sie unverrichteter Dinge in den Wald flieht.

Ähnliche Szenen, die man sich in jedem Animationsfilm gut vorstellen kann, begegnen in der Fischfang- und in der Hoftagsepisode. Als Aldrada dem Mönchs-Wolf mit der Axt die Tonsur ausrasieren und dabei nicht nur die Haare, sondern (damit selbige nicht mehr nachwachsen) gleich den ganzen Kopf abschneiden möchte, wirft sich Isengrim auf den Rücken und kreiselt, indem er den Axthieben der Magd ausweicht, um seinen festgefrorenen Schwanz; dabei streckt er alle Viere gen Himmel, als wolle er um göttlichen Beistand bitten (*Poscere divinam more volentis opem*; II, 50): wahrlich, ein Anblick für die Götter! Einen vergleichbaren Unterhaltungswert besitzt der Versuch des Wolfs, unauffällig den Saal des Königs zu verlassen, indem er wie bei einer umgekehrten Echternacher Springprozession jeweils zwei Schritte vor und drei Schritte zurückgeht. Reinhard bringt die Vorgehensweise Isengrims auf den paradoxen Punkt, wenn er fragt: »Träume ich, oder eilst du hinaus, indem du hereinkommst?« (*Somnio, vel properas extrorsum introrsus eundo?*; III, 507).

Die Grenze zur Groteske wird endgültig überschritten, als Isengrim sich beim nächtlichen Gesang der Responsorien nicht an das Schweigegebot hält und von seinen Mitbrüdern durch lautes Zischen zur Ordnung gerufen wird. Das Zischen der 51 Mönche, das bei Isengrim unliebsame Erinnerungen an den Wolfsköpfe fortblasenden Gerhard weckt, verstärkt sich durch den Hall im Kirchenraum und bringt die Lichter zum Erlöschen. Daraufhin beginnen einige Mönche, von Furcht ergriffen, die Glocken zu läuten. Andere verstecken sich unter Paramenten, Kirchenbänken und Lesepulten, bis ein Bruder in einer klassischen Übersprungreaktion einen Lachkrampf erleidet und seine Mitbrüder ansteckt, so dass sich die vorhergehenden Ängste und Spannungen in einem allgemeinen Gelächter der Beteiligten (und wohl auch der Zuhörerschaft außerhalb des Textes) entladen.

## *Zeitkritik*

Zweifelsohne gewinnt der *Ysengrimus* einen großen Teil seiner Attraktivität aus seinen komischen und satirischen Qualitäten. Doch griffe man deutlich zu kurz, wollte man die Absichten des Autors nur auf die Unterhaltung seines Publikums beschränken. Er lässt nicht nur die Tiere übereinander mit beißendem Sarkasmus herziehen, sondern gießt auch selbst bittere satirische Kritik über seine Zeitgenossen und die gesellschaftlichen Verhältnisse aus. Dabei lässt sich der Verfasser kaum auf eine inhaltliche Position festlegen. Wie sein Fuchs Reinhard versteht er sich auf narrative Finten und rhetorische Doppelbödigkeiten. Daher tun sich Versuche der Forschung schwer, den Autor des *Ysengrimus* auf einen bestimmten Normenhorizont zu beziehen, vor dem die im Text geäußerte Kritik ihren Halt gewinnt. Denn kaum glaubt man, einen moralischen Standpunkt entdeckt zu haben, löst sich dieser auch schon wieder auf, sei es, dass potenzielle Identifikationsfiguren ihr Potenzial durch zweifelhafte Verhaltensweisen unterminieren, sei es, dass die moralischen Maximen von moralisch fragwürdigen Sprechern in deren Eigeninteresse beansprucht werden, oder sei es auch, dass der Erzähler einen moralischen Kommentar vorbringt, übernimmt doch der Erzähler immer wieder Positionen der tierischen Akteure und muss daher als unzuverlässig gelten.

Auch wenn der normative Boden, auf dem der Autor steht, schwer auszumachen ist, sind die Ziele seiner satirischen Kritik unverkennbar: die Zustände in den Klöstern seiner Zeit, die kirchlichen Verhältnisse und die Adelsgesellschaft. Es spricht nicht eben für die klösterliche Disziplin in St. Peter, wenn man Isengrim dort nicht nur aufnimmt, sondern sogleich sogar zum Priester weiht. Isengrims unverhohlene Begehrlichkeit nach Schafen wird verharmlosend weggelächelt, wohl nicht zuletzt, weil ein Abt das Regiment führt, der dem neuen Mitbruder so ähnlich ist, dass er als *lupus alter* (›zweiter Wolf‹; V, 870) bezeichnet wird. Erst als Isengrim die Weinvorräte des Klosters vernichtet, sieht man Grund genug, sich seiner zu entledigen. Auch in den Bemerkungen der übrigen Akteure treten immer wieder Habgier und Völlerei als Kennzeichen der Mönche zutage. Ob Isengrims bauchgesteuerte Ansätze einer Klosterreform ihren ironischen Bezugspunkt in der Ausbreitung des Zisterzienserordens haben, muss offen bleiben; immerhin würde die wiederholte Kritik an Bernhard von Clairvaux dazu passen (V, 126–128; VI, 89). Das Lob der beiden Äbte Walter von Egmond und Balduin von Liesborn dürfte vergiftet sein (V, 455–540). Darauf deutet die Elfzahl der Äbte hin, die von Walter angeführt werden, um den Wolf im Kloster zu bestaunen. Elf war die Zahl, welche die zehn Gebote überschreitet, und galt daher als Zeichen des Narren (wie noch heute im Karneval) und des Sünders. Und auch die Umkehrung des geistlichen Sinns des biblischen *date et dabitur vobis* (›gebt, so wird euch gegeben‹; Lk 6,38) in das spekulierend-materialistische *do, ut des* spricht für die ironische Qualität der Eloge.

Die Kritik an den kirchlichen Verhältnissen der Zeit beginnt beim einfachen Landpfarrer und endet beim Papst. Dem Landpfarrer ist sein von Reinhard gestohlener Hahn so wichtig, dass er seinen Bischof, dem er einen Dispens verdankt, Gott, alle Heiligen und die Muttergottes, die sich undankbar erweise, anklagt, am Verlust des Federviehs schuld zu sein. Er, der zur Fastenzeit einen Osterhymnus singt, beruhigt sich erst, als ihm die Gemeinde einen doppelten Ersatz zusagt und auf seine Forderung hin auch noch ein Pfand bzw. einen Bürgen für dieses Versprechen stellt (I, 749f., 953–964).

In seiner Philippika an seine Zähne wirft Reinhard der hohen Geistlichkeit, namentlich Bischof Anselm von Tournai und Papst Eugen III. vor, nicht nach Seelen, sondern nach Geld zu fischen und die ihnen anvertrauten Schafe beim Scheren bis ins Fleisch zu schneiden (V, 99–130). Auch wenn diese Kritik aus dem Fang des Fuchses kommt, eignet ihr größere Glaubwürdigkeit als anderen

Äußerungen Reinhards, da es sich um ein Selbstgespräch handelt, mithin kein Grund für etwaige Täuschungsmanöver vorliegt.

Anders verhält es sich in der Schlussrede des Fuchses. Hier verteidigt Reinhard die Geldgier des Papstes mit sarkastischer Ironie: Er lasse sich bestechen und raube die Schätze der ganzen Welt aus Sorge um das Seelenheil der Christenheit. Indem er das Geld in seine Truhen überführe, wolle er die Gläubigen vor der Sünde der Münzbeschneidung bewahren.

Doch nicht nur die Geistlichkeit, auch die weltliche Adelsgesellschaft wird herber Kritik unterzogen. Schon die Legitimation des Adels durch edle Abstammung wird durch die gewaltsame Begattung der Wölfin durch Reinhard in ein Zwielicht getaucht. In der Strafrede an seine Zähne spricht der Fuchs der Berufung auf adlige Herkunft jegliche Berechtigung ab. Was heutzutage allein zähle, sei der Reichtum. Ähnlich resümiert Reinhard die Schinkenteilung mit dem Wolf und die Beuteteilung mit dem Löwen, wenn er feststellt, dass der Reiche sich alles einschließlich des Rechts und sogar Gottes kaufen könne. Da der Fuchs sich selbst bei der Schinkenteilung als Opfer der Maxime ›Gewalt geht vor Recht‹ sieht (I, 505), mag man geneigt sein, seinen Worten nicht das größte Gewicht beizumessen, zumal er an anderer Stelle durchaus im Sinne der Reichen und Mächtigen argumentiert (IV, 45–58). Dennoch wird man die Kritik nicht einfach auf das Konto doppelbödiger und daher unglaubwürdiger Rede verbuchen können, da sie durch das Handeln der Mächtigen im Text immer wieder bestätigt wird: Isengrim bricht sein Versprechen, den Schinken gerecht mit dem Fuchs zu teilen; Reinhard als der Schwächere kann sein Recht nicht durchsetzen. Der Löwe bricht den für die Dauer des Hoftags ausgerufenen Landfrieden (wie es ihm Isengrim zuvor geraten hatte; vgl. III, 187–192) und bemächtigt sich des Wolfsfells. Der Fuchs setzt sich über das Bündnis unter den Pilgern hinweg und will den Hahn fressen; der sofort anschließende Versuch, Sprotin mit dem angeblichen Sendbrief des Friedens einzuwickeln, zeigt noch einmal, dass Zusagen, Gesetze und Verträge für die Mächtigen keine Gültigkeit besitzen. Und schließlich setzt auch der König der Tiere noch ein zweites Mal die von ihm gegebenen Zusagen außer Kraft, wenn er dem Wolf wiederum und diesmal sogar mit eigener Pranke das Fell herunterreißt, weil dieser es gewagt hat, im Vertrauen auf das Recht und das Versprechen des Löwen die Beute in drei gleich große Portionen zu teilen.

Hält man trotz der oben genannten Vorbehalte nach einer vom Text vermittelten Lehre Ausschau, tut man gut daran, sich weniger an den Aussagen der Figuren und des Erzählers als an den vorgeführten Handlungen zu orientieren. Dann zeichnet sich, wenig überraschend und vielleicht sogar etwas banal, als pragmatische Empfehlung des Autors ab, dass der Schwächere in einer Welt, die von gewaltsamer Durchsetzung der Eigeninteressen, von Fress- und Geldgier, von Lüge, Betrug und Hinterlist geprägt sei, nur mit vorausschauendem Denken, mit Schläue und List überleben könne. Diesem Muster folgt der narrative Hauptstrang mit den Begegnungen von Fuchs und Wolf. Es wird bestätigt durch die Nebenhandlungen von Fuchs und Hahn, von Storch und Pferd sowie von Pferd und Wolf. In allen Fällen überlistet der Unterlegene den Mächtigen, wobei an den Figuren des Fuchses und des Pferdes zugleich gezeigt wird, dass die Rollenbesetzung von schwach und listig bzw. stark und überlistet durchaus wechseln kann.

Das Mittel der List ist allerdings nicht geeignet, etwas am Zustand der Welt zu verändern. Es ist keine Tugend und dient nicht der Moral, sondern lediglich dem nackten Überleben. Es macht die Welt nicht besser, sondern verstärkt im Gegenteil mit Lüge und Betrug den herrschenden Mangel an Verlässlichkeit, die verbreitete Unsicherheit und unbedingte Notwendigkeit von Misstrauen und Vorsicht. Das Trauerlied Salauras kurz vor dem Ende des Textes bietet als Erklärung für die beklagten Missstände den Abfall der Menschen von Gott an. Nach einer vorübergehenden Verbesserung der Welt durch den Kreuzestod Christi habe sich die

Sündhaftigkeit rapide und nahezu ungehindert ausgebreitet, so dass nunmehr der Tag des Gerichts unmittelbar bevorstehe. Das habe Gott den Menschen durch viele Zeichen in der Natur bereits angekündigt, die dann im Einzelnen aufgezählt werden. Der finale Gesang Salauras stellt die im gesamten Text erhobene Kritik an den Zuständen der Geistlichkeit und weltlichen Gesellschaft somit unter das Zeichen der Apokalypse. Die Schlechtigkeit der Welt habe den Zorn Gottes und das Jüngste Gericht herausgefordert. Doch schon die Tatsache, dass das apokalyptische Szenario einer Sau in den Rüssel gelegt ist, weckt leichte Irritationen, die sich durch das Schlusswort Reinhards verstärken. Mit sophistischem Sarkasmus weist der Fuchs nämlich zum Schein etwaige Kritik am Oberhaupt der Kirche zurück, nur um sie desto kräftiger zu unterstreichen; auch die Geldgier des Papstes wird den Zeichen der Endzeit zugeordnet. Wäre der Autor ein eifernder Chiliast, müsste man an dieser Stelle einen flammenden Bußaufruf erwarten. Es zeugt von der außergewöhnlichen Qualität des *Ysengrimus*, dass stattdessen die Rede Reinhards wie der gesamte Text die kritisierten Missstände dem Lachen preisgibt, einem Gelächter freilich, das über dem Abgrund angestimmt wird und immer wieder in der Kehle stecken zu bleiben droht.

## *Zur Wirkungsgeschichte*

Von der Verbreitung des *Ysengrimus* zeugt seine Überlieferung. Fünf Handschriften enthalten (oder enthielten) den Text vollständig:

- A Lüttich, Universitätsbibliothek: Cod. 160A (1. Hälfte 13. Jahrhundert)
- B Paris, Nationalbibliothek: Cod. lat. 8494 (14. Jahrhundert)
- C Brüssel, Königliche Bibliothek: Cod. 2838 (1. Drittel 14. Jahrhundert)

D Pommersfelden, Gräflich Schönbornsche Schlossbibliothek: Cod. 12 (1. Hälfte 14. Jahrhundert)
E Lüttich, Universitätsbibliothek: Cod. 161C (Ende 14. Jahrhundert)

Von den fünf Handschriften stammen drei (A, C, E) aus dem Besitz geistlicher Orden; die Überlieferungsgemeinschaft mit Schultexten (u.a. den *Disticha Catonis*, den Fabeln des Anonymus Neveleti und des Avian) macht auch für den Sammelband D klösterliche Provenienz wahrscheinlich. Die Herkunft der Codices (A: Maastricht; C: Antwerpen; D: Rheinlande; E: Huy an der Maas) bezeugt die Beliebtheit des Textes im flämisch-niederländischen Raum.

Alle Handschriften weisen am Rand mit Markierungen auf Sentenzen und Sprichwörter im Text hin und deuten damit ein Leseinteresse an lehrhaften Kernsätzen an, das sich auch in einschlägigen Auszügen aus dem *Ysengrimus* bekundet. Handlungsmaximen und Proverbien, die man dem Tierepos entnommen und zu Florilegien zusammengestellt hat, sind in sechs Handschriften überliefert. An dieser Form der Rezeption ist vielleicht am bemerkenswertesten, dass die Spruchweisheiten in den Sammlungen als allgemeingültige Klugheitsregeln erscheinen, obwohl ihr parteiischer und interessengebundener Gebrauch im Erzählzusammenhang des *Ysengrimus* gerade ihre beschränkte Geltung offenbart.

Um die Wende zum 14. Jahrhundert verfasste im Raum Aachen ein Geistlicher eine auf knapp 700 Verse gekürzte Version des *Ysengrimus*. Sie erzählt die Episode vom Hoftag des kranken Löwen und den ersten Teil der Wallfahrt der Tiere. Der *Ysengrimus abbreviatus* behält den ordo artificialis seiner Vorlage bei, nur dass es hier der Fuchs ist, der nach der Genesung des Löwen die Vorgeschichte erzählt. Verbunden sind die beiden Episoden über die wechselnden Altersangaben Isengrims, der in der Szene mit den Pilgern das ihm angetragene Amt des Wolfshenkers unter Hinweis auf sein jugendliches Alter ablehnt und beim Hoftag, als das Fell eines dreieinhalbjährigen Wolfs gesucht wird, einwendet, dass er ja schon viel älter sei. Der Autor des *Ysengrimus abbreviatus* hat die beiden Szenen kräftig zusammengestrichen und dabei alle Stellen getilgt, die ein kritisches Licht auf Kloster und Kirche werfen. Es ist nicht auszuschließen, dass einige seiner Modifikationen auf die Kenntnis der volkssprachigen Fuchsepik zurückgehen (so die Anwesenheit des Katers; das Aussparen von Isengrims Tod lässt zudem wie im *Roman de Renart* Raum für beliebige Fortsetzungen der Fuchs-Wolf-Fehde).

Die am weitesten reichende Wirkung erfuhr der *Ysengrimus* durch Pierre de Saint-Cloud und seinen altfranzösischen *Roman de Renart* mit dessen zahlreichen Fortsetzungen. In die einzelnen Branchen des Werks wurden aus dem lateinischen Tierepos die Namen der Protagonisten und die Episoden Fischfang, Landvermessung, Hoftag, Pilgerfahrt, Fuchs und Hahn, Fuchs und Wölfin sowie die Fabel vom Löwenanteil übernommen. Über den *Roman de Renart* gingen dann einzelne Szenen und Motive sowie die Namen Isengrim und Reinhard (Reineke) in den mittelhochdeutschen *Reinhart Fuchs* und in die mittelniederländische Fuchsepik ein, die ihrerseits dem Lübecker *Reynke de vos* von 1498 als Vorlage diente. Über den *Reynke de vos* und seine zahlreichen Ausgaben und Bearbeitungen reicht die Wirkungsgeschichte des *Ysengrimus* bis zu Goethes *Reineke Fuchs* und in die Kinderliteratur des 19. und 20. Jahrhunderts.

## *Zur vorliegenden Ausgabe*

Die vorliegende Ausgabe bietet den *Ysengrimus* erstmals in Gegenüberstellung des lateinischen Textes mit einer deutschen Übersetzung. Der Text basiert auf der für alle bisherigen Neuausgaben maßgeblichen Edition von Ernst Voigt. Das Buch ist als Studienausgabe gedacht und wendet sich auch an Leser, die keine mediävistischen Spezialisten sind. In Hinblick auf diesen erweiterten Leserkreis schien es angemessen, den mittellateinischen Text orthographisch an das klassische Latein anzupassen. Lediglich in Fällen, die metrische Unregelmäßigkeiten zur Folge gehabt hätten, wurde die mittellateinische Schreibweise beibehalten (etwa bei *hisdem* statt *iisdem*). Weitere Änderungen wurden, von seltenen Modifikationen der Interpunktion abgesehen, nicht vorgenommen. Die fett gedruckten Initialen entsprechen den von Voigt übernommenen Hervorhebungen in Handschrift A.

Der lateinische Text wurde neu ins Deutsche übertragen. Dabei hat der Herausgeber dankbar die Übersetzungen von Albert Schönfelder, Jill Mann und Mark Nieuwenhuis zu Rate gezogen. Von den Eigentümlichkeiten der mittellateinischen Grammatik sei hier nur erwähnt, dass das Partizip Präsens auch für Vorzeitigkeit, das Futur II für das Futur I, der Infinitiv Perfekt für den Infinitiv Präsens und *fore* für *esse* eintreten können. Öfter als im klassischen Latein und wohl unter dem Einfluss der *Vulgata* steht in Nebensätzen anstelle des Indikativs der Konjunktiv.

Wie bei jeder Übersetzung lag die Herausforderung in der Aufgabe, einerseits einen für moderne Augen lesbaren Text zu schaffen, anderseits aber auch die sprachlichen und stilistischen Eigenheiten der Vorlage beizubehalten. Es wäre eine Freude, wenn die Übersetzung dem Leser etwas von dem Vergnügen vermitteln könnte, das die Arbeit an dem großartigen *Ysengrimus* dem Herausgeber bereitet hat. Das Buch ist den Söhnen des Herausgebers gewidmet, deren Lesesozialisation wie beim Vater durch die Lektüre moderner Tierepik in Form von Comics erfolgte.

# TEXT UND ÜBERSETZUNG

# YSENGRIMUS

## LIBER PRIMUS

Egrediens silva mane Ysengrimus, ut escam
Ieiuniis natis quaereret atque sibi,
Cernit ab obliquo Reinardum currere vulpem,
Qui simili studio ductus agebat iter,
Praevisusque lupo non viderat ante videntem,
Quam nimis admoto perdidit hoste fugam.
Ille, ubi cassa fuga est, ruit in discrimina casus,
Nil melius credens quam simulare fidem,
Iamque salutator veluti spontaneus infit:
"Contingat patruo praeda cupita meo!"
(Dicebat patruum falso Reinardus, ut ille
Tamquam cognato crederet usque suo.)
"Contigit", Ysengrimus ait, "laetare petisse,
Opportuna tuas obtulit hora preces:
Ut quaesita mihi contingat praeda, petisti,
Contigit, in praedam te exigo, tuque daris,
Difficilis semper non est deus aequa petenti,
Te petere attendens aequa, repente dedit.
Te mihi non potuit contingere gratior hospes
Non me hodie primum perfida vidit avis,
Unde venis, vesane Satan? non curo rogare,
Quo tendas, ego te longius ire veto;
Si quid adhuc exinde tibi procedere restat,
Huc tantum in fauces progrediere meas.
Hinc video duplicem nobis consurgere fructum:
Scilicet haec stomacho proderit esca meo,

# ISENGRIM

## BUCH I

### *Die Schinkenteilung*

Als Isengrim frühmorgens aus dem Wald heraustrat, um Nahrung für seine Jungen und sich zu suchen, sah er den Fuchs Reinhard von der Seite herankommen, der, von ähnlichem Eifer getrieben, seines Weges lief [5] und, zuerst vom Wolf gesehen, den Sehenden nicht sah, bevor er durch das Herannahen seines Feindes die Flucht verspielt hatte. Weil die Flucht vereitelt war, ergriff er die Flucht nach vorn im Glauben, es sei am besten, Vertrauen vorzutäuschen. Und schon grüßte er, als wenn er es beabsichtigt hätte: [10] »Möge meinem Oheim die gewünschte Beute zufallen!« (Reinhard nannte ihn fälschlich Oheim, damit jener ihm wie einem Verwandten fortan Glauben schenke.) »Sie ist mir schon zugefallen«, sagte Isengrim. »Freue dich, sie gewünscht zu haben Die glückliche Stunde hat deine Bitten erfüllt: [15] Du hast gewünscht, dass mir die gesuchte Beute zuteil werde. Sie wird mir zuteil. Ich nehme dich als Beute, und du wirst mir gegeben. Niemals verweigert sich Gott demjenigen, der Angemessenes erbittet. Als er sah, dass du um Angemessenes gebeten hast, hat er es sogleich gewährt. Ein Gast, der willkommener wäre als du, konnte mir nicht begegnen. [20] Kein Unglücksvogel hat mich heute früh angesehen.

Woher kommst du, vom Verstand verlassener Satan? Ich muss nicht fragen, wohin du willst, denn ich werde verhindern, dass du weitergehst. Wenn dir noch ein Stückchen Weges von dort voranzuschreiten bleibt, wirst du lediglich hierher in meinen Rachen wandern. [25] Hieraus ergibt sich für uns, wie ich sehe, ein doppelter Vorteil: Selbstverständlich wird diese Speise meinem Magen

Physicaque Obitio non haec mihi lecta magistro est,
Dentibus inscripta est atque legenda meis;
Cumque Camena meae te totum saepserit alvi,
Nec via longa tibi est nec metuenda brevis.
Condoleo, quia saepe pedes lassaris eundo,
Sis faciam miles, nec gravia arma time,
Efficieris eques, sed non oneraberis armis,
Incumbet collo sarcina tota meo;
At ne forte cadas, equitabis more prophetae,
Non tibi sella super dorsa sed intus erit,
Nec dedignor equus fieri, vellem ante fuisse
Cognatoque diu suppeditasse meo.
Nunc grator patiens pulsus et verba tulisse,
Vulnera pensabunt, quod tacuere minae,
Insanit, quicumque minis efflaverit iram,
Hostem praemunit, qui timuisse facit,
Tutus it in clades, timidum sollertia servat,
Dissimulans odium promptior ultor erit,
Optatum fortuna diu te tradidit ultro,
Sic, quibus invideo, quotquot habentur, eant!
Quisne ego sim, nosti, siquidem tuus hospes ego ille,
Cui Sclava ante tuum potio sumpta larem est,
Ha, Reinarde, illa quam Brabas nocte fuisti!
Hic, nisi te Satanas glutiat, Anglus eris!
Quid mea, quid referam, quae natis probra meaeque
Feceris uxori? nonne fuere palam?
Hospitium nostro tibi nunc in ventre paratur,
Incide!" (pandebat labra) "sodalis, ini!
Sis collega licet pravus mihi, nolo tibi esse,
Deteris, ut debes; detere, nolo sequi:

zugute kommen. Zwar wurde mir diese Pharmazie nicht von Magister Obitius beigebracht, doch ist sie meinen Zähnen eingeschrieben und dort zu lesen. Und wenn dich die Muse meines Magens völlig umschlossen haben wird, brauchst du weder einen langen noch einen kurzen Weg zu fürchten. Ich habe Mitleid, weil du als Fußgänger oft durch das Gehen ermüdest. Ich werde dich zum Soldaten machen, doch fürchte keine schweren Waffen. Du wirst zum Ritter befördert, wirst aber keine Waffen schleppen: Das ganze Gepäck wird auf meinem Nacken lasten. Damit du aber nicht etwa herunterfällst, wirst du nach Art des Propheten reiten: Dein Sitz wird nicht auf dem Rücken, sondern im Innern sein. Mir macht es nichts aus, ein Pferd zu werden; ich hätte es schon früher sein und meinem Neffen längst dienen wollen.

Jetzt freue ich mich, deine Schläge und Beleidigungen geduldig ertragen zu haben: Wunden werden vergelten, was Drohungen verschwiegen. Dumm ist, wer mit Drohungen seinen Zorn auslässt, rüstet doch seinen Feind auf, wer ihm Anlass zur Furcht gibt. Der Sorglose geht ins Verderben, den Furchtsamen schützt seine Klugheit. Wer seinen Hass verbirgt, hat umso schneller Gelegenheit zur Rache. Das Glück hat dich, den ich schon lange wünschte, von sich aus ausgeliefert. So möge es meinen Feinden ergehen, wie viele es auch sind. Wer ich bin, weißt du; bin ich doch jener Gast, dem vor deinem Herd der Slaventrunk verabreicht wurde. Ha, Reinhard, welch ein Brabanter warst du in jener Nacht! Hier aber wirst du, wenn dich nicht der Satan verschluckt, ein Engländer sein. Was soll ich aufführen, welche Schandtaten du mir, meinen Kindern und meiner Frau zugefügt hast. Erfolgten sie nicht in aller Öffentlichkeit? Ein Gastraum wartet nun auf dich in meinem Bauch. Stürze dich hinein!« – Er öffnete sein Maul. – »Auf geht's, Gefährte! Magst du auch für mich ein übler Kamerad sein, will ich es doch für dich nicht sein. Mit deiner Schuld hast du böse gehandelt; handle böse, doch folge ich nicht. Ich

Pando tibi hospitium, quamquam mereare repelli,
Incide iocunde, laetus adhisco tibi!"
Dixit et admoto foris hostem dente titillans
Leniter extremos vellit utrimque pilos,
Reinardus tolerat, quod non tolerare libebat,
Et patienter adest, mallet abesse tamen.
Sic alacer cattus, dum prenso mure iocatur,
Raptum deponit depositumque rapit,
Ille silet raptus, nullo divertit omissus,
Tam fugere inde pavens, quam remanere dolens;
Denique si fidens obliquat lumina victor,
Oblitus fidei fit memor ille fugae,
Luditur illusor, mus absque vale insiliit antrum,
Observatorem non sibi deesse querens,
Liber ut evasit, non iret in oscula rursum
Ob quicquid fulvi rex habet aeris Arabs.
Ha, rudis infaustusque, viae qui parcit et hosti!
Ambiguum finem res habet usque sequens;
Incautus senior versutum circinat hostem,
In pugno tutum fisus habere iocum,
Suffocare metu mavult quam viribus illum,
Posse putans artes inter acerba nihil,
Concutit inde quater dentes, sonuere coicti,
Ut super incudem bractea tunsa sonat.
"Ne vereare! meo quos", inquit, "in ore ligones
Cernis, ebent usu et tempore nilque secant,
Ostia (quid dubitas?) forsan non usque patebunt,
Nunc adaperta vides, quando vocaris, adi!
Ingredere, explora! quid stas, vesane? quid haeres?
Intranda est propere ianua, quando patet;

öffne dir den Gastraum, obwohl du es verdient hättest, abgewiesen zu werden. Stürze dich frohgemut hinein! Mit Freuden öffne ich für dich meinen Mund.« Sprach's und kitzelte mit gebleckten Zahn seinen Feind und zauste leicht auf beiden Seiten die äußersten Haare.

Reinhard ließ sich gefallen, was ihm nicht gefiel, und blieb geduldig an seinem Platz, den er lieber verlassen hätte. So lässt ein munterer Kater, wenn er mit einer gefangenen Maus spielt, seine Beute los, um sie wieder zu erbeuten. Die erbeutete Maus aber schweigt und flieht, auch losgelassen, zu keiner Seite, weil sie sich vor der Flucht ebenso fürchtet wie vor dem Verharren. Schließlich, wenn der selbstsichere Sieger seine Augen abwendet, vergisst die Maus ihre Zutraulichkeit und erinnert sich der Flucht. Der Spötter wird verspottet, die Maus springt ohne Abschied in ihr Loch und ohne Klage, dass der Aufseher ihr fehle, und käme nach ihrem Entkommen auch für alles Gold des Königs von Arabien nicht zum Abschiedskuss zurück. Ach, ahnungslos und unglücklich, wer den Weg nicht geht und den Feind schont! Der Fortgang der Angelegenheit hat ein ungewisses Ende.

Der Alte umkreiste sorglos seinen mit allen Wassern gewaschenen Feind, im Vertrauen, ein sicheres Spiel in der Hand zu halten, und er wollte ihm lieber durch Furcht das Leben nehmen als durch Gewalt, im Glauben, dass Listen in der Not nichts ausrichteten. Daher schlug er viermal die Zähne zusammen; dabei klangen sie, wie eine Münze klingt, die auf dem Amboss geschlagen wird. »Fürchte dich nicht«, rief er, »die Hacken, die du in meinem Maul siehst, sind stumpf vom Gebrauch und vom Alter und zerteilen nichts mehr. Was zauderst du? Der Eingang wird dir vermutlich nicht immer offen stehen; jetzt siehst du ihn geöffnet. Wenn man dich ruft, geh hinein! Tritt ein, sieh dich um! Was bleibst du stehen, du Narr, was stockst du? Zügig hat man die Tür zu durchschreiten, solange sie geöffnet ist. Spring also

Huc ergo cupide, ne sero intrasse queraris,
Gaudia cum gustu senseris illa, sali,
Si sapis, hoc fieri, quod praeformido, vetabis,
Ne tibi propositas vendicet alter opes."
Hospita non audet Reinardus in ora salire,
(Praecipites durum saepe tulere diem)
Vix quoque, quin quamvis passim iubeatur inire,
Ter mallet noctes octo cubare foris;
Nam recolens olim mordendi gnara fuisse
Ora lupi, nondum credit ebere satis,
Si nequeant mordere, putat quassantia saltem,
Non ergo hospitii tactus amore refert:
"Leniter imprimis invita, patrue demens!
Nemo suae debet prodigus esse rei.
Sentio velle tuum; quid nostros scindis amictus?
Desine paulisper, dum tria verba loquar ..."
Iratus senior vocem interrumpit obortam:
"Non est ante fores longa loquela decens,
Ingredere hospitium! scito, nisi protinus intres,
Post intrasse voles sero, repente veni!
Ut socio praedico: semel fortasse rogabis,
Nec tibi pandetur ianua clausa quater;
Ergo lepor morum placeat, prius ibitur intro,
Tunc tria sexque refer verba quaterque decem.
Quassarique aliqua (pro caris multa feruntur)
Fer placide; patruus sum tibi, redde vicem!
Scis, ubinam biberim tua pocula lene ferendo,
Tu nunc exempli fungere lege mei."
Sic fatus senior non protinus irruit hosti,

eifrig herein, damit du dich nicht beklagst, zu spät gekommen zu sein, wenn du jene Freuden erst gekostet haben wirst. Wenn du klug bist, wirst du vermeiden, was ich befürchte: [90] dass nämlich ein anderer die für dich ausgebreiteten Schätze entwendet.« Reinhard traute sich nicht, in das gastfreundliche Maul zu springen, haben doch die Voreiligen oft einen schlimmen Tag erlebt. Auch wenn er fortlaufend und nicht nur gerade eben eingeladen worden wäre, hätte er es vorgezogen, drei mal acht Nächte im Freien zu lagern. [95] Er erinnerte sich nämlich, dass das Gebiss des Wolfs einst durchaus zu beißen verstanden hatte, und glaubte nicht, dass es schon genügend stumpf sei. Und wenn es nicht mehr beiße, so könne es zumindest noch schütteln.

Er antwortete also, ohne von der liebevollen Gastfreundschaft gerührt zu sein: »Halte dich zurück mit deiner Einladung, wahnwitziger Oheim! [100] Niemand darf sein Hab und Gut verschwenden. Ich spüre schon deine Absicht. Was reißt du an unserem Obergewand? Halt dich ein wenig zurück, bis ich drei Worte gesprochen habe … « Zornig unterbrach der Alte die begonnene Rede: »Langes Gerede vor der Tür ist ungehörig. [105] Tritt ein in die Herberge! Wenn du nicht auf der Stelle eintrittst, wird nachher dein Wunsch nach Einlass zu spät kommen, sofort also herein mit dir! Als einem Kameraden prophezeie ich dir: Wenn du vielleicht später einmal darum bittest, wird dir die vierfach verschlossene Tür nicht offen stehen. Also möge die feine Sitte belieben: Zuerst geht man hinein, [110] und dann sprich drei und sechs und vier mal zehn Worte. Ein bisschen geschüttelt zu werden (vieles erträgt man für seine Lieben), musst du mit Sanftmut erdulden, bin ich doch dein Oheim, gib mir Revanche! Du weißt, wo denn mit großer Geduld ich deine Becher geleert habe, verhalte jetzt du dich nach der Norm meines Vorbilds.«

[115] Nach diesen Worten stürzte sich der Alte nicht sogleich auf seinen Feind, sondern zauste ihn mit harmlosen Bissen und

Morsibus innocuis vellit et ambit ovans;
Ergo, quod utilius nescisset, scire laborat,
Et tandem didicit, quod didicisse luit:
Quaerat an arte aliqua redimi, qui saeptus in arcto est?
Traditus an morti quid nisi morte premi?
Curane vivendi vel spes aliquanta supersit
Insano, suadens nolle repente mori?
At Reinardus itemque loquens "proh patrue", clamat,
"Non Scytha, non Saxo sive Suevus ego!
En Reinardus adest, cognatum agnosce fidelem!"
Ille refert: "patruum tu quoque nosce bonum!
Ysengrimus adest, quo, quando subire rogante
Negligis hospitium, vim faciente subi!"
Ille licet sermo multum pietatis haberet,
Non placuit vulpi, taliter ergo monet:
"Patrue, tu posses aliquando urbanior esse,
Ambo sumus clara nobilitate sati;
At tu nescio quo iam rusticus omine dudum
Degeneras, patrii sanguinis esto memor!
Mane rubescit adhuc; more invitarer equestri!
Me, velut ingruerent nubila noxque, trahis!
Hospita tecta semel si iussus inire negarem,
Protinus alternum subsequeretur ave?
Gratia reddetur maior praestare volenti,
Quam tibi praestanti restituenda fuit.
Huc potior mihi causa viae est, patruique volebam
Discere ego eventus atque docere meos;
Quid dapis ergo tibi est hiberna in tempora partum?
Qui tibi vita placet? qui mea domna valet?
Qui spes magna mei patrueles? obsecro, vivant!"
"Ergo tibi curae", rettulit ille, "sumus?

umkreiste ihn im Triumph. So bemühte er sich zu erfahren, was er besser nicht erfahren hätte, und so lernte er, was gelernt zu haben er schließlich büßte. Trachtet er, der sich in der Klemme befindet, sich durch irgendeinen Kniff zu befreien? [120] Hat der dem Tod Ausgelieferte anderes als den Tod zu erwarten? Hat der Wahnsinnige etwa immer noch Sorge um sein Leben, oder hegt er irgendeine Hoffnung, weil er sich einredet, keines plötzlichen Todes sterben zu wollen? Reinhard aber sprach und rief in einem: »Aber Oheim, ich bin weder Skythe noch Sachse noch Sueve, ich doch nicht! [125] Schau doch: Reinhard ist's; erkenne doch deinen treuen Verwandten!« Jener antwortete: »Erkenne auch du deinen wohlwollenden Oheim! Isengrim ist's. Wenn du es verschmähst, auf seine Bitten hin die Herberge zu betreten, so betritt sie wenigstens, wenn er dich zwingt!«

Auch wenn diese Anrede voll Sanftmut erschien, [130] gefiel sie dem Fuchs keineswegs, und so mahnte er, wie folgt: »Oheim, du könntest manchmal etwas höflicher sein, stammen wir doch beide von ruhmvollem Adel ab. Du aber bist schon lange durch irgendein Verhängnis zu einem Bauern heruntergekommen; gedenke doch deines väterlichen Blutes! [135] Ein frühes Morgenrot ist aufgezogen. Du musst mich in ritterlicher Manier einladen! Du aber zerrst an mir, als brächen Nacht und Nebel herein. Wenn ich trotz Aufforderung das gastliche Haus nicht betreten wollte, hätte dann sofort das gegenseitige Lebewohl zu erfolgen? Für die angebotene Gastfreundschaft steht größerer Dank zu, [140] als für die erwiesene Gastfreundschaft zu entrichten gewesen wäre.

Ich hatte einen ziemlich wichtigen Grund hierher zu kommen und wollte mich nach dem Jagdglück meines Oheims erkundigen und von meinem berichten. Was also an Nahrung hast du für den Winter erbeutet? Wie gefällt dir dein Leben? Wie geht es meiner Herrin? [145] Wie den hoffnungsvollen Vettern? Mögen sie glücklich leben, das ist mein Wunsch.« – »Du machst dir also Sorgen

Fors secus, ac velles, nostra est, hoc dico, cibique
  Nil nisi te partum, frater, habemus adhuc."
Hospes ad haec: "utinam ergo tibi satis esse valerem!
  Nil nisi me exiguum sumptibus esse nocet."
Econtra senior: "non est mea regula, qualem
  Esse putas, aliter res ego tracto meas:
Jure caret magnis, qui sumere parva recusat,
  Sufficere ut possint grandia, parva iuvant,
Grandia tota voro, (mihi tam patienter aganti
  Gratia!) de modico nil superesse sino;
Gaude igitur, tam parva mihi quam magna vorantur,
  Nec parvum reputo, quicquid habere queo,
Purius elambi debet, quo parcior esca est,
  Fer patienter edi!" – "patrue, fiat!" ait,
Non mihi sunt odiosa tui penetralia ventris,
  Nec vereor fieri nobilis esca gulae,
Hospitio vellem numquam peiore locari,
  Sed non hoc patria vendico sorte decus;
Quolibet ut latro siccandus stipite pendi
  Promerui potius quam cibus esse tibi.
Quod si fata mihi decrerunt tale sepulchrum,
  Laetor honore meo, sed tua probra queror:
Parvus ego et virtute carens, tu fortis et ingens,
  Et quidnam tituli mors tibi nostra dabit?
Ut caret obprobrio stratus miser hoste potenti,
  Sic miserum sternens hostis honore potens.
Quin heu quanta meo tibi funere damna parantur
  Quis tibi consultor, qualis ego usque fui?
Ergo tibi damnum mea mors et dedecus infert;
  Vivam, consiliis prodero saepe tibi,

um uns?«, erwiderte jener, »Dies meine Antwort: Unsere Situation ist nicht so, wie du wohl wünschtest. Bisher haben wir nur dich, Bruder, als Speise erbeutet.«

Darauf der Gast: »Ach wäre ich doch so kräftig, um dich sättigen zu können! [150] Es ist misslich, dass nur meine Wenigkeit für die Mahlzeit zur Verfügung steht.« Hinwieder der Alte: »Meine Regel ist nicht so, wie du glaubst. Ich behandle meine Angelegenheiten anders: Zu Recht entbehrt das Große, wer das Kleine zu nehmen zurückweist. Die kleinen Bissen helfen, so dass sie die großen ergänzen. [155] Große Happen verschlinge ich zur Gänze, von den kleinen lasse ich nichts übrig (Dank gebührt mir, der ich so geduldig vorgehe). Freue dich also: Kleines wie auch Großes wird von mir verschlungen, und ich lehne nichts Kleines ab, was immer ich bekommen kann. Je kärglicher die Speise ist, desto sauberer muss sie geleckt werden. [160] Halt also still und lass dich fressen« – »Oheim, das soll geschehen«, sprach er. »Mir sind die inneren Räume deines Bauches nicht zuwider noch fürchte ich, die Speise eines adligen Schlundes zu werden. Niemals wollte ich in einer schlechteren Herberge untergebracht werden. Doch diese Ehre darf ich mit meinem vom Vater ererbten Stand nicht beanspruchen. [165] Ich habe es eher verdient, wie ein Räuber am Baum aufgehängt zu werden und zu verdorren als dir zur Speise zu dienen. Wenn mir das Schicksal ein solches Grab bestimmt hat, freue ich mich über meine Ehre, deine Schande aber beklage ich. Ich bin klein und kraftlos, du aber bist stark und mächtig: [170] Was also wird dir unser Tod an Ruhm einbringen?

Wie ein Schwacher, von einem mächtigen Feind niedergestreckt, frei von Schande ist, so ist der mächtige Feind, der den Schwachen niederstreckt, frei von Ehre. Ach, wie viele Schäden erwachsen dir doch aus meinem Tod! Wer dient dir als Ratgeber, wie ich es immer gewesen bin? [175] Also bringt dir mein Tod Schaden und Schande. Lebendig trage ich dir vielfachen Nutzen ein mit meinen

Exiguos artus cumulata peritia pensat,
  Conciliant artes debilitatis onus.
Prodero – nunc equidem!" (cum 'prodero' diceret, optans
  Addere, quo fieret lenior ira senis:
"Indicat hora viam", gestabat pone baconem
  Rusticus, adiecit 'nunc equidem' hospes ovans)
"Ecce baco hic coram tener est et crassus et ingens,
  Et lentus morsu et parvus ego atque macer,
Alteruter praesto est, neuter, si quaeris utrumque,
  Pluris uter tibi sit, dixeris! ille datur;
Detege continuo, quemnam praependeris esu,
  Tempus adest epulis, pars bona lucis abit."
Subridens senior (dentes tamen extrahit) infit:
  "Perna mihi dabitur? qua ratione, Satan?
Tu sic effugies forsan, promitte, quid obstat?
  Taliter haud hodie ludificabor ego,
Tam potes Atrebatum quam despondere baconem,
  Da tibimet, frater, spe mea vota carent;
Laetificare solet stultum promissio dives,
  Nescio promissis credere, credo datis."
Dentibus extractis audacior ille loquendi
  Castigat patruum: "sumere disce, miser!
Hoc solo impedior, quod nondum sumere nosti,
  Sumere si scires, perna parata foret;
Patrue, quis praesul, quis sumere rennuit abbas?
  Sumere lex media est, regula rara dare."
Ysengrimus ad haec: "posses dare, sumere novi!
  Nunc castigor, eram sumere doctus heri;
Eia quid facies? abiens tenet ille baconem,
  Colloquimur stantes, ambulat ille procul,

Ratschlägen; eine Menge Erfahrung macht die schwachen Glieder wett; Wissen wiegt die Bürde der Schwachheit auf. Ich werde dir nützen, und zwar jetzt!«

Als er »nützen« gesagt hatte und etwas [180] hinzusetzen wollte, womit er den Zorn des Alten besänftigen könnte – nach der Devise: Zeit bringt Rat –, trug weiter hinten ein Bauer einen Schinken vorüber, und der Gast bekräftigte frohlockend: »Und zwar jetzt! Siehe, dieser Schinken dort ist zart und fett und riesig, ich hingegen bin schwer zu kauen und klein und mager: [185] Einer von beiden ist zu bekommen, keiner, wenn du beide willst. Sag, welcher dir mehr gilt, er wird dir zuteil. Gib auf der Stelle zu erkennen, welchen du zu fressen vorziehst. Es ist Zeit für die Mahlzeit, ein erheblicher Teil des Tages ist schon verstrichen.« Leise lächelnd – doch lockerte er die Zähne –, sagte der Alte: [190] »Den Schinken soll ich bekommen? Auf welche Weise, du Teufel? So willst du wohl entfliehen. Mach nur deine Versprechungen, was steht dem entgegen? Auf solche Weise werde ich heute nicht zum Gespött. Du kannst ebenso Arras wie den Schinken versprechen, verschaffe ihn dir selbst, Bruder. Die Weihegaben für mich sind aussichtslos. [195] Nur ein Narr freut sich über ein reiches Versprechen. Ich verstehe mich nicht auf Versprochenes, sondern auf Geleistetes.«

Weil die Zähne losgelassen hatten, sprach jener mit mehr Mut und tadelte den Oheim: »Lerne, Armseliger, zuzupacken! Allein dadurch werde ich gehindert, weil du noch nicht zuzugreifen verstehst. [200] Wüsstest du zuzupacken, wäre der Schinken schon da. Oheim, welcher Bischof, welcher Abt hat es abgelehnt zuzugreifen? Zuzugreifen ist allgemeines Gesetz, vereinzelte Regel ist es zu geben.« Darauf Isengrim: »Könntest du geben, wüsste ich zu nehmen! Jetzt werde ich getadelt, doch hatte ich schon gestern gelernt zuzupacken. [205] Aber was wirst du tun? Jener verschwindet und hat den Schinken, während wir stehen und reden, entfernt sich

Et visi fortasse sumus, nostrique pavore
  Ungue tenet, quod fert, acceleratque viam." –
"Quaeris", ait, "quid agam? sublecto tramite passim,
  Quo te praecedit rusticus iste, veni,
Et mea facta vide: baco decidet, auguror, aude
  Tollere depositum neve moreris ibi;
Si tibi furandi pudor est aut forte vereris
  Peccatum furti, solvere utrumque potes:
Collige desertum custos, latoris egentem
  Fer miserans, insons et bene tutus eris.
Saepe ebetes magni, subtiles saepe pusilli,
  Nunc animi dos est experienda mei;
At vero fieri lucrum commune paciscor,
  Jam pro dimidia non ego parte loquor,
Parva deus fecit parvis, ingentia magnis,
  Sit pars quarta mihi, tres remanento tibi."
Ille coaequari iurabat; "patrue, nolo,
  Ut statui partes", ille reclamat, "erunt,
Quid cunctamur? eam, scis vesci carne suilla?"
  Ille quasi iratus dicit, at intus ovat:
"Quid, Satan, insanis? sine me pausare, liquaster!
  Dem pretium, ut vadas, scilicet? anne rogem?
Graeca salix posses prius esse aut Daca sacerdos!
  Ire, velim nolim, vis, ierisque feram,
Nec veto nec iubeo, nec me minus ire vetante
  Nec tu me cuperes praecipiente magis,
Esurio; nisi des pernam, te quaeso reverti."
  Evolat obliquo concitus ille gradu;
Juncta legens arbusta viae, citiore redemit
  Circuitum cursu praeceleratque virum,

jener. Wahrscheinlich wurden wir gesehen, und jener hält aus Furcht vor uns fest, was er trägt, und beschleunigt seine Schritte.«

»Du fragst, was ich machen werde?« erwiderte Reinhard. Komm und folge [210] langsam und heimlich dem Pfad, auf dem dieser Bauer da dir voranging, und sieh zu, was ich mache: Ich prophezeie: Der Schinken wird fallen. Habe keine Angst, das Niedergelegte zu ergreifen, doch bleib dort nicht stehen. Wenn du dich schämst zu stehlen oder vielleicht die Sünde des Diebstahls fürchtest, kannst du doch zwei Dinge leisten: [215] Sammle das herrenlose Gut ein, um es zu sichern, und hebe es aus Mitleid auf, weil niemand es trägt; unschuldig wirst du sein und ganz ungefährdet.

Die Großen sind oft ungeschickt, voll Scharfsinn die Kleinen. Jetzt gilt es meine Intelligenz auf die Probe zu stellen. Doch setze ich fest, dass der Gewinn geteilt wird, [220] beanspruche aber nicht die Hälfte. Gott hat für die Kleinen das Kleine geschaffen, für die Großen das Große: Mir gehöre ein Viertel, drei Viertel seien dir überlassen.« Als jener durch Eid gleiche Teile zusicherte, gab dieser zurück: »Oheim, das will ich nicht. Wie ich die Teile festgesetzt habe, so werden sie sein. [225] Worauf warten wir? Ich will gehen. Weißt du, wie man Schweinefleisch verzehrt?« Jener sprach, als sei er voll Zorn – im Innern freilich jubilierte er –: »Was, Teufel, bin ich wahnsinnig? Lass mich in Ruhe, du Weichling! Soll ich eine Belohnung geben dafür, dass du gehen darfst? Soll ich dich bitten? Eher könntest du eine griechische Weide oder eine dänische Nonne sein! [230] Du willst gehen, ob ich will oder nicht, und du wirst gehen, und ich werde es dulden. Ich verbiete es nicht noch gebiete ich es, würdest du doch nicht weniger oder mehr zu gehen wünschen, wenn ich es verböte oder befähle. Ich habe Hunger; wenn du mir den Schinken nicht gibst, komm bitte du zurück!«

So ermahnt eilte jener seitwärts davon. [235] Zwar durchstreifte er das Gebüsch am Wege, doch machte er den Umweg durch schnelleres Laufen wett und überholte den Mann. Unauffällig huschte er

Clamque fluens in plana praeit, qua perniger ibat,
Insectante lupo rustica terga procul.
Reinardus solitae temptans ludibria fraudis
Fert tremulos clauda debilitate pedes,
In caput, in caudam, in costas titubatque caditque,
Rusticus insectans prendere certus erat.
"Mene mei valeant", ait, "explorabo velintque
Ferre pedes, istum destituere sui;
Unde huc cumque venis, iter est tibi paene peractum,
Ut nolis, ego te nunc reor esse meum,
Praestolare, nepos, donec tibi solvero talos
Vepribus elicitis, longius ire nequis,
Solvo morae pretium, portaberis." ista locutus
Protendit dextram, (laeva tuetur onus)
Irrisumque sequens, pellem, magis anxius haeret,
Cui dare vellet herae, quam capere, unde daret;
Hic veluti prensurus erat, par ille prehenso,
Tam citus hic sequitur, tam praeit ille piger.
Spe vires augente celer villanus euntem
Urgebat passu mobiliore sequens,
Replicat ille vices, et quam propiore sequentis
Urgetur gressu, tam citiore fugit;
Villano clamante gemit, pausante resistit,
Suspirante reflat, fit properante celer,
Nec potior fugiente sequens, fugiensve sequente,
Ambo pari gressum strenuitate ferunt.
Visus erat prensu facilis, si rusticus illum
Impeteret cursu concitiore parum,
Obstat onus voto, sapuit villanus, onusque
Decutiens collo, tendit utramque manum,
Tunc cursu manibusque simul strepituque iuvatur,

weiter vorn auf den Weg, auf dem der Schinkenträger ging, während der Wolf von ferne hinter dem Rücken des Bauern folgte. Reinhard spielte das Spiel des gewohnten Betruges: Schwankend vor Schwäche, zog er seine zitternden Füße nach. Nach vorne, nach hinten, zur Seite schwankte und stolperte er.

Der Bauer nahm die Verfolgung auf und glaubte, ihn sicher zu haben. »Ich will sehen«, sagte er, »ob meine Füße noch kräftig sind und mich tragen. Den da haben seine Füße im Stich gelassen. Woher auch immer du hierher gekommen bist, deine Fahrt ist fast vollbracht. Auch gegen deinen Willen glaube ich, dass du jetzt mein bist. Warte, Neffe, bis ich deine Fersen von den herausgezogenen Dornen befreit habe. Du kannst nicht weiter gehen. Ich belohne dich für das Anhalten: Du wirst getragen werden.« Mit diesen Worten streckte er seine Rechte aus (die Linke hielt schützend die Last) und folgte dem Verspotteten und überlegte mehr mit Sorge hin und her, welcher Dame er das Fell schenken wolle, als zu ergreifen, was er geben würde.

Dieser schien jeden Moment zuzupacken, jener schien schon gepackt zu sein. So schnell dieser folgte, so langsam lief jener voraus. Von der Hoffnung beflügelt, setzte der Bauer dem Flüchtenden eilends nach und folgte mit beschleunigtem Schritt. Jener reagierte entsprechend: Je näher der Schritt des Verfolgers kam, desto schneller floh er hinweg. Wenn der Bauer rief, stöhnte der Fuchs, wenn dieser ausruhte, wartete jener, verschnaufte der eine, holte der andere Atem, jener eilte, dieser wurde schneller. Weder kam der Verfolger dem Fliehenden noch der Fliehende dem Verfolger näher, beide liefen mit gleichem Eifer. Jener schien leicht zu greifen, wenn der Bauer ihn mit nur ein wenig schnelleren Schritten zu erreichen versuchte.

Der Bauer erkannte, dass seine Last seinem Wunsch im Wege war. Er warf die Last von seinem Nacken ab und streckte beide Hände aus. Da fiel ihm der Einsatz seiner Füße, Hände und

Cogitat esse nihil post sua terga doli.
Reinardus solito venantem decipit astu,
At lupus arrepto lustra bacone petit.
Reinardus varia spatians ambage meandi
Callidus irritat ludificatque rudem:
Nam nunc multifido spiras curvamine tricans
Anguis compliciti vincula cassa notat,
Nunc obliquus ad hanc partemque incedit ad illam;
Non redit aut prodit lineolasque terit,
Sed numquam venturus eo, quo creditur isse,
Daedalia fallax implicat arte chaos.
Anticipes tricas tenui discriminat hora,
Longius oblongans ante parumque retro,
Nunc illuc obliquat et huc proditque reditque,
Nunc aliquo gyros ordinat orbe breves,
Ignorante viro, per tot diludia cursus
Tricantem dubios certius unde petat.
Ille fluit furtim lusa inter crura diuque
A tergo saliens ante putatur agi,
Transposuere vices: qui fugerat, ille sequentis,
Quique sequens fuerat, par fugientis habet;
Erectis oculis absentem denique sentit
Rusticus, ammirans attonitusque diu
Haeret mentis inops, quando aut amiserit illum,
Aut amissus ubi delituisse queat.
Lumina trans humerum dextrum torquere parabat,
Explorare volens, qua latitaret humo,
Reinardus metuens, ne quatenus ille lupinam
Respiciens fraudem post sua terga notet,
Prodiit, a laeva rediens, oculosque latentem
Quaerentis gemitu bis revocante praeit;

Stimme schon leichter. Dass er hinter seinem Rücken überlistet werden könnte, bedachte er nicht. Reinhard täuschte den Jäger in gewohnter Verschlagenheit, der Wolf aber griff sich den Schinken und rannte in seine Höhle. Der schlaue Reinhard stachelte den Tölpel durch lange Umwege an und hielt ihn zum Narren. Denn bald legte er Spiralen in vielfacher Windung an und markierte sinnlose Schleifen wie bei einer zusammengerollten Schlange, bald ging er quer mal in diese, mal in jene Richtung. Ohne voranzukommen oder zurückzufallen, schritt er die immer gleichen Spuren ab und kam doch niemals dorthin, wo er gerade gegangen zu sein schien, und bewirkte in trügerischer Manier mit dädalischer Kunst eine große Verwirrung. In kurzen Abständen wechselte er ziellos die gewundenen Wege, indem mal weiter voraus lief, mal ein wenig zurück. Bald querte er dorthin und lief von hier voraus und zurück, bald führte er im Bogen kurze Kreise aus, so dass der Mann nicht mehr wusste, wo er den Fuchs voraussichtlich packen könnte, der mit so vielen Finten seine verschlungenen Wege lief. Wie zum Spiel huschte jener unversehens zwischen den Beinen hindurch, und längst sprang er hinter dem Rücken, als man ihn noch vorne glaubte.

Sie hatten getauscht: Derjenige, der geflohen war, wurde zum Jäger, und derjenige, der gejagt hatte, glich einem Gejagten. Mit hochgezogenen Augenbrauen bemerkte der Bauer endlich das Verschwinden, staunend, wie vom Schlag getroffen, überlegte er lange und fassungslos, wann er jenen verloren hätte oder wo sich der Verschwundene versteckt haben könnte. Er drehte seinen Kopf nach rechts über die Schulter, um Ausschau zu halten, wo jener sich im Boden verkrochen habe. Reinhard fürchtete, jener könne, weil er ja zurückblickte, den wölfischen Raubzug hinter seinem Rücken bemerken. Daher kam er hervor, kehrte von links zurück und lief voraus, wobei er die Augen des Bauern, der den Versteckten suchte, durch ein zweifaches Stöhnen auf sich

Rusticus ablatum tam se ignorante redisse
Quam stupet ignaro se latuisse prius.
Hic fugere, ille sequi, persaepe extrema teneri,
Effluere et cassam linquere cauda manum,
Tunc quasi deficiens cadet expectatque iacendo
Prensorem, caudam dextera tuta tenet,
Vir "mecum", inquit, "amice, manes!" cultrumque sinistra
Expediens, misero demere vellus avet.
Acre gelu, ferrumne secans, an cautus utrumque
Horruerit, dubito, noluit ille pati,
Ergo supersiliens dextram, qua cauda tenetur,
Transfluit obliquam, pondere dextra labat,
Attonitus caudam dimittit, at ille paventis
Per scapulas saltans et caput ante redit;
Se cepisse videns et non potuisse tenere
Rusticus indignans cor sibi paene fodit.
Ille iterum in faciem divolvitur atque retrorsum
Procidit, et misero vox morientis inest,
Rusticus accedens sensim ruiturus in illum
Mole sui tota "si potes", inquit, "abi!"
Poplitibus pronis nutat tenditque lacertos
Et ruere incipiens paene beatus erat:
Praefugit obliquo saltu vafer ille ruentem,
Nudaque suscepit terra ruentis onus,
Surgere conantis Reinardus colla caputque
Occupat et morsa concitus aure salit.
Vir vehemente ferox animo et gemebundus humumque
Pressa fronte legens acrius instat item,
Fidus erat prensu sed perfidus ille retentu
Et vix efugiens effugit usque tamen,

lenkte. Der Bauer war ebenso verblüfft über die unbemerkte Rückkehr [300] wie über das ebenso unbemerkte Verschwinden zuvor.

Dieser floh, jener folgte, immer wieder wurde nach der Schwanzspitze gefasst, doch entwischte sie und ließ die Hand leer zurück. Dann fiel er gleichsam dem Tode nahe nieder und erwartete im Liegen seinen Häscher. Der Mann hielt mit seiner Rechten den Schwanz fest, [305] rief: »Du bleibst bei mir, mein Freund!«, zückte mit der Linken sein Messer und machte sich begierig daran, dem Elenden das Fell abzuziehen. Ich weiß nicht, ob jener den schneidenden Frost oder das scharfe Eisen oder aus Vorsicht beides fürchtete, jedenfalls wollte er nicht still halten. Also sprang er auf die Rechte, die den Schwanz hielt, [310] und glitt zur Seite. Die Rechte wurde durch das Gewicht heruntergedrückt, und verblüfft ließ der Bauer den Schwanz los. Jener aber sprang über Schultern und Kopf des Erschreckenden und wandte sich dann um.

Als der Bauer sah, dass er ihn gefangen, aber nicht zu halten vermocht hatte, wollte er vor Ärger fast ersticken. [315] Jener ließ sich wieder auf das Gesicht fallen, rollte auf den Rücken und stöhnte erbärmlich wie ein Sterbender. Der Bauer näherte sich langsam, bereit, sich mit seinem ganzen Körpergewicht auf jenen zu stürzen, und rief: »Lauf weg, wenn du kannst!« Schon ging er schwankend in die Knie, streckte die Arme aus [320] und war im Fallen fast erfolgreich, nur dass sein gerissener Gegenspieler mit einem Sprung zur Seite dem Fallenden auswich und die nackte Erde das Gewicht des Stürzenden empfing. Als er aufzustehen versuchte, setzte sich Reinhard auf seinen Hals und Kopf, biss ihn ins Ohr und sprang eilends davon. [325] Heftig erzürnt, stöhnend und mit dem Gesicht voll Dreck, in den sein Kopf gedrückt worden war, setzte der Mann mit noch größerem Eifer nach.

Leicht war der Fuchs zu erhaschen, doch schwer festzuhalten, und obwohl er kaum floh, entkam er doch immer wieder. Die

Linea currentes non intercesserat usquam
    Ulnarum spatio longior acta trium;
Ter tenuit caudam prensor, ter tenta fefellit,
    Terque fere felix, ter miser esse tulit,
Sic pueris levis aura perit coeunte pugillo,
    Lubricaque anguillae fallere cauda solet.
Ille igitur ioculans assueta fraude viarum,
    Fert tremere et labi, fert cadere atque capi,
Taliter illudens, donec comitante rapina
    In saltus reducem novit abisse lupum,
Protinus insultis obliqua per invia silvis
    Tollitur ex oculis ut duce pluma noto.
Sustinet ille novi stupidus phantasmata monstri
    Plus ammirari quam sua damna queri:
"Unde", ait, "existi, redeas, illabere Averno!
    Non equidem vulpes, sed quater ipse Satan!"
Ille gradu fixo villanum dulce salutans
    Eminus exclamat: "vado, sodalis, ave!
Ut scires, (etenim haerebas) cui mittere velles
    Membranam dominae, tardius ire tuli;
Inconsultus adhuc dubitas, custodio pellem,
    Cum scieris, cui des, trado libenter eam.
Quam tua parta mihi fuerat, si pellis egerem,
    Tam mea nempe tibi est; nec, quia vado, dole:
Ut fuit abstractu te caudam prompta tenente,
    Sic, quacumque soli parte morabor, erit."
Callidus ad pactam quaestor pervenerat aedem,
    Circumfert oculos, stat reticetque diu,
Cernit reliquias strophium restare salignum,
    Quo fixum extulerant fumida tigna suem,

Strecke, die zwischen den Laufenden lag, [330] war nie größer als ein Abstand von drei Ellen. Dreimal hatte der Jäger den Schwanz gepackt, dreimal ließ er ihn wieder los, dreimal fast erfolgreich hatte er doch dreimal das Nachsehen. So entschwindet den Knaben die leichte Luft aus der sich schließenden Faust, so pflegt der schlüpfrige Schwanz des Aals zu entgleiten. [335] Jener trieb also das bekannte Verwirrspiel der Wege, er zitterte und taumelte, er stürzte und ließ sich fangen und machte so seinen Verfolger zum Narren, bis er sicher war, dass der Wolf sich mit seinem Raub in die Wälder zurückgezogen hatte. Sogleich schlug er sich seitlich ins unwegsame Gebüsch [340] und entschwand aus den Augen wie eine Feder, die der Sturm entführt.

Jener blieb verdutzt stehen, staunte mehr über die Erscheinungen eines neuen Wundertiers, als dass er über seine Schäden klagte, und rief: »Kehre zurück, woher du gekommen bist, fahre zur Hölle! Kein Fuchs jedenfalls bist du, sondern der leibhaftige Satan mal vier!« [345] Jener hielt im Laufen inne, entrichtete dem Bauern katzenfreundlich seinen Gruß und rief aus der Ferne: »Ich gehe, Gefährte, leb wohl! Ich bin langsamer gegangen, damit du dir klar würdest – denn du warst unentschieden –, welcher Dame du das Fell schicken wolltest. Bis jetzt bist du immer noch nicht zu Rate gekommen, daher bewahre ich [350] das Fell auf. Wenn du weißt, wem du es gibst, will ich es dir gern aushändigen. Wie dein Besitz mir gehört hätte, wenn ich denn ein Fell bräuchte, so gehört mein Gut selbstverständlich dir. Sei nicht traurig, weil ich gehe: Wie mein Fell zum Abziehen bereit war, solange du meinen Schwanz hieltest, so wird es auch in Zukunft sein, in welchem Teil der Welt ich mich auch aufhalte.«

[355] Der schlaue Proviantmeister war zu dem verabredeten Bau gekommen, stand, blickte sich um und verhielt sich lange ruhig. Er sah, dass nur noch der Weidenstrang als Rest übrig geblieben war, mit dem das Schwein an den Räucherbalken aufge-

Ipsa senex tota cum carne voraverat ossa,
  Iam salicem rodens insatiatus adhuc;
Incipit ergo prior vulpes atque eminus abstat,
  Os patrui fidum non nimis esse ratus:
"Patrue, paene mihi tonsa haec pastura videtur,
  Rodis enim, nondum crederis esse satur,
Pax est et requies de toto facta bacone,
  Cur etiam non est esa retorta simul?
Parva fere saturo defectum fercula supplent,
  Unde capit nullam venter inanis opem.
Cras iterum esuries, hic nulla refectio restat;
  Prandia constabunt uberiore cibo;
Adjice reliquias, et non aliena vorasti,
  Cui servas, operam conciliantis agens?"
Replicat haec senior: "per canos hosce seniles!
  Parva animae est adeo non mihi cura meae,
Et tunc unde tibi pars expectata daretur?
  Fraus inter socios crimine nulla caret;
Tu quoque laturus, si me servante relictum
  Nil tibi vidisses, impatienter eras.
Cerne, retorta vacat, servata fideliter ipsa est,
  Rosa quidem sed non est violata nimis,
Vix tamen hanc potui servare bacone comesto,
  Sed scieris, non est unus utrique sapor,
Lenius in lardo penetrabiliusque momordi,
  Et fuit utilior fissiliorque caro;
Sume, tua haec pars est, et dic socialiter actum,
  Non alii leviter sed tibi tanta datur." –
"Patrue", quaestor ait, "cui competit, illius esto!
  Hic aliquid peius quam nihil esse puto;
Quod mihi servasti, serva pendere volenti,

hängt worden war. Sogar sämtliche Knochen hatte der Alte zusammen mit dem Fleisch verschlungen. Schon nagte der nach wie vor Hungrige an dem Weidenholz.

Als erster hob der Fuchs an, hielt aber einigen Abstand, da ihm das Maul seines Oheims nicht allzu vertrauenswürdig erschien: »Oheim, diese Wiese scheint mir fast abgeschoren. Du nagst, und man hat nicht den Eindruck, dass du schon satt bist. Friede und Ruhe ist über den vollständigen Schinken gekommen. Warum wurde nicht zugleich das Weidenband verzehrt? Kleine Mahlzeiten, aus denen ein leerer Bauch keinen Gewinn zieht, beseitigen für einen fast Gesättigten das restliche Hungergefühl. Morgen wirst du wieder hungrig sein, und hier ist keine Speise übrig; die Mahlzeiten werden aus größeren Speisemengen bestehen müssen. Nimm auch den Rest, du verschlingst damit kein fremdes Eigentum. Wem dienst du, wenn du dich anstrengst, eine Entschädigung zu geben?«

Der Alte gab folgendes zurück: »Bei meinen grauen Haaren! Es macht mich um meiner Seele willen nicht wenig besorgt, woher dir jetzt der zustehende Anteil zukommen wird. Betrug unter Verbündeten ist nicht frei von Schuld. Auch du hättest dich geärgert, wenn du gesehen hättest, dass ich dir nichts übrig gelassen hätte. Schau, das Weidenband ist dir vergönnt. Treulich wurde es aufbewahrt, es ist zwar angenagt, aber nicht allzu beschädigt. Dennoch konnte ich es nach dem Verzehr des Schinken fast nicht aufbewahren, aber du weißt: die beiden haben nicht ein und denselben Geschmack; leichter und tiefer konnte ich in den Speck beißen, und nützlicher und zarter war das Fleisch. Greif zu, dies ist dein Anteil, und gib zu, es ist anständig gehandelt. Keinem anderen als dir wird so großer Lohn leichthin zuteil.« – »Oheim«, sagte der Proviantmeister, »wer ihn erstritten hat, soll ihn behalten. Ich glaube, hier ist weniger als nichts. Was du mir aufbewahrt hast, behalte für jemanden, der sich aufhängen

Invenit arbitrium nulla retorta meum."
Offensus senior truculenta voce profatur:
"Rebar amicitiam promeruisse tuam;
Nunc ego deprendi, tua quo versutia vergat,
Pars mea consumta est, hic tua, sume tuam!
Quo funem traheres, praenovi: nempe tulissem,
Particula velles solus utraque frui,
Alliceres astu, quaecumque reperta fuissent,
Ut mus muscipula, vis solet arte capi.
Ergo ego praeripiens sperato cautius egi,
Tundatur ferrum, dum novus ignis inest;
Res est forma rei, factis facienda notantur,
Et nihil est, quod non mentis acumen alat.
Quod si tam lepidus, quam vulgo diceris esse,
Et si, quam sapiens crederis esse, fores,
Carpere te saltem, quamvis pietate careres,
Haec mea non sineret publicus acta pudor;
Ubertate tuus si tanta venter egeret,
Quanta non dubitas indiguisse meum,
Pace mea potuit salvo mihi virga bacone
Cortice plus medio rosa fuisse tibi.
Sicut enim es prudens, rosae iactura retortae,
Non tibi maerorem perna comesta movet;
Sufficeret, si tota foret, tibi virga, meamque
Ingluviem nosti, turpiter ergo doles,
Alvus cum tibi sit stricta et brevis, at mihi late
Oblonga pendens in cavitate capax.
Si res ad synodum traheretur, nonne parasti
Materiam risus et pietatis ego?

will. [390] Kein Weidenband wird von mir als Eigentum beansprucht.«

Beleidigt erwiderte der Alte mit finsterer Stimme: »Ich glaubte, deine Freundschaft verdient zu haben. Jetzt habe ich erkannt, auf welches Ziel sich deine List richtet. Mein Teil ist verschluckt, hier ist deiner, nimm ihn! [395] Ich habe vorausgesehen, wohin du das Seil ziehen würdest. Hätte ich es freilich hingenommen, hättest du alleine beide Teile verzehren wollen. Du hättest dir alles mit List angeeignet, was vorhanden gewesen wäre. Wie die Maus von der Mausefalle wird gewöhnlich die Kraft von der List gefangen. Mit dem Vorgriff auf meinen Anteil habe ich vorsichtiger gehandelt, als du erhofftest. [400] Man muss das Eisen schmieden, solange es heiß ist. Eine Sache ist Vorgabe der nächsten, was zu tun ist, lernt man aus den Taten, und es gibt nichts, was nicht unseren Verstand schärfen könnte.

Wenn du so gewitzt wärst, wie man gemeinhin von dir sagt, und wenn du so viel Weisheit besäßest, wie man glaubt, [405] hätte wenigstens die gute Sitte, wenn du schon nicht dankbar bist, dich davon abgehalten, diese meine Handlungen klein zu reden. Wenn dein Bauch eben so sehr gefüllt werden müsste, wie meiner es nötig hatte – du bezweifelst das sicher nicht –, dann hättest du mit meinem Einverständnis von der Weidenrute mehr als die Hälfte [410] der Rinde abnagen können, sofern mir nur der Schinken geblieben wäre. Klug, wie du nämlich bist, weckt der Verlust des abgenagten Strangs deinen Kummer und nicht der verzehrte Schinken. Für dich hätte das Weidenband gereicht, wenn es unversehrt gewesen wäre. Du kennst aber meine Unersättlichkeit, unschön ist daher dein Kummer, [415] zumal du einen kurzen und schmalen Bauch hast, während meiner weit und aufnahmebereit in länglichem Bogen herabhängt.

Wenn der Fall vor das bischöfliche Sendgericht käme, würdest du nicht Anlass zum Gelächter bieten, ich hingegen zu frommer

Protinus ergo tuae completo fine querelae
  Cum peteres damno ius synodale tuo,
Redderet orator vera argumenta disertus,
  Innocuum tali me ratione probans:
'Ysengrimus adest obiecti criminis insons,
  Hoc rerum series indubitata docet.
Voverat hoc anno claustralis seria vitae,
  Reinardo laicos inter habente suam,
Frater et in claustro, quoadusque abbate voracem
  Formidante gulam iussus abiret, erat;
Iussus abit, verum quamvis et iussus abisset,
  Sacra verebatur frangere dicta patrum.
His igitur scriptis in sacrae codice normae:
  ›Hunc, qui pluris eget, summere plura decet‹
Et ›Cum tinnierint veniendi cymbala signum
  Fratribus, ad mensas coetus adesto celer‹,
Ysengrimus habens sacro super ordine curam
  Vertere nolebat, quod pia secta iubet.
Obviat interea Reinardo, dumque vicissim
  Rite vale faciunt, umbra baconis adest,
Clam loquitur fratri vulpes: ›hunc, domne, baconem
  Si mecum velles dividere, arte darem‹;
Frater ait: ›communis erit‹, quo more iubetur
  Claustricola ›est nostrum‹ dicere, quicquid habet,
His dictis abiit Reinardus, fratre relicto
  Nil absens misit, nil dedit ipse redux.
Monachus inspecto fore comperit aethere tempus,
  Cymbala quo fratres pulsa vocare solent,

Anteilnahme? Wenn du also deine Klage vollständig vortrügest und das bischöfliche Recht [420] zur Wiedergutmachung deines Schadens einfordertest, antwortete ein redegewandter Verteidiger mit Beweisen der Wahrheit und machte meine Unschuld mit folgender vernünftigen Überlegung glaubhaft: ›Hier steht Isengrim. Er ist nicht schuldig des Verbrechens, dessen man ihn bezichtigt. Das zeigt unzweifelhaft der Zusammenhang: [425] Isengrim hatte in diesem Jahr ein Gelöbnis auf die Zucht klösterlichen Lebens abgelegt, während Reinhard sein Leben unter den Laien führte, und er lebte als Bruder im Kloster, bis er auf Befehl des Abtes ging, der sich vor seiner unermesslichen Gefräßigkeit fürchtete. Wie befohlen, ging er. Doch obwohl er, wie befohlen, gegangen war, [430] scheute er sich, die heiligen Vorschriften der Väter zu brechen. Sie sind im Buch der heiligen Regel niedergeschrieben: ›Derjenige, der mehr braucht, darf auch mehr nehmen‹ und ›Wenn die Glocken geläutet haben, um den Brüdern zu bedeuten, zu Tisch zu kommen, soll die Gemeinschaft sich schnell versammeln‹. [435] Isengrim beachtete die Vorschriften über seine Ordenszugehörigkeit hinaus und wollte nicht abweichen von dem, was die fromme Regel vorschreibt.

Einmal begegnete er Reinhard, und während sie sich, wie es sich gehört, gegenseitig begrüßten, war auch flüchtig ein Schinken zu sehen. Leise sprach der Fuchs den Bruder an: ›Wenn du diesen Schinken mit mir [440] teilen wolltest, Herr, würde ich ihn mit List herbeischaffen.‹ Der Bruder antwortete: ›Er wird uns beiden gehören‹, wie man zu welchem Besitz auch immer nach klösterlichem Gesetz sagen muss: ›Es ist unser‹. Nach diesen Worten entfernte sich Reinhard, schickte aber nichts aus der Ferne dem zurückgelassenen Bruder noch gab er ihm etwas bei seiner Rückkehr. [445] Als der Mönch zum Himmel blickte, sah er, dass der Zeitpunkt kam, an dem die Glocken mit ihrem Schlag die Brüder zusammenzurufen pflegten. Zufällig stieß er auf einen Schinken,

Incidit oblatum, nescit quo dante, baconem,
Debita sumendae venerat hora dapis;
Hora facit neglecta reum, Reinardus et istum
Praeter claustricolam quilibet alter abest,
Dona dei laudans, accedit frater ad escam,
Nil servat, dominum sic monuisse memor:
›Noli sollicitus fieri pro luce futura.‹
Deniqui completis omnibus iste venit,
Utque videt torquem, quo vinctum fumida tergum
Tegula sustulerat, ›pars mea‹, clamat, ›ubi est?‹
Clamanti monachus ›frater, temere exigis‹, inquit,
›Exige fraterne, debita solvo libens,
Ordinis est nostri, plus sumere pluris egentem,
Pluribus indigui, plura proinde tuli,
Frater inexpleta si mensam liquerit alvo
Ultra dimidium, regula fracta perit;
A quocumque baco datus est, quod opportuit, egi,
Haec superant, plus his non iubet ordo dari,
Quod superavit, habe!‹ monachus sic ista fuisse
Arbitrio synodi nec secus acta probat,
Nec coram Remico metuit nec praesule Romae,
Sedis uter libeat sollicitetur apex;
Pendite, censores, causam!' sic, stulte, locuto
Rhetore quid synodus diceret esse tuum?
Si, quibus et quantis egeam, perpendere velles
Et gereres socia sedulitate fidem,
Quamvis abrosus prope liber adusque medullam
Et comitata duas perna fuisset oves,
Non culpandus eram, potius culpabilis essem,
Si mihi mansisset mica pusilla super.

wer immer ihn dorthin gelegt hatte, und es war die Stunde angebrochen, zu der man die Mahlzeit zu sich nehmen muss. Versäumt man die Stunde, macht man sich schuldig. Reinhard und alle anderen waren fort, nur dieser Klosterinsasse hier war zugegen. Der Bruder lobte die Gaben Gottes und machte sich über das Essen her. Nichts ließ er übrig, weil er die Mahnung des Herrn befolgte: ›Mach dir keine Sorge um den morgigen Tag‹.

Endlich, als alles zu Ende gebracht war, kam Reinhard. Als er das Band sah, mit dem das Hinterteil am Räucherdach aufgehängt gewesen war, rief er: ›Wo ist mein Anteil?‹ Auf das Geschrei antwortete der Mönch: ›Bruder, du forderst ohne Grund. Fordere nach Art der Brüder, und ich gebe dir gerne das Zustehende. In unserem Orden gilt, dass derjenige, der mehr braucht, auch mehr nimmt. Ich habe mehr benötigt, und daher habe ich mehr genommen. Ein Bruder, der den Tisch mit weniger als zur Hälfte gefülltem Bauch verlässt, verletzt die Regel und zerstört sie. Wer auch immer den Schinken gestiftet hat: Ich habe gehandelt, wie es der Anstand erforderte; dies war übrig, mehr musste man nach der Regel nicht geben. Was übrig geblieben ist, sei dein Besitz!‹ Der Mönch bestätigt vor dem Synodalgericht, dass sich die Sache so und nicht anders abgespielt hat. Er fürchtet weder den Bischof von Reims noch den von Rom, welcher Bischofssitz auch angerufen werden würde. Urteilt, Richter, über den Fall!‹

Narr, was könnte wohl das Gericht nach einer solchen Verteidigungsrede dir zusprechen? Wenn du abwägen wolltest, was und wieviel ich benötige, und dich dabei um Gerechtigkeit einem Gefährten gegenüber bemühtest, dürfte man mich nicht schuldig sprechen, selbst wenn der Weidenstrang fast bis auf das Mark abgenagt und der Schinken noch von zwei Schafen begleitet gewesen wäre. Vielmehr hätte ich mich schuldig gemacht, wenn ich mehr als ein winziges Körnchen übrig gelassen hätte.

Desine conquestu modo, pars tua maior habetur,
Sed pietate cares et rationis eges;
Sanus adhuc ferme cortex lignumque remansit,
Et non est morsu laesa medulla meo,
Perna mihi iuxta moduum divisa videtur,
Fecissem fratri non meliora meo.
Cominus huc accede, miser, metire retortam,
Quam vice te socia prosequar, ipse vide,
Et si non aliter, quam dico, probaveris esse,
Consulo, ne spernas hoc, quod habere potes,
Rode foris librum tenuemque exsuge medullam,
Esu dura aliam pars tibi praebet opem:
Cum fortuna aliquem dederit tibi prospera quaestum,
Commodius poterit sarcina vincta vehi."
Reinardus patruum, si quicquam diceret ultra,
Irasci metuens fraude benignus ait:
"Patrue, te insontem iusta ratione probasti,
Sicut iustitiam mos hodiernus habet:
Peius agit, qui plura potest, luit omnia pauper,
Scit sibi fautorem dives adesse deum.
Ignorante deo est pauper, quod prodigus ardet
Fundere, quodque tenax condere, pendit inops,
Quod locuples, quod pauper habet, locupletis utrumque est,
Divitis ex dono est pauperis omne parum;
Non igitur nostro quicquam de iure tulisti,
Tam mea quam tua res est tua, cuius eges,
Si minus edisses, stomachus tibi laxior esset,
Vestis et esca hodie cuncta licere iubent.
Nullius ignoscentis eges, vis imperat aequo,
Indulgente sibi divite, quicquid agit,
Accusatur inops, sit noxius ipse, sit insons,

Hör schon auf zu klagen! Man sieht deinen Anteil für zu groß an, doch mangelt es dir an Anstand und an Vernunft. Fast unversehrt sind bisher die Rinde und das Holz, und das Mark ist von meinem Biss überhaupt nicht verletzt. Der Schinken scheint mir im richtigen Verhältnis geteilt zu sein, nicht besser hätte ich an meinem Bruder gehandelt. Komm näher heran, Elender, den Strang abzumessen. Sieh selbst, wie anständig ich mich dir gegenüber verhalten habe. Und wenn du eingesehen hast, dass es sich nicht anders verhält, als ich sage, empfehle ich, dass du nicht verschmähst, was du besitzen kannst. Nage also außen die Rinde ab und sauge das zarte Mark heraus. Der schwer zu kauende Teil verschafft dir einen anderen Nutzen: Wenn dir ein glücklicher Zufall irgendeinen Fund vergönnt, kann die verschnürte Last um so bequemer transportiert werden.«

Reinhard, der fürchtete, dass sein Oheim zürnen könnte, wenn er irgendetwas dagegen vorbrächte, sagte mit vorgetäuschter Freundlichkeit: »Oheim, deine Unschuld hast du mit gerechten Vernunftgründen bewiesen, jedenfalls so, wie der heutige Brauch die Gerechtigkeit handhabt: Je mehr Macht jemand besitzt, desto schlechter handelt er, der Arme bezahlt alles. Der Reiche weiß, dass Gott auf seiner Seite steht. Der Arme ist verlassen von Gott. Der Bedürftige begleicht, was der Verschwender zu vergeuden und was der Geizige anzuhäufen begehrt. Was der Reiche und was der Arme besitzt, gehört beides dem Reichen. Das Wenige, was der Arme besitzt, ist ausschließlich ein Geschenk des Reichen. Nichts hast du also von unserem Recht genommen; Mein Besitz wie auch dein Besitz sind dein Besitz, soweit du seiner bedarfst. Wenn du weniger gefressen hättest, wäre dir dein Bauch zu sehr erschlafft; Kleidung und Essen gebieten es heute, sich alles zu erlauben. Du bedarfst keiner Verzeihung, Gewalt herrscht über das Recht. Während der Reiche bei allem, was er tut, sich frei kauft, klagt man den Armen an, sei er nun schuldig oder unschul-

Venalis venia est, ut mereatur, emat,
Iustus inops sine iure, reus sine crimine dives,
Ipse sibi ignoscit pro pietate dei;
Ergo si locuples alibi indultoris egebit,
Nonne deus referet pro pietate vicem?
Conqueror ergo nihil, concordes simus ut ante!"
Tunc senior blanda voce profatur ovans:
"Nunc sapis, impensumque tibi gratanter habeto!
Scis benne, sic sociis partior usque meis;
Si tibi deterior, quam velles, portio cessit,
Et mea pars voto non fuit aequa meo,
Fer modo! restituam, cum quid lucrabere rursum,
Non quia debuerim, sed quia largus ego."
Acrior idcirco Reinardum iniuria torquet,
Quod non reddiderat debita verba dolor,
Exspirata minis rabies cor lenius angit,
Interit erumpens, permanet ira latens;
Sed quia facta solet dictis praeponere prudens,
Declamare bonam noluit ante diem,
Non usurpat 'agam', ne dicere perdat 'ego egi',
Tuta mora spes est, anticipata perit.

Venerat ergo dies vindictae lectus uterque
Hostis agens hosti, non temere actus, obit,
Visa vulpe senex hilaris concinnat inanes
Blanditias, blaesa calliditate loquens:
"Tempore felici venias, cognate! quid affers?
Nunc, si quid dederis, partior absque dolo."

dig. Gnade ist käuflich: Um sie zu erhalten, muss man bezahlen. Der gerechte Arme besitzt kein Recht, der schuldige Reiche bleibt ohne Anklage, [510] er spricht sich um seiner Liebe zu Gott willen selbst frei. Wenn also später an anderer Stelle der Reiche eines gnädigen Richters bedarf – wird Gott nicht die erwiesene Liebe erwidern? Ich beklage also nichts, seien wir einmütig wie zuvor!«

Da triumphierte der Alte mit schmeichlerischer Stimme: [515] »Jetzt bist du vernünftig, behalte gerne die wertvolle Gabe! Du weißt genau: So teile ich mit meinen Gefährten. Wenn dein Teil kleiner geraten ist, als du es vielleicht gewollt hast, so entsprach auch mein Teil nicht meinem Wunsch. Nimm es schon hin! Ich gebe dir einen Ausgleich, wenn du wieder etwas besorgt hast, [520] nicht weil ich dazu verpflichtet wäre, sondern weil ich freigebig bin.«

Dieser Spott quälte Reinhard um so heftiger, als sein Schmerz nicht die passenden Worte zurückgegeben hatte. Die Wut, die sich in Drohungen Luft macht, liegt leichter auf dem Herzen. Ein Wutausbruch geht vorbei, heimliche Wut bleibt. [525] Doch weil der Kluge die Taten den Worten vorzuziehen pflegt, wollte er den Tag nicht vor dem Abend loben. Er verzichtete auf das ›Ich werde handeln‹, um später sagen zu können: ›Ich habe gehandelt‹. Warten macht die Hoffnung sicher, Voreiligkeit setzt sie aufs Spiel.

## *Der Wolf als Fischer*

So war der zur Vergeltung bestimmte Tag gekommen. Beide Feinde [530] verfolgten ihre Interessen, als sie einander begegneten. Als der gut gelaunte Alte den Fuchs gesehen hatte, legte er sich nichtssagende Schmeicheleien zurecht und sagte mit stockender Schlauheit: »Sei herzlich willkommen, Gevatter! Was bringst du? Diesmal teile ich ohne Hinterlist, wenn du etwas gegeben haben wirst.«

Cui vulpes: "refer ergo fidem, quae, patrue, primam
Divisit, tibi si perna secunda placet,
Sicut prima fides suadet sperare secundam,
Sic fraus indicium prisca sequentis agit,
Dicitur hoc vulgo 'fraus acta minatur agendam';
Divisus recte vix fuit ille baco.
At mihi nunc merces illaesa retorta daretur,
Si vescenda tibi perna veniret item?
Te peccasse piget, desisti fallere frustra
Et de perfidiae crimine sero doles;
Si mihi servasses primam sine fraude retortam,
Venisset melior perna priore sequens.
Tendamus meliore via! considero mores,
Cras hodieque sumus, quod fueramus heri,
Non igitur tecum communia rursus habebo,
Te, nisi solus edas, copia nulla replet;
Nonne querebaris vesanum ambabus abusum
Particulis uterum paene vorasse nihil?
Et nunc divideres socialiter? immo videtur,
Ne pecces iterum, res facienda secus.
Non prohibet pisces tibi regula, tuque fuisti
Monachus, et non est semper edenda caro;
Fac dapibus licitis insanum aussuescere ventrem,
Cuius ob ingluviem noxia nulla times.
'Ius!', ubi ius non est; ubi ius, 'iniuria!' iuras,
In res externas irreverenter hias,
Res proprias, medias, alienas credis easdem,
Vivere vis rapto, carnibus usque frui;
Munditiae frenum ebrietas et crapula vendunt,
Qui mundus fieri quaerit, utramque cavet.
Heu te sexta dies nec quadragesima terret;

[535] Ihm antwortete der Fuchs: »Erinnere dich nur an die Treue, Oheim, welche den ersten Schinken teilte, wenn dir der Sinn nach einem zweiten steht. Was die erste Zuverlässigkeit von der zweiten erwarten lässt, das zeigt auch der frühere Betrug für den folgenden an, heißt es doch bekanntermaßen: ›Der begangene Betrug droht mit dem künftigen.‹ [540] Jener Schinken ist kaum gerecht geteilt worden. Würde mir diesmal etwa als Lohn ein unversehrtes Weidenband zuteil, wenn dir in gleicher Weise ein Schinken zum Verzehr zufiele? Es reut dich, gesündigt zu haben, doch vergeblich hast du den Betrug aufgegeben, und zu spät bedauerst du das Vergehen deiner Untreue. [545] Wenn du mir den ersten Strang ohne Trug überlassen hättest, wäre jetzt ein Schinken gefolgt, der den ersten übertroffen hätte.

Doch schlagen wir einen besseren Weg ein! Ich weiß um die Gewohnheiten: Morgen und heute sind wir, was wir gestern gewesen sind. Ich werde also mit dir nicht wieder gemeinsam teilen, [550] füllt dich doch keine Menge, wenn du nicht alleine isst. Oder beklagtest du etwa nicht, dass dein abnormer Bauch fast nichts verschlungen hätte, nachdem er sich beide Teile missbräuchlich angeeignet hatte? Und diesmal würdest du gerecht teilen? Es scheint ganz im Gegenteil, dass die Sache anders anzupacken ist, damit du nicht wieder sündigst. [555] Die Ordensregel erlaubt dir Fische, und du bist Mönch gewesen, und man muss nicht dauernd Fleisch essen. Gewöhne deinen maßlosen Bauch an erlaubte Speisen, wegen dessen Unersättlichkeit du jeden Schaden in Kauf nimmst. Du schwörst ›Recht!‹, wo kein Recht ist, und wo Recht ist, ›Unrecht!‹. [560] Ohne Achtung schnappst du nach fremdem Eigentum, eigener, öffentlicher, fremder Besitz gilt dir gleichviel. Du willst von Raub leben und fortwährend Fleisch fressen. Trunksucht und Völlerei verschachern den Zügel der Reinheit; wer rein werden will, hütet sich vor beiden. [565] O weh, nicht einmal der Freitag oder die Fastenzeit schrecken dich ab. Du wirst meiner

Iudaeus siquidem, sicut opinor, eris.
Te minus est nequam Satanas quaecumque gerente,
Ille aliquid sed tu nil superesse sinis;
Nec lex moralis nec scripta leporve pudorve
Aut timor aut pietas his posuere modum."
Aemulus econtra loquitur, spe laetus habendi:
"Quid, cognate, adeo faris amara mihi?
Parce, precor! quicquid praeceperis, obsequor ultro,
Norim, quid iubeas, quid prohibere velis,
Exceptis parebo tribus quaecumque iubenti:
Nil do, sperno modum, devoveoque fidem;
Haec tria cur fugiam, quam congrua causa sit, audi,
Nam tribus his sapiens nemo carere dolet:
Parta mihi teneo, data non redduntur egenti,
Et praeformido rebus egere datis.
Me rerum ignari nimis esse fatentur edacem –
Venter ubi impletur, nil superaddo cibi,
Partior, hoc stulti culpant, communia prave –
Sed non sufficerent dimidiata mihi,
Quaeque mihi desunt, nunc vi, nunc aufero furtim –
Pellerer aut captus penderer, illa rogans;
Cetera iussa geram, liceant haec, abdico carnem,
Si mihi quid dederis carius, unde ciber."
Commentator ad haec "leviter sanaberis", infit,
"Carne tibi excepta nil prohibere volo,
Pauca volo ut mutes, et cetera cuncta licebunt,
Ignosco vitiis, in quibus ambo sumus;
Diceris (et verum est) in me peccasse frequenter,
Cum dederim, ut nosti, commoda multa tibi,
Tam fidus fido, quam concolor Anglicus Indo,

Meinung nach zu einem wahren Juden. Sogar Satan ist mehr wert als du, was immer du anstellst: Jener lässt wenigstens etwas übrig, du aber nichts. Weder innerer Anstand und schriftlich verfasstes Recht noch Höflichkeit [570] oder Scham oder Furcht oder Frömmigkeit mäßigen dein Verhalten.«

Dem entgegnete der Rivale, voll froher Hoffnung auf die Beute: »Was machst du mir so bittere Vorwürfe, Gevatter? Ich bitte um Schonung! Was immer du befiehlst, ich gehorche willig. Ich weiß nicht, was du befiehlst oder was du verbieten willst, [575] bis auf drei Ausnahmen werde ich jedem Befehl Folge leisten: Ich gebe nichts, ich verabscheue Mäßigkeit, ich verwünsche die Treue. Höre, warum ich diese drei ablehne und wie stichhaltig meine Begründung ist. Niemandem nämlich mit Verstand tut es leid, auf die drei zu verzichten. Ich behalte das einmal Erworbene für mich, Geschenke werden auch einem Armen [580] nicht zurückerstattet, und ich weigere mich entschieden, auf Geschenke zu verzichten. Die Ahnungslosen behaupten, ich sei zu gefräßig – sobald mein Bauch gefüllt ist, füge ich jedoch keine weitere Speise hinzu. Dummköpfe beschuldigen mich, dass ich den gemeinsamen Besitz unredlich teile – die Hälfte reicht jedoch für mich nicht aus. [585] Alles, was mir fehlt, nehme ich weg, mal mit Gewalt, mal heimlich – wenn ich darum bäte, würde man mich vertreiben oder fangen und hängen. Wenn dies zugestanden wird, führe ich alle anderen Befehle aus. Ich entsage dem Fleisch, wenn du mir etwas gibst, was ich lieber fresse.«

Darauf erwiderte der Schwindler: »Mit Leichtigkeit wirst du geheilt werden. [590] Nichts will ich dir verbieten mit Ausnahme des Fleisches. Nur wenig sollst du ändern, alles Übrige wird erlaubt sein. Ich verzeihe die Verfehlungen, die wir miteinander teilen. Man sagt (und es stimmt), dass du dich häufig an mir versündigt hast, obwohl ich dir viele Vorteile verschafft habe, wie du weißt. [595] Wie ein Engländer einem Inder in der Farbe gleicht,

Quo mihi plus debes, hoc minus usque faves,
Omne malum vice nemo mala nisi pessimus aequat,
Ergo ne pereas, consiliabor item.
Piscibus innumeris vivaria subdita novi,
Emoritur stricto plurima turba vado,
Piscibus ut reliquis laxetur copia nandi,
Gratus ibi hunc illo captor agente trahit;
Nec potior quisquam quam tu mihi crederis esse,
Tot pressum monstris evacuare locum,
Sit quamvis in ventre tuo tam creber et amplus
Angulus, es numquam vel satiandus ibi."
Ille reclamat ovans: "furimus, Reinarde? quid istic
Figimur? accelera! mors, nisi piscer, adest!
Vis vivam, in pisces age me, carnem abdico prorsus;
Tu prisci sceleris ne meminisse velis,
Perdideram lances, quibus exaequare solebam
Particulas, ideo solus utrasque tuli.
Quem nunc ergo dares, tu solus habeto baconem,
Pars tua quarta foret, par modo noster eris,
Et veterem patruum capiendis piscibus induc."
Praecedit vulpes subsequiturque lupus;
Ambo pari cursu sed voto dispare tendunt,
Hic cupidus lucri, conscius ille doli,
Spe labor in seniore, fames stimulatur utroque,
His ergo stimulis instimulatus ait:
"Dic, cognate, etenim nimis expedit hoc mihi nosse,
Piscatura vadi quam procul abstat abhinc?" –
"Patrue, cur", inquit, "scitaris?" at ille subinfert:
"Scitandi quaenam sit mihi causa, rogas?
Quo tibi surreptu tam nunc industria simplex?

so bist du einem Treuen treu. Je mehr du mir schuldig bist, desto weniger lässt du mir zukommen. Doch nur der Schlechteste vergilt jede böse Tat mit einer bösen Tat. Ich werde also noch einmal einen Rat geben, damit du nicht zugrunde gehst. Ich kenne Teiche, in denen unzählige Fische ihr Reich haben. [600] Wenn das Wasser abgelassen wird, kommt eine riesige Menge zu Tode. Damit den übrigen Fische Platz zum Schwimmen verschafft wird, zieht der willkommene Fischer diesen heraus, wobei jener nachhilft. Niemand scheint mir besser geeignet zu sein als du, einen so mit merkwürdigen Wesen vollgestopften Teich zu leeren. [605] Wie viele und große Winkel in deinem Bauch auch sein mögen, wenn du dort nicht zu sättigen bist, dann nirgends.«

Jener rief frohlockend: »Sind wir rasend, Reinhard? Was stehen wir hier wie festgenagelt. Beeile dich! Ich sterbe, wenn ich keine Fische bekomme! Willst du, dass ich lebe, so führe mich zu den Fischen. Dem Fleisch entsage ich völlig. [610] Vergiss mein altes Verbrechen. Ich hatte die Waage verloren, mit der ich die Teile abzuwiegen pflegte; deshalb habe ich beide Teile genommen. Der Schinken, den du jetzt beibrächtest, soll also dir allein gehören. Eigentlich stünde dir nur ein Viertel zu, doch wirst du uns diesmal gleichgestellt. [615] Führe aber deinen alten Oheim zu den Fischen, die gefangen werden sollen.«

Der Fuchs ging voran, es folgte der Wolf. Sie liefen in gleichem Schritt, aber mit unterschiedlicher Absicht, der eine gierig auf Beute, der andere auf List bedacht. Die Hoffnung verstärkte die Anstrengung beim Alten, beides seinen Hunger. [620] Angespornt durch diese Anreize, sagte der Wolf: »Sprich, Gevatter, denn allzu sehr drängt es mich, das zu erfahren: Wie weit ist der Fischteich von hier entfernt?« – »Oheim«, erwiderte dieser, »warum willst du das wissen?« Und jener antwortete: »Du fragst, warum ich das wissen will? [625] Wie hat man dir deine Klugheit geraubt und so sehr beeinträchtigt? Woher diese Begriffsstutzigkeit (du

Unde haec rusticitas, (nonne facetus eras?)
Ut, cur quaesierim, quaeras, quod et ante rogatum
Dicere debueras? expediebat enim:
Nam licet ipse nihil nosses, (at fama fatetur)
Quam natura meae sit furiosa gulae,
Quam mordax in ventre meo luctetur egestas –
Nescis, quod cupidos segnia lucra necant?
Tarda magis cupidos quam perdita lucra molestant,
Nonne fui monachus? Scisque, ita dicor adhuc.
Materia crescit crescente voracior ignis,
Res avidam mentem nulla praeire potest,
Fax nativa meos satis incendebat hiatus,
Adiecit stimulos regula sancta suos,
Monachus oblatum cum viderit affore lucrum,
Irruit ut pluvio fulgetra mota polo;
Sciret bina modum, cum nesciat una Charybdis?
Hinc me sanctus agit, noxius inde furor,
Plus claustri pietas furit impietate lupina,
Dico satur 'satis est', monachus usque 'parum est'.
Antea peccabam, quotiens violenter agebam,
Et veniam raptus non habuere mei;
Sacra cuculla mihi simul est accepta, suumque
Exemplum fratres edocuere boni;
Protinus illicitum coepit licitumque licere,
Et nihil est vetitum praeter egere mihi,
Dic igitur, nostro quantum de calle supersit,
Ne pariat subitam dupla cupido necem." –
"Patrue", ductor ait, "cum plena crepuscula mundum
Induerint, coeptum perficiemus iter;
Nocte fere media, si tendimus omine laeto,
Tanta trahi poterit sarcina, quanta vehi."
Piscaturus ad haec: "tua nonne peritia languet?

warst doch früher ganz gewitzt), dass du fragst, warum ich gefragt habe, was du schon vor der Frage hättest sagen sollen? Es wäre nämlich von Vorteil gewesen. Denn auch wenn du nicht gewusst hättest (allerdings geht das Gerücht um), [630] wie rasend meine Verfressenheit wütet, welche Kämpfe der mörderische Hunger in meinem Bauch ausficht: Weißt du nicht, dass verspätete Beute die Begierigen tötet? Eine Verspätung der Beute setzt den Begierigen mehr zu als ein Verlust.

Bin ich nicht Mönch gewesen? Und du weißt, dass man bisher mich so nennt. [635] Das Feuer verzehrt umso mehr, wenn Brennstoff zugeführt wird. Nichts kann gierige Gedanken übertreffen. Die innere Glut hat meine Gier schon zur Genüge entfacht; die heilige Regel hat ihre Anreizungen noch hinzugetan. Der Mönch stürzt sich auf die Beute, wenn er sie vor Augen hat, [640] wie ein Blitz aus dem regenverhangenen Himmel. Wüsste eine doppelte Charybdis Maß zu halten, wenn schon eine einzige es nicht versteht? Hier treibt mich das heilige, dort das verderbliche Wüten an. Stärker als die wölfische Ruchlosigkeit wütet die Frömmigkeit des Klosters. Als Satter sage ich: ›Es ist genug‹, als Mönch andauernd: ›Es ist zu wenig‹. [645] Jedes Mal, wenn ich früher Gewalt anwandte, habe ich gesündigt, und meine Raubzüge fanden keine Gnade. Sobald mir die heilige Kutte angelegt worden war und die guten Brüder mich mit ihrem Vorbild belehrt hatten, begann sofort Unerlaubtes wie Erlaubtes erlaubt zu sein, [650] und nichts war mir verboten, außer Not zu leiden. Sage also, wieviel von unserem Weg noch vor uns liegt, damit die doppelte Begierde keinen plötzlichen Tod bereitet.« – »Oheim«, sagte der Führer, »wenn die Dämmerung ganz über die Welt hereingebrochen ist, haben wir den angefangenen Weg vollendet. [655] Wenn wir uns unter günstigem Vorzeichen anstrengen, werden wir gegen Mitternacht eine so große Last an Land ziehen, wie wir tragen können.« Darauf der künftige Fischer: »Deine Klugheit ist wohl eingeschlafen? Ich weiß

Nescio quid passa mente reduncus hebes;
Milibus octo super nubes extantis acervi
Impositum dorso me superaret onus?
Sed facile est portare mihi, quos occulit aequor,
Ni dicam 'satis est', abnatet oro nihil,
Si felix fortuna meis arriserit ausis,
Quot mihi sufficiant in duo lustra, traham."
Moverat algorem Februi violentia, quantus
Stringere Danubias sufficiebat aquas;
Nacta locum vulpes dixit: "sta, patrue dulcis",
(Hiscebat glacies rupta recenter ibi)
"Hic impinge tuam, carissime patrue, caudam,
Rete aliud nullum, quo potiaris, habes,
Utere more meo; quotiens ego piscor, eundem
Piscandi quovis sector in amne modum,
Utque experta loquar, si multum linea claudant
Retia, ter tantum cauda tenere solet.
Quod si consilium non exaudire recusas,
Hortor, ut hic sapiat dupla cupido semel;
Salmones rhombosque et magnos prendere lupos,
Mole supernimia ne teneare, cave,
Anguillas percasque tene piscesque minores,
Qui tibi sint, quamvis plurima turba, leves.
Viribus aequa solet non frangere sarcina collum,
Obviat immodicis ausibus usque labor;
Lucratur temere, qui perdit seque lucrumque,
Interdum lucris proxima damna latent,
Ne capiens capiare, modum captura capescat,
Virtutum custos est modus atque dator."
Retifer econtra: "ne quid mihi consule, frater,
Da tibi consilium, consule memet agor!

nicht, was deinem Verstand zugestoßen ist und warum du so dumm bist. Würde mich die Last eines Haufens, der acht Meilen über die Wolken [660] hinausragt, zu Boden drücken, wenn sie auf meinen Rücken geladen würde? Es ist vielmehr leicht für mich, die Fische zu tragen, welche die Fluten bergen. Nichts möge bitte fortschwimmen, wenn ich nicht sage: ›Es ist genug‹. Wenn ein günstiges Geschick meinen Unternehmungen zulächelt, werde ich so viel an Land ziehen, dass ich für zehn Jahre versorgt bin.«

[665] Die gewaltsame Kraft des Februars hatte eine Kälte bewirkt, die ausreichte, die Fluten der Donau gefrieren zu lassen. An Ort und Stelle angekommen, sagte der Fuchs: »Halt, lieber Oheim!« – vor kurzem hatte sich dort eine Eisspalte geöffnet – »Lass hier deinen Schwanz hineinhängen, liebster Oheim! [670] Über ein anderes Netz, mit dem du Erfolg haben könntest, verfügst du nicht. Richte dich nach meinem Vorbild: Immer wenn ich fische, befolge ich an jedem Fluss dieselbe Methode. Um von meinen Erfahrungen zu sprechen: Wenn Netze aus Garn viel umschließen, so fängt ein Schwanz gewöhnlich dreimal so viel. [675] Wenn du es nicht ablehnst, meinen Rat zu hören, empfehle ich dir, dass deine doppelte Gier hier einmal mit Verstand handle. Hüte dich, Lachse, Störe und große Hechte zu fangen, dass du nicht durch eine allzu große Last behindert wirst. Halte dich an Aale, Barsche und kleine Fische, [680] die du leicht heben kannst, wie groß auch immer ihre Menge ist. Eine den Kräften gemäße Last bricht gewöhnlich nicht das Genick, dagegen sind übermäßige Unternehmungen immer mit Mühsal verbunden. Wer sich und seine Beute verspielt, macht seine Beute ohne Verstand. Manchmal liegt der Verlust ganz nah bei dem Gewinn, ohne dass man es merkt. [685] Damit man den Fänger nicht fängt, möge der Fang Maß halten. Mäßigung stiftet und hütet die Tugenden.«

Darauf der Netzträger: »Gib nicht mir Ratschläge, Bruder, sondern dir. Ich handle als mein eigener Ratgeber. Bei diesem

Per caput hoc canum, si tam scius aequoris essem,
Quam mihi silvarum compita quaeque patent,
Sciret, ob hoc quod aquas nondum spoliare parabam,
Vindice se Ionas hac caruisse tenus;
Praetulerim rhombo cancrum delphinave ceto?
Non meus hoc fecit consuluitque pater.
Quo buccella mihi minor est, hoc tristius intrat,
Res brevis est Satanae, copia plena dei;
Vae mihi, cum subito dentes ossa obvia laedunt!
Immersis longe dentibus esca iuvat,
Tunc primum me teste deus laudabilis extat,
Cum nihil offendit libera labra diu.
Pauper ovat modico, sum dives, multa capesco,
Tangit parva super paupere cura deum,
Divitibus fecit deus omnia, servat et offert,
Dives qui sapiant scit bona, nescit inops;
Scit dives scitasque cupit quaeritque cupitas,
Quas sibi quaerendas praemeditatur, opes,
Quaesitas reperit, fruitur parcitque repertis
Ordine, proventu, tempore, lege, loco,
Colligit ac spargit, colitur, laudatur, amatur,
Cominus et longe cognitus atque placens,
Infelix, qui nulla sapit bona, nulla requirit,
Vivat et absque bono, vivat honore carens,
Nullus amet talem, nullus dignetur odire!
Ergo ego piscabor, qua mihi lege placet,
Proximitas quaedam est inter cupidumque deumque:
Cuncta cupit cupidus, praebet habetque deus." –
"Patrue", dux inquit "moneo, non quaero docere,
Perfectus sapiens absque docente sapit,
At timeo tibi, debet amans hoc omnis amanti,

grauen Haupt schwöre ich: Wenn ich mich mit dem Wasser ebenso [690] auskennen würde, wie mir alle Pfade des Waldes vertraut sind, wüsste Jonas, dass er bis heute nur deswegen auf einen Rächer verzichten musste, weil ich es noch nicht unternommen habe, die Fluten auszurauben. Soll ich dem Stör einen Krebs vorziehen und einen Delphin dem Wal? Das entspricht nicht den Taten und den Ratschlägen meines Vaters. [695] Je kleiner mein Happen ist, desto trauriger betritt er mein Inneres. Eine kleine Sache ist des Teufels, die reiche Fülle gehört zu Gott. Weh über mich, wenn plötzlich die Zähne schmerzhaft auf Knochen treffen! Genuss bereitet die Speise, wenn die Zähne tief darin versenkt werden. Dann erst ist, wie ich bezeuge, Gott zu lobpreisen, [700] wenn lange nichts die lechzende Lippe behindert. Der Arme bricht in bescheidenen Jubel aus: ›Ich bin reich, ich habe viel erhalten‹. Nur geringe Sorge macht sich Gott um den Armen, für die Reichen schafft, bewahrt, gewährt Gott alles. Der Reiche weiß, wie das Gute schmeckt, der Arme weiß es nicht. [705] Der Reiche kennt die Schätze, er begehrt, was er kennt, und sucht, was er begehrt, wenn es ihm notwendig erscheint, es zu suchen, er findet, was er sucht, und was er findet, genießt er oder hebt er auf; er sammelt oder zerstreut es nach Rang, Herkunft, Zeit, Recht und Ort. Er wird gepriesen und geliebt, [710] ist bekannt und willkommen bei nah und fern. Der Unselige, der keine Besitztümer kennt, findet auch keine. Möge er folglich ohne Besitz leben, möge er ohne Ansehen leben, niemand möge einen solchen lieben oder ihn seines Hasses für wert erachten! Also werde ich fischen nach dem Gesetz, das mir zusagt. [715] Es herrscht eine gewisse Verwandtschaft zwischen dem Gierigen und Gott: Alles wünscht der Gierige, alles besitzt und gewährt Gott.«

»Oheim«, sagte der Führer, »ich erinnere nur und will nicht belehren. Der vollkommene Weise ist ohne Lehrer weise. Aber ich fürchte um dich. Jeder Liebende schuldet das dem anderen.

Vincula praeterea nos propiora ligant.
Huc me igitur duce ductus ades lucrumque locumque
Indice me nosti – temet agenda doce,
Sic studeas lucris, ne damnum lucra sequatur,
Quid valeas, pensa, ne vide, quanta velis.
Perfeci, quaecumque mihi faciena fuerunt,
Ire mihi restat, cetera mando tibi,
Quid vel ubi faceres, dixi, facienda subisti;
Securus dixi – tu facis, esto pavens.
Fac bene! dum piscaris, eo conquirere gallum,
Sunto tui pisces, sufficit ille mihi,
Dico iterum – si temet amas, piscare perite,
Consulo, si cuius consiliantis eges;
Improperanda puto commissa voraginis amplae,
Cum steteris fixus pondera magna super."
Emergente die Reinardus, ut arte ferocem
Eliciat turbam, proxima rura subit,
Iamque sacerdotis stantis secus atria gallum
Ecclesiam populo circueunte rapit,
Intenditque fugae; non laudat facta sacerdos,
Nec laudanda putat nec patienda ioco.
"Salve, festa dies!", cantabat, ut usque solebat
In primis feriis, et "kyri" vulgus "ole";
"Salve, festa dies!" animo defecit et ori,
Et dolor ingeminat: "vae tibi, maesta dies!
Vae tibi, maesta dies, toto miserabilis aevo,
Qua laetus spolio raptor ad antra redit!
Cum mihi festa dies vel maximus hospes adesset,
Abstinui gallo, quem tulit ille Satan;
Sic praesul doleat, qui me suspendere cantu
Debuit! en galli missa ruina fuit,

[720] Außerdem binden uns engere Bande aneinander. Hier stehst du also, von mir hierher geführt, und hast durch meinen Hinweis Ort und Beute erkannt – lerne jetzt, was du zu tun hast: Suche deine Beute so zu gewinnen, dass nicht Verderben auf den Gewinn folgt. Bedenke, was du vermagst, und beachte nicht, wieviel du willst. [725] Ich habe ausgeführt, was ich zu tun hatte. An mir ist es zu gehen, das Übrige überlasse ich dir. Ich habe dir gesagt, was und wo du es tun sollst, die Ausführung obliegt dir. Ich habe gesprochen und war sicher, du handelst; sei auf der Hut!. Mach's gut! Während du fischst, gehe ich einen Hahn fangen. [730] Dein seien die Fische, jener genügt mir. Ich sage noch einmal: Wenn du dich liebst, fische mit Umsicht. Das ist mein Rat, wenn du eines Rates bedarfst. Ich glaube, die Fehler eines weiten Schlundes werden noch zu tadeln sein, wenn du erst festgebannt dastehen wirst über dem großen Gewicht.«

[735] Bei Tagesanbruch, begab sich Reinhard ins nächste Dorf, um die wilde Bauernschar mit einer List herauszulocken. Schon hatte er den Hahn des Pfaffen geraubt, der sich der Vorhalle näherte, während die Gemeinde noch den Umgang um die Kirche vollführte, und wendete sich zur Flucht. Der Pfaffe lobte die Tat nicht [740] und glaubte auch nicht, dass sie zu loben oder als Scherz hinzunehmen sei. Er hatte gesungen: »Gegrüßet seist du, festlicher Tag«, wie er es bisher an den Sonntagen getan hatte, und »Kyrie…« antwortete die Gemeinde, »…olé!«. Das ›Gegrüßet seist du, festlicher Tag‹ erstarb im Geist und auf den Lippen, und der Schmerz ließ ihn wiederholen: »Weh über dich, trauriger Tag! [745] Weh über dich, trauriger Tag, jammervoll für alle Ewigkeit, an dem ein froher Räuber mit seinem Raub in seine Höhlen zurückkehrt! Für die Feier eines Festtags oder die Bewirtung eines hohen Gastes habe ich den Hahn aufgespart, den mir jetzt jener Teufel genommen hat. Möge es dem Bischof Leid tun, der mich vom Messgesang hätte [750] entbinden müssen! Siehe, die Messe

Non me missa iuvat sed vulpem, altaria iuro:
Malueram missas ter tacuisse novem!"
Protinus inceptum populo comitante relinquens
Clamitat: "o proceres, accelerate, probi!
Me quicumque volunt pro se meruisse precari,
Et qui fida mihi corda deoque gerunt."
Arma omnes rapiunt, arma omnia visa putantur,
"Hai! hai!" continuant, "hai!" sine fine fremunt,
Per iuga, per valles, per plana, per hirta sequuntur,
Post hostem profugum milia mille rotant:
Clerus vasa, crucum baculos, candelabra, capsas,
Aedituus calicem, presbyter ipse librum,
Sacras deinde cruces, saxorum milia vulgus,
Presbyter ante omnes voce manuque furit.
Pertigerat gnarus, quo vellet tendere, raptor,
Qua piscaturum liquerat ante senem,
Et procul increpitans, ut vix clamaret ad illum,
Turbat, ut ad furcam tractus, anhela loquens:
"Ibimus? esne paratus adhuc? rue, patrue, cursim!
Si cupis hinc mecum currere, curre celer!
Non equidem veni cum libertate morandi,
Si venies, agili strenuitate veni!"
Talia clamanti succlamans ille reclamat:
"Audio! quid clamas? non ego surdus adhuc!
Desine bacchari, nos nulla tonitrua terrent,
Nec tremor est terrae iudiciive dies.
Ad quid praecipitur via tam rapienda repente?
Colligo nunc primum, captio coepta fere est;
Dic tamen, an fuerit, si scis, mihi pluris abisse
Quam tenuisse moram." turbidus ille refert:
"Nescio, suspendisse viam tibi prosit an obsit,

war das Verderben des Hahns. Nicht mir half die Messe, sondern dem Fuchs. Ich schwöre beim Altar: Lieber hätte ich dreimal neun Messen geschwiegen!«

Sogleich brach er mit der Gemeinde die angefangene Messe ab und schrie: »O ihr Edlen, eilt herbei, ihr Rechtschaffenen, [755] alle, die wollen, dass ich für sie bete, und die mir und Gott gegenüber ein treues Herz bewahren!« Alle griffen zu den Waffen. Alles, was man gerade sah, hielt man für eine Waffe. »He! He!« riefen sie immer wieder. »He!« lärmten sie. Über Berg und Tal, auf gebahnten und ungebahnten Wegen jagten sie [760] und tausend Leute warfen tausend Dinge dem fliehenden Feind hinterher: Der Klerus Weihrauchfässer, Kreuzstangen, Kerzenständer, Reliquiare, der Messner den Kelch, der Priester sogar die Bibel, danach die geweihten Kreuze, das Volk Tausende von Steinen. Mehr als alle anderen raste der Priester mit seiner Stimme und seiner Hand.

[765] Der Räuber, der wusste, was er anstrebte, war dorthin gelangt, wo er vorher den fischenden Alten zurückgelassen hatte, und schon von ferne, so dass er jenen noch kaum mit seinem Ruf erreichte, warnte er lauthals, tobte wie ein zum Galgen Geschleppter und rief keuchend: »Gehen wir? Bist du gleich bereit? Mache dich schleunigst davon, Oheim! [770] Wenn du mit mir weglaufen willst, lauf schnell! Ich jedenfalls bin nicht mit dem Privileg eines längeren Aufenthaltes gekommen. Wenn du kommen willst, komm und spute dich!« Dem Rufer rief jener rufend zurück: »Ich höre. Was schreist du? Ich bin doch noch nicht taub. [775] Hör auf zu toben, keine Donnerschläge erschrecken uns, es gibt kein Erdbeben oder gar den Tag des jüngsten Gerichts. Warum soll ich mich so plötzlich und schnell auf den Weg machen? Ich bin gerade erst beim Einsammeln, der Fang hat fast angefangen. Sag aber, wenn du es weißt, ob es für mich besser ist fortzugehen [780] als mich länger aufzuhalten.« Aufgeregt gab jener zurück: »Ich weiß nicht, ob es von Vor- oder Nachteil für dich ist zu warten. Hinter

Dicturi veniunt post mea terga tibi,
Non mihi dignaris, dignabere forsitan illis
Credere, sed prodest accelerare mihi;
Collige constanter, siquidem lucrabere, persta."
Hic pavidus paulum replicat ille precans:
"Ecce celer tecum venio, subsiste parumper!"
Respondet patruo taliter ipse suo:
"Non ego pro septem solidis tria puncta morarer,
Ad tua sedisti lucra, morare satis!
Quod capere, optabam, fors obtulit, haeret in unco."
Serio formidans ille precatur item:
"Fige gradum sodes! et quos fugis, eminus absunt,
Dux meus huc fueras, esto reductor abhinc!
Ne dicare dolo duxisse, merere reducens,
Pondus amicitiae tristia sola probant;
Pura fides etiam personam pauperis ornat,
At fraus purpuream privat honore togam.
Non rebar captos, quantis fore sentio plures,
Sarcina me praedae detinet, affer opem!
Auxiliare seni patruo! scelerate, quid haeres?"
Clamat ovans vulpes: "ista profecto velim!
Subvenientis eges, non castigantis egebas,
Venit ad hoc 'vivum linquere velle nihil'!
Dedecus et damnum piscatus es atque dolorem,
Qui queritur de te, perpetiatur idem.
Quid iuvit clamare: 'modum servare memento'?
Incidis aerumnam transitione modi,
Captus es a captis, periit modus, hocque peristi,
Et nunc operiar subveniamque iube!
Scilicet expectem mundo in mea terga ruente
Cum canibus, gladiis, fustibus atque tubis!

mir kommen welche, die es dir sagen werden. Mir schenkst du keinen Glauben, vielleicht wirst du aber jenen glauben. Für mich ist es jedenfalls besser, mich zu beeilen. [785] Sammle nur weiter und verharre, wenn du dir einen Gewinn davon versprichst.«

Dieser wurde ein wenig ängstlich und antwortete bittend: »Siehe, ich komme schnell mit dir, warte ein bisschen!« Der Fuchs entgegnete seinem Oheim: »Nicht um sieben Schillinge bliebe ich auch nur drei Augenblicke. [790] Du hast dich zu deiner Beute gesetzt, bleibe nur, solange es dir Spaß macht! Was ich zu fangen wünschte, hat mir das Schicksal gewährt: Es hängt am Haken.«

Nunmehr ernsthaft erschrocken, bat jener erneut: »Verhalte als Gefährte deinen Schritt. Die du fliehst, sind noch fern. Du hast mich hierher geführt, führe mich auch wieder zurück! [795] Erst durch die Rückführung erreichst du, dass man nicht sagt, du habest hinterhältig geführt. Nur in der Not erweist sich die Haltbarkeit einer Freundschaft. Unverfälschte Treue ziert auch die Person des Armen, während betrügerisches Verhalten dem Königsmantel die Ehre raubt. Ich glaubte nicht, so viele zu fangen, wie es nach meinem Gefühl jetzt sind. [800] Die Last meiner Beute hält mich fest. Hilf mir! Hilf deinem alten Oheim! Ruchloser, was zögerst du?«

Triumphierend rief der Fuchs: »In der Tat, das hier will ich! Du brauchst einen Helfer, aber brauchtest keinen Kritiker. Dazu ist es also gekommen, dein ›Nichts am Leben lassen wollen‹! [805] Schande und Schaden und Schmerz hast du gefischt. Wer dich beklagt, möge dasselbe erleiden. Was hat es geholfen zu rufen: ›Denk daran, Maß zu halten‹? Durch die Überschreitung des Maßes bist du in Bedrängnis geraten. Von den Gefangenen wurdest du gefangen, die Missachtung des Maßes hat dich zugrunde gerichtet [810] Und jetzt befiehl, dass ich warte und helfe! Wohlverstanden: Ich soll warten, während eine Menschenmenge mir nachstürzt mit Hunden, Schwertern, Knüppeln und Trompe-

Fortunam misero non vult coniungere felix,
Differimus multum stans ego tuque iacens,
Stare recusasti, cum stares, sponte ruisti,
Vis modo restitui, si potes, omen habes;
Stantibus est facilis casus, grave surgere lapsis,
Quisque memento sui, dum meminisse iuvat,
Qui cecidere, monent stantes vitare ruinam,
Quam sit stare bonum, scire ruina facit.
Stent igitur stantes, strati, si copia, surgant,
Surgere si nequeunt, qui cecidere, cubent;
Lene cubas et nocte parum dormisse videris,
Subsequitur parcus dulcia saepe sopor,
Leniter ergo cuba, donec pausaris, ego ibo,
Solus habe pisces, sat mihi gallus agit."
"Ergo", inquit, "redies patruo, Reinarde, relicto?
Tam consanguineae nil pietatis habes?
Si pietate cares, saltem cogente pudore
Ibimus hinc pariter, me mihi redde prius,
Nulla mei mihi cura, tuo fac server honori!"
Galliger econtra: "patrue, nolo mori.
Non ego diffiteor curam pietatis agendam,
Si non pluris emit, quam valet, auctor eam,
Sed cum propositum superant conamina rerum,
Tunc est subsidio subjiciendus honor;
Tu, qui non dubitas vitam suspendere laudi,
Deposito turbas operiare metu.
Nulla suo fructu res carior esse meretur,
Bos ovis est pretio pluris equusque bovis,
Singula praelibat sapiens pretioque laborem
Aequat amans quanti quaeque valere videt;

ten! Der Glückliche will sein Geschick nicht mit dem Unglücklichen verbinden. Es besteht ein großer Unterschied zwischen uns, da ich stehe und du liegst. Als du standst, hast du dich geweigert zu stehen, freiwillig bist du gefallen. Du willst wieder aufstehen. Wenn du es kannst, hast du Glück. Leicht ist für die Stehenden der Sturz, das Aufstehen für die Gestürzten ist schwer. Jeder denke an sich, solange dieser Gedanke hilft. Die Gestürzten mahnen die Stehenden, den Sturz zu vermeiden. Wie gut es ist zu stehen, macht der Sturz bewusst. Mögen also die Stehenden stehen und die Liegenden nach Möglichkeit sich erheben. Wenn die Gestürzten nicht aufstehen können, mögen sie liegen bleiben. Du liegst weich und scheinst nachts wenig geschlafen zu haben. Auf Süßes folgt ja oft nur wenig Schlaf. Ruhe also sanft. Ich werde, während du dich ausruhst, gehen. Behalte die Fische ganz für dich, mir genügt der Hahn.« – »Also gehst du zurück », sagte der Wolf, »unter Zurücklassung deines Oheims? So hältst du nichts von verwandtschaftlicher Pflicht? Wenn du kein Pflichtgefühl hast, werden wir wenigstens unter dem Druck der Scham von hier gemeinsam fortgehen. Gib mir erst meine Freiheit zurück. Ich habe keine Sorge um mich: Um deiner Ehre willen rette mich!«

Darauf der Hahnträger: »Oheim, ich möchte nicht sterben. Ich bestreite nicht und möchte mich dafür verbürgen, dass dieser Pflicht nachzukommen sei, wenn sie nicht mehr kostet, als sie wert ist. Wenn aber zu viele Risiken mit dem guten Vorsatz verbunden sind, dann muss man die Ehre der eigenen Rettung unterordnen. Du, der du ohne zu zögern dein Leben für den Ruhm hingibst, warte nur furchtlos auf die Scharen. Kein Ding verdient es, teurer als sein Ertrag zu sein. Ein Rind ist teurer als ein Schaf und ein Pferd teurer als ein Rind. Ein Weiser wägt vorher alles ab, vergleicht die Arbeit mit dem Lohn und sieht, wenn ihm etwas gefällt, wieviel jedes wert ist. Die Ehre kostet zu

Venit honor nimio, quem leto comparat emptor,
Hunc hodie patiar solius esse tui.
Hic honor amborum nostri communiter esset,
Parte mea primum fungere, deinde tua;
Parte mea te dono, tuum non curo favorem
Quam multo mercer, posse sinatur emi."
Dixerat haec simulatque fugam subitoque recurrit,
Et rea contundens pectora rursus ait,
Tamquam poeniteat se falsa fuisse locutum:
"Patrue, ne metuas! pondere dicta carent,
Irrita praefabar, quia te terrere volebam,
Nunc ego sum verax, nunc loquor absque dolo:
Huc transmissus adest populo comitante sacerdos,
Cum crucibus librum reliquiasque ferens,
Et tibi neglectam pensat renovare coronam,
Discessusque tui vult abolere nefas.
Quanta sit impietas hinc me fugisse, probabis,
Cum fuerit capitis silva putata tui;
Tunc vere, quia plena dei sit copia, dices,
Cum benedicta tuum sparserit unda caput,
Nec tibi tot pisces Satanas donasse feretur,
Iurabis captos dante fuisse deo.
Optatur temere, quicquid praestabile non est,
Patrue, vado, mane, dicere nolo vale!
Qui sapit, hic valeat; stultus se tradit, ut illi
Nec deus auxilium nec dare curet homo."
Dixit et absiliens iterum simulabat abire,
Piscator revocat: "quo, scelerate, ruis?
Quo sine me properas?" subsistens ille reclamat:
"Patrue, vis aliquid? Praecipe, nolo roges;
Sed quia multa soles dominorum more iubere,

viel, welche der Käufer mit dem Tod bezahlt. Heute werde ich sie bedauerlicherweise allein dir überlassen. [845] Diese Ehre wäre eigentlich unser gemeinsamer Besitz. Nimm dich zuerst meines Teils an, dann des deinen. Ich schenke dir meinen Teil. Es kümmert mich nicht, wieviel deine Gunst mich kostet, solange sie nur zu kaufen ist.«

Nach diesen Worten tat er so, als fliehe er, kehrte aber plötzlich zurück [850] und sprach, als ob er bedauerte, etwas Falsches gesagt zu haben, indem er sich reumütig auf die Brust schlug: »Oheim, sei ohne Furcht! Meine Worte wiegen nicht schwer. Was ich vorhin gesagt habe, gilt nicht. Ich wollte dich nämlich erschrecken. Jetzt sage ich die Wahrheit, jetzt spreche ich ohne Hintergedanken: [855] Ein Priester ist in Begleitung seiner Gemeinde hierher gekommen. Er trägt mit seinen Kreuzen die Bibel und Reliquien, gedenkt, dir die lange nicht geschnittene Tonsur zu erneuern, und will den Frevel deines Klosteraustritts beseitigen. Du wirst bezeugen, wie pflichtvergessen meine Flucht von hier war, [860] wenn der Wald deines Hauptes gestutzt sein wird. Wenn das geweihte Wasser dein Haupt benetzt, dann freilich wirst du sagen, dass der Reichtum Gottes unermesslich sei, und man wird nicht behaupten, dass Satan dir so viele Fische gegeben habe, sondern du wirst schwören, dass sie mit Gottes Hilfe gefangen worden seien. [865] Ohne Überlegung wünscht man, was nicht eintreffen kann. Oheim, ich gehe, bleibe du nur hier, und ich sage nicht: ›Lebe wohl!‹ Wer klug ist, dem möge es wohl ergehen. Der Dumme bringt sich in eine solche Lage, dass ihm weder Gott noch ein Mensch Hilfe zu bringen gedenkt.«

Nach diesen Worten täuschte er davonspringend wieder seinen Abgang vor. [870] Der Fischer rief zurück: »Ruchloser, wohin entschwindest du? Wohin eilst du ohne mich?« Der Fuchs hielt an und antwortete: »Oheim, willst du etwas? Befiehl nur, ich will nicht, dass du bittest. Aber weil du gewohnt bist, nach Herrenart

Atque ego proposui singula iussa sequi,
Una dies spatium iussis non aequat et actis,
Tu iubeas hodie, cras ego iussa feram." –
"Perfide", respondit, "iubeo nihil, obsecro solvi!"
Galliger obstrepuit: "patrue, nonne furis?
Tu piscaris adhuc – et velle recedere iuras?
Esse nimis captum dicis – et usque capis?
Absolvique petis? simulas, per sidera caeli,
Mens aliter versat, quam tua lingua sonat;
Sublegeres sursum – tu laxas rete deorsum,
Ergo discidium quam paterere libens?
Quid defixus, iners, haeres, velut inter Ianum
Februus et Martem, si tibi cura fugae est?
Emolire loco piscosaque retia subduc,
Et, nisi non egeas, auxiliabor ego."
Captus ad haec captor: "nescis, quid, perfide, dicas,
Clunibus impendet Scotia tota meis;
Undecies solvi temptans, immobilis haesi;
Alligor, immota firmius Alpe sedens."
Tunc ita lusor ait: "semper tibi, patrue, prosum,
Econtra laqueos insidiaris agens,
Qua non ire potest, nequam versutia repit,
Si potero, sensum dicar habere semel;
Solvere te cupiens unum si retibus allec
Excuterem, fieret talio dura mihi.
Non ego te dubito, si me abstraherere iuvante,
In prima synodo proposuisse queri:
Rete diu iactum, bene te cepisse referres,

vieles zu befehlen, und ich mir vorgenommen habe, jeden einzelnen Befehl zu befolgen, [875] reicht ein einziger Tag für die Ausführung der Befehle nicht aus; du magst heute befehlen und morgen werde ich das Befohlene bringen.« – »Treuloser«, antwortete der Wolf, »ich befehle nichts, ich flehe loszukommen!« – »Oheim, du bist wohl von Sinnen?« fuhr der Hahnträger dazwischen. »Bis jetzt bist du beim Fischen – und schwörst weggehen zu wollen? [880] Du behauptest, zu sehr gefangen zu sein – und fängst immer noch selbst? Du bittest um Befreiung? Du heuchelst, bei den Gestirnen des Himmels, dein Sinn trachtet nach anderem, als dein Mund verkündet. Zögest du etwa dein Netz nach oben? Du hängst es unten weit aus, wie gern würdest du folglich dein Fortgehen zulassen? [885] Was verharrst du Faulpelz wie angewurzelt und wie der Februar zwischen Januar und März, wenn du dich um die Flucht sorgst? Erhebe dich von deinem Platz, und zieh die Netze voller Fische ein; ich werde dir helfen, falls du meine Hilfe benötigst.«

Darauf der gefangene Fänger: »Du weißt nicht, Treuloser, was du sagst. [890] Ganz Schottland hängt an meinem Hinterteil. Elf mal habe ich versucht, mich zu befreien, und bin unverrückbar haften geblieben. Ich bin gefesselt und sitze fester als ein unbeweglicher Gebirgsstock.« Darauf der Spötter: »Immer bin ich dir, Oheim, von Nutzen. Du aber stellst mir nach und legst Fallstricke aus. [895] Wo die nichtswürdige Durchtriebenheit nicht gehen kann, kriecht sie. Wenn ich es erreichen kann, soll man von mir sagen, er habe einmal Gefühl gehabt. Wenn ich bei deiner Befreiung auch nur einen einzigen Hering aus den Netzen entfernte, bekäme ich eine harte Strafe.

Ich habe keinen Zweifel, dass du dir vorgenommen hast, auf der nächsten [900] Synode Klage zu führen, wenn du mit meiner Hilfe frei gekommen bist. Du würdest vorbringen: Das Netz sei schon lange ausgeworfen gewesen, und du hättest einen guten

Capturum melius subveniente deo,
Divitias nactum, si te perstare tulissem,
Me, quod eras felix, non potuisse pati;
Me celerem ingessisse metum tibi cassa minando,
Teque supervacuam corripuisse fugam,
Nec modo, quod capturus eras, quin prorsus id ipsum,
Quod captum fuerat, fraude perisse mea,
Taliter egregiam messem victumque bilustrem
Conquererere mea fraude perisse tibi.
Cur me odisse queas aut legitime unde queraris,
Nunc penitus causa conveniente cares,
Scis, quod scire doles, bene me meruisse frequenter,
Vim facere insonti lexque pudorque vetant;
Quem non iustitia potes angere, niteris astu,
Defecit ratio, fraude nocere cupis,
Impius esse mea temptas pietate meisque
Sumis ab obsequiis in mea damna viam.
Ergo prius fient duo sabbata, Rhenus et Albis,
Cos prius Aprilis, quam tua lucra morer;
Collige constanter, collectis collige plures,
Nil nisi, quo condas, lar tibi parvus obest.
Rete, ratis, pisces, locus, omen, tempus et aer
Riserunt voto prosperiora tuo,
Piscandi tibi tuta repiscandique potestas,
Dem tibi, si possim, scis, quia tollo nihil;
Quod lecturus eram, legi, tibi mando 'tu autem',
Lectio perlecta est, dic, domine abba, 'tu au'."
(Ultima non poterat sermonis syllaba dici,
Tam prope clamosae murmura plebis erant.)

Fang gemacht und würdest mit Gottes Hilfe einen noch besseren machen, ja Reichtum hättest du erworben, wenn ich dich hätte bleiben lassen. Ich aber hätte es nicht ertragen können, dass du Glück hattest. [905] Ich hätte dich durch eine leere Drohung kurzfristig in Furcht versetzt, und du hättest eine vollkommen überflüssige Flucht ergriffen. Nicht nur, was du noch gefangen hättest, sondern sogar das, was schon gefangen war, sei durch meine Hinterhältigkeit verloren gegangen. Du würdest klagen, dass dir so durch meine Heimtücke ein hervorragender Fang [910] und der Lebensunterhalt für zehn Jahre entgangen sei.

Im Augenblick fehlt dir aber ein passender Grund, weshalb du mich hassen könntest oder warum du zu Recht klagtest. Du weißt, auch wenn es weh tut, dass ich mich oft um dich verdient gemacht habe. Gesetz und Scham verbieten, einem Unschuldigen Gewalt anzutun. [915] Wenn du jemanden nicht mit der Gerichtsbarkeit einschüchtern kannst, greifst du zur List; fehlt ein vernünftiger Grund, willst du mit Heimtücke schaden. Meiner Verwandtenliebe versuchst du mit Hass zu begegnen, und aus meinem Entgegenkommen bahnst du dir einen Weg zu meinem Verderben. Also werden Rhein und Elbe eher zu zwei Samstagen und die Insel Kos [920] zum April, als dass ich auf deine Beute warte. Sammle ohne Unterlass! Sammle mehr als das bereits Gesammelte! Nichts hindert dich, es sei denn ein zu kleines Gebäude für deine Vorräte. Netz, Boot, Fische, Ort, Gelegenheit, Zeit und Wetter gewährten freundlich mehr Glück, als du erhofft hattest. [925] Du konntest ungestört fischen und nochmals fischen. Wenn ich könnte, gäbe ich dir etwas, du weißt es, weil ich nichts nehme. Was ich vorzulesen hatte, habe ich gelesen. Dir überlasse ich das ›tu autem‹. Die Lesung ist beendet, sprich, Herr Abt: ›tu au-‹.« (Die letzte Silbe der Rede konnte nicht mehr ausgesprochen werden, [930] so nah war das Geschrei der lärmenden Menge.)

Galliger iratum cernens incumbere vulgus
Maioresque moras posse nocere salit;
Impegisse adeo Remicae pro sedis adeptu,
Quam patruum norat, retia nollet aquae,
Omnibus et patrui lapsis in retia rhombis
Gallus, quem tulerat, carior unus erat.
Serio festinat, iam non discedere fingit,
Tam laetus caudae quam levitate pedum,
Neve diem festum spectandi perderet hostis,
Iam sibi proviso caverat ante loco.
Colliculi costam terebrat rugosa crepido,
Ostiolo impendent densa filecta super,
Formato maiore minor maiorque minore
Reinardi credi forma fuisse potest;
Hanc adiens sollers latet aequicolore sub herba,
Spectandus nulli despiciensque procul.
Ut sibi sublatum penitus cognoverat hostem,
Sensibus excedit presbyter ille miser,
Deficiensque sibi cadit ictus imagine mortis,
Frigida quem reddit iactus in ora latex,
Tunc infestus arat maxillas unguis utrasque,
Largiter avulsas excipit aura comas.
Arguit inde deum male commendata tuentem,
Qui bona det miseris, ut data rapta gemant,
Omnibus hinc sanctis convicia debita fundit,
Praecipue domini noxia mater erat,
Nominat egregiam, quae tali merce rependat
Innumeras laudes obsequiumque frequens.
His tandem lacrimis maestis compassa querelis
Solatur flentem turba sodalis herum,
Neve nimis doleat, melior promittitur illi

Der Hahnträger sprang davon, als er das zornige Volk herandrängen sah, und erkannte, dass weiterer Verzug schädlich sein könnte. Nicht einmal für den Bischofssitz von Reims hätte er die Netze so tief ins Wasser gesenkt, wie er es von seinem Oheim wusste, [935] und der eine Hahn, den er davontrug, war ihm lieber als alle Störe, die in die Netze seines Oheims geschwommen waren. Er hatte es wirklich eilig, und diesmal täuschte er seinen Abgang nicht vor, froh über die Leichtigkeit seines Schwanzes wie seiner Füße. Damit er aber das Fest des Anblicks seines Feindes nicht versäumte, [940] hatte er sich vorsorglich schon vorher einen Platz gesichert. Ein verwinkelter Bau unterhöhlte die Seite eines kleinen Hügels. Dichtes Farnkraut hing von oben über den Eingang, der für eine kleinere Statur Reinhards zu groß und für eine größere zu klein gewesen wäre, wie man glauben kann. [945] Hier schlüpfte der schlaue Fuchs unter und verbarg sich unter gleichfarbigem Kraut; für niemanden sichtbar hatte er selbst einen weiten Ausblick.

Sobald jener unglückselige Priester erkannt hatte, dass sein Feind ihm entkommen war, fiel er in Ohnmacht und stürzte kraftlos hin, niedergeworfen von todesähnlicher Erstarrung. [950] Ein Schwall kalten Wassers ins Gesicht brachte ihn wieder zu sich. Darauf durchpflügte er grimmig seine beiden Wangen mit den Fingernägeln, und der Wind trug die reichlich ausgerissenen Haare davon. Er beschuldigte Gott, der das Anvertraute schlecht schütze und der den Armen Besitztümer schenke, damit sie diese als geraubt beklagen. [955] Dann ergoss er über alle Heiligen die verdienten Schmähungen. Besonders schuldig war die Mutter des Herrn: Er bezeichnete sie als großartig, da sie seine unzähligen Lobpreisungen und fortwährenden Dienste mit solchem Lohn vergelte. Die Gemeinde wurde durch diese Tränen zu Mitleid bewegt [960] und tröstete ihren weinenden Herrn mit Jammerrufen. Damit er nicht allzu sehr trauerte, versprach man ihm einen

Gallus et eximio femina iuncta viro;
Dumque exacturus duplicis promissa repensae
Sponsor vel pignus poscitur illa valens,
Cominus aspicitur miser Ysengrimus adesse,
"Gaudia!" conclamat "gaudia!" coetus ovans.
"Quo domine abba, paras nostros traducere pisces?
Quo capti tibi sunt, hoc quoque vende loco!
Huccine piscator, dubium est, an veneris abbas,
Si piscator ades, iura aliena rapis,
Veneris huc abbas, ovium dare vellera quaeris
Fratribus et famulos carne cibare tuos;
Te quaecumque movens intentio compulit istuc,
Crederis hanc parva proposuisse fide.
Hanc privata nequit confessio solvere culpam,
Publica deprensos exigit ira reos,
Iudicium sinimus, si te peccasse negaris,
Proponit pulchrum gens tibi nostra iocum:
Candelabra, cruces, capsas et cetera sacrae
Instrumenta domus attulit ista phalanx,
Sacra tibi his sacris dabimus, quae verbera si non
Senseris, esto insons; senseris, esto nocens."
Quis dolor, o comites, in piscatore calebat
Hanc legem populo testificante bonam!
Difficilem eversu, sit iniqua, sit aequa, tenendam,
Quam dederant legem, noverat, ergo silet;
Respondere pavor prohibet, gens stulta furebat,
Quid tamen audebat, qui nihil ausus erat?
Volvere daemonibus decretum tale placere,
Credere villano pravius esse nihil;
Hoc opus edicto nullis abbatibus esse,

besseren Hahn und in Verbindung mit dem außergewöhnlichen Hahn auch noch eine Henne. Während zur Bekräftigung des versprochenen doppelten Ersatzes ein Bürge oder ein entsprechendes Pfand gefordert wurde, [965] entdeckte man in unmittelbarer Nähe den unglücklichen Isengrim.

»Freude!«, rief die jubelnde Menge, »Freude! Wohin, Herr Abt, willst du unsere Fische entführen? Verkaufe sie doch an dem Platz, an dem du sie gefangen hast. Es ist nicht auszumachen, ob du als Fischer oder als Abt gekommen bist. [970] Bist du als Fischer zugegen, vergreifst du dich an fremdem Besitz. Bist du als Abt gekommen, willst du deinen geistlichen Brüdern Schafsfelle verschaffen und deine Laienbrüder mit Fleisch versorgen. Welche Absicht auch immer dich hierher geführt hat, man glaubt, du habest sie mit geringer Vertrauenswürdigkeit bekundet. [975] Von dieser Schuld kann dich keine persönliche Beichte lossprechen. Der Volkszorn vollzieht die Strafe an den gefassten Schuldigen. Solltest du abstreiten, gesündigt zu haben, halten wir ein Gottesurteil ab. Unsere Dorfgemeinschaft schlägt dir ein hübsches Spiel vor: Leuchter, Kreuze, Reliquienkapseln und die übrigen kirchlichen Gerätschaften [980] hat diese Schlachtreihe hier herbeigetragen. Mit diesen Heiligtümern werden wir den heiligen Akt an dir vollziehen; wenn du die Schläge nicht spürst: Sei unschuldig; spürst du sie: Sei schuldig.«

Welch ein Schmerz, meine Freunde, entbrannte im Fischer, als die Menge dieses prächtige Gesetz verabschiedete! [985] Er hatte eingesehen, dass dieses Gesetz, ob ungerecht oder gerecht, kaum abzuwenden, wohl aber zu befolgen war. Also schwieg er. Furcht verhinderte eine Antwort, die dumpfe Dorfgemeinschaft raste. Doch was wagte er, er, der nichts zu sagen wagte? – zu überlegen, dass solch ein Beschluss den Teufeln gefallen müsse; [990] zu glauben, dass es nichts Schlimmeres als einen Bauern gebe; dass kein Abt diesen Erlass brauchen könne; dass er wisse, schlecht und zu

Se male piscatum scire nimisque diu,
Pendere velle nihil, permitti liber abire,
Quamvis sacra forent verbera, nolle pati;
Si sibi praescisset pisces hac merce parandos,
Non minus hoc cuiquam quam sibi velle lucrum.
Scire sibi non esse malum, si nocte redisset,
Esset rete carens piscibus, esset habens,
Quodque lupo mille inter oves sit tutior annus,
Quam cum villanis quattuor una dies,
– Quin etiam ad pastum legere et cantare diatim
Coram lanigero non dubitare choro,
Denique cornutis tam cornua nulla vereri;
Ut non imprimeret basia corde bono;
Et nisi prima citus sequeretur ad oscula sanguis,
Iudice se furcae vindicis esse reus,
Insuper eximium sua tergora ponere pignus
Et gravidum cetis addere rete novem –
Quod numerum serie conversim diceret acta,
Quo numquam recte vir numerart oves,
Nam sic: 'una, duae, tres' rusticus ordinat amens,
Non aliter stultus scit numerare miser;
Ex tribus ut binas, ex binis fecerat unam,
Sueverat extremum dicere 'nulla' senex.
Sic rudis ad quamvis summam villanus ab una
Orditur numero multiplicante gregem;
Qualibet a summa sene grex numerante gradatim
Defluus ad nullam paucior usque foret. –
Quid tot posse iuvat bona totque et plura cupisse?
Villani captum posse cupita vetant;
Nil facere audebat, nil dicere, deinde rogatur,
An prandere velit, plebe rogante tacet.

lange gefischt zu haben; dass er keine Buße leisten wolle; dass man ihm erlauben solle, frei fortzugehen; dass er die Schläge nicht ertragen wolle, auch wenn sie heilig wären; [995] wenn er vorher gewusst hätte, dass die Fische zu diesem Preis erkauft werden müssten, dass er die Beute lieber irgendeinem anderen als sich gegönnt hätte; dass er wisse, dass es nicht schlecht für ihn gewesen wäre, nachts zurückzukehren, ob das Netz nun Fische enthalten hätte oder nicht, und dass ein Wolf ein Jahr lang unter tausend Schafen sicherer sei [1000] als einen einzigen Tag unter vier Bauern; ja sogar, dass er nicht zögern würde, vor einem Chor von Wollträgern täglich zur Weidezeit vorzulesen und zu singen; dass er schließlich keine Hörner so fürchte, dass er nicht den Gehörnten aus frommem Herzen Küsse aufdrücken würde; [1005] dass er nach eigenem Urteil der Strafe des Galgens schuldig sei, wenn nicht auf die ersten Küsse alsbald Blut folge; dass er darüber hinaus sein Fell als besonderes Pfand setze und noch das mit neun Walen angefüllte Netz hinzufüge dafür, dass ein Bauer die Zahlenfolge immer verkehrt herum angebe, [1010] so dass er seine Schafe niemals richtig zähle – der geistesverwirrte Bauer zähle nämlich: ›ein Schaf, zwei Schafe, drei Schafe‹, anders wisse der närrische Unglücksvogel nicht zu zählen. Wie der Alte aus dreien zwei und aus zweien ein Schaf gemacht und sich angewöhnt habe, als letzte Zahl ›kein Schaf‹ zu rufen, [1015] so rechne der ungebildete Bauer von einem Schaf bis zu einer beliebigen Summe, wobei die Zahl seine Herde vervielfache. Wenn hingegen der Alte zähle, werde die sich verflüchtigende Herde allmählich von einer beliebigen Summe immer kleiner bis hin zu keinem Schaf.

Doch was half es, so viel zu können und noch so viel mehr gewollt zu haben? [1020] Die Bauern untersagten, dass der Gefangene seine Wünsche verwirklichte. Er wagte nicht, etwas zu tun oder zu sagen. Schließlich wurde er gefragt, ob er zu speisen wünsche. Doch er schwieg, als das Volk diese Frage stellte. Die einen

Pars optasse ferunt, pars dissensisse tacentem,
Dicat ut ipse, rogant, fatur itemque nihil;
Poscere saepe pudet, quod sumitur absque pudore,
Scilicet hoc illum more silere ferunt.
Respondit dominus Bovo: "causa illa silendi,
Quam versatis, abest, altera maior inest:
Abbas ipse fuit, benedicite ruminat illud,
Quod solet astantes sanctificare cibos;
Plus sapit hic aliis, numquam benediceret alter,
Ni prius oblatas cerneret esse dapes,
Ergo dicant alii praesentes, iste futuras
Divinans epulas appropiare sibi."
Undique clamatur: "verum est, speratque cupitis
Maiores epulas, spes bene cessit, edat,
Maiores dabimus speratis"; ista locuti,
Expediunt dextras, prandia laeta parant.
Presbyter abbati dare fercula prima iubetur,
"Nos", aiunt, "dabimus grandia liba dein",
Presbyter assiliens crispat benedicite longum,
Crispanti tellus assonat icta procul;
Sic celebres disci in claustris (clamatur hiando)
Aut bonus abbatis visitat ora calix,
Tunc cum festa dies ventri promisit avaro
Solvendos cantus omnibus esse bonis.
Presbyter ergo gravi tundit cava tempora libro,
Verbera sena dabat, plura daturus adhuc,
Praecipitem turbam laedit iactura morandi,
Inque senem unanimi sedulitate ruunt;

hielten sein Schweigen für Zustimmung, die anderen für Ablehnung. Er möge sich selbst äußern, baten sie. Doch wiederum sagte er nichts. Oft schämt man sich zu fordern, was man sonst ohne Scham nimmt. Selbstverständlich glaubten sie, dass er aus diesem Grund schweige. Dem hielt Herr Bovo entgegen: »Jener Grund für das Schweigen, den ihr vermutet, ist nicht vorhanden; es liegt vielmehr ein anderer, wichtigerer vor. Er ist selber Abt gewesen und käut gerade jenes ›Benedicite‹ wieder, mit dem man gewöhnlich die bereit stehenden Speisen segnet. Er ist aber weiser als andere: Niemals würde ein anderer den Segen sprechen, wenn er nicht zuvor sähe, dass die Speisen aufgetragen sind; folglich mögen die anderen gegenwärtige Speisen segnen, er hier aber segnet künftige, weil er vorhersieht, dass ihm Mahlzeiten bevorstehen.« Von allen Seiten rief man: »Das ist wahr! Er hofft auf eine Mahlzeit, die größer ist als die gewünschte. Die Hoffnung hat sich erfüllt. Er möge speisen! Wir werden ihm sogar mehr zu essen geben, als er gehofft hat«.

Nach diesen Worten hoben sie ihre rechten Hände und bereiteten ein fröhliches Frühstück. Der Priester befahl, dem Abt den ersten Gang aufzutragen. »Wir werden ihm«, riefen sie, »anschließend einen großen Kuchen verabreichen.« Der Priester sprang herbei und trillerte ein langes ›Benedicite‹. Weithin dröhnte von dem Trillern die bebende Erde. So führt man in den Klöstern, indem man mit aufgerissenem Mund schreit, glänzende Teller und den prächtigen Kelch des Abtes zum Mund, wenn ein Feiertag dem hungrigen Bauch ankündigt, dass alle braven Brüder Lieder zu singen hätten. Der Priester schlug also die gewölbten Schläfen mit der schweren Bibel. Sechs Schläge hatte er ausgeteilt und war im Begriff, noch mehr auszuteilen. Die Verzögerung fiel der ungeduldigen Menge schwer, und sie stürzten sich mit einhelliger Begeisterung auf den Alten.

Heu quam dissimilis bellum fortuna gerebat!
Tota acies uno vim patiente facit
Hic caput, ille latus caedit, pars plurima dorsum,
Multicavi ventris mantica longa gemit.
Qualiter argillae sordes fullone lavante
Icta sub incusso subtonat aura sago,
Aut plumosa cadens in pulvinaria magnus
Asser, et admota tympana pulsa manu,
Aut uterus tonnae saxi sub verbere mugit,
Taliter ad vastas bulga lupina sudes;
Vix ego crediderim, nisi quod scriptura fatetur,
Ferre flagra abbates tot potuisse decem,
Sic ego triticeis paleas extundere granis
Audieram in patulo tribula mille foro.

O weh, welch ungleiche Voraussetzungen hatte Fortuna den Kämpfenden gegeben! Ein ganzes Heer übte Gewalt, während ein einziger sie erlitt. Dieser schlug den Kopf, jener die Seite, die meisten den Rücken. Der weite Sack des aus vielen Höhlen bestehenden Bauches dröhnte. [1055] Wie wenn der Tuchwalker den schmutzigen Ton auswäscht und die Luft unter dem gestoßenen Tuch dröhnt, oder wie eine große Stange, die auf ein Federkissen schlägt, oder eine Trommel, die von der Hand geschlagen wird, oder wie das Innere eines Fasses unter dem Schlag eines Steinbrockens tönt, [1060] so klang der wölfische Ledersack zu den rohen Knütteln. Ich hätte nicht geglaubt, dass zehn Äbte so viele Schläge hätten ertragen können, wenn es nicht die schriftliche Quelle bestätigen würde. In gleicher Weise habe ich auf offenem Markt tausend Dreschflegel die Weizenkörner aus der Spreu herausschlagen hören.

## LIBER SECUNDUS

Iam laxare suas iteranda ad verbera vires
Sederat invita fessa quiete cohors;
Sola Aldrada furit, quamvis defessa recusat
Sidere, ni truncet praesulis ante caput.
Illa manu vastam vibrans utraque bipennem
Et misero capiti vulnera dira minans
Semiloquas voces balbo stridore babellat,
Dentibus undenis dimidioque carens;
Efflua nascentes lingua feriente parumper
Aera deformat spuma liquatque modos:
"Quam mihi Gerardus creber bonus, improbe raptor,
Fraude tua periit, quam bona Teta frequens!
Parta tibi hic eadem est pietas, utinamque bis essent,
Quot mihi dempsisti colla secanda tibi!
Pro cuiusque anima Tetae duo colla darentur!
Talio nunc meritis non redit aequa tuis.
Debueras nasci capitis deformiter expers
Et capitum innumera perditione mori,
Dignus tot cupiens infectas pendere fraudes,
Quot faceres ultro, si tibi posse foret.
Mens ubi persistit fallax et prona nocendi,
Nequior integro est truncus agente volens;
Nil faciens Satanas plus omni peccat agente,
Sufficit omne deo iudice velle malum.
Nunc unum atque malum caput est tibi, multaque debes,
Una lupis melior Teta duobus erat;
Plus habito dare nemo potest, donabo, quod ultra est,
Quod potes hoc uno solvere, solve dato.

## BUCH II

Schon hatte sich, wenn auch ungern, die erschöpfte Schar zum Ausruhen hingesetzt, damit ihre Kräfte sich für die Fortsetzung der Schläge erholten. Nur Aldrada wütete noch und weigerte sich, obwohl auch sie erschöpft war, sich zu setzen, bevor sie nicht das Haupt des Bischofs abgeschlagen hätte. Mit beiden Händen schwang sie eine ungeheure Doppelaxt, drohte dem unglückseligen Haupt grausame Wunden an und lallte mit stammelndem Zischen halbverständliche Laute, weil ihr elf Zähne und ein halber fehlten. Während die Zunge ein wenig durch die Luft sauste, verunstaltete und verflüssigte spritzender Geifer das Maß ihrer hervorquellenden Worte: »Wie oft ist mir ein guter Gerhard durch deine Missetat, ruchloser Räuber, zu Tode gekommen, wie oft eine gute Teta! Hier wird dir dieselbe Gnade erteilt. Ach, wenn du doch zweimal so viele Hälse besäßest, wie du mir genommen hast, um sie dir durchzuschneiden! Eine jede Teta möge mit zwei Hälsen vergolten werden! Die Strafe jetzt wiegt deine Schuld nicht auf. Du hättest es verdient gehabt, als Monstrum ohne Kopf geboren zu werden oder durch den Verlust unzähliger Köpfe zu sterben. Du hast es mit deiner Gier verdient, so viele nicht ausgeführte Verbrechen zu büßen, wie du sie begangen hättest, wenn es dir möglich gewesen wäre. Wo der Sinn hartnäckig darauf gerichtet ist, zu betrügen und Schaden zu stiften, ist der Rumpf mit seinem Wollen schädlicher als das unversehrte Ganze mit seinem Tun. Der Satan sündigt, sogar wenn er nichts tut, mehr als jemand, der alles ausführt. Wenn Gott richtet, genügt es, alles Böse zu wollen. Jetzt besitzt du nur ein einziges, böses Haupt und bist doch viele schuldig. Eine einzige Teta war mehr wert als zwei Wölfe. Niemand kann mehr geben, als er hat. Ich aber werde geben, was darüber hinausgeht. Was du mit diesem einen Kopf büßen kannst, büße es mit seiner Hergabe.

Non ego curarem, si quid prodesset habenti,
Tollere, sed senuit, sed probitate caret,
Et capite exempto levior fit sarcina trunci,
Non est, cur teneas amplius, ergo metam;
Ne crebro indigeat tonsore corona recrescens,
Rado tibi pariter colla caputque semel."
Dixerat et recto miserum caput impetit ictu,
Ausa in pontificem tam furiale nefas,
Et mediam frontem plaga expectata fidisset –
Vertice subducto funditur ille retro.
Aut metuens demptum sero sibi, sicubi rursum
Vellet eo fungi, posse redire caput,
Aut ovium miserans, quae defensoris egerent,
Aut animo versans augure utrumque metum,
Credere nolebat collum veniente securi,
Et peior sinoco visa securis erat.
In sua piscator transfusus terga rotatur,
In glaciem longe mersa bipennis abit;
Occipitis molem testatur bulla repente,
Spectari potior quam redimire sinum.
Iam sursum senior plantas extenderat omnes,
Poscere divinam more volentis opem.
Vult, ubi subsidunt brevioribus ilia costis,
Partiri miserum rustica saeva senem,
Porro cohaesurum nodo vivace cadaver
Cogitat et prisco posse vigore frui;
Utque puer ruptum prudens intermeat anguem,
Ne coeant partes atque animentur item,

Ich würde nicht daran denken, ihn wegzunehmen, wenn er dem Besitzer [30] zu irgendetwas nütze wäre, doch er ist alt geworden und untauglich, und nach der Wegnahme des Kopfes wird die Last des Rumpfes leichter. Keinen Grund gibt es, warum du den Kopf länger behalten solltest, also werde ich ihn abschlagen. Damit nicht der nachwachsende Haarkranz durch häufiges Schneiden lästig fällt, rasiere ich dir zugleich und auf einmal Kopf und Hals ab.«

[35] Sie hatte gesprochen und führte einen gezielten Hieb gegen den unglücklichen Kopf. Einen solch wahnwitzigen Frevel wagte sie gegen den Bischof, und sie hätte mit dem geplanten Schlag die Stirn in der Mitte gespalten – da zog er seinen Kopf ein und warf sich nach hinten. Entweder fürchtete er, dass das einmal genommene Haupt zu spät zu ihm [40] zurückkehren könnte, wenn er es irgendwann wieder gebrauchen wolle, oder er hatte Mitleid mit den Schafen, die keinen Beschützer mehr hätten, oder beide Befürchtungen bewegten ihn in seinem prophetischen Geist – jedenfalls wollte er seinen Hals nicht hinhalten, als die Axt niederfiel, erschien ihm doch die Axt schlimmer als das Fieber. [45] In Rückenlage vollführte der Fischer kreisende Bewegungen; die Doppelaxt ging fehl und drang tief in das Eis ein. Eine Wasserblase bezeugte sogleich den Aufprall des Hinterkopfes, die lieber erblickt wurde als ein Medaillon, das den Busen schmückt. Schon hatte der Alte alle Füße nach oben gestreckt, [50] als wolle er um göttliche Hilfe flehen.

Die wild gewordene Magd wollte den unglücklichen Alten zerteilen, wo die Weichteile unter den kurzen Rippen anschließen. Sie bedachte, dass sich der Leib wieder in lebendiger Verbindung zusammenfügen und die alte Kraft wiedererlangen könne. [55] Wie ein gewitzter Knabe zwischen einer zerteilten Schlange hindurchgeht, damit die Teile nicht wieder zusammenwachsen und lebendig werden, so plante die vorausschauende Alte dem Zusammen-

Sic reducem vitam coituris demere truncis
Trino intercursu provida versat anus.
Supplice tunc voto sanctorum multa vocantur
Quae plebeius habet nomina nota canon:
Scilicet Excelsis cum coniuge sanctus Osanna,
Dicitur a furca quem rapuisse deus,
Et quam rex Phanuel de sura everrerat Annam;
Qua mater domini, sancta Maria, sata est,
Et qua promicuit pennatus matre Michael,
Alleluia Petro coniuge fausta diu,
Helpvara Noburgisque, bonae implorantibus ambae,
Et pecorum tutrix Brigida saeva lupis,
Praecipue fidus Celebrant, ope cuius, ubi omnes
Defuerant testes, est data Roma Petro,
Traditaque iniusto Pharaildis virgo labori;
Sed sancti faciunt, qualiacumque volunt.
Hac famosus erat felixque fuisset Herodes
Prole, sed infelix hanc quoque laesit amor,
Haec virgo thalamos Baptistae solius ardens
Voverat hoc dempto nullius esse viri,
Offensus genitor comperto prolis amore
Insontem sanctum decapitavit atrox;
Postulat afferri virgo sibi tristis, et affert
Regius in disco tempora trunca cliens,
Mollibus allatum stringens caput illa lacertis
Perfundit lacrimis osculaque addere avet,
Oscula captantem caput aufugit atque resufflat,
Illa per impluvium turbine flantis abit.
Ex illo nimium memor ira Iohannis eandem
Per vacuum caeli flabilis urget iter,
Mortuus infestat miseram nec vivus amarat,
Non tamen hanc penitus fata perisse sinunt:

schluss der Stümpfe die Wiedergewinnung des Lebens durch dreifaches Durchschreiten zu nehmen.

Dann wurden mit bittfälligem Gebet viele Heilige angerufen, [60] die das Volk zu den bekannten Namen rechnet: Natürlich der heilige Osanna mit seiner Gattin Excelsis, den Gott vom Galgen geschnitten haben soll, und Anna, die König Phanuel aus der Wade hervorgeholt hatte, von der die Mutter des Herrn, die heilige Maria in die Welt gesetzt wurde, [65] und die selige Alleluia, die den geflügelten Michael gebar und lange Zeit die Gemahlin des Petrus war, und Helpvara und Noburgis, die beide die Gebete erhören, und Brigida, welche die Schafe entschlossen vor den Wölfen schützt, besonders aber der getreue Celebrant, mit dessen Hilfe, als alle Zeugen [70] ausgeblieben waren, Rom dem Petrus übergeben wurde, und die Jungfrau Pharaildis, welche sich einer unziemlichen Mühe unterzogen hat, aber die Heiligen tun, was sie wollen. Wegen dieser seiner Tochter war Herodes berühmt, und er wäre glücklich gewesen, doch verwundete eine unglückliche Liebe auch sie: [75] Diese Jungfrau richtete ihr brennendes Begehren allein auf den Täufer und hatte geschworen, keinem anderen zu gehören, wenn ihr dieser genommen sei. Als der grausame Vater von der Liebe seiner Tochter erfuhr, geriet er in Zorn und enthauptete den unschuldigen Heiligen. Die traurige Jungfrau verlangte, dass man ihr das abgeschlagene Haupt [80] brächte, und ein königlicher Dienstmann brachte es in einer Schale. Sie umfasste das herbeigetragene Haupt mit ihren zarten Armen, überschüttete es mit Tränen und begehrte es zu küssen. Das Haupt aber wich vor der Küssenden zurück und blies sie an. Der dadurch entstandene Wirbelwind entführte sie durch das Atrium. [85] Seitdem treibt sie der allzu nachtragende Zorn des stürmischen Johannes über die leere Straße des Himmels. Als Toter verfolgt er die Unglückliche und hatte sie schon zu Lebzeiten nicht geliebt. Dennoch ließ das Schicksal sie nicht vollkommen

Lenit honor luctum, minuit reverentia poenam,
Pars hominum maestae tertia servit herae,
Quercubus et corilis a noctis parte secunda
Usque nigri ad galli carmina prima sedet;
Nunc ea nomen habet Pharaildis, Herodias ante,
Saltria nec subiens nec subeunda pari.
Hos anus atque alios, quos est mora dicere, sanctos
Pollicitis captat, voce fideque vocat,
Bisque Pater nuster sanctum et Credinde revolvit,
Quinque Dei paces et Miserele quater,
Oratrus fratrus, Paz vobas clamat et infert
Deugracis finem, quando ferire parat;
Tot periere preces, audacia cassa sine astu est,
Affectus factum praepedit arte carens.
Rustica praecipiti raptum nimis impete telum
Pollice non circum perveniente levat;
Dumque levat, clamat, quem nec mutire decebat,
Nescius hic monitu non opus esse suo,
Terretur populus, qui circumquaque sedebat,
Ipsa etiam tonitru terrificata suo est.
Coeperat ut fulgur ruere exaltata securis,
(Visa procul prope fit, res prope saepe procul)
Intererat spatii bis, quantum vulnifer ictus
Transierat, iustum caedis adusque locum:
Prensa male elusam liquere manubria dextram,
Non tamen omnino vulnus inane fuit;
Rete secat lapsa inter aquas clunemque bipennis,
Nec partes aequat, maior inhaesit aquae,
Pars servata tamen, quamvis minor esset, habenti
Carior est illa, qua viduatus erat.

zugrunde gehen: Ihr Ansehen linderte die Trauer, Verehrung minderte die Strafe. [90] Ein Drittel der Menschheit hat der trauernden Herrin gedient, und sie sitzt vom zweiten Teil der Nacht an bis zu den ersten Gesängen des schwarzen Hahns auf Eichen und Haselsträuchern. Jetzt trägt sie den Namen Pharaildis, früher hieß sie Herodias; weder vorher noch später kam ihr irgend jemand als Tänzerin gleich.

[95] An diese und andere Heilige, die zu nennen die Zeit fehlt, wandte sich eifrig die Alte und rief sie laut und inbrünstig an. Zweimal betete sie das Pater nuster und das Credinde herunter, fünf Dei paces und viermal das Miserele, sie rief das Oratus fratrus und das Paz vobas und schloss [100] mit dem Deugracis, als sie sich anschickte loszuschlagen. So viele Bittgebete waren umsonst, denn Kühnheit ohne Verstand ist vergebens. Leidenschaft, der das Wissen abgeht, kommt nicht zum Ziel.

Die Magd riss mit allzu heftigem Schwung die Axt an sich und hob sie hoch, wobei ihr Daumen den Griff nicht umfasste. [105] Während sie ihren Arm hob, jaulte er auf, der keinen Muckser hätte tun sollen, weil er nicht wusste, dass seine Ermunterung überflüssig war. Die Gemeinde, die sich ringsum hingesetzt hatte, erschrak, sogar die Magd selbst wurde von seinem Geheul erschreckt. Wie ein Blitz begann die erhobene Axt niederzufallen, [110] (was fern scheint, geschieht oft in der Nähe, was nah scheint, ist oft fern) der Abstand zu dem Punkt, an dem der Wolf tödlich getroffen worden wäre, war doppelt so weit, wie der Wunden bringende Schlag reichte. Der schlecht angefasste Griff entglitt der nachgebenden Rechten. Dennoch war die verursachte Wunde nicht völlig wertlos. [115] Die Doppelaxt trennte das Netz zwischen dem Wasser und dem Steißbein ab. Die Teile waren nicht gleich lang, der längere blieb im Wasser hängen. Dennoch war der gerettete Teil, auch wenn er kürzer war, seinem Besitzer lieber als jener, den er eingebüßt hatte.

Nec consistit anus magnoque inhibere nequibat
 Impete propulsas assequiturque manus,
Illa genu nondum clamante diacone flectens,
 Qua dederat plagam, condidit acta labrum,
Oscula figuntur velut emplastrantia vulnus,
 Inque cavo veniam podice nasus agit.
Rustica pontifici misero abmorsura putatur
 Reliquias trunci retis, et ipse tremit;
Prima dolore carens fit plaga timore secundae,
 Anus anusque pavent, sed magis anus anu.
Ergo abrupta simul sensit retinacula praesul,
 Nec rogat, an tempus fasve sit ire sibi,
– Corpore succusso sublatus in alta ruentis
 Catti more super recidit ipse pedes –
Nec stetit (hoc dico) nec scissum rete refecit;
 Rete diu carum vilius asse iacet;
Quod de reticulo sibi, si quid inhaeserat, aufert.
 Pontificem tali miror abisse modo.
Decepit miserum sperata remissio vulgus,
 Non pungunt animos dogmata sacra rudes,
Non banno vincire reos, non solvere curat,
 Nec sibi substratam surgere iussit anum,
Non neglecta novat, non aspera iussa resignat,
 Nec facienda iubet, nec bene facta probat;
Confirmare ferat? nec fert benedicere turbae,
 Nec socium ex tanta quem sibi gente legit,
Nec, quoadusque semel posset benedicite dici,
 Pro naso papae stare tulisset ibi,

Die Alte verlor ihr Gleichgewicht, konnte wegen des großen Schwungs [120] ihre Bewegung nicht abbremsen und folgte ihren vorgestreckten Händen nach. Sie beugte das Knie, obwohl der Diakon noch nicht dazu aufgefordert hatte, und bekräftigte mit ihren Lippen ihre Handlungen, wo sie den Schlag versetzt hatte. Küsse wurden wie Pflaster auf die Wunde gedrückt. Die Nase bat in den Tiefen des Hinterns um Vergebung.

[125] Der unglückselige Bischof glaubte, dass die Magd ihm noch die Reste seines abgetrennten Netzes abbeißen wollte, und erschauerte. Die Furcht vor einem zweiten Verlust verdrängte den Schmerz über den ersten. After und Alte fürchteten sich, doch der After mehr als die Alte. Sobald also der Bischof spürte, dass sein Ankertau geborsten war, [130] fragte er nicht, ob es für ihn an der Zeit oder rechtens sei zu gehen – sein Körper bäumte sich auf, sprang in die Höhe und landete wie eine fallende Katze auf seinen Füßen –, er blieb nicht stehen und flickte auch nicht sein zerrissenes Netz. Das lange Zeit hochgeschätzte Netz blieb liegen, wertloser als ein Heller. [135] Wenn denn etwas von dem Netz an ihm hängen geblieben war, nahm er es mit.

Ich wundere mich, dass der Bischof auf solche Weise fortging. Die Hoffnung auf Ablass wurde bei der armen Gemeinde enttäuscht. Keine heiligen Lehren wurden den Ungebildeten eingeimpft. Er unterließ es, Schuldige mit dem Bann zu belegen oder von diesem zu befreien, [140] und befahl auch nicht, dass die Alte, die sich vor ihm niedergeworfen hatte, sich erhebe. Weder erneuerte er vernachlässigte Erlasse noch nahm er harte Beschlüsse zurück. Er ordnete nicht an, was zu tun sei, noch billigte er das, was gut getan war. Sollte er die Kommunion austeilen? Weder litt er es, die Gemeinde zu segnen, noch wählte er sich einen Begleiter aus der so großen Schar [145] noch hätte er es – auch nicht für die Nase des Papstes – ertragen, dort stehen zu bleiben, bis auch nur einmal das Benedicite gesprochen worden wäre, noch dachte er

Nec meminit cantare brevem post prandia psalmum,
Nulla agitur populo gratia, nulla deo:
Presbyteri et plebis per colla et brachia saltans
Immemor officii pontificalis abit;
Dumque probat cursu se non sensisse citato
Verbera, quae tulerat, iusta fuisse negat,
Affectu maiore redit quam venerat illuc,
Nil nisi more alias esse volentis agit;
Nec reduci intendit piscatum nocte redire,
Nec, quos tunc pisces ceperat, inde vehit,
Nec placet electu nec displicet ulla viarum
Praeter ad has reducem, quas fugiebat, aquas.

Ysengrimus, uti quis rete indutus hiulcum,
Corpore multiforo vulnera totus erat,
Iam discussa fere vix nervis ossa cohaerent,
Venarum penitus sub cute nulla latet,
Sed non ille tamen tanta tam clade gravatur,
Quam de Reinardi prosperitate dolet;
Inscius ergo simul secus hostem colle latentem
Pervenit, his horret questibus atque minis:
"Vivere me taedet, me taedet vivere, quidni?
Qui mihi non esset profore dignus, obest;
Qui gaudere meo non esset dignus honore,
Me sibi ridiculo non habuisse timet.
Ergo in fata ruens evasa reverterer ultro,

daran, einen kurzen Psalm nach dem Abendmahl zu singen. Weder der Gemeinde noch Gott wurde Dank gesagt.

Er setzte über die Köpfe und Schultern des Priesters und der Bauernschar hinweg und verschwand, ohne an seine Aufgaben als Bischof zu denken. Indem er durch sein schnelles Davonrennen bewies, dass er die erhaltenen Schläge nicht gespürt hatte, bestritt er ihre Berechtigung. Er kehrte mit größerem Eifer zurück, als er dorthin gekommen war, und verhielt sich wie einer, der ausschließlich woanders sein wollte. Weder beabsichtigte er, in der kommenden Nacht zum Fischen zurückzukehren, noch führte er die Fische mit, die er gefangen hatte. Es war ihm einerlei, welchen Weg er nahm, außer demjenigen, der zu dem Teich zurückführte, von dem er gerade floh.

### *Der Wolf als Feldmesser*

Isengrim war am ganzen Körper durchlöchert und voller Wunden, wie jemand, der ein zerrissenes Netz angezogen hat. Die fast zerschlagenen Knochen hingen kaum noch an den Sehnen zusammen, keine seiner Adern war noch von dem Fell bedeckt. Dennoch trug er an dieser so großen Niederlage nicht so schwer, wie ihn das Wohlbefinden Reinhards schmerzte.

Ohne es zu wissen, kam er alsbald in die Nähe seines Feindes, der sich an jenem Hügel versteckte, und stieß furchterregende Klagen und Drohungen aus: »Ich bin des Lebens überdrüssig, des Lebens überdrüssig bin ich, wie sollte ich nicht? Derjenige, der es nicht wert gewesen wäre, mir zu nützen, hat mir geschadet; Der es nicht wert gewesen wäre, sich über meine Ehre zu freuen, fürchtete sich nicht, mich zum Gegenstand seines Spottes zu machen. Freiwillig würde ich umkehren, mich jenem Schicksal zu ergeben, dem ich gerade entgangen bin, und würde sie bitten

Laedere nolentes velle precarer ego,
Usque adeo vitam penitus detestor et odi,
Spes nisi vindictae conciliaret eam.
Illa dies sperata pati me vivere cogit,
Qua latro calicem, quem dedit, ipse bibat;
O si forte dies impleverit ulla, quod opto,
Hanc ego non distat qua nece laetus emam.
Terribilem sancti Gereonis iuro columnam,
Cui nec Roma parem nec Ierosolma tenet,
Post quam nullus agens reprobus vestigia profert,
Momentum nulla conditione sequar.
Planxerit ille dolos sive ostentaverit actus,
Sive roget veniam sive rogare neget,
Donaque promissis superet promissaque donis,
Sive horum neutrum fecerit, unus ero."
Cominus hanc recubans vocem Reinardus ut audit,
Coeperat ad tantas horripilare minas,
Neve excusandi praerepto copia desit,
Prosiliens tamquam sponte coactus ait:
"O deflende mihi lamentis, patrue, longis!"
(Singultusque inter singula verba dabat)
"Membra quis hoc scisso texit tibi regia sacco?
Non habuit nostros talis amictus avos!
Amodo piscandi studium sectabere forsan,
Et piscatores frigora saepe gravant,
Ergo gravesne ista ventos crebrosque cuculla
Assultus gelidae pellere credis aquae?
At tegitur Ioseph vervex meliore cuculla,
Omne quidem frigus demeret illa tibi;
Quae cum te deceat, quin et tua debeat esse,
Haec tibi cur gratis parta vel empta placet?"

mich zu töten, auch wenn sie es nicht wollten – so sehr verabscheue ich das Leben und hasse es von Herzen –, wenn nicht die Hoffnung auf Rache mich mit dem Leben versöhnte. [175] Jener erhoffte Tag zwingt mich, das Leben zu ertragen, an dem der Verbrecher den von ihm gereichten Kelch selbst austrinken muss. Ach wenn dann irgendein Tag meinen Wunsch erfüllt haben wird, ist auch jener nicht fern, an dem ich frohgemut aus dem Leben scheide. Ich schwöre bei der schrecklichen Säule des heiligen Gereon, [180] welche weder in Rom noch in Jerusalem ihresgleichen hat und an der kein Übeltäter, wenn er vorwärts geht, vorbeikommt, dass ich unter keinen Umständen davon abweichen werde. Ob jener seine Listen beklagt oder mit seinen Taten prahlt, ob er um Gnade fleht oder sich weigert zu flehen, [185] ob er mehr gibt, als er verspricht, oder mehr verspricht, als er gibt, oder ob er keines von beiden tut: Ich bleibe, der ich bin.«

Als der nahebei liegende Reinhard diese Stimme vernahm, sträubten sich ob so großer Drohungen seine Haare. Damit aber der Vorwärtsstürzende Gelegenheit bekäme, sich zu entschuldigen, [190] sprang der Fuchs wie unter eigenem Zwang hervor und rief: »O mein Oheim, den ich in langen Klagen beweinen muss!« – dabei stieß er nach jedem Wort ein Schluchzen aus – »Wer hat die königlichen Gliedmaßen mit diesem zerrissenen Sacktuch bedeckt? Ein solcher Mantel hat unsere Vorfahren nicht gekleidet! [195] Vielleicht willst du von jetzt an den Beruf des Fischers ausüben, und die Fischer leiden oft unter der Kälte. Glaubst du, dich mit dem Umhang da vor den stürmischen Winden und der fortwährenden Gischt eiskalten Wassers schützen zu können? Da trägt der Widder Joseph eine bessere Kutte; [200] die würde dich vor jeglicher Kälte schützen. Wenn sie dir passt, ja eigentlich sogar gehört, warum gefällt dir dann diese, ob du sie nun umsonst oder durch Kauf erhalten hast?«

Coeperat hoc senior paulum mansuescere verbo
Et non praemissis aequiperanda refert:
"Pessime seductor, loqueris quasi nescius acti,
Fraude tua cum sim ductus in omne malum;
Praeduce te in fustes venabulaque actus et uncos
Dissipor: hic scindit, pungit is, ille ferit,
Sic mihi discussum est in mille foramina corpus,
Te spectante, nihil subveniente tamen,
Denique nescio quo caudam truncante recessi,
Nulla tamen gravior quam mihi plaga famis.
Sic ego discissi nactus velamina sacci
Daemonibus pisces annuo teque simul."
Fictor ad haec: "meritum merces sua quodque coaequet!
Da, cui vis, pisces, at mihi iure faves,
Nil ego commisi, scis ipse; tibi tamen insons
Omnia debentis, dummodo placer, agam,
Te, quia poscebas, ad plena cibaria duxi,
Ut posses avidam pacificare gulam,
Et tibi, quos caperes, praedixi, quosque caveres,
Sperabas nullo pondere posse premi.
Ut suus est modicis, nimiis sic terminus ausis,
Quid gravidum rhombis rete fuisse querar?
Vivere non posses, nisi captus et ille fuisset,
Cuius in ingenti ventre propheta fuit,
Hoc capto tu captus eras solvique petebas,
Abstulit officium turba maligna meum.
Tunc omnes claustri ratus actos daemones in te;
Ut desertori vincula saeva darent,
Direxi celerem sub tuta latibula cursum,

Durch diese Anrede wurde der Alte ein wenig besänftigt, und er antwortete mit Worten, die von den vorherigen deutlich abwichen: »Du schlimmster Betrüger, du sprichst, als wüsstest du nicht, was geschehen ist, obwohl ich durch deine Tücke alles Unglück erlitten habe. Durch deine Anleitung wurde ich durch Knüppel, Spieße und Haken klein geschlagen; der eine zog das Fell ab, der zweite stach, der dritte schlug. So wurde mir mein Leib in tausend Löcher zerteilt, wobei du zugesehen hast, ohne auch nur ein bisschen zu helfen. Endlich entkam ich, als mir jemand, ich weiß nicht wer, den Schwanz abtrennte. Dennoch quält mich nichts mehr als der Hunger. So bin ich zu dem Gewand aus zerrissenem Sacktuch gekommen und überlasse die Fische samt dir den Teufeln.«

Darauf der Lügner: »Jeder Verdienst möge seinen angemessenen Lohn erhalten! Gib die Fische, wem du willst. Mir schenkst du zurecht dein Wohlwollen. Du weißt selbst, ich habe nichts verbrochen. Dennoch, auch als Unschuldiger will ich alles tun, was einem Schuldigen gebührt, wenn ich nur mit dir versöhnt werde. Ich habe dich auf deinen Wunsch zu den reich gefüllten Speisekammern geführt, damit du deine Fressgier befriedigen konntest, und dir vorher gesagt, welche Fische du nehmen und welche du meiden sollst. Du hofftest aber, dass dich kein Gewicht niederdrücken könne. Wie die bescheidenen Wagnisse so haben auch die übertriebenen ihre Bestimmung. Was soll ich klagen, dass das Netz schwer von Stören gewesen ist? Du wärest gestorben, wenn du nicht auch jenen Fisch gefangen hättest, in dessen gewaltigem Bauch sich der Prophet befunden hatte! Durch diesen Fang warst du selbst gefangen und wolltest wieder frei kommen. Die böswillige Schar ist meinem Dienst zuvorgekommen. Da glaubte ich, dass alle bösen Geister des Klosters gegen dich vorgingen, um den Abtrünnigen in grausame Fesseln zu legen. Schleunigst lief ich in ein sicheres Versteck, weil ich fürchtete, man

Ne iubear tecum claustra subire timens;
Malo, quod edidici, gallum explumare vel aucam,
Ducere quam rigida religione chorum.
Cumque tibi irruerent secumque reducere vellent
Vestibus abscissis verberibusque datis,
Laetabar fugisse procul; si pone fuissem,
Obsequium acturos nam mihi rebar idem.
Denique credidimus caudam truncantibus illis,
Quod fieres abbas claustra novena super,
Ut tot praebendis, ne paupertate gravante
Rursus suffugeres, efficerere satur.
Quod si, cauda tibi cur sit mutilata, requiris,
Istius officii congrua causa fuit:
Luxus opes sequitur, sibi quisque fit utilis abbas,
Sanctior est, quisquis pinguior esse potest,
Nunc ferrum, nunc flamma adimit, nunc potio morbum
Pinguibus, o tanti est promeruisse deum!
Qui sapit, est sapiens: tu pauper multa vorasti,
Ingluviem dives prosequerere magis,
Et crassus fieres abbatum more proborum,
Idcirco utiliter cauda resecta tibi est:
Cum non suppeteret prudens curator aventi,
Per certum efflueret noxius humor iter.
Inde ego plus metuens abbas quam monachus esse
Abscondebar, et est hinc mihi culpa gravis?
At post tanta famem quereris tibi flagra nocere,
Tollitur haud ulla clade querela vetus,
Omnibus adversis praestat penuria ventris,
Haec tibi praecedens, haec tibi causa sequens,
Et quando saturam semel esse fateberis alvum?

würde mir befehlen, mit dir ins Kloster zu gehen. Lieber wollte ich einen Hahn oder eine Gans rupfen, was ich gelernt habe, als in strenger Klosterzucht den Chor anführen. Als sie deine Kleider herunterrissen, Schläge austeilten, sich auf dich stürzten und dich mit sich zurückführen wollten, war ich froh, das Weite gesucht zu haben. Wäre ich nämlich dort gewesen, hätten sie mir, wie ich glaubte, dieselbe Gefälligkeit erwiesen. Als jene deinen Schwanz abhieben, glaubte ich schließlich, dass du zum Abt über neun Klöster gemacht würdest, damit du durch so viele Pfründen gesättigt werden könntest, um nicht wieder wegen drückender Armut fliehen zu müssen.

Wenn du fragst, warum man dir deinen Schwanz gestutzt hat, so gab es einen angemessenen Grund für diesen Dienst: Wohlleben ist Folge des Reichtums. Jeder Abt sieht auf seinen eigenen Nutzen. Je beleibter einer sein kann, desto heiliger ist er. Bald macht das Messer, bald das Glüheisen, bald ein Arzneitrunk die Beleibten gesund. O wie wichtig ist es, sich um Gott verdient gemacht zu haben! Der ist weise, dem es schmeckt. Schon als Armer hast du viel verschlungen, mehr noch würdest du als Reicher deinem Schlund zukommen lassen. Du würdest fett wie ein rechtschaffener Abt. Deswegen ist dir zu deinem Nutzen der Schwanz zurückgeschnitten worden: Wenn denn einmal kein kundiger Bader zu deiner Verfügung stünde, würde der schädliche Körpersaft auf einem sicheren Weg ausfließen. Daher hatte ich mehr Angst davor, Abt zu sein als Mönch und versteckte mich. Erwächst mir daraus etwa eine schwere Schuld?

Aber du klagst, dass dich nach so heftigen Schlägen der Hunger plagt. Irgendein Desaster hebt diese altbekannte Klage nicht auf. Schlimmer als jedes Unglück ist die Leere des Bauches. Sie ist der Grund, der dein Handeln zu jeder Zeit bestimmt. Denn wann würdest du zugeben, dass dein Magen auch nur ein-

Si sapis, hunc stimulum non patiere diu!"
Vocibus his senior reparato corde profatur:
"Non sum tam sapiens, quin magis esse queam;
Sed tantum sapio sapiamque: oblata vorabo,
Malo quoque, ut quaeram, quam caruisse feram.
Et de nescio qua nobis paulo ante cuculla
Verbum sive dabas sive daturus eras;
Exuviis sane non curo quis accidat heres,
Quod vacuas fauces impleat, illud amo." –
"Patrue, res melius quam speras accidit", inquit,
"Quattuor hic fratres iurgia longa trahunt;
Cursibus atque ortu fratres praeeuntis habetur,
Quod recolis nomen me posuisse supra;
Succedentis ei Bernardus, et ille priore est
Citerior cursu, robore vero prior;
Proximus, intortis quod opertae cornibus aures
Vix pateant, nomen Colvarianus habet;
At nomen quarto dat vitrea lana Belino;
Quattuor his similes insula nulla tenet,
Novimus hos certe, quantis et tota minores
Fresia, vervecum maxima mater, alit;
Deliciae pausare vetant, accede sequester,
Lis ad iudicium pertinet ista tuum.
Quinque fere stadiis maiore colonia gyro
Quattuor in partes his dirimenda iacet;
Inde ubi quis spatium, citra quod habenda putatur
Regula processus, transmeat, arma movent.
His odium frustra collecto saepe suorum
Agmine conata est demere turba rudis,
Usque adeo non est aptus geometer in illis,
Qui mediam iusto limite signet humum;

mal gesättigt sei? Bist du klug, so dulde diesen Stachel nicht länger!«

Durch diese Worte innerlich getröstet, antwortete der Alte: »Ich bin nicht so klug, dass ich nicht noch klüger sein könnte. [265] Doch so viel weiß ich jetzt und in Zukunft: Was man mir anbietet, verschlinge ich. Lieber will ich auch auf die Suche gehen als Entbehrungen ertragen. Und du hast gerade etwas über irgendeine, ich weiß nicht welche Kutte gesagt oder warst im Begriff, es zu tun. Mich kümmert allerdings nicht, wer das Fell erbt, [270] meine Liebe gilt dem, was den leeren Schlund füllen kann.«

»Oheim, die Sache steht besser, als du erwartest«, entgegnete Reinhard. »Vier Brüder fechten hier seit langem einen Streit miteinander aus. Durch Alter und Schnelligkeit besitzt der den Vorrang vor seinen Brüdern, dessen Namen, wie du dich erinnerst, ich vorhin genannt habe. [275] Ihm folgt Bernhard, der dem ersten an Schnelligkeit unterlegen ist, ihn aber an Kraft übertrifft. Der nächste heißt Kolvarian, weil seine Ohren von den gewundenen Hörnern verdeckt und kaum sichtbar sind. Dem vierten hat seine schimmernde Wolle den Namen Belin gegeben. [280] Keine Insel besitzt Widder, die diesen Vieren gleichkommen. Wir wissen bestimmt, dass sie so groß sind, dass ganz Friesland, die mächtigste Mutter aller Widder, nur kleinere Tiere aufwachsen lässt. Genüsse erfordern Taten. Tritt als Vermittler hinzu, ihr Streit wartet auf dein Urteil. [285] Ihr Gebiet erstreckt sich in einem Kreis von fast fünf Stadien Durchmesser und soll für sie in vier Teile geteilt werden. Sobald daher einer die Grenze überschreitet, vor der ihrer Meinung nach das Recht des Zutritts endet, greifen sie zu den Waffen. Oft schon haben sich die tölpischen Bauern zusammengetan und vergeblich [290] versucht, ihren Hass zu beschwichtigen. Bislang gibt es unter ihnen aber keinen fähigen Landvermesser, der mit gerechter Grenzziehung die Mitte des Grundstücks markieren könnte. Geh also schleunigst, und stelle

I propere, aequatis tu partibus erige metam,
  Ut tuus illorum patribus ante pater.
Piscatum redeas, si quid (nisi lana) superstes
  Manserit (hac caedem conciliare potes);
In minus illorum pingui pinguedo bipalmis
  Excedit costas!" prosilit ille, meant.
Cornua bina ferunt caput insignisse Belini;
  Bis vero totidem, Colvariane, tuum,
Amborum numerum Bernardi in fronte rigere,
  Horrificant Ioseph munia bina quater.
Arma videns capitum pavet Ysengrimus et infit
  Arma putans oris plus metuenda sibi:
"Aspicis o turres, Reinarde, in frontibus horum?
  Anne parum nobis ora timenda putas?
Dentibus iratis non est colludere tutum,
  Et (fateor) piscis dens mihi rete tulit.
Ire libet, certe non sum geometer, an essem,
  Si male metirer, te duce tutus ego?
Quattuor hic fortes, duo sunt exercitus uni,
  Unius occubitu saeviet ira trium."
**R**einardus monitis animum formavit inertem,
  Praecedit timidus vulpe sequente senex,
Aspiciunt laetique parum viso hospite fratres
  Nil nisi "quid fiet? nescio" vocis habent,
Nec maior numerus tantum potuisset in hostem
  Reddere securos: fortis egenus adest.
Aspera sors contra est, ubi vim comitatur egestas,
  Ingenium velox expedit atque sagax;
Fortis egens, quicquid valet, ut valet, optat et audet,
  Ysengrimus erat fortis egensque nimis,

du den Grenzpfahl zwischen gleich großen Teilen auf, wie es dein Vater früher für ihre Väter getan hat. [295] Wenn etwas außer Wolle, mit der du die Zeichen deiner Niederlage bedecken kannst, übrig bleibt, magst du zum Fischen zurückkehren. An ihren weniger fetten Stellen besitzt die Fettschicht über den Rippen eine Stärke von zwei Handbreiten!« Schon sprang er voran, und sie machten sich auf den Weg.

Zwei Hörner zierten, sagt man, das Haupt Belins, [300] doppelt so viele aber das deinige, Kolvarian. Die Summe beider erhob sich auf der Stirn Bernhards. Zweimal vier Befestigungswerke ließen Joseph furchterregend erscheinen. Als Isengrim die Waffen auf den Köpfen erblickte, erschrak er, und er sagte im Glauben, dass die Waffen im Maul noch furchterregender sein müssten: [305] »Reinhard, siehst du auf ihren Stirnen die Türme? Meinst du nicht, dass wir ihre Mäuler ein bisschen zu fürchten haben? Es ist eine unsichere Sache, mit erzürnten Zähnen zu spielen. Auch der Zahn eines Fisches hat mir (ich gestehe es) mein Netz abgetrennt. Es ist besser zu gehen. Ich bin bestimmt kein Landvermesser. Oder wäre ich [310] unter deiner Führung etwa sicher, wenn ich schlecht Maß nähme? Zwei starke Gegner sind für einen einzelnen ein Heer. Hier aber stehen vier. Wenn einer fiele, stachelte das den Zorn der übrigen drei nur an.« Reinhard munterte den Mutlosen mit mahnenden Worten auf. Der furchtsame Alte schritt voran, der Fuchs folgte. [315] Die Brüder sahen sie und brachten, wenig erfreut über den Anblick des Gastes, nur ein »Was passiert jetzt?« – »Keine Ahnung« hervor. Nicht einmal ihre Überzahl hätte sie vor einem so mächtigen Feind in Sicherheit wiegen können, stand ihnen doch ein starker hungriger Gegner gegenüber. Ein hartes Los ist zu bewältigen, wo Hunger sich mit der Gewalt vereint [320] und ein schneller scharfer Verstand zur Verfügung steht. Ein starker hungriger Gegner wünscht und wagt alles, was und wie er es vermag. Isengrim war stark und hungrig im Übermaß. Als

Pro pietatis habens decreto parcere nolle,
  Dumque timet ventri, saepe timenda subit.
Consiliis spatium non suppetit hoste propinquo,
  Alternant dubie, quae facienda forent;
Obvius it Ioseph, reliqui prope terga sequuntur,
  Explorat primum foederis arma timor.
Eminus exclamant: "frater, benedicite! nullum
  Vidimus hic monachum, septima friget hiems."
Frater ad haec: "tanti fuerat maledicite dici!
  Credite nos alium proposuisse iocum,
Arma quid haec vobis? vivumne quid orbis habebit?
  Quo genere et qui vos? ad quid et unde sati?" –
"Primus", ait Ioseph – venientia verba refringit
  Monachus impatiens: "sermo sit iste brevis!
Sit sermo brevis iste, aliud quam verba requiro,
  Quaerere nil aliud me nisi verba putant!
Sit brevis aut nullus! nullus mihi sermo videtur
  Esse brevi melior." – "fer, domine", inquit, "erit,
En ego sum Ioseph, si cognita nominis huius
  Fama tibi", (et fratres nominat inde suos)
"Obsequiisque tuis iussum ad portabile prompti,
  Pacis amatores, vulgus inerme sumus.
Tuque licet parvas grates ductore merente
  Ob causae quid in haec veneris arva, liquet:
Finibus ut medio signatis limite norit,
  Qua sibi committat pascua quisque tenus." –
"Nomina", mensor ait, "novi, sed roboris huius,
  Quod video, vobis rebar inesse parum.
Gratulor obsequiis, utinamque essetis inermes!
  Obsequium posset promptius esse mihi;
At nunc obsequium non tam mihi ferre potestis,

Grundsatz seiner Frömmigkeit galt ihm, keine Schonung zu gewähren. Solange er um seinen Bauch fürchtete, beging er oft Fürchterliches. [325] Für Beratungen gab es keine Zeit, war der Feind doch nahe. Zweifelnd überlegten sie hin und her, was zu tun sei. Joseph ging ihnen entgegen, die anderen folgten ihm in einer Reihe. Die Furcht sucht zuerst nach Möglichkeiten eines Einvernehmens. Daher riefen sie schon von fern: »Bruder, sei willkommen! Seit sieben [330] frostigen Wintern haben wir hier keinen Mönch mehr gesehen.«

Darauf der Bruder: »Ebenso gut hättet ihr ein ›verflucht‹ sagen können! Glaubt nur, wir hatten uns einen anderen Scherz vorgestellt. Was wollt ihr mit diesen Waffen? Was für ein Krieg steht der Welt bevor? Woher stammt ihr? Wer seid ihr? Wozu und von wem seid ihr geboren?« [335] Joseph antwortete: »Der Erste …«, als der ungeduldige Mönch die weiteren Worte abschnitt: »Diese deine Rede sei kurz! Kurz sei deine Rede. Mir steht der Sinn nach anderem als Worten. Die glauben tatsächlich, dass es mich nur nach Worten verlangt! Kurz oder gar nicht! Keine Rede will mir besser erscheinen [340] als eine kurze.« – »Geduld, Herr!« rief er. »Sie wird kurz sein. Wohlan, ich bin Joseph. Vielleicht hast du meinen Namen schon gehört«, und er nannte die Namen seiner Brüder, »Wir stehen zu deinen Diensten und sind für jeden tragbaren Befehl bereit, wir lieben den Frieden und sind ein unbewaffnetes Volk. [345] Warum du mit einem Führer, der wenig Dank verdient, in diese Gegend gekommen bist, ist allerdings klar: damit die Grenzen durch einen Stein in der Mitte markiert werden und jeder erkennt, bis wohin er das Weideland benutzen kann.«

»Eure Namen«, antwortete der Feldmesser, »kenne ich, doch glaubte ich, [350] dass ihr weniger stark wäret, als ich jetzt sehen muss. Ich danke für die erbotenen Dienste, wäret ihr doch nur unbewaffnet! Dann könnte mir euer Dienst bequemer erwiesen werden. Doch jetzt könnt ihr mir nicht in gleichem Maße dienen,

Quam vos obsequio constat egere meo.
Taliter armati non conspirastis in aequas
Dividere hanc partes, si sineremus, humum;
Conflictum dirimam, sed nunc pro ventre loquendum est,
Mando epulas." Contra Colvarianus ait:
"Quas, domine, hic epulas mandas tibi? vivimus herbis,
Nec teneros dentes pabula dura decent;
Mollibus his alimur, molles ad mollia nati,
Dentatos metuens grex sine dente fere."
Respondit senior: "sic vos ego dicere iussi?
Vocibus his forsan ludificandus ero?
Dicite, quod vultis, non sic ego fallar, ut esse,
Cum mihi sint dentes, vos sine dente putem;
Non verbis sed credo oculis, ostendite dentes!"
Ostendunt, visis obstupet ille diu,
Subter enim paucos cernit nullosque superne,
Hic primum redeunt spes animusque lupo.
Sevocat exultans vulpem lenique susurro
Alloquitur: "verum est, quod tibi dico, tene!
Miraris facinusque vocas, quod claustra reliqui,
Hos inter fratres vita beata foret;
Certe si similes his essent fratribus illi,
Tam latera effusi, tam sine dente pii,
Hanc et in usque diem durasset at unus eorum,
Me claustralis ibi norma teneret adhuc!"
Replicat haec vulpes: "dentes non esse timendos,
Patrue, vidisti, viribus ora carent;
Litigium tollit praemissi cautio verbi,
Unde timor fuerat, pax tibi certa patet,
Sum super eventu liber, quicumque sequetur,
Cras nolo objicias: 'tu mihi causa mali'."

wie ihr nachweislich meines Dienstes bedürft. Wegen eurer Bewaffnung habt ihr euch nicht geeinigt, dieses Grundstück in vier gleiche Teile zu teilen, wenn wir es jedenfalls erlaubt hätten. Ich werde euren Streit schlichten, doch zunächst für meinen Bauch ein Urteil sprechen. Ich verlange zu essen.« Dem entgegnete Kolvarian: »Was für eine Mahlzeit forderst du für dich, Herr? Wir leben von Kräutern. Denn harte Speisen können unsere empfindlichen Zähne nicht vertragen. Wir ernähren uns von zarten Kräutern, sind selbst zart und für ein sanftes Leben bestimmt; nahezu zahnlos fürchtet unsere Schar die Gezähnten.«

Der Alte antwortete: »Habe ich euch so zu sprechen befohlen? Soll man mich etwa mit diesen Worten verspotten? Sagt, was ihr wollt. Ich werde mich nicht täuschen lassen und etwa glauben, dass ihr im Unterschied zu mir keine Zähne besitzt. Nicht den Worten, sondern dem Augenschein glaube ich: Zeigt eure Zähne!« Sie zeigten. Über das Gesehene staunte jener lange. Denn er sah unten wenige und oben gar keine Zähne. In diesem Moment schöpfte der Wolf erstmals wieder Hoffnung und Mut. Voller Freude rief er den Fuchs beiseite und flüsterte ihm leise zu: »Was ich dir sage, ist wahr. Merk es dir! Du wunderst dich und bezeichnest es als Verbrechen, dass ich das Kloster verließ. Unter diesen Brüdern könnte man ein glückseliges Leben führen. Wenn jene Brüder diesen hier ähnlich gewesen wären, so wohlbeleibt, so zahnlos fromm, und wenn auch nur einer von diesen bis zum heutigen Tag ausgeharrt hätte, würde mich die Mönchsregel noch heute dort zurückhalten.« Darauf gab der Fuchs zurück: »Du hast gesehen, Oheim, dass ihre Zähne nicht zu fürchten sind. Ihre Mäuler sind kraftlos. Die vorgebrachten Worte bürgen dafür, dass es keinen Streit gibt. Friede und Sicherheit wird dir von dort entboten, wo du dich geängstigt hattest. Für den Ausgang, wie immer er ausfallen mag, übernehme ich keine Verantwortung. Ich will nicht, dass du mir morgen vorhältst: ›Du bist

Ille refert: "quicquid facient mihi quattuor isti,
Haec equidem ignosco, sed tibi grator ego."
Procedit trepidosque pio solamine fratres
Taliter ungebat: "ne trepidate, precor!
Vos etenim, ut video, tristes, credebar, abisse,
Serio non abii, ponite, quaeso, metum!
Votivum refero rumorem, audite: revertor
Spectandus pleno dentibus ore bonis,
Heu mihi! vos, fratres, sine dentibus estis, ego ecce,
Ut butyrum culter, dentibus ossa seco;
Inspicite!", (et rictus expanderat) "ecce videte!
Hos habeo dentes, ecce videte!" vident,
Exclamant visis, nec maior causa timendi
Processisse fuit quam repedasse retro.
Sic suis et riguisse canis, quos pulte comesta
Vis eadem et rabies induit, ora ferunt,
Alterutrum longo donec fudere duello
Sus, canis: icta canis viscera, morsa suis.
Dentibus inspectis amisso pectore Ioseph
Clamitat, in cacabum protinus ire putans:
"O pater, hae falces ad quid tibi? prata recusas
Radere! fenisecae, qui potiantur, emant."
Laetus ad haec senior: "novi metere ipse metamque
Quae vos prata meti non timuistis heri,
His soleo lucos, quales in vertice fertis,
Caedere, et hos veni; quod scio, sector opus.
Hinc et ab antiquis cognominor Ysengrimus
Corniseca, et mores apposuere bonos;
Ut taceam carnes, his quaelibet ossa moluntur

Ursache meines Unglücks‹.« Jener erwiderte: »Was mir diese vier auch antun werden, ich verzeihe es. Dir aber danke ich.«

Er trat vor und beruhigte die zitternden Brüder mit mildem Zuspruch: »Bitte fürchtet euch nicht! Wie ich sehe, seid ihr traurig, weil ihr glaubt, ich sei im Ernst fortgegangen. Tatsächlich bin ich nicht fortgegangen. Legt also bitte eure Furcht ab! Ich bringe euch eine erwünschte Nachricht, hört! Ich komme zurück. Mein Fang ist sehenswert gefüllt mit vortrefflichen Zähnen. Weh mir! Ihr, Brüder, habt keine Zähne, ich aber, seht nur, durchschneide mit meinen Zähnen Knochen wie ein Messer die Butter. Seht nur!«, und er öffnete seinen Rachen, »seht doch nur! Solche Zähne habe ich, seht doch!« Sie sahen und schrien vor Schreck über das Gesehene auf. Sie fürchteten sich ebenso sehr davor, vorwärts zu gehen wie den Rückzug anzutreten. So sind Sau und Hund erstarrt; wenn die Kleie gefressen ist, treibt sie beide dieselbe Kraft und Wut, sie fletschen die Zähne, bis die Sau, der Hund in langem Kampf übereinander herfallen. Der Hund wird in seinen Bauch gestoßen, die Sau in ihren gebissen.

Als er die Zähne gesehen hatte, verlor Joseph seinen Mut und jammerte, weil er glaubte, sofort in den Kochtopf zu wandern: »O Vater, wozu dienen dir diese Sicheln? Du lehnst es doch ab, die Wiesen zu mähen! Die Mäher mögen sie kaufen, um sie zu besitzen.« Darauf der frohgestimmte Alte: »Ich verstehe selbst zu mähen und werde Wiesen mähen, von denen ihr gestern noch nicht fürchten musstet, dass sie gemäht werden. Mit diesen Zähnen fälle ich gewöhnlich solche Haine, wie ihr sie auf eurer Stirn tragt, und sie zu fällen bin ich gekommen. Ich betreibe ein Werk, auf das ich mich verstehe. Daher haben mir die Alten den Beinamen Isengrim, der Hornfäller, gegeben, und meinem Verhalten haben sie das Beiwort ›gut‹ verliehen. Von diesen Zähnen wird jeder beliebige Knochen zermahlen, vom Fleisch ganz zu schweigen.«

Dentibus." irridens lene Belinus ait:
"Quid cum carne tibi? tu scisso fictus amictu
Cerneris ad normam!" rettulit ille iocans:
"Vos miseret conscissa mei tegumenta ferentis,
Vos, unde haec reparem, constat habere satis.
Maximus es fratrum, Ioseph, tua maxima pellis,
Hanc mihi praestabis, tu satis usus ea es,
Hac utriusque mihi lateris reparabo fenestras;
Tegmine Bernardi rete parabo novum,
Fors piscabor adhuc, aer post nubila candet,
Orbita fortunae ducit utroque rotam;
At mea sanguineo livore corona notatur,
Candeat exuviis illa, Beline, tuis;
Colvariane, tuo faciam mihi tegmine saccum,
Nec vos sollicitet, quid mihi saccus agat:
Si qua superfuit, coriis inclusa voranti
Pars mihi; sin autem, postera lucra feram.
Hoc scio, non facile haec alii tegumenta daretis,
Ter quamvis solidos redderet ipse novem;
Verum sponte mihi datis haec, sed scitis, ut aiunt,
'Non omnes homines convenit esse pares.'
Ergo prius viso miror non missa fuisse,
Haec pendenda gravi pondere culpa fuit;
Sed quia vos video non excusasse iubenti,
Amissum probitas haec veniale facit.
Quod si vera licet nil ausos dicere, vosmet
Malle frui coriis quam dare nosco mihi,
Dissimulans animum, quia iussa veretur, ut ultro
Obsequitur domino verna iubente piger.
Sit pellis sua cuique, meum est, quod clauditur intus,

Verhalten lächelnd sagte Belin: [415] »Was willst du mit Fleisch? Auch wenn du dich mit deinem zerrissenen Gewand verkleidet hast, erkennt man dich als Mönch!« Jener gab scherzend zurück: »Ich tue euch leid, der ich ein zerrissenes Kleid trage, euch, die ihr nachweislich genug besitzt, womit ich dieses Gewand flicken werde. Du bist der größte von deinen Brüdern, Joseph, dein Fell ist das größte. [420] Du wirst es mir überlassen, hast du es doch genug getragen. Mit ihm werde ich die Öffnungen an meinen beiden Seiten schließen. Aus dem Fell Bernhards mache ich mir ein neues Netz; vielleicht kann ich immer noch Fischer werden. Den Wolken folgt heiterer Himmel, der Lauf Fortunas lenkt das Rad mal hierhin, mal dorthin. [425] Meine Tonsur ist mit blutiger Flüssigkeit beschmiert, möge dein Gewand ihr wieder Glanz verleihen, Belin. Aus deinem Fell, Kolvarian, werde ich mir einen Sack machen. Es soll euch aber nicht beunruhigen, wozu mir der Sack dient: Wenn mir beim Fressen ein Teil übrigbleibt, werde ich ihn in den Ledersack stecken, [430] wenn nicht, verwende ich ihn für künftige Beute.

Ich weiß, dass ihr diese eure Felle keinem anderen geben würdet, auch wenn er dreimal neun Schillinge böte. Mir aber gebt ihr sie gerne, wisst ihr doch, dass es heißt: ›Es gehört sich nicht, dass alle Menschen gleich sind.‹ [435] Daher wundere ich mich, dass ihr die Felle nicht schon geschickt habt, bevor ihr mich saht. Das war eine schwer wiegende Schuld. Aber weil ich sehe, dass ihr keine Ausflüchte vor meinen Befehlen macht, lässt mich diese eure redliche Folgsamkeit eure Nachlässigkeit verzeihen.

Allerdings weiß ich (auch wenn ihr euch nicht traut, die Wahrheit auszusprechen), [440] dass ihr eure Felle lieber selber nutzen als sie mir geben würdet. Ein fauler Knecht verstellt sich, weil er die Befehle fürchtet, und gehorcht wie aus freien Stücken dem Befehl seines Herrn. Jeder von euch möge sein Fell behalten; mir gehört, was von ihm umschlossen wird. Bin ich nicht zu loben,

Non mereor laudem tam mediocre loquens?
Sit deforme licet multo mihi vulnere tegmen,
Non mihi vestra facit tam placuisse decor.
Quin coriis caream, donate, quod intus habetur,
Non poteram salvo poscere honore minus;
Vos quoque fortassis mihi parva dedisse puderet,
Patribus hoc vestri saepe dedere meis.
Cumque ego vos tractem socialiter atque paterne,
Nunc superest tantum danda repente dari;
Omnibus efficiam vobis re taliter acta,
Iurgia ne moveat partificandus ager."
Audierant fratres, quod non audisse libebat,
Et stat raptor hians impatiensque morae;
Verba Belinus ad haec non multum territus audet
Talia nimirum iunior atque rudis:
"Tu super his satis es, domine Ysengrime, locutus,
Quidque velis, fuerat te reticente palam;
Sed nescimus adhuc, cui praeparet alea lucrum,
Fortuna varias distribuente vices,
Si fuerit fors fida tibi, potiere cupitis;
Dispositum nobis hoc super ire iube."
Ysengrimus ad hunc sermonem turbidus ore
Et vultu pariter talia dicta furit:
"Stulti, nonne satis, quicquid delibero, nostis?
Quid modo consiliis est opus? – ite tamen!
Et sit consilium, quod non audire recusem;
Currite dictatum, porro redite citi,
Terminus est horae cunctos urgentis ad escam,
Inque meis hora est faucibus acta diu."

dass ich nur so bescheidene Forderungen stelle? [445] Wenn auch mein Fell durch viele Verletzungen unansehnlich sein mag, hat mir doch die Pracht eurer Felle nicht in gleicher Weise gefallen. Nein, mag ich auch auf euer Fell verzichten, so gebt mir doch, was drinnen steckt.

Weniger kann ich nicht fordern, wenn ich meine Ehre wahren will. Vielleicht könntet ihr euch schämen, mir so wenig gegeben zu haben; [450] eure Väter haben das jedoch meinen Vätern oft gegeben. Und weil ich euch herzlich und väterlich behandle, bleibt jetzt nur noch, das zu Gebende schnell zu geben. Wenn die Angelegenheit abgeschlossen ist, werde ich alles für euch so bewerkstelligen, dass die Aufteilung des Feldes keinen Anlass mehr für Streit bietet.«

[455] Die Brüder hatten vernommen, was zu vernehmen nicht angenehm war, und der Räuber stand ungeduldig wartend mit aufgerissenem Maul vor ihnen. Auf diese Worte wagte der noch allzu junge und unerfahrene Belin, der nicht besonders erschrocken war, folgendes zu erwidern: »Du hast darüber genug gesagt, Herr Isengrim. [460] Was du willst, war schon klar, bevor du deinen Mund geöffnet hast. Wir aber wissen noch nicht, wer als Gewinner aus dem Spiel hervorgeht, weil Fortuna ihre Glücksgüter unberechenbar austeilt. Wenn das Glück dir treu ist, wirst du deine Wünsche erfüllt bekommen. Lass uns beiseite treten, um darüber zu beraten.« [465]

Auf diese Rede fletschte Isengrim die Zähne, verzog wütend sein Gesicht und fauchte: »Ihr Narren, habt ihr noch nicht zur Kenntnis genommen, was ich plane? Was braucht es da noch Beratungen? Aber geht nur! Und euer Beschluss möge so sein, dass ich ihm nicht mein Gehör verweigere. [470] Eilt zur Besprechung und kommt schleunigst wieder zurück. Die Stunde ist angebrochen, die alle zur Mahlzeit treibt, und in meinem Schlund hat diese Stunde schon lange geschlagen.«

Stant trepidi fratres. Ioseph, quid suadeat, haeret,
Poscebatur enim, denique fatus ita est:
"Non bene perpendi, fratres, quid congruat actu,
Sub grave discrimen concidit iste dies;
Causa levis fit saepe gravis sub iudice pravo,
Iudicis hic causa est improbitate gravis.
Auribus in vestris habeat mea suasio pondus,
Iam vereor nostrae tempus adesse necis;
Expedit ergo bonis illiso pulsibus hoste
Non impune mori vel meruisse fugam.
Finis tetragoni medius lupus ipse sit agri,
Aequale ut spatium portio quaeque trahat;
Iamque interposito partes aequante quaternas
Motus ab opposito cardine quisque ruet,
Sic tamen, ut stadium (gravis est emenda sub isto
Iudice) praesumat nullus adire prior.
Vaticinor, sospes non emendaverit ausum,
Qui prior irruerit; quisque timeto sibi!
Dentatum est stadium, mordebit meta, cavete,
Nos sibi, non nobis dividere arva cupit.
Mensorem mora longa gravat, breviemus oportet,
Sic igitur nobis assiliendus erit:
Frontem ego, tu caudam, Bernarde; Beline, sinistrum
Incute, tu dextrum, Colvariane, latus;
Cornibus ex rigidis prima et bona fercula demus,
Si plus optarit, postea nosmet edat.
Utere vi, Bernarde, tua, tu fortis ut ursus
Irrue, si nescit dividere arva, doce;
Qui minimus nostrum est, uno pertunderet ictu
Tres clipeos, tantis fortior unus erit?"

Ängstlich standen die Brüder beieinander. Joseph zögerte, was er raten solle. Als er gedrängt wurde, sagte er endlich: [475] »Ich habe noch nicht abschließend überlegt, Brüder, was am besten zu tun ist. Dieser Tag steht im Zeichen großer Gefahr. Ein leichter Rechtsfall wird vor einem schlechten Richter oftmals schwierig. Dieser unser Fall ist wegen der Unredlichkeit des Richters schwierig. Lasst euch meinen Rat gut durch den Kopf gehen. [480] Ich fürchte, dass der Zeitpunkt unseres Todes gekommen ist. Es ist folglich angesagt, unseren Feind mit kräftigen Stößen zu zerschmettern und so entweder nicht ungerächt zu sterben oder eine Fluchtmöglichkeit zu erlangen. Der Wolf selbst sei der Mittelpunkt unseres viereckigen Feldes, so dass jede Ecke den gleichen Abstand zu ihm aufweist. [485] Wenn wir in alle vier Richtungen gleich lange Strecken zurückgelegt haben, stürze jeder von den gegenüberliegenden Wendepunkten los, doch so, dass keiner sich vornimmt, das Ziel vor den anderen zu erreichen; teuer wäre das nämlich bei diesem Richter zu bezahlen. Ich prophezeie, dass derjenige, der den anderen zuvorkommt, [490] sein Wagnis mit erheblichen Verwundungen büßen wird. Jeder nehme sich in Acht! Mit Zähnen bewaffnet ist das Ziel, es wird beißen, hütet euch! Er will uns für sich teilen und nicht das Feld für uns. Der Landvermesser liebt keine lange Verzögerung; wir sollten uns kurz fassen. Folgendermaßen müssen wir also heranstürmen: [495] Ich nehme den Kopf, du den Schwanz, Bernhard; Belin, du greifst die linke, Kolvarian die rechte Flanke an. Wir wollen ihm einen ersten guten Gang aus harten Hörnern servieren. Wenn er noch mehr wünscht, mag er danach uns essen. Gebrauche deine Kraft, Bernhard, wirf dich wie ein starker Bär auf ihn, [500] und wenn er das Feld nicht aufzuteilen versteht, lehre es ihn! Der Kleinste von uns, würde mit einem einzigen Stoß drei Schilde durchschlagen, wird da etwa ein einzelner stärker sein als so große Kämpfer?«

Voces "nosmet edat", "prior emendaverit" istas
Hauserat arrecta callidus aure senex;
Gratatur fratresque vocat, venere vocati,
Monachus astantes hac ratione fovet:
"Consultum satis est, fratres! facietis honeste,
Plurima dixistis, quae placuere mihi:
Emendaturos et edendos nescio quosnam.
Credite, non fallo, praemeditabar idem.
Nil igitur restat nisi fractam nectere pacem,
Pauca tamen vobis ante iubere velim:
Tres aut unus eat de vobis gramina carptum,
Tres ierint, unum; tres, eat unus, edam;
Scilicet hoc facto partibor pascua recte,
Praeter enim sibimet non studet alvus egens."
**P**rimus ad haec fratrum: "melius providimus", inquit,
"Lis fremeret medio forsitan orta cibo,
Quid si deciderent collisis cornibus astra?
Iurgia quapropter sunt dirimenda prius,
Neve tibi illicitae patiarer cibaria mensae,
Quod fueris frater, te meminisse decet.
Tu medius nobis distans abeuntibus aeque
Quattuor ad prati climata limes eris,
Tunc bannum statues, ne nostrum quilibet ausit
Iudice te metam transiluisse datam;
Et cum nos, cupidi partes extendere, bannum
Fregerimus, dabimur legitima esca tibi,
Fercula tot, ne plura velis habuisse, dabuntur,
Si tibi sufficiet quinque vorasse quater."
**Y**sengrimus ovans medii fit terminus agri,
Spectandique avidus dux senioris adest;

Der schlaue Alte hatte mit aufgestellten Ohren die Worte »mag er uns essen« und »der erste wird büßen« aufgeschnappt. [505] Er freute sich und rief die Brüder, die auf seinen Ruf hin herbeikamen. Als sie vor ihm standen, redete sie der Mönch mit folgenden Worten freundlich an: »Es ist genug beraten, Brüder! Ihr werdet ehrenhaft handeln. Das meiste, was ihr gesagt habt, hat mir gefallen: dass nämlich der eine oder andere es büßen und gefressen werden müsste. [510] Glaubt mir, ich hatte ungelogen kurz zuvor denselben Gedanken. Es bleibt also nur noch, den gebrochenen Frieden neu zu schließen, doch möchte ich euch vorher noch ein paar Befehle erteilen: Drei oder einer von euch möge gehen und Grashalme zupfen. Gehen drei, werde ich einen, geht einer, werde ich drei fressen. [515] Danach werde ich selbstverständlich die Wiesen fachgerecht einteilen. Ein hungriger Bauch kümmert sich nämlich nur um sich selbst.« Darauf sagte der Älteste der Brüder: »Wir haben einen besseren Plan. Es könnte sich vielleicht der Streit lärmend mitten in der Mahlzeit erheben, was, wenn die Sterne vom Himmel fielen, wenn unsere Hörner zusammenprallen? [520] Deshalb ist zuerst der Streit zu schlichten. Gestatte dir auch keine Speisen einer verbotenen Mahlzeit. Du musst im Gedächtnis behalten, dass du ein Mönch gewesen bist. Du wirst der Grenzpfosten in der Mitte sein und gleich weit von uns entfernt, die wir uns zu den vier Seiten der Wiese begeben. [525] Dann wirst du ein Verdikt erlassen, dass nur keiner von uns wage, die von dir als Richter gesetzte Grenze zu überschreiten. Und wenn wir in unserem Wunsch, unsere Felder zu erweitern, das Verdikt missachten, werden wir dir deine rechtmäßige Mahlzeit zukommen lassen. So viele Gänge werden aufgetragen, dass du nicht mehr haben willst, [530] wenn es dir reicht, viermal fünf davon verschlungen zu haben.«

Isengrim stellte sich frohlockend als Grenzpfahl in die Mitte des Feldes. Sein Führer stand dabei und blickte gespannt auf den

Frontibus oppositis fratres extrema tuentur,
Inde gravi bannus conditione sonat,
Assiliunt fratres, Ioseph caput incidit amplum,
Bernardus fortis posteriora subit,
Irrumpunt alii costas. heu stulta timendi
Improbitas quotiens utile perdit opus!
Si probitas animi vires aequasset eorum
Illa lupo potuit summa fuisse dies,
Debita sed magnae servantur fata Salaurae,
Egregiamque manent tanta trophaea suem.
Machina Bernardi tanto ruit acta tumultu
Obvia, si Ioseph continuasset opem
Obvius, aut fratri media Bernardus in alvo
Cornua fregisset cornibus acta suis,
Aut certe cupidas ad fauces usque volasset,
Per longum ventris raptus inane cavi.
At citior cunctis Ioseph licet afforet, insons
Emendare timens, praecelerasse cavet,
Os avidum metuens, obliquus dextra peregit
Tempora, nec cerebri portio parva fluit;
Et nisi cessissent prae vasto tempora pulsu,
Plaga penetrasset tempus utrumque simul,
Sed temere cautum est, Ioseph prefregerat aurem
Temporaque, et quinae dissiluere molae.
At fratres medii praeter discrimina cordis
Obvia per vacuum cornua pectus agunt;
Si foret in planis echo, iam cardine ab omni
Cornibus oblisis assonuisset ager.
Cornua subducunt impulsus ausa secundos,
Bernardusque obiter posteriora petit,
Impete sub cuius primo, dum fratre secundum
Ocior opposito Colvarianus agit,

Alten. Die Brüder stellten sich mit einander zugewandten Köpfen an den äußersten Enden auf. Dann ertönte das Verdikt mit der Androhung schwerer Strafe. Die Brüder stürzen los. Joseph traf den mächtigen Schädel, der starke Bernhard ging die Rückseite an, die anderen warfen sich gegen die Rippen. Ach, wie oft macht eine dumme, von Furcht bewirkte Schwäche ein nützliches Vorhaben zunichte! Wäre ihr Mut ihren Kräften gleich gekommen, hätte jener Tag für den Wolf der letzte sein können. Aber das zugedachte Schicksal wurde für die große Salaura aufgehoben; dieser triumphale Sieg blieb der hervorragenden Sau überlassen. Die Kampfmaschine Bernhard stürzte mit gewaltiger Wucht voran; er hätte seinem Bruder mitten im Wolfsbauch mit seinem Gehörn die Hörner zerbrochen oder wäre bestimmt der Länge nach durch die leere Bauchhöhle bis zu dem gierig geöffneten Schlund geflogen, wenn Joseph auf der gegenüberliegenden Seite seinen Anlauf fortgesetzt hätte. Zwar war Joseph schneller als die anderen, hatte aber Angst, ohne Schuld zu büßen, und achtete darauf, sich nicht zu sehr zu beeilen. Weil er das gierige Maul fürchtete, durchstieß er auf schräger Bahn die rechte Schläfe, wobei ein erheblicher Teil des Hirns ausfloss. Und wenn die Schläfe nicht vor dem gewaltigen Stoß zurückgezuckt wäre, hätte der Aufprall beide Schläfen auf einmal durchbohrt. Doch die Vorsicht war unbegründet. Joseph hatte Ohr und Schläfe durchstoßen, und fünf Backenzähne hatten sich gelöst. Die mittleren Brüder aber trieben ohne Herzklopfen von entgegengesetzten Seiten ihre Hörner durch seinen leeren Brustkorb. Gäbe es auf Ebenen ein Echo, hätte das Feld von allen Seiten durch den Zusammenprall der Hörner widergehallt. Sie zogen ihre Hörner wieder zurück, um einen zweiten Anlauf zu wagen. Zugleich griff Bernhard das Hinterteil an. Sein erster Stoß und der zweite Kolvarians, der schneller als

Excussere lupum, veluti fortissima mittit
Machina quassuram moenia firma petram;
Sed nisi succussum Bernardus in alta rotasset,
Dum simul a dextris Colvarianus adit,
Pressisset miserum moles onerosa Belinum,
Qui volitante lupo paene reversus erat,
Nec rapidos cursus potuit compescere, donec
Oppositum fratrem praecipitavit agens.
Limes in obliquum cedens orientis et austri
Decidit, ut spatium transiit octo pedum.
Ut subito victum videt immotumque iacere,
Bernardus tumido clamitat ore iocans:
"Trans medium signas, domine Ysengrime, nimisque
Trans medium signas, fit male limes ibi!
Istorsum redeas! ego sum Bernardus, et audes
Iure suo fratres expoliare meos?
Sospite me Ioseph sua detrahis atque Belino?
Non aliter quam sic dividere arva soles?
Parte mea potiar, fratres fraudare refuto,
Est potior frater quam spatiosus ager."
Tunc Ioseph: "Bernarde, sapis? quid inaniter horres?
Aptius hic limes, quam stetit ille, iacet.
O quam stante iacens, quam stans est pluris eunte!
Sic iaceat certe, sic iacuisse velim!
Lene feram mea damna, velit sua ferre Belinus,
Visne, Beline, pati?" – "nolo", Belinus ait,
"Cur ego iacturam paterer? mea iura tuebor,
Qui vult, damna ferat, non mihi ferre libet."
Pulsibus ergo hostem validis aggressus in usque
Praecipitat partem, Colvariane, tuam.
"Sic statuendus", ait, "tibi, Colvariane, videtur

sein Bruder gegenüber war, [565] erschütterten den Wolf, wie eine mächtige Wurfmaschine einen Felsbrocken schleudert und die festen Mauern zum Wanken bringt. Aber wenn Bernhard nicht den in die Höhe geschleuderten Wolf zur Seite gedreht hätte, während zugleich von rechts Kolvarian heranstürmte, hätte das schwere Gewicht den armen Belin erdrückt, [570] der fast zurückgekehrt war, als der Wolf durch die Luft flog, und seinen rasenden Lauf nicht bremsen konnte, bevor er seinen Bruder auf der anderen Seite niedergerannt hatte. Der Grenzpfahl flog nach Südost und fiel so nieder, dass er eine Entfernung von acht Fuß durchmessen hatte.

[575] Als er den Wolf schnell besiegt und regungslos liegen sah, rief Bernhard höhnisch und mit triumphierender Stimme: »Du setzt das Zeichen über die Mitte hinaus, Herr Isengrim, du setzt das Zeichen sogar beträchtlich über die Mitte hinaus, dort steht der Grenzpfahl schlecht! Geh wieder dorthin zurück! Ich bin Bernhard, und du wagst es, [580] meine Brüder ihres Rechtes zu berauben? Du lässt mich ungeschoren und nimmst Joseph und Belin ihren Besitz? Pflegst du Felder immer so und nicht anders einzuteilen? Meinen Teil will ich besitzen, meine Brüder zu betrügen, lehne ich ab. Ein Bruder ist besser als ein weiträumiger Acker.« [585] Darauf Joseph: »Bist du noch bei Sinnen, Bernhard? Was sträubst du dich ohne Grund? Passender liegt dieser Grenzpfahl hier, als jener dort stand. Ach, wieviel besser ist ein Liegender als ein Stehender und ein Stehender als ein Gehender! Genau so soll er liegen, so will ich ihn liegen haben! Gern nehme ich meinen Nachteil hin, und auch Belin soll seinen hinnehmen. [590] Willst du das zulassen, Belin?« – »Keineswegs«, sagte Belin. Warum soll ich diese Einbuße hinnehmen? Ich will meine Rechte wahren. Möge sich mit seinem Nachteil abfinden, wer will. Ich will es nicht.« Mit kräftigen Stößen griff er den Feind an und warf ihn auf dein Gebiet, Kolvarian. [595] Er sagte: »Scheint dir, Kol-

Limes an est aliter? sic ego pono, vide,
Sic ego, non aliter, didici signare; resigna,
Signari melius sicubi posse putas."
Colvarianus ad haec: "temere in mea pascua venit,
Per tibi quam frater debeo care fidem,
In mea iura nimis cecidit; nisi fugerit ultro
Vivam, alias illi tutius esse foret."
Tunc bis quinque pedes Bernardi in pascua pulsans
Non dubitat miserum praecipitare senem.
"Dic", inquit, "Bernarde, bene est hic limes?" at ille:
"Nescio, Reinardum consule, novit enim;
Corniseca hic fieret fortasse, secare solebat
Cornua." tunc clamat Colvarianus ovans:
"Huc accede, miser Reinarde! quid eminus abstas?
Morsibus an nostris terrificatus abes?
Nec patrui dentes metuas, mansuesse videntur;
Te siquidem Ioseph poscit adesse, veni!
Colvarianus et hoc, non gens externa precatur,
Accelera sodes, consiliator ades!
Circumfertur enim limes, tu siste vagantem,
Si melius nosti; nos dubitamus, ubi."
His nisi ridiculis Reinardus et ipse quid addat,
Finditur aut moritur, prosilit ergo celer,
Qui patruum tam velle videns quam nolle perire
Sermonis talem fertur inisse modum:
"Sic, bene, sic, fratres, operaminor, approbo factum,
Iurgia nunc vobis non placuisse liquet.
Quam bene mensorem vestri satiastis agelli!
Pro hoc epulo vobis gratia debit agi;

varian, der Grenzpfahl so gesetzt werden zu müssen oder anders? Ich setze ihn so, schau, so und nicht anders habe ich Zeichen zu setzen gelernt. Setze das Zeichen anders, wenn du glaubst, es könne irgendwo besser gesetzt werden.«

Darauf Kolvarian: »Ohne Grund ist er auf meinem Grundstück zu liegen gekommen. [600] Bei der Treue, die ich dir, lieber Bruder, schuldig bin, er ist allzu weit auf mein rechtmäßiges Gebiet gefallen. Verzieht er sich nicht freiwillig, dürfte es bei meinem Leben anderswo sicherer für ihn sein.« Darauf hatte er keine Hemmungen, mit Kopfstößen den unglückseligen Alten zwei mal fünf Fuß weit auf die Wiesen Bernhards zu werfen. [605] »Sprich, Bernhard«, sagte er, »liegt der Grenzpfahl hier richtig?« Jener jedoch: »Ich weiß es nicht. Frag Reinhard. Er weiß es nämlich. Vielleicht möchte dieser da ja Hornfäller werden. Er war ja gewohnt, Hörner zu fällen.« Darauf rief Kolvarian frohlockend: »Komm her, armer Reinhard! Was stehst du so weit abseits? [610] Oder hältst du dich fern, weil du dich vor unseren Bissen fürchtest? Fürchte auch nicht die Zähne deines Oheims; sie sind anscheinend zahm geworden. Weil ja Joseph deine Anwesenheit fordert, so komm! Auch bittet Kolvarian darum und nicht irgendein Fremder. Eile herbei als Kamerad und stelle deinen Rat zur Verfügung! [615] Der Grenzpfahl wandert nämlich im Kreis. Setze du den Vagabunden fest, wenn du dich besser darauf verstehst. Wir können uns nicht entscheiden, wo.«

Reinhard wäre geplatzt oder gestorben, wenn er nicht diesem Hohn noch etwas hinzugefügt hätte. Er sprang also eilends herbei, sah, dass sein Oheim den Tod eben so sehr wollte wie nicht wollte, [620] und begann, wie es heißt, seine Rede folgendermaßen: »So ist es richtig, so sollt ihr handeln, Brüder; was getan ist, findet meine Zustimmung Jetzt ist es klar, dass euch die Streitigkeiten nicht gefallen haben. Wie gut habt ihr den Vermesser eures Äckerchens gesättigt! Für dieses Mahl gebührt euch Dank. [625] Die

Fercula viginti large promissa dedistis,
  Promptior idcirco, quando voletis, erit." –
"Non alias grates hac pro dape poscimus", aiunt,
  "Dividat hic nobis iugera sicque cubet." –
"Insanitis", ait, "mihi terminus iste videtur
  Iurgia non dirimens, immo dirempta novans,
Impingendus erat, vos expegistis et illum,
  Signaret mediam cum bene limes humum;
Nunc ubi sistatur, toto perquiritis arvo,
  Praeteritae lites exorientur item.
At minus in vosmet quam me peccastis in ipsum:
  Adduxi patruum dividere arva meum,
Scissuras sarcire miser sperabat hiantes
  Exuviis vestris, spes caret illa fide;
Nam maiora patent et plura foramina primis,
  Praecipitem toto deinde rotatis agro.
Indubie dici vos rustica turba potestis,
  Lusibus aptatam creditis esse pilam;
Consilium sapiens et quaerit et audit et implet,
  Indocilem turbam nil docuisse iuvat,
Scire, quid inscitum, qui discit scita, monetur,
  Qui caret ingenio, non erit arte vigens.
Vivit adhuc spisso tutus sub cortice limes,
  Et nimium vestri vendicat ille soli,
Ibit adhuc, quo non praeformidatur iturus,
  Atque aliquid pacis, quod doleatis, aget;
Tollatur cortex, ut inutilis areat arbor,
  Cortice detracto fit minor atque iacet.
Ite, genus fatuum, capita inclinate iacenti,
  Et dulci patruo pocula ferte meo!

zwanzig versprochenen Gänge habt ihr ihm reichlich aufgetragen. Er wird daher umso entgegenkommender sein, wann immer ihr es wünscht.« Sie antworteten: »Wir fordern keinen anderen Dank für dieses Mahl, als dass er uns unsere Morgen Land einteile und so liegen bleibe.« – »Ihr seid von Sinnen«, sagte er. »Der Grenzpfahl dort scheint mir [630] euren Streit nicht beizulegen, sondern vielmehr bereits beigelegten Streit zu erneuern. Man hätte ihn in den Boden schlagen müssen und ihr habt ihn herausgezogen, obwohl er den Mittelpunkt des Landes richtig markierte. Jetzt sucht ihr wieder auf dem ganzen Gelände, wo man ihn aufstellen könnte. Desgleichen werden die vergangenen Streitereien aufs Neue entstehen. [635] Aber weniger gegen euch als gegen mich habt ihr euch versündigt. Ich habe meinen Oheim hergebracht, die Grundstücke zu teilen. Der Arme hoffte, mit euren Fellen seine klaffenden Löcher auszubessern, doch war jene Hoffnung trügerisch. Denn größer und zahlreicher als zuvor öffnen sich die Löcher. [640] Auch habt ihr ihn im Kreis auf dem ganzen Acker herumgeworfen. Euch kann man zweifelsohne als Horde von Bauern bezeichnen. Ihr glaubt, das sei ein Ball, der zum Spielen bestimmt sei. Ein Weiser fragt um Rat, hört ihn sich an und befolgt ihn; der unbelehrbaren Horde nützt keine Belehrung. [645] Wer sich Wissen angeeignet hat, wird dazu angehalten zu wissen, was er noch nicht weiß. Wem es an Verstand mangelt, wird keine Leuchte der Wissenschaft. Der Grenzpfahl lebt bislang unbehelligt in seiner zerrissenen Rinde. Auch belastet er zu sehr euren Boden. Er wird dorthin gehen, wo seine Ankunft noch nicht gefürchtet wird, [650] und eine Form von Frieden wahren, die euch noch wehtut. Man möge den nutzlosen Baum schälen, auf dass er verdorre. Hat man ihm die Rinde abgezogen, wird er kleiner und nimmt nicht so viel Platz ein. Geht, ihr einfältiges Volk, und neigt eure Häupter vor dem Liegenden, und bringt meinem gütigen Oheim die Becher mit dem Minnetrunk! [655] Und zwar jeder dieselbe An-

Quisque parem numerum: quot pocula maximus illi
Intulerit, minimus tot pietatis agat!
Non aliter vobis placor." Sic fatur et ipse
Dilectum patruum decoriare parat,
Morsu saevit atrox, ingentia frusta trahuntur,
Morderet siquidem lenius ipse Satan;
Assiliunt prompti fratres pulsantque vicissim,
Inter pulsandum verba benigna volant.
Ter feriens Ioseph proclamat: "pocula grates
Redde propinanti prima, propino tibi,
Accipe, cor miserum refove!" quater actus in illum
Proxima Bernardus pocula largus agit,
"Quod licet", inquit, "ago, non ut desidero possum,
Sunt dentes rari, cornua densa mihi;
Quod minus est in dente boni, bona cornua supplent."
Bis vicibus ternis Colvarianus adit,
"Plus tibi, frater", ait, "cupio praebere vetorque,
Reinardus vetuit pocula plura dari;
Si brevis offensam cenantis cena meretur,
Addere plus cupiens non luat, immo vetans."
Bis senis adiens hac fatur voce Belinus:
"Offer ave, sodes, ecce Belinus adest!
Ultimus hic crater, sed non vilissimus idem,
Iste calix offert vina Boema tibi!
Quis tibi potus in hoc veniat cratere, ligurri,
Ditius hoc alios nil habuisse reor,
Ultimus iste calix, hunc, si potes, ebibe totum!"
Tunc vulpes: "cuncti", clamat, "adite simul!"
Fortiter inde omnes adeunt, quo more feruntur
In cacabo duram frangere pila fabam,
Monachus ille volens credi quandoque fuisse

zahl: Der Jüngste bringe eben so viele Minnebecher, wie sie der Älteste aufgetragen hat! Anders kann man mich nicht besänftigen.«

So sprach er und machte sich daran, seinen geliebten Oheim zu entrinden. Grausam wütete er mit seinen Zähnen, ungeheure Hautfetzen wurden abgerissen. [660] Selbst der leibhaftige Satan hätte sanfter zugebissen. Die Brüder sprangen bereitwillig herbei und stießen abwechselnd zu. Zwischen den Stößen riefen sie sich freundliche Worte zu. Während er dreimal stieß, rief Joseph: »Entrichte deinen Dank dem, der dir mit den ersten Bechern zutrinkt. Ich trinke dir zu. [665] Nimm, und stärke dein schwaches Herz!« Mit vierfachem Anlauf brachte Bernhard freigebig die nächsten Becher und sagte: »Was statthaft ist, tue ich. Ich kann aber nicht so, wie ich es wünsche. Denn ich besitze nur wenige Zähne, dafür aber ein dichtes Gehörn. Was dem Gebiss an Güte fehlt, das ersetzen die prächtigen Hörner.« [670] Mit sechs Stößen griff Kolvarian an und sagte: »Bruder, ich würde dir gerne mehr darbringen, doch hat man es mir verboten. Reinhard hat untersagt, noch mehr Becher auszuteilen. Wenn eine knappe Mahlzeit den Speisenden zu recht ungnädig stimmt, möge nicht derjenige büßen, der mehr auftragen will, sondern der es verbietet.« [675] Während er zwölfmal anrannte, gab Belin folgende Worte von sich: »Entbiete deinen Gruß, Kamerad, sieh doch: Belin ist da! Dies ist der letzte Becher, aber nicht der schlechteste; dieser Kelch enthält böhmischen Wein für dich! Welcher Trunk dir auch in diesem Becher gebracht wird, schlürfe ihn. [680] Ich glaube nicht, dass die anderen etwas Köstlicheres als diesen geboten haben. Dies ist der letzte Kelch. Wenn du kannst, trinke ihn bis zur Neige!« Darauf rief der Fuchs: »Jetzt alle zugleich!« Da rannten sie alle mit voller Kraft zusammen in der Weise, in der bekanntlich die Stampfer im Mörser die harten Bohnen zerkleinern. [685] Der Wolf in seinem Wunsch, man möge glauben, er sei irgendwann einmal Mönch gewesen, ertrug jede Schmach mit

Omne pie suffert dedecus atque silet;
In sua defesso redituri robore demum
Atria, seminecem deseruere lupum.

frommer Geduld und schwieg. Als sie mit ihrer Kraft am Ende waren, begaben sie sich endlich wieder in ihre Behausungen und ließen den Wolf halbtot zurück.

## LIBER TERTIUS

Ut miseros fortuna premit, mansuescere nescit,
Multatos multis pluribus illa ferit,
Nec super addendi metam mox provehit ullum,
Nec quemquam subita proterit illa manu,
Impia namque pie, mala leniter et male lenis
Posse perire vetat, velle perire facit;
Materiam servans irae non prorsus inhorret,
Impatiens pacis convaluisse vetat,
Et minus in quosquam est probitatis nacta iuvandos,
Quam super angendos improbitatis habet.
Scilicet aeternum laedit fidissima quosdam,
Cum penitus nulli faverit absque dolo,
Nam maiora solent miseris adversa nocere,
Prospera quam felix ullus habere potest,
Vidi ego felices, quos saltem infamia laesit,
Porro quibus miseris defuit omnis honor;
Sospite felices vita plerosque repellit,
Sed raros humiles erigit ante necem,
Cum multis bona pauca malis ulciscitur inde,
Conciliat paucis hinc mala multa bonis.
Ysengrime miser, numquam haec tibi candida gratis,
Pensavit colaphis oscula bina decem,
Nunc pellem scidit illa tuam, nunc prorsus ademit,
Non tamen, ut penitus destruerere, tulit,
Donec continuos misere miserata labores
Viribus est totis in caput acta tuum;
Ergo quid eventus prodest aut quaerere laetos
Aut vitasse graves? nemo futura fugat,

# BUCH III

## *Der Hoftag des kranken Löwen*

Wenn das Schicksal die Unglücklichen niederdrückt, kennt es keine Milde. Es schlägt die Gestraften mit noch mehr Strafen. Immer mehr Schläge teilt es aus und kennt so schnell kein Ende. Niemanden streckt es mit seiner Hand mit einem Schlag zu Boden. Ungnädig ist es gnädig, böse ist es sanft und sanft ist es böse, da es die Möglichkeit zu sterben nimmt und zugleich den Wunsch zu sterben weckt. Es bereitet ihm Vergnügen, den Zorn anzureizen, und es duldet nicht, dass Friede aufkommt. Und es hat weniger die Tugend, einigen zu helfen, als die schändliche Gesinnung, sie darüber hinaus in Bedrängnis zu bringen. Etliche verletzt es mit größter Zuverlässigkeit ohne Ende, während es nahezu niemanden ohne Hinterlist begünstigt. Größer ist immer das Unglück für die Geplagten als das mögliche Glück, das irgendeinem Glückskind zuteil wird. Ich habe Glückliche gesehen, die zumindest von übler Nachrede betroffen waren, aber auch Unglückliche, denen jegliches Ansehen mangelte. Es stößt die meisten Glücklichen in der vollen Lebensblüte zurück, doch nur selten richtet es die Niedergeschlagenen vor dem Tod auf. Während es die wenigen Wohltaten mit vielen Übeln vergilt, verbindet es anderseits viele Übel mit geringen Wohltaten. Armer Isengrim! Das Schicksal war dir nie umsonst gewogen und hat zwei Küsse mit zehn Faustschlägen vergolten. Mal hat es dein Fell zerrissen, mal ganz genommen; dennoch hat es nicht zugelassen, dass du völlig vernichtet würdest, bis es sich deiner fortwährenden Nöte erbärmlich erbarmte und mit ganzer Kraft gegen dein Haupt richtete. Was also nützt es, glückliche Ereignisse zu suchen oder traurige gemieden zu haben? Niemand entkommt seinem Geschick. Denn ob unglückselig

Nam miser in campo, miser Ysengrimus in aula,
Hostibus in mediis usque et ubique fuit.
Contigit arreptum forti languore leonem
Nec refici somno nec potuisse cibo;
Nomen ei Rufanus erat, matrisque Suevae
Et patris Ungarici filius ipse fuit
Alea iudicium vitae mortisque trahebat,
Spe timor ut fieret spesque timore minor;
Materiam morbi sors Tempestatis alebat,
Solarem Cancro tabificante rotam.
Iusserat idcirco rex stratum valle sub alta,
Quaque dabat densum gratior umbra nemus,
Scilicet ut morbi geminatus et aetheris ardor
Temperiem caperet commoditate loci;
Porro animique ferox rex indocilisque ferendi
Ipse suae stimulus debilitatis erat.
Regius hinc praeco non omnia, regis ad arcem
Primatum regni nomina pauca vocat,
Quisque sui generis princeps accitur ad aulam:
Berfridus capris, Grimmo tribunus apris,
Rearidus cervis et Bruno praeditus ursis,
Carcophas asinis dux sobolesque ducis,
Vervecum Ioseph tuque, Ysengrime, luporum,
Reinardus rector stirpis honorque suae,
Bertiliana super capreas et Gutero velox,
Dux leporum; hos proceres regia charta iubet
Ut saltem, si nulla malum medicina levaret,
Officium pietas exequiale daret,
Rex quoque disposito praecidere iurgia regno
Cogitat uxori pignoribusque dari.
Regia turmatim petitur domus, hostis ab hoste
Securus, veniens et rediturus, erat;

auf dem freien Feld, ob unglückselig bei Hofe – [30] immer und überall war Isengrim von Feinden umgeben.

Es begab sich, dass der Löwe, von einer schweren Krankheit befallen, weder durch Schlaf noch durch entsprechende Ernährung geheilt werden konnte. Er trug den Namen Rufan und war Sohn einer suevischen Mutter und eines ungarischen Vaters. [35] Der Würfel war noch nicht gefallen zugunsten von Tod oder Leben, so dass bald Hoffnung die Furcht, bald Furcht die Hoffnung minderte. Unglücklicherweise gab die Jahreszeit der Krankheit weitere Nahrung, weil der Krebs die Sonnenscheibe zum Sengen brachte. Daher hatte der König sein Lager in einem tiefen Tal bereiten lassen, [40] wo ein dichter Hain willkommenen Schatten spendete, so dass die zweifache Hitze der Krankheit und der Luft durch die Annehmlichkeit des Ortes gemildert wurde. Überdies verschlechterte der König selbst sein Befinden durch sein aufbrausendes Gemüt und seine Unleidlichkeit.

[45] Der königliche Herold lud nicht alle Untertanen in die Burg des Königs, sondern nur wenige Barone des Reiches, ein jeder Anführer seines Geschlechtes wurde zum Hof gerufen: Berfried, der Erste der Böcke; Grimmo, Vorsteher der Eber; Rearid, der Oberste der Hirsche; Bruno, der Anführer der Bären; [50] Karkophas, der Leiter der Esel, und sein Sohn; Joseph, der Führer der Widder, und du, Isengrim, Oberhaupt der Wölfe; Reinhard, der geehrte Lenker seines Geschlechtes; Bertiliana, Führerin der Rehe, und der schnelle Gutero, Herr über die Hasen – diesen Edlen befahl das königliche Schreiben, [55] wenigstens mit frommem Sinn den letzten Dienst zu leisten, wenn schon keine Medizin das Leid zu lindern vermöge. Um Auseinandersetzungen vorzubeugen, gedachte der König, sein Reich zu bestellen und an Frau und Kinder zu übergeben.

In Scharen drängte man zum königlichen Haus; jeder war, [60] ob bei der Anreise oder der Heimfahrt, vor seinen Feinden

Regius edicto mandaverat horror ubique
  Pacem sub capitum conditione datam.
Nec nisi Reinardum vulpem fiducia quemquam
  Impavidum iussae fecerat esse viae;
Ille secus meditans frigus pulsura nivosum
  Munia, quid comedat, providet ante famem.
Talia tunc secum: "tibi te sapere", inquit, "oportet,
  Quem tangat sibimet cura negantis opem?
Curia mandavit locupletes atque disertos,
  Qui ratione valent obsequioque iuvant;
Vivere quos nescit, decerneret aula vocandos?
  Non curant proceres, absit an assit inops,
Desipiat sapiat, vivat moriatur egenus,
  Nescit; si scierit, tradit id aula noto;
Ergo aut vilis inops aut est incognitus aulae,
  Se dignam servo paupere gaza putat.
Pauperis obsequio est merces servisse licere,
  Et post obsequium vilis ut ante manet;
Quaeritur officio si gratia, cogitet auctor,
  Quid, quando, quantum, qui, quibus, ad quid, ubi;
Utile iussus opus promptu, gratumque morando
  Iniussus faciat, qui placuisse cupit;
Ut veniam, iubeat rex nomine, pareo iussus.
  Ingratis probitas officiosa perit.
Ursus, aper, lupus (hos proceres, quos gaza timendos
  Efficit et tumidos, curia mandat) eant,
Accipiens reddat, timeat, quicumque timetur;
  Nullus amat miserum, nemo timere solet,
Quid sub rege mihi nisi vivere? Pauper et (illud
  Pauperis ut ius est) omnibus aequus ero,

sicher. Eine königliche Drohung hatte bei der Todesstrafe überall Frieden dekretiert. Das Vertrauen in das Friedensgebot bewirkte, dass alle sich auf den befohlenen Weg machten – bis auf Fuchs Reinhard. [65] Jener sorgte vielmehr dafür, dass seine Burg die schneereiche Kälte draußen hielt, und kümmerte sich um Vorräte, bevor der Hunger einsetzte. Dann sagte er zu sich: »Du musst an dich selbst denken. Wen würde Sorge um denjenigen befallen, der es ablehnt, sich selbst zu helfen? Der Hof hat die Reichen und Redegewandten zu sich befohlen, [70] die sich durch Verstand auszeichnen und mit ihrem Dienst helfen. Würde er sich entscheiden, herbeizuzitieren, von deren Existenz er nichts weiß? Die Edlen kümmert es nicht, ob der Arme anwesend ist oder wegbleibt; er weiß nicht, ob der Bedürftige dumm oder weise, ob er lebendig oder tot ist, und wenn der Hof es weiß, schlägt er es in den Wind. [75] Also ist der Arme bei Hof entweder verachtet oder gar nicht bekannt, und der Reiche glaubt, dass der Arme ihm zu Recht Knechtsdienste leistet. Dem Dienst des Armen bleibt als Lohn die Erlaubnis gedient zu haben, und nach dem Dienst ist er verachtet wie zuvor. Bittet man um Lohn für den Dienst, soll der Bittsteller berücksichtigen, [80] was, wann, wieviel, wer, wem, wozu und wo. Wer zu gefallen wünscht, möge das ihm aufgetragene nützliche Werk sofort und das nicht aufgetragene, aber willkommene Werk unablässig ausführen. Der König befehle persönlich, dass ich komme; so befohlen, gehorche ich; unterwürfige Dienstfertigkeit verfängt bei Undankbaren nichts. [85] Bär, Eber, Wolf, diese Edlen, die ihr Reichtum furchterregend und aufgeblasen macht, mögen gehen, der Hof hat sie geladen; wer nimmt, soll auch geben; wer gefürchtet wird, soll auch Furcht empfinden. Niemand liebt den Armen, niemand fürchtet ihn. Was habe ich unter dem König zu erwarten, außer dass ich lebe. Ich werde [90] arm sein und allen gleichgültig, wie es das Vorrecht des Armen ist. Weder kann ich

Nec cuiquam faveo nec quem mihi credo favere,
Nec quemquam metuo nec metuendus ego."
Ysengrimus ovat Reinardum illudere regi,
Dum reliqui proceres moenia iussa petunt,
Seque tulisse putans non tot tormenta, quot esse
Ulturum, reduci vix cute tectus abit,
Praeceleransque alios subit atria regis et intrans
Solus clamat ave, cetera turba pavet;
Murmur erat nullum, vix fortem rege gemente
Rugitum suffert terrificata phalanx,
Ille amens queritur super aegro, cumque tacendum
Innuerint omnes, clamitat ille magis.
Ordine discumbunt, iussique utrimque superne
Primates, infra coetus utrimque minor;
Vendicat iniussus rudis Ysengrimus et urso
Praeformidatum regis ad ora thronum,
Rege vetante tamen non est compulsus abire.
Rex inquit: "dubito, spesne sit ulla mei."
Econtra archiater: "rex, assum, (iussus, at ultro
Venissem) ut videam, quis tibi morbus agat;
Discutere edidici morbos interprete vena,
(Haec saltem claustro dona docente tuli)
Mox video, quisnam status exundaverit aegro,
Et quis debuerit creticus esse dies.
Exere tangendam!" rex exerit ilico venam
Tangit et exclamat: "rex, mihi vena placet!
Si, tibi quae superet complexio, quaeris ego edam:
Contuor in primo te calidum esse gradu,
Talibus esse solet languor fortisque brevisque,
Fit status hinc simplex et diuturna salus;

jemandem noch jemand mir einen Vorteil verschaffen, weder habe ich jemanden noch jemand mich zu fürchten.«

Isengrim frohlockte, dass Reinhard sich dem König widersetzte, während die übrigen Edlen wie befohlen zur Burg eilten. In dem Glauben, nicht so viele Qualen erlitten zu haben, wie er rächen werde, brach er in seinem noch kaum wiederhergestellten Fell auf, eilte den Übrigen voraus, erreichte den Hof des Königs und rief als einziger bei seinem Eintritt laut »Sei gegrüßt!«, während die übrige Menge furchtsam schwieg. Nicht der leiseste Laut war zu vernehmen, kaum ertrug die eingeschüchterte Schar das starke Gebrüll des leidenden Königs. Wie toll klagte jener über den Kranken, und als alle ihm bedeuteten zu schweigen, brach er in noch lautere Klagen aus. Sie lagerten sich gemäß ihres Ranges: zu beiden Seiten des Kopfes die Barone, zu beiden Seiten der Füße die niederen Chargen. Ohne Aufforderung besetzte der ungehobelte Isengrim den sogar vom Bär gescheuten Platz unter den Augen des Königs und ließ sich nicht einmal durch den Einspruch des Königs dazu bewegen, den Platz zu räumen.

Der König sagte: »Ich glaube nicht, dass es irgendeine Hoffnung für mich gibt.« Der Arzt erwiderte: »König, ich bin da – auf deinen Befehl zwar, doch wäre ich auch freiwillig gekommen –, um zu sehen, welche Krankheit dich plagt. Ich habe gelernt, Krankheiten durch das Fühlen des Pulses zu untersuchen (diese Gabe wenigstens habe ich mir im Kloster angeeignet). Ich sehe bald, wie hoch das Fieber im Kranken steigt und an welchem Tag die Krise eintreten muss. Lass mich also deinen Puls fühlen!« Der König streckte seinen Arm, und sogleich prüfte Isengrim den Puls und rief: »König, ich bin erfreut über deinen Puls! Willst du erfahren, welche Komplexion in dir die Oberhand gewinnt, sage ich es dir: Ich sehe, dass dich ein Fieber ersten Grades befallen hat. Bei solchen Kranken ist die Schwäche für gewöhnlich kurz und heftig, danach kehrt der normale Zustand und

Te quoque non alio vexat discrimine languor,
Tertia lux huius cretica febris erit."
Aeger ad haec: "minime rebar, quod physicus esses,
Sed velut hac factus iunior arte venis,
Quod nisi tu praesens verbis habituque probasses,
Non faceret plenam nuntia fama fidem;
Nam lanugineae iuvenescere pellis amictu
Cerneris; hac quoque me, si potes, arte iuva."
Physicus econtra: "iubeas te sospite facto
Experiar, quam sit physica nota mihi;
Quid facias, dicam, tamen hanc, quam cernor, habere,
Reinardus speciem, non medicina dedit,
Haec atque his adversa tuli graviora per illum,
Cerne cicatrices, sic renovatus ego.
At me clade mea tua plus iniuria laedit:
Iusserat huc omnes praeco venire tuos,
Ursus Bruno potens et Grimmo tribunus aprorum
(Nil ego sum) iussu contremuere tuo,
Hi proceres aliique omnes terrentur, et ille
Imperii spreta mole superbus abest.
Non impune sines hunc ausum tanta fuisse;
Ut modo respires, det deus atque dabit!
Tu vervece hodie, cras hirco vescere, mandat
Talibus hos aegris physica nostra cibos;
Mandere, si posses, pariter praestaret utrumque,
Vis dapibus largis est reparanda tibi.
Te mihi per capitis discrimina certa iubente,
Farcirem ut cameras ventris utroque simul,
Quamvis alteruter quater esset, quantus uterque est,
Si meus est hodie, qui fuit uter heri,

langanhaltende Gesundheit zurück. Nicht anders plagt auch dich die Schwäche. Am dritten Tag wird sich der Höhepunkt des Fiebers einstellen.«

Darauf der Kranke: »Ich glaubte keineswegs, dass du ein Arzt seist. Doch du kommst, als seist du durch die ärztliche Kunst verjüngt worden. [125] Wenn du es nicht durch deine Worte und dein Aussehen bewiesen hättest, verdiente deine Selbstrühmung wenig Vertrauen. Wie man sieht, macht dich das neue Kleid aus wollenem Fell jünger. Hilf also auch mir, wenn du kannst, mit diesem Wissen.«

Der Arzt erwiderte: »Mögest du doch gebieten, dass ich mit deiner Genesung [130] unter Beweis stelle, wie gut ich mich mit der Heilkunst auskenne. Ich sage, was du machen sollst. Das glanzvolle Aussehen, das man an mir erblickt, verdankt sich allerdings Reinhard und nicht einer Arznei. Diesen und noch schlimmeren Schaden hat er mir zugefügt. Sieh meine Narben: Auf diese Weise habe ich mich verjüngt. [135] Doch mehr als meine Niederlage schmerzt mich deine Schmach: Der Herold hatte befohlen, dass all deine Edlen hierher kämen, und Bruno, der mächtige Bär, und Grimmo, der Führer der Eber, (ich zähle nichts) zitterten vor deinem Befehl; sie und alle übrigen Edlen erschraken, jener Hochmütige aber [140] weist die mühevolle Pflicht für den Herrscher von sich und bleibt fern. Du wirst nicht ungestraft lassen, dass er sich so viel herausgenommen hat. Gebe Gott – und er wird es geben –, dass du dich bald erholt hast! Verzehre heute den Widder und morgen den Bock; diese Speisen verschreibt unsere Heilkunst den so Erkrankten. [145] Noch besser wäre es, wenn möglich, beide auf einmal zu verspeisen. Du musst durch reichliche Mahlzeiten wieder zu Kräften kommen. Befählest du mir bei meinem Leben, dass ich die Höhlen meines Bauches mit beiden auf einmal füllte – auch wenn einer viermal so groß wäre wie beide zusammen [150] und wenn mein Bauch heute noch derselbe ist wie ges-

Me faceret miserum minima ungula dempta, nec, illam
  Qui raperet, leto solveret absque suo.
At tibi servandus si cras caper usque videtur,
  Nunc occide, caro caesa recenter obest;
Non quia sit praesens quisquam, cui tale quid optem",
  Ast aderant pariter laniger atque caper,
Oderat Ysengrimus eos, odisse negabat,
  Ut tegeret dempta suspicione dolum.
Ergo ait: "hos omnes, quos implet curia praesens,
  Diligo, meque etiam, sicut, opinor, amant,
Verveces alii per rura vagantur et hirci,
  Saepe tamen sapiens proxima prima rapit;
Si te sollicitant pacis decreta tuendae,
  Stultus ego ostendam, quid sapienter agas:
Ut multi valeant, Paucos cecidisse ferendum est,
  Gloria te regni tota ruente ruit;
Non volas pacem, maiori munere vendis,
  Praestat uter, vervex et caper anne leo?
Si quid in hoc peccas, monachus feror atque sacerdos,
  Peccati moles in mea colla cadat;
Non semel in claustris fuit utile gratius aequo,
  Praecedit merito crimina rara timor.
Non eris exemplar, si lucro vendis honestum,
  Exemplum reperis atque relinquis idem;
Tenta diu secta est, rebus suspendere rectum,
  Et veniam faciunt mutua probra levem.
Parva quis extimeat magno constantia lucro?
  Saepe fit ob fructum maxima noxa brevem;
Ut scelerum iudex, sic excusator abundat,

tern, wäre ich todunglücklich, wenn auch nur die kleinste Klaue abhanden käme, und wer sie raubte, müsste sie mit seinem Leben bezahlen. Doch auch wenn dir scheint, du müsstest den Bock für morgen aufbewahren, so schlachte ihn schon jetzt, denn frisch geschlachtetes Fleisch ist schädlich. [155] Und das nicht, weil jemand zugegen wäre, dem ich solches wünschte.«

Widder und Bock waren freilich anwesend. Isengrim hasste sie, bestritt aber, sie zu hassen, um unverdächtig zu erscheinen und seine Hinterlist zu verbergen. Also sagte er: »Ich liebe alle, die den Hof mit ihrer Anwesenheit beehren, [160] und sie lieben auch mich, wie ich glaube. Andere Widder und Böcke streifen durch die Felder – dennoch: der Kluge ergreift oft die nächstliegende Gelegenheit. Wenn dich deine Friedensgebote stören, werde ich in meiner Einfalt aufzeigen, was du in deiner Weisheit zu tun hast: [165] Es ist in Kauf zu nehmen, wenige zu opfern, um viele zu retten, gehst du zugrunde, geht auch der Ruhm des ganzen Reichs zugrunde. Du verletzt den Frieden nicht, du verkaufst ihn nur für eine größere Gabe, wer ist mehr wert: Widder und Bock oder der Löwe?

Wenn du dabei irgend sündigst, kennt man mich als Mönch und Priester, [170] die Last der Sünde falle auf meine Schultern. Nicht nur einmal ging in den Klöstern der Nutzen der Gerechtigkeit vor. Zurecht steht die Furcht vor den Verbrechen, wenn man sie nicht gewohnt ist. Du wirst kein neues Beispiel abgeben, wenn du die Ehre um deinen Vorteil verkaufst, du findest schon jemanden als Vorbild und überlässt ihm auch in Zukunft diese Rolle. [175] Schon lange folgt man dem Prinzip, das Recht an den Umständen auszurichten, und die Gegenseitigkeit der Vergehen macht sie umso leichter entschuldbar. Wen schreckt schon bei der Aussicht auf großen Gewinn eine geringe Ausgabe? Oft entsteht wegen eines kleinen Nutzens großer Schaden. Dem Richter wie dem Verteidiger der Verbrechen mangelt es nicht an Argumenten, [180] Auf

Si 'scelus est' alter, 'profuit' alter ait.
Utere non propria, sed consuetudine mundi,
Omnia te metuant, tu nihil ipse time;
Raptorem comitatur honos et commoda rerum,
Pauper et infamis iuris amator erit.
Nec si pascha foret, pacem violare vererer,
Cum mihi profectum pax violata daret;
Alligat ac solvit leges secura potestas,
Nemo suis debet legibus esse minor.
Nam non, ut metuantur, agunt praecepta, sed auctor,
Non gladius – gladium qui tenet, ille ferit;
Lex igitur domino, legi non subiacet ipse,
Ergo quod ipse iubes, quid variare times?
Rusticus est princeps, qui rustica iura tuetur,
Plebs procerum cibus est, utpote prata gregum;
Utilitas ergo per fasque nefasque petatur,
Saepius esuriet, qui minus aequa fugit."
Incipit interea rex circumvolvere corpus,
Nec veluti spreto replicat ulla seni;
At plus verba doli regem damnasse recenset
Curia, subiectum quam doluisse latus.
Praescierant facilem stratis mansuescere regem
Laniger et socius prosiliuntque citi,
Inque vicem, quid agant, praefantur protinus ambo
Vocibus his stultum corripuere senem:
"Hinc, domine archiater, domine Ysengrime sacerdos,
Hinc fuge, tu nimium regis in ora sedes!
Non modo proposuit sua rex peccata fateri,
Presbyter aut medicus, quicquid haberis, abi!
Presbyter es sapiens regique assidere dignus,
Foedera qui violas et violanda doces;

das ›Es ist ein Verbrechen!‹ des Einen sagt der Andere: ›Es war von Nutzen.‹ Verfahre nicht nach deiner, sondern nach der Welt Handlungsweise. Alles möge dich fürchten, du selbst aber fürchte nichts. Ehre und Glück begleiten den Räuber, nur der Arme und Ehrlose wird auf seinem geliebten Recht bestehen. [185] Nicht einmal zu Ostern scheute ich mich, den Frieden zu verletzen, wenn mir das einen Vorteil einbrächte.

Eine unangefochtene Macht erlässt Gesetze und löst sie auf; keiner muss seinen eigenen Gesetzen unterstehen. Nicht die Vorschriften machen, dass man sie fürchtet, sondern ihr Urheber, [190] nicht das Schwert, sondern der es hält, führt den Schlag. Also untersteht das Gesetz seinem Herrn und nicht der Herr dem Gesetz, also warum fürchtest du abzuändern, was deinem eigenen Befehl unterworfen ist? Ein Bauer ist der Fürst, der bäuerliches Recht beachtet. Das Volk ist die Speise für die Edlen wie die Wiesen für die Herden. [195] Der Nutzen muss also unabhängig von Recht und Unrecht verfolgt werden. Öfter hungert, wer sich öfter an das Rechte hält.«

Der König begann, sich herumzuwälzen, und würdigte den offenbar verachteten Alten keiner Antwort. Der Hof schätzte, dass der König mehr die hinterlistige Rede mit Missachtung strafte, [200] als dass ihn die untere Seite schmerzte. Der Wollträger und sein Gefährte wussten, dass der König auf seinem Lager leicht milder zu stimmen sein würde, und sprangen schnell vor. Sie hatten sich abgesprochen, was sie tun würden, und gingen beide sofort den törichten Alten mit folgenden Worten an: [205] »Verschwinde, Herr Arzt, Herr Priester Isengrim, verschwinde, du sitzt allzu nahe unter den Augen des Königs! Der König hat noch nicht den Vorsatz gefasst, seine Sünden zu beichten, Priester oder Arzt, wen auch immer man dir abnimmt, mache dich fort! Du bist ein weiser Priester und taugst zum Ratgeber des Königs, [210] der du Verträge brichst und lehrst, dass man sie brechen müsse. Du selbst

Ipse tuae legis, nisi nos reverentia regis
Terreret, primo subprimerere iugo."
Verborumque bonis numerum suppulsibus aequant,
Hocque sine officio syllaba nulla perit,
Frontibus oppositis pronum quacumque retundunt,
Ne regem moveat mole cadentis humus;
Sed pellem lacerare cavent; pius ille tacebat,
Ad laudem meditans omnia ferre dei;
Iamque ter hoc iterant: "nisi rex metuendus adesset,
Primitus in temet pax violanda foret!"
Hoc aper, hoc ursus laudant; aper "urse, vide", inquit,
"Quam placide tractent hi sua iura duo!"
Ursus ad haec: "Meditabar idem te, Grimmo, rogare,
Quando duos minus his videris esse truces;
Contuor ac stupeo non ausos qualibet hostem
Tangere, nimirum regia iussa pavent.
Ut dicunt, monachus meruit bona flagra, nec illum
Tractarent aliter, quam meruisse putant;
Sed satis apparet, metuunt offendere regem,
Rex statuit pacem, iussaque regis agunt."
Hircus ovisque per haec paucis novere placere
Profectum medici sicque minantur item:
"Iussimus, ut fugeres, domine Ysengrime, sedesque,
Irrita sumpsisti pectore vota tuo;
Scilicet expectas, ut nostris rege refecto
Carnibus, ex nobis quod superarit, edas.
Vis cadere in regem? regi incidit iste, videte!
Noscis, ubi sedeas, infatuate Satan?" –
"Ysengrime", (etenim nondum Ysengrimus abibat)

würdest als erster das Joch deines Gesetzes zu spüren bekommen, wenn uns nicht die Rücksicht auf den König zurückhielte.«

Ihre kräftigen Stöße entsprachen an Zahl ihren Worten, jede Silbe wurde von dieser Ehrerweisung begleitet. [215] Sie stießen mit ihren Hörnern von entgegengesetzten Seiten den Schwankenden hin und her, damit nicht der Boden durch den schweren Fall den König erschütterte. Sie hüteten sich aber, sein Fell zu zerreißen; jener verfiel in frommes Schweigen und gedachte, alles zum Lobe Gottes zu ertragen.

Dreimal schon hatten sie wiederholt: »Ohne die Furcht vor dem anwesenden König [220] müsste der Frieden mit dir zu allererst gebrochen werden!« Das lobte der Eber, das lobte der Bär. »Sieh nur, Bär«, rief der Eber, »wie zuvorkommend die beiden ihr Recht ausüben!« Darauf der Bär: »Gerade wollte ich dich dasselbe fragen, Grimmo, wann du jemals zwei Sanftere als diese beiden gesehen hast. [225] Staunend nehme ich wahr, dass sie nicht wagen, ihren Feind irgendwie zu berühren, sie fürchten sich allzu sehr vor den königlichen Befehlen. Wie sie sagen, hat der Mönch kräftige Schläge verdient, und sie würden ihn auch so behandeln, wie er es ihrer Meinung nach verdient hat. Es ist jedoch offensichtlich, dass sie fürchten, den König zu beleidigen. [230] Der König hat Frieden angeordnet, also handeln sie nach dem Befehl des Königs.«

Bock und Widder merkten an diesen Reden, dass der Aufbruch des Arztes einigen zupasskäme, und drohten folglich auf ein Neues: »Wir haben befohlen, dass du verschwindest, Herr Isengrim, doch du bleibst sitzen, in deinem Herzen hast du unerfüllbare Wünsche gehegt, [235] hoffst du doch, dass du, nachdem sich der König an unserem Fleisch gesättigt hat, zu essen bekommst, was von uns übrig geblieben ist. Willst du etwa auf den König fallen? Seht nur, er stürzt sich auf den König! Weißt du nicht, wo du sitzen sollst, dumpfbackiger Satan?« – »Isengrim«, (denn noch immer bewegte sich Isengrim nicht von der Stelle), [240] »ver-

"Effuge! paene nimis lusimus", ursus ait;
"Ni celer abscedas, ibi te sedisse pigebit,
Pluribus ad regem convenit esse locum."
Praecipitemque lupum magno rotat impete vervex;
Obvia non audet reddere verba miser,
Rex autem versa facie non viderat acta,
Tunc victus senior sustinet ire retro.
Dispositae fuerant sedes, sua quemque tenebat,
Stultus summa petens occupat ima pudens;
At caper et vervex pulso sene cominus astant,
Berfridoque prior laniger orsus ita est:
"Hinc fuge, sum potior regi, scabiosus es, hirce,
Sufficiam regi solus ego, aeger enim est,
Tu siquidem putes quasi luce ter ebrius abbas."
Lanigero reddit dicta iocosa caper:
"Immo tu fugias, quem pessimus inficit hydrops,
Putri ventre tumes ut lutulenta palus;
Rex ergo ipse probet, quem nostri mandere malit,
Hoc scio, nos esu non sumus ambo boni.
Paene nihil studuit medica Ysengrimus in arte,
Hunc quoque non recte dividere arva refers;
Physicus unde modo est? utinam Reinardus adesset,
Ille nihil iactat, sed tamen arte valet!
Scilicet hic regi bene distinxisset edendas
(Novit enim) innocuas pestificasque dapes;
Si regi, Ysengrime, faves, hunc ocius adduc,
Et medicum credi te voluisse nega,
Hoc praesente quidem si posses muris in antrum
Repere, momentum non paterere foris!"

schwinde! Wir haben schon fast zu viel gescherzt«, sagte der Bär. »Wenn du nicht schleunigst abtrittst, wirst du bereuen, dort gesessen zu haben; der Platz beim König steht mehreren zu.« Mit einem heftigen Stoß schleuderte der Widder den stürzenden Wolf herum. Der Arme wagte kein Wort der Erwiderung.

[245] Der König bekam von dem Vorgang nichts mit, weil er sein Gesicht abgewandt hatte. Da endlich gab der geschlagene Alte auf und trat den Rückzug an. Die Plätze waren verteilt, jeder Sitz hatte seinen Besitzer. Der Tor, der den obersten Platz beansprucht, sitzt voller Scham ganz unten. Bock und Widder standen zusammen, als der Alte aus dem Feld geschlagen war. [250] Der Wollträger hub noch vor Berfried zu sprechen an: »Mach dich fort von hier, ich bin dem König lieber, du hast die Krätze, Bock; ich allein reiche für den König aus, du bist nämlich krank, zumindest stinkst du wie ein dreimal am Tag betrunkener Abt.« Mit scherzhaften Worten antwortete der Bock dem Wollträger: [255] »Vielmehr sollst du dich entfernen, leidest du doch an übelster Wassersucht, dein geschwollener Bauch stinkt wie ein Sumpf voll Kot. Der König soll selbst entscheiden, wen von uns er lieber verspeisen will. Doch das weiß ich: Wir eignen uns beide nicht besonders gut als Mahlzeit. So gut wie nichts hat Isengrim sich von der Heilkunst angeeignet, [260] auch hast du erzählt, dass er die Felder nicht richtig einteilt. Wo ist denn nur ein Arzt? Ach wenn doch Reinhard zugegen wäre! Der brüstet sich nicht, sondern versteht sich auf die Medizin. Er hätte dem König bestimmt das richtige Essen ausgesucht, kennt er doch die unschädlichen wie die verderblichen Speisen. [265] Wenn du es gut mit dem König meinst, Isengrim, bring Reinhard umgehend herbei und leugne, dass du jemals für einen Arzt gehalten werden wolltest. Wenn er hier ist und du in ein Mauseloch kriechen kannst, so bleibe keinen Augenblick draußen.«

Rector ad hanc vocem se circumvolvit, at illi
Regali properant accubitare thoro,
Regia nobilitas stratis ignoscere gaudet,
Surgere prostratos et residere iubet;
Curia collaudat ververcem tota caprumque,
At peiora lupum promeruisse ferunt.
Iamque locuturi grave regis habentia pondus
In vulpem Bruno mitigat ante minas:
"Rector, in absentem noli crudescere servum,
Forsan agit causa conveniente moras;
Si vero veniens non excusaverit apte
Tardandi culpam, legibus ange reum.
Gutero, curre celer! Reinardum (namque moratur
Ut fatuus demens) huc properare iube."
Paruit ille urso; tunc mulctae carnis acervo
Reinardum pinguem luxuriare videt.
"Quid facies, Reinarde miser?" clamabat, at ille:
"Stulte lepus, miserum non comitantur opes!
Ergo quis est felix, si sum miser?" ille reclamat:
"Ut taceam, non hoc experiere parum;
Delatus prodente lupo, vix rege rogato
Tempora, dum veniens ipse loquaris, habes."
Ille refert: "ha, dicor ob hoc miser? ista profecto,
Ne miser existam, causa datura mihi est!
Rex nisi me nosset, non regius hostis haberer,
Gaudeo, quod vel sic sum manifestus ibi.
Qui non est odio, non est dignandus amore,
Nam, quibus irasci, quisque favere potest,
Obsequiis, quibus ira subit damnumque negatis,
Exhibitis merces provenit atque favor;
Hinc mihi pace lupi fit gratior ira leonis,

Der Herrscher drehte sich bei diesen Worten herum, während jene [270] schleunigst vor dem königlichen Thron niederfielen. Die königliche Majestät erwies den auf dem Boden Liegenden freundlich ihre Gnade und hieß sie, sich zu erheben und zu setzen. Der gesamte Hof lobte einhellig Widder und Bock, und es hieß, der Wolf habe Schlimmeres verdient. [275] Bruno besänftigte den König, bevor dieser gravierende Drohungen gegen den Fuchs äußern konnte: »Majestät, mäßige deinen Zorn gegenüber dem abwesenden Diener. Vielleicht verzögert sich sein Kommen aus gutem Grund. Wenn er aber bei seiner Ankunft keine ausreichende Entschuldigung [280] für seine Verspätung vorbringt, unterwerfe den Schuldigen deinen Gesetzen. Gutero, lauf schnell! Befiehl Reinhard, der sich wie ein verrückter Narr verspätet, sich schleunigst hierher zu begeben.«

Jener gehorchte dem Bären und fand den vollgefressenen Reinhard, der es sich bei einem großen Haufen Fleisch wohl sein ließ. [285] »Was tust du, unglücklicher Reinhard?« rief er. Darauf jener: »Dämlicher Hase, der Unglückliche verfügt nicht über Reichtümer! Wer also ist glücklich, wenn ich unglücklich sein sollte?« Jener rief zurück: »Wenn ich schwiege, würdest du es zur Genüge erfahren. Der wölfische Verräter hat dich denunziert; kaum konnte der König bewogen werden, [290] dir eine Frist zu geben, während derer du kommst und dich rechtfertigst.« Jener erwiderte: »Ha, deswegen nennt man mich unglücklich? Wahrlich, diesen Grund werde ich anführen, um nicht unglücklich zu sein. Wenn mich der König nicht kennte, hielte man mich nicht für seinen Feind. Ich freue mich, dass ich dort gerade auf diese Weise bekannt bin. [295] Wer des Hasses nicht wert ist, ist es auch der Liebe nicht. Denn jeder kann, wem er zürnt, auch seine Gunst zuwenden. Nicht geleisteten Diensten folgt Zorn und Ächtung, geleisteten Diensten dagegen Lohn und Huld. Daher ist mir der Zorn des Löwen willkommener als ein Frieden mit dem Wolf;

Nobile plus odium quam miser ornat amor.
Sed nec sollicitor, quia me gravis oderit hostis,
It sapiens liber, quo perit artis inops;
Astuto plus ira solet prodesse potentis,
Gratia quam stulto; neutra manere potest.
Vade relaturus nusquam tibi me esse repertum,
Neve mihi timeas, porto quid artis adhuc:
Saepe sui dorsum caesoris virga cecidit,
Pocula pincernae sunt reditura suo,
Ysengrimus ibi nunc temporis esto tribunus,
Non ierit quartum vespera: praetor ero."
Reinardus solium lepore ad regale reverso
Multimodas species colligit atque bonas;
Tunc multas soleas nec hiantes vulnere pauco
Ad sua suspendens colla prehendit iter,
Qui vix prae nimia poterat pinguedine, quamquam
Fasce carens alio, ferre suimet onus.
Quid tibi de tanta referam pinguedine? frustra
Aestimo dicta quidem, non habitura fidem;
Cernitur a costis costas diffundere, quantum
Cauda oriens medium corpus ab aure trahit,
Mollior in macris quam dorsum venter habetur:
Reinardi dorso durior alvus erat.
Aeris hunc pleno folli talpaeve carenti
Ossibus impresso dixeris ungue parem,
More globi teretis volvi, non ire videtur,
Atque utero verrit, non pede signat humum,
Pendula quippe pedes totos exhauserat alvus;
Reinardus talis moenia regis init.
Terque salutato nec respondente tyranno
Proiecit soleas cum speciebus humi,

[300] der Hass eines Edlen bringt mehr Ehre als die Liebe eines Armseligen. Aber ich bin nicht beunruhigt, weil mich ein mächtiger Feind hasst. Der Weise geht unbehelligt, wo der Unverständige in sein Verderben läuft. Der Zorn des Mächtigen bringt dem Listigen gemeinhin mehr Vorteil als die Gunst dem Dummkopf; keines von beiden bleibt bestehen. [305] Geh und berichte, dass du mich nirgends gefunden hast. Hab keine Furcht um mich; bisher habe ich noch immer eine List im Sack gehabt. Schon oft hat die Rute den Rücken dessen geschlagen, der sie abgeschnitten hat; die Becher kehren zu ihrem Schenken zurück. Im Moment sei Isengrim dort der Richter, [310] in nicht einmal vier Abenden werde ich Oberrichter sein.«

Nachdem der Hase zum Königshof zurückgekehrt war, sammelte Reinhard vielerlei heilsame Sorten von Kräutern. Dann hängte er viele durchgelaufene Sandalen an seinen Hals und machte sich auf den Weg. [315] Obwohl ohne weiteres Bündel, konnte er sein eigenes Gewicht vor übergroßer Verfettung kaum tragen. Was soll ich dir über seine so großen Fettpolster erzählen? Ich schätze wenigstens, es wäre umsonst gesagt, weil es keinen Glauben fände. Man sah die Rippen so weit auseinanderstehen, [320] wie sich die Mitte des Leibes vom Ohr bis zum aufgerichteten Schwanz erstreckte. Bei den Mageren ist der Bauch weicher als der Rücken, bei Reinhard war der Bauch dagegen härter als der Rücken. Du hättest ihn mit einem aufgeblasenen Luftsack vergleichen können oder mit dem knochenlosen Maulwurf, wenn er die Krallen eingezogen hat. [325] Er schien eher wie eine glatte Kugel zu rollen und nicht zu gehen. Er schleifte mit dem Bauch über den Boden und hinterließ keine Fußspur, weil sein herabhängender Bauch die Füße ganz verschluckt hatte.

In solcher Gestalt erreichte Reinhard die Burg des Königs. Er grüßte dreimal den Tyrannen, ohne Antwort zu erhalten, [330] und legte seine Sandalen und die Kräuter auf den Boden. Dann, als ob

Mox, velut ulteriore via prodire nequiret,
  Deficere incipiens concidit atque iacet,
Suspiratque diu; sessurus denique surgit,
  Tamquam pausando membra refecta levans.
Iamque locuturam praestolans curia vulpem
  Pendet, et illud idem rex manet ipse tacens,
Ille suam spatio vocem interstante perornat
  Et ter suspirat; denique fatus ita est:
"Adduxere novos semper nova saecula ritus
  Et veteris populi despicit acta rudis;
Res rebus subeunt, mutatur tempore tempus,
  Nec caeli facies est modo, qualis heri:
Mens rationalis vertigine cetera vincit,
  Moribus et citior quam fuga rebus inest;
En malus est hodie, cras peior, pessimus ultra,
  Qui fuit hesterno vespere paene bonus,
Cum fuerit peius faciendi pessimus impos,
  Moribus hinc standi, non prius, ordo datur.
Plenior officiis primum, post aequa dabatur,
  Inde minor merces, denique nulla quidem,
Gratia magna dehinc, tunc parvula, nullaque nuper;
  Nunc utinam liceat promeruisse nihil:
Obsequiis reddit ira! cadit bene calculus istic,
  Proficit egregie tempore pauper in hoc!
Si, quod ego, quisquam locuples pro rege tulisset,
  Obvia tota illi iam domus isset ovans,
Rexque salutasset prior hunc, a rege secundus
  Sideret, hic potum sumeret atque cibum;
Sed, quia nos inopes, servisse impune vetamur,
  Nimirum sors haec pauperis esse solet."
Fertur in hanc vocem rex subrisisse parumper,
  "Quid pro me tuleris, dic, ego grator", ait;

er keinen weiteren Schritt zu gehen vermöchte, erlitt er einen Schwächeanfall, brach zusammen, lag auf dem Boden und keuchte lange. Endlich setzte er sich auf und streckte seine Glieder, wie wenn sie sich durch die Ruhe erholt hätten. [335] Der Hof richtete seine gespannte Aufmerksamkeit auf das, was der Fuchs sagen würde; nicht anders der König, der weiterhin schwieg. Jener verlieh seiner Rede durch eine lange Pause Gewicht, atmete dreimal tief ein und hub endlich zu sprechen an: »Immer bringen die neuen Zeiten neue Sitten mit sich, [340] und der Ungebildete verachtet die Taten der Alten. Neue Dinge ersetzen die alten, die Zeit wandelt sich durch die Zeit, nicht einmal der Himmel sieht heute so aus wie gestern. Alles unterwirft sich die Vernunft mit ihren umwälzenden Neuerungen; schneller noch als die Dinge verändern sich die Sitten. [345] Siehe: Wer gestern Abend noch fast gut war, ist heute schon schlecht, morgen noch schlechter und demnächst am schlechtesten. Erst wenn der Schlechteste sich nicht weiter verschlechtern kann, wird dem Sittenwandel Einhalt geboten, nicht früher.

Für geleistete Dienste wurde erst reichlich, dann angemessen, [350] dann zu wenig, schließlich überhaupt nicht mehr gelohnt. Es folgte ein großer, dann ein kleiner bis vor kurzem gar kein Dank. Wäre es doch dabei geblieben, nichts zu erhalten: Denn jetzt erntet man Zorn für seine Dienste. Diese Rechnung geht hier gut auf, der Arme erhält zu dieser Zeit wahrlich großartigen Lohn! [355] Wenn irgend ein Reicher für den König erlitten hätte, was ich erlitten habe, wäre ihm der ganze Hof jubelnd entgegengegangen, der König hätte ihn zuerst begrüßt, gleich neben dem König hätte er gesessen und Trank und Speise zu sich genommen. Weil aber unsereins arm ist, verbietet man uns ungestraft zu dienen. [360] Das ist natürlich das übliche Los des Armen.« Der König soll bei diesen Worten ein wenig gelächelt haben. Er sagte: »Erzähle, was du für mich erlitten hast; ich bin dankbar«.

Ille morans iterum suspensa voce parumper
Responsum tali calliditate linit:
“Rex, dubium facturus iter per compita quaedam
Insidiatores esse verebar ibi;
Vespere praecedente viam dum sidera rimor
Et reseraturum fata futura polum,
Stella minax subito, mutandis regibus index,
Crinali visus occupat igne meos,
Dirigui cecidique, tuum caput illa volebat,
Devoveo, stellas consulo quasque tamen:
Altera lucebat, quod adhuc medicabilis esses,
Spes mihi cor coepit reddere, membra vigor,
Spes mihi res, spes sola comes, mox curro Salernum,
Et volat in collum Physica tota meum;
Vi propero, mora parva odio est quasi dira cometae,
Artibus huc raptis fulminis instar agor,
Curia multifidos speculatur tota cothurnos,
Usus ego quibus hinc hucque agor inde redux.”
Sexque cothurnorum trisono paria explicat ore,
Ungarice, Turce grammaticeque loquens,
Terque ea dinumerans, semel omnia quaque loquela,
Non hisdem numeris ad numeranda redit,
Sed repetens eadem veluti restantia, vocem
Mutabat numero posteriore suam,
Finiturus eo, quo rex magis utitur, ore,
Expedit Ungarico tertia sena sono.
Adiecitque: “fame tumeo rex, aspice, rumpor!
Quid verbis opus est? mors tibi nostra patet,
Vix, dum parta tibi sumatur potio, vivam,
Nec medicina mihi quae tibi praestet opem;
Ne morereris, in haec vitae discrimina veni,

Jener wartete wiederum und verharrte ein wenig, ohne zu sprechen, dann bestrich er seine Antwort mit solcher Art Schläue: [365] »König, ich trat eine gefahrvolle Reise an auf gewissen Pfaden, auf denen ich auf Strauchräuber zu treffen fürchtete. Der Abendstern wies mir den Weg; während ich die Sterne und den Himmel erforschte, der die künftigen Geschicke offenbart, fiel mir plötzlich ein bedrohlicher Stern, der einen Herrschaftswechsel anzeigt, [370] mit seinem geschweiften Feuer ins Auge. Ich erstarrte und fiel nieder: Er forderte dein Haupt! Ich verfluchte die Sterne, befragte sie aber dennoch: Ein anderer versprach mit seinem Leuchten, dass du geheilt werden könntest. Hoffnung kehrte in mein Herz, Kraft in meine Glieder zurück. [375] Hoffnung war mein Antrieb, Hoffnung mein einziger Begleiter. Sofort machte ich mich auf nach Salerno; die ganze Heilkunst machte ich mir im Fluge zu eigen. Ich eilte mit Macht, jeder kleine Verzug war mir verhasst wie der Unglückskomet. Mit den hastig ergriffenen Heilmitteln eilte ich wie der Blitz hierher. Der ganze Hof hat meine überall zerrissenen Schuhe gesehen, [380] mit denen ich von hier und von dort wieder zurück gelaufen bin.« Sechs Paar Schuhe wies er in drei Sprachen vor, nämlich auf Ungarisch, Griechisch und Lateinisch. Dabei zählte er sie dreimal, alle in jeder Sprache einmal. Er begann aber nicht mit dem Zählen von vorn, [385] sondern fuhr mit der nächsten Zahl fort, als seien dieselben Schuhe noch übrig, und wechselte dabei nur die Sprache, wobei er mit jener Sprache endete, die der König zumeist gebrauchte, und also auf Ungarisch den dritten Sechserpack darlegte.

Und er fügte hinzu: »Sieh, König, vor Hunger bin ich ganz aufgedunsen, ich platze. [390] Was braucht es mehr Worte? Es ist dir klar, dass ich sterbe. Ich werde kaum noch solange leben, bis du den Kräutertrunk eingenommen hast. Nicht einmal die Medizin, die dich heilen soll, rettet mich. Damit du nicht stirbst, habe ich mich in diese lebensgefährliche Lage gebracht, und du hast

Terque salutatus non mihi reddis ave!
Has autem species summus mihi dona magister,
Sub cuius didici traditione, dedit."
Tunc sparsas in vasa legit, quibus undique motis
Moenia perfundens tota replebat odor.
Ysengrimus ubi medicas dimiserit ollam
Servantem species, ursus aperque rogant,
"An, Berfride, tibi servandas tradidit?" aiunt,
"Quane illas ergo temperet arte caret?"
Hircus ad haec: "proceres, aliter, quam noscitis, actum est;
Artis adhuc medicae permanet ipse memor,
Sed desunt species, tanscendere sueverat Alpem,
Mercari species more sagacis avi,
Nostra sed arva super Gallae commercia vocis
Perdidit, idcirco stat vacua olla domi."
Tunc sibi Reinardum propius considere rector
Praecipit, herbarum captus odore bono,
Porro suas sumptu species aptare repente;
Incipiebat enim febris adesse tremor.
In faciem patrui medicus nunc lumine verso,
Nunc repetens regem, talia verba refert:
"Quid species trivisse iuvat, nisi feceris illam
Rem prius acquiri, cuius egemus adhuc?
Potio tarda tuam non est motura querelam,
En aliud nobis, unde queramur, obest:
Potio, quam primum fuerit confecta, bibenda est,
Ne defraglascat vim minuente mora.
Exige rem propere, cuius defectio laedit,
Herbarum modicum conficit hora brevis;
Rem, dixi, propera, sed quid properasse iuvabit?

mir auf meinen dreimaligen Gruß kein ›sei gegrüßt‹ erwidert. [395] Diese Kräuter hat mir der höchste Meister, der mich in der Heilkunde unterwiesen hat, als Geschenk anvertraut.« Dann sammelte er die verstreuten Kräuter in Gefäße, wobei durch das Aufnehmen ein intensiver Duft die Burg bis in den letzten Winkel erfüllte.

Wo Isengrim die Büchse gelassen habe, in der die Kräuter [400] aufbewahrt würden, fragten Bär und Eber und sagten: »Hat er sie dir zur Aufbewahrung gegeben, Berfried? Versteht er nicht die Kunst, sie richtig zu mischen?« Darauf der Bock: »Edle, es verhält sich anders, als ihr es versteht. Nach wie vor ist er der Heilkunst verbunden, [405] doch fehlen die Kräuter. Für gewöhnlich hatte er die Alpen überquert, um nach dem Vorbild seines gewitzten Großvaters Kräuter zu kaufen. Doch hat er auf unseren Feldern seine Kenntnisse des Welschen verloren. Daher steht der Topf zu Hause leer.« Da befahl der Herrscher, durch den Wohlgeruch der Kräuter [410] gewogen gemacht, dass Reinhard sich näher setze und seine Kräuter zum baldigen Gebrauch weiter zubereite. Es hatte ihn nämlich gerade ein fiebriger Schüttelfrost ergriffen.

Der Arzt richtete seinen Blick bald auf das Gesicht seines Oheims, bald auf den König und sprach folgende Worte: [415] Was hilft es, die Kräuter zerkleinert zu haben, wenn du nicht dafür sorgst, jene Sache zu beschaffen, derer wir hierzu bedürfen? Der späte Trank wird deine Klage nicht aufheben. Denn siehe, ein anderes Hindernis gibt uns Anlass zur Klage. Der Trank ist gleich nach seiner Fertigstellung einzunehmen, [420] damit sich seine Kraft nicht durch eine Verzögerung vermindert und verflüchtigt. Fordere schleunigst jene Sache, deren Fehlen euer Leiden verschlimmert. Die wenigen Kräuter sind in einer kurzen Stunde zubereitet. Die Sache, habe ich gesagt! Beeilung! Doch was macht Eile für einen Sinn? Ob du nun schiebst oder ziehst, die Sache

Impingas, vellas, denegat illa sequi." –
"Improbe!" rex inquit, "quid apud mea regna, quid usquam
Invenies, quod non mox habuisse queam?"
Respondit medicus: "non, sicut credis, agendum est,
Multa potes, sed non omnia solus habes.
Saepe fit inventu res prima novissima quaestu,
Raraque quaerenti sponte aliquando venit;
Ungue quidem sua quisque tenet, sua quoque tenente
In varios casus plurima vota ruunt.
Quod quaero, invenies et contemplabere forsan,
Quid tamen hoc prodest? ungula prava tenet.
Omnia fingantur, praesentia servat avarus,
Subripit externas res, dabit ille suas?
Argue, posce, iube, da, sponde, tunde, minare,
Semper in obliquam nititur ille viam;
Non hunc aut venus aut pietas aut foedera tangunt,
Vi cogente dabit, si qua daturus erit.
Oblatis donec sua pluris pendit avarus,
Feceris hunc nulla conditione prorum."
Rex iratus ait: "quantocius assere, quidnam
Desit! ego experiar, quis neget, ede palam." –
"Cedo ego mox, domine", ille refert, "utinam ille precando
Flectatur, qui rem, cuius egemus, habet!
Pelle lupi, qui dimidium tribus addidit annis,
Si cupis, ut subito potio prosit, eges;
Illius aetatis corium natura lupinum
Tam mira medicae dote beavit opis,
Ut, si tectus eo sumptis sudaveris herbis
Mox priscus repetat membra fovenda sopor;
Utque rapax cremiis elambit Mulciber unctum,

weigert sich, Folge zu leisten.« – [425] »Schuft!« rief der König. »Was wirst du in meinen Königreichen, was wirst du irgendwo sonst finden, das ich nicht auf der Stelle besitzen kann?« Der Arzt gab zurück: »Man darf nicht so vorgehen, wie du glaubst. Du verfügt über vieles. Doch nicht alles ist ausschließlich dein Besitz. Oft geschieht es, dass man eine Sache, die man als erste gesehen hat, zuletzt [430] bekommt, doch manchmal gelangt etwas Seltenes von allein zu dem, der es sucht. Jeder hält das Seine mit seiner Klaue fest, doch auch wenn er das Seine hält, werden die meisten Hoffnungen durch verschiedene Umstände zunichte. Was ich suche, wirst du vielleicht finden und ansehen, doch was nützt es? Eine krumme Klaue hält es fest. [435] Auch wenn man ihm alles in Aussicht stellt – der Geizige bewacht das Vorhandene und rafft fremden Besitz, wird er etwa das Seine herausrücken? Mach ihm Vorwürfe, fordere, befiehl, gib, versprich, schlag oder drohe, immer wird er einen Ausweg finden. Weder Anstand noch Nächstenliebe noch rechtliche Verpflichtungen bewegen ihn, [440] wenn er überhaupt etwas gibt, dann nur unter dem Zwang der Gewalt. Solange der Geizige seinen Besitz höher schätzt als das Versprochene, wirst du ihn unter keinen Umständen zu einem redlichen Verhalten bringen.« Zornentbrannt rief der König: »Jetzt sagst du auf der Stelle, was fehlt! Ich will sehen, wer sich zu weigern traut. Heraus damit!«

[445] »Gleich füge ich mich, Herr«, antwortete jener. »Ach wenn er sich doch durch Bitten erweichen ließe, der die Sache besitzt, derer wir bedürfen! Du benötigst das Fell eines dreieinhalb Jahre alten Wolfes, wenn du wünschst, dass der Trank umgehend anschlägt. Die Natur hat das Wolfsfell dieses Alters [450] mit solch wunderbarer Heilkraft gesegnet, dass du, darin eingehüllt, nach Einnahme des Kräutertranks schwitzen wirst und ein tiefer Schlaf deine genesungsbedürftigen Glieder umfängt. Und wie das verzehrende Feuer mit seinen Flammen das Fett aufleckt, so verlässt dich

Desiccata semel sic tibi febris abit.
Perfice, quod superest, ego quaeque salubria dixi,
Hic ergo species hicque parator adest,
Eia nunc subito pilam pilumque parandis!
Incipit instanti rex trepidare malo;
Et reliqua interea sic provideantur oportet,
Ut tempus teneant, en ego tardo nihil,
Cetera festinet nobis quicumque daturus,
Confestim species en ego frico meas.
Eia quisne dabit pilam? rue, profer!" at illi
Quisque alium cursu praecelerare parat.
Ysengrimus ad haec condensae irrepere turbae
Enitique foras cogitat esse bonum;
"Quamvis", inquit, "agant nullum haec mihi verba timorem,
Infortunatis multa nocere queunt,
Ut felix metuenda solet contemnere tutus,
Sic etiam debet tuta timere miser."
Senserat et tussit Reinardus, taliter horrens:
"Quo via iurata est? ibitis omne, quod est?
Octo valent pilam bene ferre!" (tot absque sene ibant)
"At nonus sedeat, quo parat ille viam?
Ille manere potest ausumque ignosco sedendi."
Non dubitat de se dicier ista senex;
Nescit, quid faciat, sed, quo processerat, haeret,
Tam migrare timens, quam remanere dolens.
Anxius interea rex volvit multa, diuque
Quid faceret, dubitans, nomina pauca vocat:
"Quid faciam, Bruno? quid dicis, Grimmo? quid omnes
Dicitis? hic sapiens expedit atque favens."
Ursus ad haec: "longa non est ambage vagandum,
Nos sumus ancipites, unde cupita petas;
Ysengrimus adest gnarus quarumque viarum,

auf einmal das ausgeschwitzte Fieber. [455] Bring zu Ende, was noch aussteht. Was zur Heilung nötig ist, habe ich gesagt. Hier sind die Kräuter, hier ist derjenige, der sie zubereitet. Wohlan, schnell den Mörser und Stößel für die Zubereitung! Der König erleidet einen neuen Anfall von Schüttelfrost. Inzwischen soll auch alles Übrige besorgt werden, [460] und zwar rechtzeitig, seht, ich verzögere nichts. Wer auch immer uns das Übrige geben wird, möge sich beeilen, ich jedenfalls, seht, zerreibe schon meine Kräuter. Auf, auf, wer bringt den Mörser? Los, Beeilung!« Darauf beeilte sich jeder, schneller als der andere zu laufen.

[465] Da dachte Isengrim, dass es besser sei, sich unter die dicht gedrängte Menge zu mischen und nach draußen zu gelangen. Er sagte: »Auch wenn diese Worte mir keine Furcht einflößen, kann doch Vieles dem vom Glück Verlassenen schaden. Wie der Glückliche unbesorgt das Bedrohliche zu verachten pflegt, [470] so muss der Unglückliche sogar das Ungefährliche fürchten.« Reinhard hatte aufgepasst, hüstelte und jagte ihm dadurch einen Schrecken ein: »Wohin des Weges? Verschwindet alles, was hier ist? Acht sind leicht genug, den Mörser zu holen« (so viele waren es ohne den Alten) »Der Neunte setze sich hin. Wohin richtet er seinen Weg? [475] Er kann bleiben, ich sehe ihm nach, dass er sich zu setzen wagt.« Der Alte zweifelte nicht, dass diese Worte ihn betrafen. Er wusste nicht, was zu tun sei, und verharrte dort, wo er angelangt war. Er fürchtete sich ebenso weiterzugehen, wie es ihn schmerzte zu bleiben.

Der König wog inzwischen vieles sorgenvoll ab und wusste lange nicht, [480] was er tun sollte, und er rief die Namen seiner Vertrauten: »Was soll ich machen, Bruno? Was rätst du, Grimmo? Was sagt ihr alle? Hier brauchte es einen Weisen und Wohlmeinenden.« Darauf der Bär: »Es bedarf keiner großen Umschweife. Wir sind unschlüssig, woher du das Gewünschte bekommst. [485] Isengrim ist zugegen. Er kennt jeden Weg, und sein Ge-

Et tribus a denis hinc sua claret avis,
Alloquere hunc; si rennuerit, ne quaere, quod optas,
Non aliquis si non consulere ille potest.
Obsequeris, Reinarde, mihi?" cui replicat ille:
"Infitior quaedam, quae, domine urse, refers,
Et quaedam memoras constantia testibus aptis:
Consiliis, regi si favet ille, valet,
Sed scio paucorum, nisi forte recensita sacris
Linea sit libris, hunc meminisse retro."
His lupus auditis nusquam se mallet abesse,
Et nimis absentes devovet ipse fores;
Ergo sic fugiens, ut non fugisse putetur,
Dissimulare nova nititur arte fugam:
Versus enim in socios, alio spectantibus illis
Retrorsum properat, visus itemque redit,
Sed minus usque redit passu, quam fugerat, uno,
Dum se furatur limen adusque fere.
Viderat hoc vulpes, oculorum cuius in herbas
Dexter erat, profugi laevus in acta senis;
"Patrue", clamabat, "numquam tam mira notavi,
Si, quae cerno, facis, sed mihi credo parum,
Somnio, vel properas extrorsum introrsus eundo,
Quo plus huc properas, hoc mage limen adis,
Extrorsum properas, vel ianua nititur intro;
Huc potius, grates ut mereare, veni,
Quaerendis regi super expedientibus aegro
Informa dubios sollicitosque iuva!"
Tunc lupus accedens itidem rectore iubente
Diffiso cassum corde reliquit iter,

schlecht steht seit zehn Generationen in Ansehen. Sprich ihn an. Wenn er keine Lösung weiß, suche nicht weiter, was du wünschst. Kein anderer, wenn nicht er, kann Rat schaffen. Stimmst du mir zu, Reinhard?« Dieser erwiderte ihm: [490] »Einen Teil von dem, was du sagst, Bär, weise ich zurück, und einen anderen Teil führst du an, den glaubwürdige Zeugen bestätigen. Wenn Isengrim dem König wohlgesonnen ist, vermag er ihm gut zu raten. Ich weiß aber, dass er sich nur weniger Vorfahren erinnert, es sei denn, sein Geschlecht sei zufällig in der heiligen Schrift erwähnt.« [495]

Bei diesen Worten hatte der Wolf niemals stärker gewünscht, fort zu sein, und er verfluchte sogar die Türen, weil sie zu entfernt waren. Also versuchte er sich an einer neuartigen Kunst, fliehend die Flucht zu verschleiern, um nicht für einen Flüchtigen gehalten zu werden. Mit dem Gesicht zu den Gefährten, eilte er rückwärts, wenn sie anderswohin [500] blickten, und kehrte ebenso wieder zurück, wenn ihr Blick auf ihn fiel; doch machte er bei der Rückkehr einen Schritt weniger als beim Weggang, bis er sich fast bis zur Schwelle davongeschlichen hatte. Das hatte der Fuchs gesehen, dessen rechtes Auge auf die Kräuter, dessen linkes auf die Handlungen des flüchtenden Alten gerichtet war. [505] »Oheim«, rief er, »niemals habe ich etwas derartig Merkwürdiges wahrgenommen, solltest du tatsächlich tun, was ich sehe. Doch kann ich es kaum glauben. Träume ich, oder eilst du hinaus, indem du hereinkommst? Je mehr du hierher strebst, desto näher begibst du dich zur Schwelle. Entweder bist du auf dem Weg nach draußen, oder die Tür ist auf dem Weg nach innen. [510] Komm lieber her und erwirb unsere Dankbarkeit. Weise sie an, die sich im Unklaren sind, was für die Genesung des kranken Königs zu suchen ist und hilf den Besorgten.« Da trat der Wolf heran, zumal auch der Herrscher es befahl, und gab verzagten Herzens seine vergebliche Flucht auf.

"Utquid consiliis", ait, "applicor? omne luporum
Ut vos me sic vos nosse ego dico genus;
Quaerite vos pellem regique impendite bimam
Seu libeat trimam, non ego curo quotam,
Grates nolo dati, quaerendi nolo laborem,
Vos meritum expectat, vos labor ille vocat!"
(Saeva loquebatur, delato dulcia coram
Principibus norat Profore verba parum)
Archiater iurans caput ungui tangit et infert:
Hoc rufum, proceres, ecce videte caput!
Per rufum caput hoc! et nos quaesivimus aptum
Servitio regis repperimusque lupum,
Dicere quem nolo; praesens habet aula valentem,
Hic si nos audit, novit, an ipse sit is;
Terga laborando dabit aut vix absque labore,
Gratia pro quaestu sit, quibus aequa venit."
Ysengrimus ait: "delirat rusticus iste!
Quis lupus hic sine me est? me sine nullus adest;
Utilis hic utinam lupus esset!" Id hoste locuto
Laetitiam Ioseph dissimulare nequit:
"Ysengrime, tene ferulam! tu iure tenebis,
Per sanctum Aegidium, sume! locutus enim es."
Laetus ad haec Bruno: "schola, quae componere versus
Te docuit, Ioseph, scit bene velle lupis!
Ergo aliquis cum sit lupus hic nullusque nisi iste,
Regis ad officium qui bonus esse queat,
His positis, Reinarde, doce, quid deinde sequatur,
Concilium puncto non dirimetur in hoc."
Sevocat hic patruum vulpes et in aure profatur:
"Patrue, quid nobis conferet iste dies!
Nonne patres nostros operum proventus opumque

[515] »Warum werde ich zum Consilium hinzugezogen?«, fragte er. »Ich jedenfalls behaupte, dass ihr die ganze Wolfssippe ebenso gut kennt, wie ihr mich kennt. Sucht ihr doch ein zweijähriges, meinetwegen auch dreijähriges oder beliebig altes Fell und hängt es dem König um! Ich will keinen Dank für eine Gabe noch will ich die Mühe der Suche auf mich nehmen. [520] Euch erwartet der Lohn, ihr sollt euch der Mühe unterziehen.« Er sprach voll Ingrimm, wusste er doch, dass schmeichelnde Worte einem Angeklagten vor Fürsten wenig nützen.

Der Leibarzt berührte zum Schwur mit seiner Pfote sein Haupt und begann: »Ihr Edlen, seht hier dieses rote Haupt! [525] Bei diesem roten Haupt! Wir haben einen für den Dienst am König geeigneten Wolf gesucht, und tatsächlich haben wir ihn gefunden. Auch ohne ihn mit Namen zu nennen: Der gegenwärtige Hof verfügt über einen geeigneten Kandidaten. Wenn er uns hört, weiß er, ob er selbst es ist. Er wird sein Fell nicht oder kaum freiwillig hergeben. [530] Der Dank dafür falle denen zu, die ihn verdienen.« Isengrim erwiderte: »Dieser Bauer leidet unter Wahnvorstellungen! Welcher Wolf ist hier außer mir? Es gibt keinen außer mir. Wäre doch ein passender Wolf vorhanden!« Auf diese Worte seines Feindes hin konnte Joseph seine Freude nicht verhehlen: [535] »Isengrim, ergreife die Rute des Magisters! Dir steht sie zu. Beim heiligen Aegidius, nimm sie! Du hast es ausgesprochen.« Lachend versetzte Bruno hierauf: »Die Schule, die dir Verse zu dichten beigebracht hat, Joseph, meint es gut mit den Wölfen! Wenn also wenigstens ein Wolf und kein anderer als dieser anwesend ist, [540] der für den Dienst am König geeignet sein kann, führe aus, Reinhard, was aus diesen Voraussetzungen folgt. Die Versammlung wird sich in diesem Punkt nicht streiten.«

An dieser Stelle nahm der Fuchs seinen Oheim beiseite und sagte in sein Ohr: »Oheim, was hält dieser Tag für uns bereit! [545] Sind nicht unsere Väter durch ihre erfolgreichen Werke und

Praeposuit nobis? vix sumus umbra patrum;
Quis tamen illorum meruit donare leonem
Pellicio? ut cuperet tanta, quis ausus ita est?
Ecce tibi hunc nostra deus arte paravit honorem,
Quam faveam patruo, notificabo semel;
Ex hoc ergo tribus quotiens recitabitur, abs te
Linea principium nobilitatis habet.
Gloria tanta hodie tibi suppetit, omne priorum
Obscuras una prosperitate decus,
Tu caput augustum generis signabere nostri,
Et te posteritas tota vocabit avum,
Et tibi subnascens extrema superbiet aetas,
In nomen titulo tale profecta tuo!"
Ille retro saliens hoc se solamine tantum
Roborat: "Exiero, mansero, nonne peri?
Quaevis poena minor fit tamquam sponte ferenti."
Archiater residens "mors", ait, "ista mora est,
Patrue, Brunonem nosti paulo ante locutum:
'Sufficit ambages hac tolerasse tenus.'
Ut video, regi non auxiliaberis ultro,
Cauda piri semper respicit, unde venit;
Perdere rem pravi malunt quam vendere honesto,
Dantibus invitis gratia resque perit,
Dum nimis infixo res ungue tuetur avarus,
Pro stipe saepe brevi maxima damna tulit.
Testor herum foliis vescentem et frondibus (isti
Crede sacramento, perficietur enim):
Non ultra patiar regem caruisse lupino,
Cum pateat praesens, tegmine, cuius eget;
Dicere tardabam, sperans te sponte daturum,

ihre Reichtümer unsere Vorbilder? Sind wir doch kaum ein Schatten unserer Väter. Doch wer von ihnen durfte jemals einen Löwen mit seinem Fell beschenken? Wer war so kühn, sich so Großes zu wünschen? Schau, dir hat Gott diese Ehre zugedacht, weil ich es eingefädelt habe. [550] Ein für alle mal werde ich ausführen, wie sehr ich meinem Oheim geneigt bin. So oft unsere Sippe fortan aufgezählt werden wird, nimmt jedes mal die Reihe unseres Adels bei dir ihren Anfang. Ein so großer Ruhm fällt dir heute zu, jeglichen Glanz der Vorfahren stellst du durch eine einzige glückliche Gelegenheit in den Schatten. [555] Man wird dich ehrwürdiges Haupt unseres Geschlechtes nennen. Die ganze Nachkommenschaft wird dich als ihren Ahnherrn anführen, und noch die letzte dir nachfolgende Generation wird stolz sein, im Glanz deines Namens solches Ansehen zu genießen.« Jener sprang zurück und gewann Kraft allein [560] aus diesem Trost: »Ob ich verschwinde oder bleibe, gehe ich nicht auf jeden Fall zugrunde? Jede Qual verringert sich, wenn man vorgibt, sie freiwillig zu erleiden.«

Der Leibarzt setzte sich und sprach: »Dieser Aufschub bedeutet den Tod. Oheim, du hast gehört, was Bruno eben gesagt hat: ›Jetzt sind genug Ausflüchte in Kauf genommen worden.‹ [565] Wie ich sehe, wirst du dem König darüber hinaus nicht helfen. Der Birnenstiel schaut immer dorthin zurück, woher er gekommen ist. Die Armseligen wollen eine Sache lieber verlieren als angemessen verkaufen. Wer ungern gibt, verspielt den Dank wie auch die Sache selbst. Indem der Geizige seinen Besitz mit Zähnen und Klauen verteidigt, [570] hat er schon oft für einen schmalen Gewinn den größten Schaden erlitten.

Ich schwöre vor unserem Hausherrn, der sich derzeit von Blättern und Zweigen ernährt – glaub diesem Schwur, denn er geht in Erfüllung: Nicht länger dulde ich, dass der König das Wolfsfell entbehrt, dessen er bedarf, obwohl es für alle sichtbar vorhanden ist. [575] Ich zögerte, es auszusprechen, in der Hoffnung, du wür-

Ut foret officio gratia digna tuo,
Assero nunc, quoniam tibi inest, quae congruit illi
Aetas pellicio, quod medicina petit.
Vera favore metuve tacens et falsa loquensve
Vel prece vel pretio dedecus omne ferat;
Physica cum fuerit tibi tam percursa frequenter,
Res mihi quae patuit, non tibi nota fuit?
Unde medela foret supplenda, sine indice nosti,
Sed tibi cor longe, quod bene vellet, erat."
Has veluti nollet voces audisse, videtur
Respondisse senex, talia namque refert:
"Rex credat, curabis eum, si tanta medendi,
Quanta meae pelli, vis speciebus inest;
Proditur, ut taceam, canis mea testibus aetas,
Lustra supergredior temporis octo quater.
Auspicium, Reinarde, tuum nimis omnia turbat,
Optimus est nactis immoderata modus;
Fila trahis libito, quidni? Pro regibus oras,
Vespere laudari debet amoena dies,
Scorpio blanditur vultu, pars postera pungit,
Forsitan in campo conveniemus adhuc!"
Ursus ait: "quod vis, loquere, Ysengrime sodalis,
Canities multos occupat ante diem,
Accidit albedo, nec temporis usque fit index,
Et nova nix albet vixque triennis olor."
Obviat archiater, dulci violenta locutum
Responso patruum pacificare volens:
"Patrue, cognatum terres, qui nulla minantem
Te timet et, quamvis oderis, ipse favet,
Pone minas, precor, ut cupio tibi prospera cedant,

dest es freiwillig geben, damit unser Dank deinem Dienst angemessen sein würde; nun aber erkläre ich, dass du das Alter besitzt, welches zu dem nach Maßgabe der Heilkunst erforderlichen Fell passt. Schweigt jemand aus Gefälligkeit oder Furcht oder lügt er, weil er gebeten oder bestochen wurde, möge alle Schande über ihn kommen. Da du ja die Heilkunde so häufig durchgegangen bist, wie sollte dir da eine Sache, die für mich offenkundig war, unbekannt gewesen sein? Du hast auch ohne ausdrücklichen Hinweis gewusst, woher das Heilmittel zu bekommen gewesen wäre. Doch du besaßest kein gutes Herz.«

Der Alte wollte diese Worte nicht gehört haben, so schien es bei seiner Antwort, denn er erwiderte: »Der König möge mir glauben: Du wirst ihn heilen, wenn deine Heilmittel ebenso große Kraft enthalten wie mein Fell. Selbst wenn ich schwiege, verrieten doch meine grauen Haare mein Alter: Meine Lebenszeit währt schon länger als viermal acht Jahrfünfte. Dein Erfolg, Reinhard, bringt alles durcheinander. Mäßigung ist das Beste für die, die Übermäßiges erreicht haben. Natürlich ziehst du deine Fäden nach Belieben. Du sprichst vor Königen, doch darf man den lieblichen Tag erst am Abend loben. Der Skorpion macht eine freundliche Miene, doch sticht sein Schwanz. Vielleicht kommen wir noch einmal auf offenem Feld zusammen.« Der Bär entgegnete: »Sag, was du willst, Freund Isengrim. Graue Haare wachsen vielen schon vor ihrer Zeit. Weiße Haare kommen vor und sind kein Zeichen für hohes Alter. Auch der frisch gefallene Schnee ist weiß und der kaum zwei Jahre junge Schwan.«

Der Leibarzt wollte seinen Oheim nach dessen hitzigen Worten durch eine milde Antwort besänftigen und erwiderte: »Oheim, du erschreckst deinen Verwandten, der dich fürchtet, auch wenn du keine Drohungen ausstößt, und dich unterstützt, auch wenn du ihn hasst. Ich bitte dich: Nimm deine Drohungen zurück! Ich wünsche dir, dass alles gut ausgeht, aber der Hof be-

Sed gravis offensae te tenet aula reum:
Nam libertus adhuc debere telonia regi
Diceris et retinens usque latere modo,
Computat exactor pluris, quam possumus ambo
Solvere, iacturam, debita deinde iubet;
Rem tibi cum damno (rex hoc, si spondeo pro te,
Annuit) impensa solvere pelle licet;
Solvere dimidium, si succurrentis egeres,
Promptus eram, at pellis sat tua sola facit.
Quod si canitie pellem defendis inani,
Convinci propria proditione potes:
Annus enim est hodie, nec nox super una nec infra,
Ex quo nos eadem ceperat octo domus,
Nec mora, nonus ades, viso tibi plausimus omnes,
Praeside te nobis prospera quaeque rati.
Poscimus, ut tamquam gravis aevo et praeditus astu
Dictator nostro praeficerere choro,
At tu te perhibens semi minus esse triennem
Excusas annis et ruditate iugum;
Unde tibi veniunt tot nunc quinquennia, quando
Dimidium lustri non superaris ibi?
Fallere si dicor super his, procedite, testes!
Surge celer, Ioseph, testificare mihi,
Tuque, asine, atque caper! vos tres coeratis ibidem;
Testibus externis non adhibebo locum,
Vos, quibus ille favet quique ipsius estis amici,
Eligo, vos verum dicite, nostis enim."
Dissimulant testes, iussi prodire morantur,
Se referunt rerum non meminisse satis,
Bis iussi prodire sedent, quasi 'numquid amicum
Possumus aut dominum prodere sive patrem?'

schuldigt dich eines schweren Vergehens. Man sagt nämlich, dass du dem König das Geld für deine Freilassung noch schuldest und dich, weil du es behalten willst, bisher nur im Verborgenen aufhältst. Der Schatzmeister berechnet mehr Zinsen, als wir beide [610] aufbringen können. Er fordert die Schulden zurück. Du darfst die Summe samt Zinseszins durch die Herausgabe deines Fells begleichen. Der König hat zugestimmt, wenn ich für dich bürge. Ich war bereit, die Hälfte der Schulden zu übernehmen, falls du der Hilfe bedurft hättest; aber dein Fell allein reicht schon. [615] Selbst wenn du dein Fell wegen der nichtssagenden grauen Haare verwehrst, kann man dich doch durch deine eigene Aussage überführen: Heute ist es nämlich ein Jahr her, kein Tag mehr oder weniger, dass wir acht unter demselben Dach weilten. Wenig später warst du als neunter zugegen. Wir alle begrüßten deinen Anblick, [620] weil wir glaubten, unter deiner Leitung sicher zu sein. Wir forderten, dass du in deinem ehrwürdigen Alter und mit Schläue begabt unsere Gemeinschaft anführen solltest. Du aber gabst an, kaum zweieinhalb Jahre alt zu sein, und lehntest die Aufgabe mit Hinweis auf dein Alter und deine Unerfahrenheit ab. [625] Woher sind dir denn jetzt so viele Jahrfünfte zugefallen, wenn du damals noch kein halbes Jahrfünft vollendet hattest? Sollte ich mich darüber täuschen, so tretet vor, ihr Zeugen! Erhebe dich schleunigst, Joseph, und bestätige meine Aussage, und auch ihr, Esel und Bock. Ihr drei wart damals anwesend. [630] Ich ziehe keine Zeugen von außen bei, sondern wähle euch, denen er gewogen ist und die ihr seine Freunde seid. Ihr sollt die Wahrheit sagen. Ihr kennt sie nämlich.«

Die Zeugen taten so, als zögerten sie, auf die Aufforderung hin vorzutreten. Sie gaben an, sich an die Ereignisse nicht mehr genug zu erinnern. [635] Auch bei der zweiten Aufforderung blieben sie sitzen, als wollten sie sagen: ›Wir können doch nicht unseren Freund, Herrn und Vater verraten.‹ Auch beim dritten Aufruf zö-

Tertio clamati tardant; Reinardus "in ipsum
Peccastis regem, ni properetis", ait.
Hoc tamquam veriti surgunt, properare iubentur,
Segniter accedunt, curia tota silet,
Ursus "an hos", inquit, "qui ter quoque surgere iussi
Vix parent testes, dicere falsa rear?
Ordo datur fandi; vulpes "secedite paulum
Vos duo, tu proceres, laniger", infit, "adi!
Hos superas aetate duos meliusque loquacem
Rhetoricam nosti, vox tibi prima datur;"
Ille susurranti similis senioris in aurem
Clamat, ut audiri possit ubique loquens:
"Ecce, patrine, vides, testari cogimur in te,
Res tibi proficuo, si sapis, ibit adhuc;
Ut grates mereare datis, quae debita tamquam
Non debens peteris, da sine teste libens,
Nil nisi vile lupi corium rex postulat abs te,
Si tam parva negas, grandia quando dares?
Alba solet cornix affectum scire tacentis,
Ecce taces, taceas, ast ego nota loquar:
Ysengrimus ibi quidam fuit illius aevi,
Quod Reinardus ait; non ego testor in hunc,
Non habet hic caudam, velut Anglicus alter habebat;
Nam, nisi qui coram est, tunc quoque nullus erat.
Insuper addo parum, quod vulpes nescit, at omnis
Curia cum magno rege fatetur idem:
Si quis pellicii damnum Ysengrimus adempti
Senserit, ammisso pax violata caret,

gerten sie. Reinhard drohte: »Ihr versündigt euch am König selbst, wenn ihr euch nicht beeilt.« Als fürchteten sie sich davor, erhoben sie sich und kamen langsam vor, [640] obwohl sie zur Eile gedrängt wurden. Der ganze Hof war still. Der Bär rief: »Soll ich wirklich glauben, dass diese Zeugen, die trotz dreifacher Vorladung nur widerwillig gehorchen, die Unwahrheit sagen?«

Man legte die Reihenfolge der Aussagen fest. Der Fuchs sprach: »Geht ihr beide ein wenig zur Seite, du aber, Wollträger, komm her zu den Edlen! [645] Du weist ein höheres Alter als diese beiden auf und verstehst dich besser auf die wortreiche Rhetorik. Du darfst als erster sprechen.« Jener schrie ins Ohr des Alten, als ob er flüsterte, doch so, dass der Sprecher überall gehört werden konnte: »Gevatter, du siehst, dass wir gezwungen werden, gegen dich auszusagen. [650] Die Angelegenheit wird aber zu deinem Vorteil ausgehen, wenn du klug bist. Um für deine Gaben Dank zu erwerben, musst du freiwillig und ohne Zeugenaussage die von dir zurückgeforderten Schulden herausgeben, als wärest du nichts schuldig. Der König fordert von dir doch lediglich ein wertloses Wolfsfell. Wenn du eine so kleine Gabe verweigerst, wann würdest du dann etwas Großes schenken?

[655] Nur eine weiße Krähe kennt die innere Einstellung eines Schweigenden. Siehe, du schweigst. Schweig nur, ich aber werde sagen, was mir bekannt ist: Ein gewisser Isengrim war damals zugegen in dem Alter, das Reinhard nennt. Ich trete nicht als Zeuge gegen diesen hier auf. Dieser hat keinen Schwanz, wie ihn der andere, ein Engländer, besaß. [660] Und doch war es damals niemand anderer als dieser hier vor unseren Augen. Ich füge noch etwas hinzu, was auch der Fuchs nicht weiß, und der ganze Hof einschließlich des großen Königs wird dasselbe sagen: Wenn irgendein Isengrim das abgenommene Fell als Nachteil empfinden sollte und der Friede durch den Verlust beeinträchtigt wird,

Hic monachus praesto est omnem indulgere reatum;
Sic certe socii crimina celo mei."
Finierat vervex, subiecit talia vulpes:
"Tu bene celasti, gratia magna tibi!
Foederis alterni signum est, quod cominus astas,
Sic faceres, tecum fors ubicumque foret,
Si duo privatim quovis staretis in agro,
In natis pietas esset aperta patrum.
Eia nunc, caper, huc! quod amas, testare loquendo."
Prodiit excusans atque locutus ita est:
"Actus ego in testem, quod dicere debeo, dicam,
Reinardi cogor non reticere metu;
Cognita quod dixit Ioseph, non eloquor ultro,
Sed scio quod sciri dico necesse nimis,
Quod foret abscondi damnosum, sponte fatebor:
Luna hodierna bona est, crastina vero nocens;
Pellis ob hoc cuiusque lupi, cras usque senescens,
Optima quae nunc est, absque vigore foret."
Tertius accitur Carcophas testis asellus,
Concutiebatur voce rudentis humus:
"Ysengrime, senex iuvenis, laetare! quod isti
Finxerunt testes, objice casso brevi.
Scis, quis sim? Stanpis oriondus ego esse magister
Carcophas inter pascha Remisque feror,
Artis ego aridens, Carcophas dicor ab artem
Allatrante Petro, littera totus ego;
Tam rudis intrasti forsan quam iunior istuc,
Ergo discipulis associare meis.
Grammaticam nosces; age, dic, cum scribitur *n.c.*
Supposito titulo, syllaba qualis erit? ...
Non loqueris?" (reticebat enim) "fur, exue, nequam!

steht dieser Mönch bereit, jegliche Schuld zu vergeben. Auf diese Weise verschweige ich die Vergehen meines Gefährten.«

Der Widder hatte seine Rede beendet, der Fuchs fügte folgendes hinzu: »Du hast es gut verschwiegen, besten Dank für dich! Es ist ein Zeichen wechselseitiger Verbundenheit, dass du so nah bei ihm stehst. Würdest du so handeln, wenn ihr beide auf irgendeinem Feld beieinander stündet, wo auch immer dir dieses Glück widerführe, würde sich die Frömmigkeit der Väter an ihren Söhnen offenbaren. Jetzt aber, Bock, komm her! Bezeuge mit deinen Worten, wen du liebst.«

Er trat unter Entschuldigungen vor und sprach: »Zum Zeugen bestimmt, werde ich sagen, was ich sagen muss. Die Furcht vor Reinhard zwingt mich, nichts zurückzuhalten. Ungern bestätige ich, dass Joseph die Wahrheit gesagt hat. Ich weiß, dass das, was ich sage, unbedingt gewusst werden muss. Ich werde freiwillig aussprechen, was zu verheimlichen schädlich wäre: Der heutige Mond ist günstig, der morgige bringt Schaden. Deshalb wird das Fell eines jeden Wolfs, das jetzt am besten geeignet ist, schon morgen vor Alter kraftlos sein.«

Als dritter Zeuge wurde der Esel Karkophas aufgerufen. Der Boden bebte, als er laut schreiend rief: »Isengrim, alter Jüngling, freue dich! Was diese Zeugen da sich ausgedacht haben, mache ich mit einem kurzen Einwurf zunichte. Du weißt, wer ich bin? Ich bin Magister Karkophas, geboren in Ètampes zwischen Ostern und Reims, wie man sagt. Da ich der Kunst freundlich verbunden und ganz Wissenschaft bin, trage ich meinen Namen von dem die artes anknurrenden Petrus. Du bist wohl ebenso ungeschliffen wie jung hier hereingekommen, begib dich also zu meinen Schülern.

Die Grammatik wirst du kennen. Sag sodann: Setzt man über die Buchstaben *nc* ein Abkürzungszeichen, ergibt sich welche Silbe …? Du sagst nichts?« – denn er schwieg – »Du nichts-

Caedite! quis virgas? decoriabo canem!
Collige litterulas, *nunc* syllaba nascitur, hoc est,
Quod *nunc* pellicio despoliandus ades.
Indico, non testor, villos spectate recentes!
Iunior est dicto, praebeat ergo cutem;
Rusticus hic Ioseph versus facit atque *b.e.b.*
Colligit, et tu *nunc* syllabicare nequis?
Grammaticae minimum nesquis, medicusque videri
Appetis atque etiam claustra subisse refers?
Quam bene cantata est hodie tibi prima! solesne
Sic sapere in claustro sicut agenda foris?
Psallere qui monachus non novit, consulo pellem
Exuat, exuta pelle peritus erit;
Quam procul hinc velles, si sors favisset, abesse!
Sed prius, ut scieris psallere, nosse velim,
Horarum series causa est brevitatis agendae,
Quando dabis tunicam, tota canenda simul.
Exue, fur, saccum! rex noster primitus illo
Utetur, tribulis serviet inde meis;
Contemnit parere mihi; Berfride, iubeto!
Te citius forsan Praecipiente facit,
Per sanctum Bavona! nihil pietate lucramur,
Mos suus est monacho, vi capit, ungue tenet."
Desierant testes, monachoque petita negante
Intulit haec Graeco physicus ore vafer:
"Testibus auditis reus, Ysengrime, subire
Cogitur emendam suppliciumve pati;
Ne tamen hinc aut tristis eas aut actus in iram,
Rex facere intendit, tu prout ipse sinis,

nutziger Dieb, zieh dein Fell aus! Schlagt ihn! Wer hat die Ruten? Ich werde dem Hund das Fell gerben! Ziehe die Buchstaben zusammen, und es entsteht die Silbe *nunc* [jetzt], das heißt, dass du *nunc* hier bist, um dir dein Fell abziehen zu lassen. Ich bezeuge nicht, sondern zeige: Seht euch sein frisch gewachsenes Fell an! [700] Er ist jünger, als er gesagt hat, und er soll daher seine Haut hergeben. Dieser bäurische Joseph hier macht Verse und zieht die Buchstaben *bäh ääh bäh* zusammen, und du kannst nicht einmal die Silbe *nunc* bilden? Du verstehst überhaupt nichts von der lateinischen Sprache und willst doch als Arzt angesehen werden und behauptest sogar, ins Kloster eingetreten zu sein? [705] Wie gut wurde für dich heute die Prim gesungen! Weißt du dasjenige, was im Kloster getan werden muss, immer auch außerhalb zu tun?

Dem Mönch, der nicht zu psalmodieren versteht, rate ich, die Kutte auszuziehen. Hat er die Kutte abgelegt, wird er es sich beibringen. Wie fern wünschtest du zu sein, wäre das Schicksal dir gewogen gewesen! [710] Aber zuvor will ich wissen, wie du zu psalmodieren verstehst. Die vollständige Abfolge der Stundengebete soll der Kürze halber nur einmal gesungen werden, wenn du deine Tunica ablegst. Zieh dein Bettelkleid aus, du Dieb! Unser König wird als erster Gebrauch davon machen, danach schneide ich mir Riemen daraus für meine Geißel. [715] Er weigert sich, mir zu gehorchen. Berfried, befiehl du! Vielleicht folgt er deiner Anordnung schneller. Beim heiligen Bavo! Mit gutem Zureden erreichen wir nichts. Der Mönch hat seine eigene Sitte: Er nimmt mit Gewalt und krallt es fest.«

Die Zeugen hatten ihre Aussage gemacht. Als der Mönch das von ihm Gewünschte [720] verweigerte, begann der schlaue Arzt in griechischer Sprache: »Nach Anhörung der Zeugen muss der Angeklagte, Isengrim, Genugtuung leisten und schwere Strafe erleiden. Damit du aber nicht traurig oder im Zorn fortgehst, beabsichtigt der König nur so zu handeln, wie du selbst es er-

Te potius pietate trahens quam viribus angens,
Poscit permodico rex sua iura modo:
Si dare te taedet pellem, praestare memento,
Rex, ubi sudarit, mox tibi reddet eam;
Dixeris haec contra quicquam, ter noctibus octo
Non repetes punctum commoditatis idem! …
Quid, miser, usque taces? non est tibi cura pudoris?
Fac, si quid facies, potio frixa fere est.
Nunc calida est aestas, nec eges hoc pellis in aestu,
Quin huc miramur traxeris utquid eam,
Tam gravis est tamque inspectu deformiter horret,
Cur, vesane, tibi larva lupina placet?
Talibus in media visis hieme octo nec una
Dignarer scapulas dedecorare meas!
Paene tamen dubitas, servare an tradere malis
Pellicium, et quid si stricta rigeret hiems?
Quod si dimidiam petereris ponere pellem,
Exemplum Turoni tu sequerere patris?
Tergora nec certe decimare paratior esses,
Persica quam myrtus fragave ferre salix!
Ut praestes, rex ipse petit, porro omnis agendas
Aestuat ad grates curia, vixque voles?
Ergo mihi pellem donares sero minanti,
Quam praestare parum rege rogante negas?
Non dare, (quid, demens, dubitas?) praestare rogaris,
Et pellis domino mox reditura suo est!
Nec tu praestiteris villano sive quiriti
Plebigenae, pellem rex petit ipse tuam!
Nonne domi fugeres hodie ter nudus ad umbram?

laubst, [725] weil er dich lieber in Güte überzeugen als mit Gewalt einschüchtern will. Der König fordert sein Recht auf eine äußerst bescheidene Weise: Wenn es dir schwer fällt, dein Fell zu verschenken, überlege, ob du es verleihst. Sobald der König geschwitzt hat, erstattet er es dir zurück. Was immer du dagegen einwendest, in den nächsten 24 Tagen [730] wird dir soviel Wohlwollen nicht wieder entgegengebracht werden. Was, du Elender, wie lange schweigst du noch? Kennst du keine Scham? Handle jetzt, wenn du etwas tun willst. Der Heiltrunk ist fast fertig. Wir haben die warme Jahreszeit, du brauchst kein Fell in dieser Hitze. Wir wundern uns sogar, warum du es hierher geschleppt hast. [735] Es ist so schwer und mit seinem hässlichen Anblick so abschreckend – warum, Wahnwitziger, gefällt dir dieser wölfische Mummenschanz? Hätte ich mitten im Winter acht solcher Felle erblickt, ich würde nicht einmal einem einzigen gestatten, meine Schultern zu verunstalten. Und dennoch bist du fast unschlüssig, ob du deinen Pelz lieber behalten [740] oder übergeben willst, und was, wenn strenger Winter herrschte? Und wenn man dich nur um die Hälfte deines Fells bäte, würdest du dem Beispiel des Martin von Tours folgen? Du wärest ebenso wenig bereit, dein Rückenfell auch nur um ein Zehntel zu verkleinern, wie die Myrthe Pfirsiche oder eine Weide Erdbeeren hervorbrächte. [745] Der König höchstselbst bittet dich, ihm dein Fell zu leihen, der gesamte Hof brennt darauf, dir seinen Dank abzustatten, und du zögerst? Wenn ich zu guter Letzt drohe, würdest du mir das Fell überlassen, das du nur kurz auszuleihen dich weigerst, obwohl der König dich darum bittet?

Man bittet dich nicht, es endgültig wegzugeben, sondern es auszuleihen, [750] was zögerst du Wahnsinniger, es kehrt umgehend zu seinem Eigentümer zurück. Du sollst es nicht einem Bauern oder Adligen bürgerlicher Abstammung borgen, nein, der König in eigener Person erbittet deinen Pelz. Würdest du nicht heute zu Hause dreimal nackt in den Schatten fliehen? Welcher Satan verbietet

Quis vetat hic Satanas ponere terga semel?
Non sine pelle potes tantillum vivere? numquam
Pro nihilo vidi sic trepidare probum;
Si saperes, certe tu regem sponte rogasses,
Quod praestare negas, hoc licuisse dari.
Me miserum, quod iniqua mihi natura negavit
Obsequio domini congrua terga mei!
Aegocero fundente nives, incendia Cancro
Non, ut praestarem, sollicitandus eram,
Non praestare mihi plus quam praebere liberet,
Sed te nulla tuae laudis opella trahit!"
Hinc sperans patuisse sibi Ysengrimus asylum
Non profectura callidus arte refert:
"Decipis incautum, vulpecula perfida, regem,
Certius antidotum sum meditatus ego:
Francigenae est longe potior membrana senisque
Quam iuvens corium Teutonicique lupi,
Me fore Teutonicum nostis iuvenemque probastis,
Sed non et medicam vim mea pellis habet;
Rex suspendat opus, pergam subitoque revertar,
Francigenam regi quaerere vado senem."
Callidus archiater, quid possit dicere contra
Non dubitans, monacho leniter infit item:
"Patrue, quid si pelle tua minor illius esset,
Regis opus quando est omnia membra tegi?
Nec senis aut iuvenis Praeter tua novimus usquam
Tergora, quae regem totum operire queant."
Replicat haec abbas: "vanus timor iste videtur,
Si regis curam, quam profiteris, habes;
Si brevior iusto fuerit, quam legero pellem,
Adde tuam, fieri pilleus inde potest,

dir, dein Rückenfell wenigstens einmal abzulegen? [755] Kannst du nicht ein kleines Weilchen ohne Fell leben? Niemals habe ich einen rechtschaffenen Mann so zittern sehen um Nichts. Wenn du klug wärest, hättest du den König aus freien Stücken gebeten schenken zu dürfen, was du auszuleihen dich weigerst. Ach ich Armer, dass mir die ungerechte Natur nicht ein Fell vergönnt hat, [760] das für die Pflichterfüllung gegenüber dem König geeignet ist. Ob nun der Steinbock Schnee oder der Krebs Hitze bringt, mich müsste man nicht auffordern zu borgen. Ich würde lieber schenken als leihen, du aber unternimmst nicht die kleinste Anstrengung, deinen Ruhm zu mehren.«

[765] Der schlaue Isegrim hoffte, dass ihm hier ein Ausweg offen stünde, und antwortete mit einer List, die ihm aber nichts einbringen sollte: »Durchtriebenes Füchslein, du betrügst den arglosen König. Ich habe über ein wirksameres Heilmittel nachgedacht. Die zarte Haut eines alten französischen ist bei weitem heilkräftiger [770] als das Leder eines jungen flämischen Wolfs. Ihr wisst, dass ich ein Flame bin, und ihr habt mein jugendliches Alter nachgewiesen, aber mein Fell besitzt keinerlei Heilkraft. Der König möge die Angelegenheit vertagen. Ich mache mich auf, für den König einen alten Franzosen zu suchen, und bin im Nu wieder zurück.«

[775] Der listige Leibarzt wusste genau, was er dagegen setzen konnte, und richtete eine sanfte Erwiderung an den Mönch: »Oheim, was ist, wenn das Fell jenes Wolfs kleiner ist als deines, wenn es doch nötig ist, jedes Glied des Königs einzuhüllen? Wir wissen von keinem Fell, ob eines alten oder jungen Wolfs, außer dem deinen, [780] das den König vollständig bedecken könnte.« Darauf entgegnete der Abt: »Deine Befürchtung scheint mir unbegründet zu sein, wenn dich denn wirklich die Sorge um den König umtreibt, wie du behauptest. Wenn das Fell, das ich aussuchen werde, zu kurz sein wird, füge deines hinzu. Man kann daraus

Sufficient binae; si vis captare tyrannos,
   Fidere non debes calliditate diu.
Non procul a vivo debes urgere favorem,
   Effectum probitas in probitate capit,
Gratia primatum brevis est, nisi semper ematur,
   Ne meritum perdas, usque merere sequax,
Maxima vilescunt aidis maiora parandi,
   Omne bonum impendit pro meliore bonus;
Perdere nil metuat nisis regem regis amicus,
   Me penes agrestes sufficit esse lupos." –
"Patrue", respondit Reinardus, "idonea suades,
   Ista sed unicolor potio tegmen avet;
Non igitur curanda putes discrimina fandi,
   Proderit hic Galli mentio nulla lupi,
Tam nos Sarmaticum quam commendamus Iberum,
   Unde sit, haud refert, sit lupus, ipse valet.
Fidus in hoc certe es 'senior plus proforet aegro',
   Dico lupum iuvenem, dico valere senem,
Quemlibet esse bonum stat testibus, ore duorum
   Laudatur senior, quattuor ore tener;
Nescio, praestet uter, iuvenis seniorne, medelae,
   Dum, quis sit potior, iudice pelle probem.
Ergo senem iuvenemque simul vellemus adesse,
   Praestaret regi tegmen uterque suum;
Proposuit iuvenem fortuna senemque negavit,
   Parcimus absenti praeripimusque datum,
Venandi indociles partis infigimus unguem,
   Una avis in laqueo plus valet octo vagis.

eine Mütze machen. [785] Beide Felle reichen aus. Wenn du Herrscher für dich einnehmen willst, darfst du nicht zu lange auf deine Schlauheit vertrauen. Fast als koste es dein Leben, musst du dich um die Gunst bemühen. Gefälligkeit erzielt nur mit Gefälligkeit Wirkung. Der Dank der Fürsten währt nur kurz, wenn er nicht immer wieder erworben wird. [790] Um dein Verdienst nicht zu verlieren, musst du dich fortlaufend verdient machen. Für die, deren Gier sich auf Größeres richtet, wird auch das Größte wertlos. Der Gute setzt all sein Gut für das Bessere ein. Die größte Furcht für einen Freund des Königs besteht im Verlust des Königs. Mir reicht es, unter den einfachen Wölfen auf dem Lande zu leben.«

[795] »Oheim«, antwortete Reinhard, »dein Rat klingt annehmbar, doch benötigt dieser Trunk da eine einfarbige Decke. Glaub nicht, dass es hier um unterschiedliche Sprachen geht. Die Erwähnung eines französischen Wolfs wird dir nichts nützen. Ob wir nun einen polnischen oder spanischen Wolf empfehlen, [800] seine Herkunft tut nichts zur Sache, Hauptsache, es ist ein Wolf. Du vertraust völlig auf dein ›Ein älterer Wolf hilft dem Kranken besser‹. Ich sage, ein junger Wolf hilft, ich sage, ein alter Wolf hilft. Die Zeugen haben entschieden, dass jeder beliebige Wolf nützt. Zwei empfehlen den älteren, vier dagegen den jungen. [805] Ich weiß nicht, ob der junge oder der alte sich besser als Medizin eignet, solange ich nicht mit dem Fell selbst prüfen und entscheiden kann, welches das bessere ist.

Wir würden uns also wünschen, dass sowohl ein alter als auch ein junger Wolf anwesend wäre. Und beide sollten dem König ihr Fell leihen. Der Zufall hat uns einen jungen beschert und den alten vorenthalten. [810] Verschonen wir also den Abwesenden, und greifen wir uns den Vorhandenen. Der Jagd unkundig legen wir unsere Pfote lieber auf das bereits Erworbene. Ein Vogel im Netz zählt mehr als acht in der Luft. Du wirst nirgendwohin gehen.

Nullorsum ergo abies; si digrederere, reverti
Undecies nono non paterere die;
Si prorsus iuvenem prodesse negaveris aegro,
Esto senex potius quam potiare fuga,
Te vetulum fingi malim quam pergere quoquam,
Ante ego te novi tuque valere senem.
Vis ergo iuvenis; vis, canus; es utpote pelvis,
Quicquid habes aevi, te valuisse liquet,
Nunc age, da tunicam, ne rusticus esse feraris,
Fingeris, ut valeas te quoque teste, senex.
Si te nec formido potest nec gratia regis
Flectere, da saltem motus amore meo!
Nunc te gratanter, nisi desipis, arbitror esse
Facturum, quicquid te facere hortor ego,
Praesertim, ut te semper amem, cum noveris, utque
Nunc quoque, me sanum consulere usque tibi."
Surdior ille piro glandes producere iussa
Effluere in ventos mitia verba sinit,
Tunc primum effremuit medicus patruiqui tenacis
Duritiam increpitans probra favoris agit:
"Proh! dubitas et adhuc? et quando velle valebis?
Nunc certe nimium te scio parva peti!
Ergo pelle tua regem vestire recusas?
Cui procerum tantus non placuisset honor?
Villano temere piperatus pavo paratur,
Sponte tibi occurrit gloria, tuque fugis?
Patrue, si fieret pellis mihi causa petendae,
Ut tua nunc regi, sic mihi praesto foret?
Magna mihi de te fiducia suppetit, a quo
Impetrare nequit terga lupina leo!

Wenn du dich entferntest, würdest du nicht einmal nach 99 Tagen zurückgekehrt sein. [815] Wenn du weiterhin leugnest, dass ein junger Wolf dem Kranken nützt, sei lieber ein alter, statt die Flucht zu ergreifen. Ich möchte lieber, dass du dich als Alter ausgibst als dass du irgendwohin verschwindest. Ich weiß so gut wie du, dass du früher als Alter durchgingst. Du bist, ob alt, ob jung, wie eine Schüssel gleichermaßen tauglich. [820] Welches Alter du auch hast, es passt immer.

Nun los, gib deine Tunica, damit man dich nicht für einen Bauern hält! Spiele den Alten, damit du auch nach deiner eigenen Aussage passt. Wenn dich weder die Furcht noch der Dank des Königs erweichen kann, gib es wenigstens aus Liebe zu mir. [825] Ich glaube, dass du jetzt bereitwillig, wenn du nicht verrückt bist, tun wirst, wozu auch immer ich dich ermahne, zumal du weißt, dass ich dich immer lieben werde und dass ich dir bis jetzt immer Vernünftiges geraten habe.« Jener war tauber als ein Birnbaum, der Eicheln hervorbringen soll, [830] und ließ die linden Worte vom Winde verwehen.

Da wurde der Arzt zum ersten Mal laut, schimpfte über die Sturheit seines hartherzigen Oheims und hielt ihm die bisher erwiesene Gunst vor: »Pfui! Auch jetzt zögerst du noch? Wann geruhst du denn endlich zu wollen? Jetzt weiß ich bestimmt, dass man allzu wenig von dir gefordert hat! [835] Du weist es also zurück, den König mit deinem Fell zu bekleiden? Welchem Edlen hätte eine so große Auszeichnung nicht gefallen? Sinnlos ist es, einem Bauern einen gepfefferten Pfau zuzubereiten. Der Ruhm fällt dir aus freien Stücken zu, und du fliehst ihn? Oheim, wenn ich Ursache hätte, dein Fell zu erbitten, [840] stünde es mir genauso zur Verfügung wie jetzt dem König? Ich habe wahrlich großes Vertrauen in dich, von dem nicht einmal der Löwe eine Wolfsdecke erlangen kann. Es ist wahr, was ich gehört habe: ›Bei einer

Audio, quod verum est, 'paterae pix cassa madenti est',
Clava velut stulto, pellis amata tibi est.
Quis cuiquam credat? sumus una stirpe creati,
Nec tibi me sentis consuluisse probe,
Non captantis heros delato paupere ritum,
Immo tui curam fidus honoris ago,
Nam sine pelle tua poterit rex vivere forsan,
Tu, nisi praestiteris, manzer avarus eris;
Amodo res, ut oportet, eat sino; feceris illud,
Feceris hoc, sine me sat facienda sapis. –
Rex, claret probitatis adhuc tibi secta lupinae?
Tredecies dixi 'nil dabit ille tibi';
Nec mihi credebas, donec tibi prodidit ipse,
Credis adhuc saltem me tibi vera loqui?
Aspice, quo iactes! non hic tibi sensio cessit,
Diligit et regno plus sua terga tuo;
Emorerere quidem citius, quam vile tibi illud
Exueret saltem, quo sua terga tegit.
Non super externo moveor, carissime regum,
Confundor patrui rusticitate mei,
Praesertim summi cum me sciat ipse magistri
Inter pellifices obtinuisse locum,
Nec dubitet nostra regaliter arte novatum
Se prius huc quinto posse redire die."
Frivola longa suae medico complente loquelae
Rex breviter solvit talibus ora modis:
"Qua, Reinarde, licet, studet Ysengrimus honesto,
Moeniaque intravit nostra cliente carens,
Detrahere exuvias ipsum sibi dedecet ecce,
Detrahat has aliquis, non negat ipse mihi;
Tu, Bruno, alterutrum facies: vel detrahe nostro

lecken Schale nützt kein Pech‹. Wie der Narr seinen Kolben, so liebst du dein Fell.

[845] Wer möchte es jemandem glauben, dass wir aus demselben Geschlecht stammen? Und doch meinst du, dass ich dir nicht aufrichtig geraten habe. Ich will nicht die Mächtigen durch die Auslieferung eines Armen für mich einnehmen. Ich handle nur aus treuer Sorge um dein Ansehen. Vielleicht kann der König ohne dein Fell am Leben bleiben, [850] du aber wirst, wenn du es nicht ausleihst, ein geiziger Hurensohn sein. Von nun an mag die Sache gehen, wie sie will. Mich kümmert es nicht. Tu dies oder tu das, du weißt auch ohne mich, was zu tun ist.

König, ist dir die Art wölfischer Redlichkeit klar geworden? Dreizehnmal habe ich es gesagt: ›Er wird dir nichts geben‹. [855] Du hast mir nicht geglaubt, bis er selbst es vor dir ausgesprochen hat. Glaubst du wenigstens jetzt, dass ich dir die Wahrheit sage? Schau, wohin du ihn verfrachten willst. Dieser Alte hat dir nicht nachgegeben, er liebt seinen Rücken sogar mehr als dein Königreich. Du könntest eher sterben, als dass er dieses schäbige Kleid [860] auszieht, mit dem er seinen Rücken bedeckt. Nicht über einen Außenstehenden bin ich aufgebracht, liebster der Könige, vielmehr macht mich das ungehobelte Benehmen meines Oheims fassungslos, zumal er weiß, dass ich unter den Kürschnern die Stelle des obersten Meisters innehabe. [865] Und er weiß genau, dass er durch meine Kunst innerhalb von vier Tagen in alter Pracht wiederkehren kann.«

Als der Arzt die breiten Ausführungen seiner Rede abschloss, äußerte der König kurz folgendes: »Soweit es möglich ist, Reinhard, hält Isengrim sich nur an die Etikette. [870] Er hat unseren Palast ohne Begleitung eines Knappen betreten. Versteh doch, es gehört sich für ihn nicht, seine Haut selbst auszuziehen. Irgendjemand möge das übernehmen. Er selbst verweigert sich mir also gar nicht. Bruno, du hast die Wahl: Befreie unseren Abt von seiner

Abbati tunicam, vel mihi trade tuam."
Clamat ad haec vervex: "utrum eligis, urse? seorsum
Provisurus, utrum sit tibi pluris, abi!"
Reddidit haec Bruno: "Ioseph collega, quid horum
Praetulerim, memet consule nosco satis:
Laetior exuerem regi mea terga daturus
Esset enim utilius commodiusque mihi,
Sed ne forte meo ferar invidisse sodali
Nolo mala externam subripere arte vicem;
Impleat ergo suum, cui sors est prospera, munus,
Et regem trabea vestiat ille sua."
Non haec dicta lupus laudi putat esse, iocove
Nec risu studium dissimulantis agit,
Sed nec consilium Bruno vocemque rogandam,
Quod de propositis eligat, esse putat,
Prosiliens ergo quasi fulgetra mota ruebat –
Praecipitis vulpes volvitur ante pedes:
"O patrui miserere mei, Bruno inclite!" dixit,
"Nescierat regem pellis egere suae,
Huc ideo pellem non attulit ipse nisi unam,
Unius est heres datque libenter eam,
Incolumes ungues dumtaxat habere sinatur,
Cetera praestantis pace meaque feras;
Non nimis urgeri debet, qui commodat ultro,
Creber in os largae ne speculeris equae."
Arguit iratus poscentem talia Ioseph:
"Ha, Reinarde, tui nunc patuere doli!
Idcirco patuli satiabitur alveus Orci,
Implebuntque malos corpora multa lacus!
Tu quoque nimirum quanto livore gravaris,
Quod patruus potior te foret atque prior!
Maiorum et parium successibus usque secundis

Tunica oder überlass mir die deine.« [875] Darauf schrie der Widder: »Was wählst du, Bär? Zieh dich zurück und überlege, an welchem von beiden dir mehr liegt!« Bruno gab zurück: »Kollege Joseph, was ich vorziehen werde, weiß ich aus eigenem Ermessen gut genug: Mit großer Freude entledigte ich mich meines Pelzes, um ihn dem König zu geben. [880] Das wäre nämlich nützlicher und vorteilhafter für mich. Aber damit man mir nicht nachsagt, ich hätte einen Gefährten übervorteilt, will ich mir nicht hinterlistig ein mir nicht zugedachtes Amt aneignen. Möge also er, dem das Schicksal gewogen ist, seine Aufgabe erfüllen und den König mit seinem Prachtmantel bekleiden.«

[885] Der Wolf wollte diese Worte weder als Lob noch als Scherz auffassen und machte keine Anstalten, ein Lächeln vorzutäuschen. Doch Bruno glaubte, keines Ratschlags oder Zuspruchs zu bedürfen, welchen der beiden Vorschläge er auswählen solle, und stürzte wie ein gezackter Blitz los – [890] da warf sich der Fuchs vor die Füße des Voranstürmenden: »Ach erbarme dich meines Oheims, ehrwürdiger Bruno!«, rief er, »Er wusste nicht, dass der König sein Fell benötigen würde, und brachte daher nur ein einziges hierher mit. Er besitzt auch nur dieses eine und gibt es gern. [895] Man möge aber gestatten, ihm wenigstens seine Klauen unversehrt zu belassen. Alles Übrige magst du mit meiner und des Leihgebers Einwilligung nehmen. Man soll dem nicht zu sehr zusetzen, der freiwillig etwas verschenkt. Man schaut auch einer trächtigen Stute nicht ins Maul.«

Joseph geriet in Zorn und wies den Bittenden zurecht: [900] »Ha, Reinhard, jetzt sind deine Listen zutage getreten. Daher füllt sich der Strom des weiten Orcus auf, und daher bevölkern viele Verstorbene die Sümpfe des Bösen. Auch du bist von allzu großem Neid befallen, weil dein Oheim dir vorgezogen wird und weiter vorn steht. [905] Der Schlaue und Mächtige wird immer durch den Erfolg der Höher- und Gleichgestellten schwach

Carpitur et languet callidus atque potens,
Plus, quamvis doleas, prior est fore dignus eritque!
Reinardus prava calliditate viget,
Ut favet, hortatur, non ut sapit, invidet ergo,
Abba bone, auspiciis emoriturque tuis;
Qui meritum minuit, laudem rarescere cogit,
Semari tunicam perfidus ille rogat!
Ysengrime, fave tibimet! tuus aestimor hostis,
Sed tibi dogma meum non ut ab hoste datur:
Serviat ad plenum, qui serviet, integra reddat
Obsequia, aut certe prorsus habeto sibi,
Suadeo, sicut amo, si quaeritur integra facto
Gratia, servitium dimidiare cave!
Unguibus amissis quid prodest cetera pellis?
Fervida per portas quattuor aura subit,
Et sub quadrifora rex sudans pelle liquescit –
Sic tibi, sic regi physicus iste sapit!
Da, domine Ysengrime, tuos radicitus ungues,
Da corium et carnem, nil retinere velis,
Praemoneo, minimum ne perdant tergora villum,
Nam si perdiderint, irrita prorsus erunt!"
Dixerat haec Ioseph, laudabat curia dictum,
Nec fore sic quisquam, qui reticeret, erat;
Tunc gemebundus ait specifer: "Bruno, optime consul,
Publica quandoquidem contio censet, adi!
At peto pauca ... locus fuerit ... concede ... merebor:
Amplius invento ne rapuisse feras!
Non plus ille quidem, quam repperit, abstulit usquam,
Fas habita est, habitis tollere plura nefas."
Annuit oranti miseratus itemque volabat,
Pontifici vetulo demere terga parans;

und bleichsüchtig. Mehr noch, auch wenn es dir weh tut: Er ist es wert, höher gestellt zu sein, und so wird es bleiben. Reinhard verfügt über schnöde Schläue. Er rät, wie es ihm nützt, und nicht nach bestem Wissen. Er ist voller Neid, [910] lieber Abt, und dein Glück ist sein Tod. Wer das Verdienst vermindert, schmälert notwendigerweise das Ansehen. Jener Verräter fragt, ob man die Tunica nicht teilen sollte. Isengrim, denk an dich selbst! Man hält mich zwar für deinen Feind, aber ich verrate dir meinen Glaubenssatz nicht als Feind: [915] Wer dient, diene mit vollem Einsatz und erfülle seine Aufgaben voll und ganz. Andernfalls soll er es gleich ganz lassen. Ich rate dir, wie ich dich liebe: Wenn du für deine Tat einen vollständigen Dank erwartest, hüte dich, deinen Dienst nur zur Hälfte zu leisten. Was nützt das restliche Fell, wenn die Klauen fehlen? [920] Heiße Luft dringt durch die vier Türöffnungen ein, und der König, der unter dem viertürigen Fell schwitzt, wird dahinschmelzen. Solch ein Wissen hält dieser Arzt da für dich und den König bereit. Herr Isengrim, gib deine Klauen bis zur Wurzel, gib die Haut und das Fleisch, halte nichts zurück! [925] Ich warne davor, auch nur das kleinste Härchen vom Fell zu verlieren. Denn wenn es verloren geht, ist das Fell gänzlich wertlos.« So hatte Joseph gesprochen, und der Hof spendete Beifall. Es gab niemanden, der nicht zugestimmt hätte, dass es so sein müsste.

Da seufzte der Arzneikundige: »Bruno, bester Ratgeber, [930] wenn denn die öffentliche Versammlung so urteilt, tritt heran! Eine kleine Bitte noch. Sie ließe sich erfüllen. Gestehe sie mir zu. Ich will mich um ihn verdient machen: Nimm nicht mehr, als du vorfindest. Jener wenigstens hat niemals mehr genommen, als er vorgefunden hat. Es ist rechtens, das Vorhandene zu entwenden, mehr als das Vorhandene zu nehmen, ist Unrecht.«

[935] Voller Mitleid erfüllte der Bär die Bitte, zugleich traf er eilig Vorbereitungen, den alten Bischof seines Rückenfells zu ent-

Berfridus tumido sic clamans obstitit ore:
"Bruno, miser Bruno, siste parumper adhuc!
Testificor sanctum, quem saepe requiro, Botulphum,
Pro vacua pulicem non ego pelle darem;
Detrahe plus toto! nisi plus quam tota trahuntur
Tergora, lumbrico deteriore facis,
Postulat archiater stulte, meritoque negantur
Munera, quae violant ius superantque modum."
Ursus ad haec paucis: (et non revocabilis ibat)
"Quod tribui, tribui, quodque paciscor, ago;
Tu vero Latiam nescis, domine abba, loquelam,
Tergora ne fiant deteriora, iuvo:
Tu submitte caput, tu membra extende, docebo,
Qui tunicam Franco ponere more queas."
Desuper ergo ac subtus et hinc atque inde relectum
Grandaevi iuvenis restrofat ursus ephot,
Unde altum medias discriminat occiput aures,
Postremas calces mensus adusque metit;
Horrida non alio falx pervolat impete fenum,
Non alio candens unguina crassa chalybs.
Anteriora tamen restant suralia nec non
Aure tenus tegmen frontis ab aure patens,
Porro super nasum caudale ut tortilis ibat
Nervus ab exortu frontis adusque labrum;
Unguibus incussis citra nimis, ursus utrimque
Liquerat haec, nimia mobilitate volans.
Clamavitque alacer: "comites, haec lectio lecta est,
Nunc melius, cui non complacet ista, legat,
Sed sic Teutonicae Membrana est nescia linguae,
Tamquam Pictavi corpore rapta lupi;
Carcophas, quid ais? videor legisse venuste?
At tu dic, vervex, et caper!" ambo tacent.

ledigen. Berfried aber widersetzte sich, indem er mit aufgeblasenen Backen rief: »Bruno, armer Bruno, warte noch ein wenig! Ich bezeuge beim Heiligen Botulph, den ich oft aufsuche: [940] Für ein leeres Fell gäbe ich nicht einmal einen Floh. Zieh ihm nicht nur das Hemd aus! Wenn du ihm weniger als die ganze Haut abziehst, schaffst du nicht einmal so viel wie ein Spulwurm. Dumm ist die Forderung des Leibarztes. Billigerweise lehnt man nur Geschenke ab, die gegen das Gesetz verstoßen und jedes Maß überschreiten.« [945] Der Bär antwortete knapp, wobei er unwiderruflich voranschritt: »Versprochen ist versprochen, und was ich zugesagt habe, halte ich. Du aber, Herr Abt, verstehst ja die lateinische Sprache nicht. Ich helfe, damit das Fell keinen Schaden nimmt. Beug den Kopf nach unten, streck die Beine, ich zeige dir, [950] wie du nach französischer Sitte deine Tunica ablegen kannst.«

Also löste der Bär oben und unten sowie auf beiden Seiten das Ephod des betagten Jünglings und streifte es ab. Nachdem er Maß genommen hatte, mähte er von der Oberseite des Kopfes zwischen den Ohren bis zu den Fersen seiner Hinterpfoten. [955] Ebenso heftig und schnell schneidet die grausige Sichel das Gras und fährt der glühende Stahl durch die fette Butter. Dennoch blieben Strümpfe an seinen Vorderpfoten zurück. Auch zeigte sich vorne zwischen den Ohren eine Fellmütze, und außerdem lief vom Stirnansatz bis zur Oberlippe [960] über die Nase ein Streifen wie ein geflochtenes Band. Weil er seine Krallen auf beiden Seiten zu weit unten angesetzt und es zu eilig hatte, ließ der Bär dies stehen.

Fröhlich rief er: »Gefährten, diese Lesung ist gelesen. Wem es nicht gefällt, der möge besser lesen. [965] Dieses Pergament kennt die flämische Sprache ebenso wenig, als wäre es vom Leib eines französischen Wolfs gerissen worden. Karkophas, was sagst du? Habe ich wohl annehmbar vorgelesen? Oder sag wenigstens du etwas, Widder, und du, Bock!« Beide schwiegen. Der Esel antwor-

Reddidit haec asinus: "peream, nisi legeris apte;
Hactenus et placide sustinet ille legi;
Legeris ulterius, iam sentiet; ecce pusillum,
Quod modo legisti, senserat ipse fere."
Tunc iratus aper sic frenduit ore minaci:
"Ysengrime, nihil convenienter agis.
Quam sit Bruno diu fanaticus aut ubi, miror,
Scit iuvenem papam detunicare probe,
Tam bene si casulam posuisset cappifer albus,
Ter tria mox surgens mala vorasset Abel;
Huic tamen officio grates ut honoris inani
Ac fructus – animum nescio, voce – siles.
Insipiens dici poteras, nisi norma vetaret,
Cautius at posthac utiliusque geras,
Dic super impenso famulatu gratus honorem,
Dedecet acceptis abnuere usque vicem;
Et ne despicias accire diacona talem,
Quocumque eligeris presbyter esse loco."
Laniger obiecit: "potius mihi Bruno videtur
Officio grates non meruisse suo,
Nil coepisse minus quam coepta refringere laedit,
Officium grates integritate trahit;
Detrahe, Bruno, mitram! si non detraxeris illi,
Glabrio dicetur; detrahe, Bruno, mitram!
Parcius abrepta grator, quam parte relicta
Anxior, et grates Bruno sibi optat agi!
Quod canis ambesa fertur meruisse placenta,
Hoc meruit Bruno nec meliora ferat.
Balnea laudarem, si rasa corona fuisset,
Nunc monachus credi protinus esse nequit;
Rex ubi pontificem fieri deliberat illum?

tete: »Sterben soll ich, wenn du nicht gut gelesen hast. [970] Jener hat deine Lesung bisher mit Sanftmut über sich ergehen lassen. Wenn du weiter liest, wird er es spüren. Sogar das Wenige, das du nur gelesen hast, hat er schon beinahe gefühlt.«

Da brachte der wütende Eber zähneknirschend und drohend vor: »Isengrim, nichts machst du, wie es sich gehört. [975] Ich staune, wie lange und wo Bruno Priester gewesen ist. Er weiß jedenfalls, den jugendlichen Bischof vortrefflich zu entkleiden. Wenn der Albaträger dem Priester das Messgewand ebenso gut ausgezogen hätte, hätte er als Lämmchen, kaum auf den Beinen, neun Äpfel verschlingen dürfen. Doch von dir kein Wort des Dankes für diesen Dienst, als wäre er [980] ohne Ehre und Nutzen – ich verstehe dich nicht. Man kann dich einen Narren nennen, würde es nicht die Klosterregel verbieten. Verhalte dich fortan umsichtiger und entgegenkommender. Sprich für eine erhaltene Unterstützung einen ehrenvollen Dank aus. Es ist schändlich, für empfangene Dienste eine Gegenleistung zu verweigern. [985] Und lehne es nicht ab, einen solchen Diakon beizuziehen, wo immer man dich zum Priester erwählt.«

Der Wollträger hielt dagegen: »Mir scheint eher, dass Bruno für seine Leistung keinen Dank verdient habe. Es schadet weniger, etwas nicht begonnen zu haben als das Begonnene abzubrechen. [990] Nur eine vollständig erbrachte Leistung verdient Dank. Bruno, nimm ihm die Mitra ab! Wenn du sie ihm nicht abnimmst, wird man ihn für einen Stutzer halten. Nimm ihm also die Mitra ab, Bruno! Ich bin weniger dankbar für das Entfernte als besorgt um das noch Vorhandene. Und doch erwartet Bruno Dankbarkeit. [995] Was, wie es heißt, ein Hund für einen angefressenen Kuchen verdient hat, das hat auch Bruno verdient und nichts Besseres. Ich lobte die Weihe, wäre nur die Tonsur geschnitten worden. Nun kann er nicht länger für einen Mönch gehalten werden. Wo will der König ihn denn zum Bischof machen?

Ampla ad utrasque aures infula tendit adhuc,
Hactenus est abbas, statuatur denique praesul?
Unde lupis tanta est gloria tamque frequens?
Sic ego revera (nec sum robustior urso)
Obsequii grates non meriturus eram,
Expilarem oculos et demolirer ego aures,
Sin aliter nollet rapta tiara sequi;
Curandum paucis praeter mihi credo tibique,
O caper, expertem luminis ire lupum;
Si duo nos illi lumen pateremur abesse,
Auribus avulsis nulla querela foret,
Scilicet abstracto penetralia libera peplo
Auditum traherent liberiore via."
Dixerat haec vervex; eadem Berfridus et illi
Dicere se iurat proposuisse diu,
Et poenam triduana iubet ieiunia culpae,
Saepius inculcans, post caveatur idem.
Iam lupus abstracto fundebat tergore rivum
Sanguinis, ut denso defluit imbre latex,
Rubrior et stilla fluvii currentis ab alto
Agnini iuguli vulnere totus erat.
Clamat ovans medicus: "per totum venimus istuc
Delecti regnum ius agere atque loqui,
Et quia lactificare caper, vel mingere ceram
Carcophas didicit, contio nostra dolet;
Degrassetur enim cum tanta iniuria regem,
Vos aliud miror depuduisse queri:
Non detrans Tanaim plus fulgurat edita sindo,
Nec situs annosum tam rubefecit ebur,
Quam poderis bis tincta rubet, de qua iste superbit,
Ante quidem, non nunc, patruus ipse mihi.

[1000] Eine weite Bischofsmütze breitet sich zwischen den Ohren aus. Bisher war er Abt, soll er jetzt zum Bischof ernannt werden? Wieso fällt den Wölfen so häufig eine so große Ehre zu? Auf diese Weise hätte ich wahrlich keinen Dank für meine Leistung verdient (und ich bin sogar schwächer als der Bär). [1005] Ich würde ihm die Augen ausreißen und die Ohren abtrennen, wenn sich der geraubte Bischofshut anders nicht vom Kopf lösen lässt. Außer dir und mir würde es nur wenige bekümmern, o Bock, dass der Wolf sein Augenlicht verliert. Wenn wir beide auch darunter litten, dass er ohne sein Augenlicht auskommt, [1010] so gäbe es doch über die abgerissenen Ohren überhaupt keine Klage. Wäre das Kopftuch erst entfernt, würden die freigelegten Gehörgänge das Gehörte auf weniger eingeschränktem Wege aufnehmen.« Das hatte der Widder vorgebracht. Berfried aber schwor, er habe schon lange den Vorsatz gehabt, dem Bären dasselbe zu sagen, [1015] und forderte ein dreitägiges Fasten als Buße für die Schuld, wobei er ihm wiederholt einschärfte, von jetzt an besser aufzupassen.

Wie das Wasser bei einem Regenguss herabströmt, vergoss der Wolf einen Strom von Blut, nachdem man ihm die Haut abgezogen hatte. Er war am ganzen Körper sogar roter als ein Tropfen aus dem Strom, [1020] der aus der tiefen Wunde der Kehle eines Lamms fließt. Jubelnd rief der Arzt: »Wir, die wir im ganzen Königreich auserwählt wurden, sind hier zusammengekommen, um Recht zu sprechen und durchzusetzen. Es betrübt unsere Versammlung schmerzlich, dass der Bock gelernt hat, Milch zu geben, und Karkophas Honig zu pissen weiß. [1025] Weil er sich am König mit einem so großen Unrecht vergangen hat, wundere ich mich, dass ihr euch nicht schämt, irgendetwas anderes zu beklagen.

Keine Seide aus den Ländern jenseits des Dons schimmert mehr, kein Rost hat je das alte Elfenbein so gerötet, wie dieses doppelt gefärbte Messgewand rot ist, auf das dieser da [1030] so stolz ist, der früher einmal, jetzt aber nicht mehr, mein Oheim

Quis consanguineus miser audeat esse potentis?
Dispariter funem dives inopsque trahunt;
Donec visus erat pauper, velamine vili
Obsitus, hunc poterat non puduisse mei,
Nunc fortasse pudet, postquam detecta vetatur
Purpura sub corio delituisse lupi.
Institor hanc Tyrio iam nunc extraxit aeno,
Stillat adhuc croceo tinctio rore recens;
Vos agite, o proceres, per verstrum et regis honorem,
Cernite fulmineae vestis herile iubar!
O quam pauperibus dives splendere videtur!
Sed quid opes prosunt, cum sit avarus habens?
Divite commendor patruo, confundor avaro,
Prosperitas simplex est, ubi teter olor;
Dives avaritia est melior vix paupere largo,
Solvis egestatis, patrue, probra meae,
Te mea non adeo laedit penuria, quantum
Constat avaritiae me puduisse tuae.
Visere quis cupiens regalem providus aulam
Tegmina gestasset deteriora foris?
Tu super inducens pellis tegumenta lupinae
Caesaris ad nudum cultus ad instar eras!
Quam decuit tali Tyrius sub tegmine murex,
Clara sub hirsuta purpura pelle lupi!
Sed teneo, pellem cur non donaveris ultro:
Texta verebaris ditia posse peti,
Sordidus idcirco venisti pelle lupina,
Ornatum celebrem dissimulare volens;
Vix precibus longis extorsimus, improbe, tandem,
Ostendi cultus ut paterere tuos,
Purpura si saltem gestata forinsecus atque
Interius pellis, culpa ferenda fuit.

war; denn welcher Arme würde es wagen, der Verwandte eines Reichen zu sein? Ungleich ziehen Arm und Reich am Seil. Solange er als Armer auftrat, angetan mit einem wertlosen Kleid, konnte er sich meiner nicht schämen. Jetzt schämt er sich vielleicht, nachdem man ihm untersagt hat, das freigelegte Purpurgewand unter dem Leder eines Wolfs zu verbergen. Der Kaufmann hat es gerade aus dem tyrischen Kessel gezogen, das frische Tauchbad lässt es noch mit Tau von Safran tropfen. Tretet heran, ihr Edlen, um eurer und des Königs Ehre willen, und seht den fürstlichen Schimmer des glänzenden Kleides! Wie sehr überstrahlt der Reiche die Armen!

Doch was nützen die Reichtümer, wenn sie ein Geiziger besitzt? Der reiche Oheim verschafft mir Ehre, der geizige jedoch Schande. Reines Glück gibt es ebenso oft wie einen schwarzen Schwan. Reicher Geiz ist nicht besser als arme Verschwendungssucht. Oheim, du nimmst mir die Schande meiner Armut. Doch meine Bedürftigkeit beleidigt dich bestimmt weniger, als ich mich deines Geizes schäme. Welcher Vernünftige, der den königlichen Hof aufsuchen wollte, hätte das unansehnlichere Kleid außen getragen? Du aber kleidetest dich mit einem Wolfsfell als Obergewand und warst darunter ausgestattet wie ein Kaiser. Wie vertrug sich der tyrische Purpur mit solch einem Mantel und wie die leuchtende Farbenpracht mit dem struppigen Wolfsfell? Aber ich weiß jetzt, warum du das Fell nicht aus freien Stücken hergegeben hast: Du fürchtetest, man könnte das Prachtgewand fordern. Daher kamst du in dem abgerissenen Wolfsfell, du wolltest dein festliches Kleid verbergen.

Schändlicher, wir konnten dir mit langem Bitten kaum abnötigen, dass du es endlich zuließest, dein Prachtgewand zu zeigen. Wenn der Purpur wenigstens auf der Außenseite getragen worden wäre und das Fell innen, hätte man die Schuld vergeben

Curia si mecum sentit rectumque tuetur,
Rege super laeso iudicat atque dolet;
Contemptus regis pensandus honore coaequo est,
Excessus queritur regia causa duos:
Potio suspensa est monacho retinente cucullam,
Induvias turpes horruit aula videns,
Praesumptum temere est, nec inemendata manebit
Aut non praeteriet sospite culpa reo."
Has medici voces confirmat curia clamans:
"Emendare reum vel luere ausa decet;
Tam reus hic quater est abbas et episcopus idem,
Quam lupus esse solet laicus atque rudis,
Poena coaequa nefas aut emendatio penset!"
Clamabant proceres, et grave murmur erat,
Denique sedati postquam tacuere peracto
Barones strepitu, physicus inquit item:
"Patrue, non audis procerum decreta? quid abstas?
Protinus emenda, si tibi cura tui est!
Stulte, quid emendes, ignoras? (namque rogabat)
"Nonne, quod ammissum est, diximus ante satis?
Regis ad offensam gestatum intrinsecus ostrum,
Palliaque oranti praestita sero nimis!"
Irato similis multum nec adesse volenti,
Stabat adhuc abbas, nec temere acta querens;
Turbidus archiater fremuit: "Quid, patrue, versas?
Me, nis ter iurem, dicere vana putas?
Patrue, per pennam sancti Gabrielis herilem,
Quam septena boum vix iuga ferre valent,
Ni subito emendes, tunicam post pallia tollo,

können. Ist der Hof mit mir einer Meinung und wahrt er das Recht, beklagt und verurteilt er diese Majestätsbeleidigung. [1065] Die Missachtung des Königs ist durch eine gleichwertige Ehrung auszugleichen. Die königliche Seite beklagt zwei Verfehlungen: Der Trunk wurde durch den Mönch verzögert, der seine Kutte zurückhielt, und der Hof erschrak, als er die schmähliche Kleidung erblickte. Es handelt sich um einen Fall vermessener Rücksichtslosigkeit. Die Schuld [1070] bleibt ungesühnt und unvergessen, solange der Angeklagte unbehelligt ist.«

Der Hof stimmte den Worten des Arztes zu und rief: »Der Angeklagte muss, was er sich herausgenommen hat, büßen und wieder gut machen. Dieser vierfach Schuldige ist ebenso Abt und Bischof, wie er ein ungebildeter Wolf im Laienstand zu sein pflegt. [1075] Eine angemessene Strafe oder Buße möge die ruchlose Tat sühnen!« So riefen die Edlen, und es herrschte eine große Unruhe.

Nachdem sich die Barone endlich beruhigt hatte und das Geschrei verstummt war, sprach wiederum der Arzt: »Oheim, hörst du nicht die Beschlüsse der Edlen? Warum so distanziert? [1080] Beginne sofort mit der Buße, wenn dir dein Leben lieb ist. Du Narr weißt nicht, was du büßen sollst?« (jener hatte nämlich gefragt) »Haben wir dir dein Vergehen noch nicht genug erklärt? Es geht um die Beleidigung des Königs durch das nach innen getragene Purpurgewand und um die allzu späte Ausleihe des Oberkleids für den Bittenden.«

[1085] Der Abt stand da wie einer, der heftig zürnt, aber woanders sein möchte. Doch er stimmte keine Klage über sein unbedachtes Handeln an. Aufgebracht schnaubte der Leibarzt: »Was überlegst du, Oheim? Glaubst du, ich gebe nur Geschwätz von mir, wenn ich nicht dreimal schwöre? Oheim, bei des heiligen Gabriel glanzvollem Flügel, [1090] den nicht einmal sieben Ochsengespanne tragen können, ich nehme dir zu deiner Tunica auch noch das Hemd weg, wenn du nicht sofort Buße leistest. Lass es

Si vis, imperium transgrediare meum."
Iamque emendatum, fata et nocuisse recordans
Et nocitura timens, coeperat ire senex;
Ammonet hircus eum: "sic tu, monache improbe, coram
Rege putas magno principibusque loqui?
Hoc quod in usque tuum pendet nasale labellum
Detrahe, ne balbo semiloquare sono;
Labra tibi nasale vetat ne libera claudas,
(Iudice sub cauto retia mille latent,
Incolumes causas exilis scrupus iniquat!)
Detrahe, supposita ne capiare plaga."
Laniger exclamat contra: "Berfride, quid erras?
Desipit, indocilem qui sapere alta docet;
Sit licet exiguum nasale, putasne, quod ipsum
Tam vilescat ei, quam mea lana mihi?
Tam fuit ille diu retinendae pellis avarus,
Assibus hoc ternis non pateretur emi."
Emendantis agens ritum, lupus utraque tendit
Brachia, regalem cernuus ante torum,
Obnixusque caput, placantia supplice gestu
Emendatoris dicere verba parat;
Cautus ut archiater videt emendare paratum,
Corripiens duris vocibus acre furit:
"Sic! sic! o Satanae, sic! patrue, patrue demens!
Curre procul, Satanae patrue, curre procul!
Egregie est factum, sic te facere obsecro semper,
Emendas lepide, iam tua facta probo!
Quod si te velaret adhuc chlamys hispida, numquid
Horroris tanti versus ad ausa fores?
Emendaturum rebar – regemque duello
Impetis! est peior culpa priore sequens;
Purpura cor pretiosa tibi mutavit et artus,

nur darauf ankommen, meinen Befehl zu missachten.« Der Alte erinnerte sich des Schicksals, das ihm übel mitgespielt hatte und noch mitspielen könnte, und machte Anstalten, Buße zu leisten.

Der Bock tadelte ihn: »Glaubst du so, du schändlicher Mönch, vor dem großen König und den Fürsten sprechen zu dürfen? Zieh dein Nasenband ab, das dir bis zur Lippe reicht, damit du nicht lallst und nur halb verständlich sprichst. Das Nasenband lässt dich deine Lippe nicht ungehindert schließen, (bei einem misstrauischen Richter gibt es tausend Fußangeln, schon ein kleiner Stein bringt eine sichere Rechtssache aus dem Lot) zieh es ab, damit du dich nicht in einer verborgenen Schlinge verfängst.« Der Wollträger hielt dagegen und schrie: »Berfried, was faselst du? Wer einen Unbelehrbaren Edelmut lehren will, ist ein Narr. Das Nasenband mag nur klein sein, doch glaubst du etwa, dass es ihm ebenso wohlfeil ist wie mir meine Wolle? Er war so lange darauf versessen, sein Fell zu behalten, er würde das Band nicht für drei Heller verkaufen.«

Der Wolf vollzog das Ritual der Buße, warf sich lang vor den Königsthron und streckte beide Arme nach vorn. Gesenkten Hauptes und mit unterwürfigem Gebaren wollte er gerade die besänftigenden Worte eines Büßers vorbringen. Doch als der schlaue Leibarzt sah, dass er zur Buße bereit war, tobte er voller Wut und fuhr ihn mit scharfen Worten an: »Da! Da! Oheim des Satan, da! Wahnwitziger Oheim! Hebe dich hinfort von hier, Oheim des Satan, hebe dich hinfort! Ausgezeichnet gemacht! Ich beschwöre dich, immer so zu handeln. Deine Buße ist allerliebst, ich zolle deinem Tun Beifall! Wenn dich noch dein struppiger Mantel einhüllte, würdest du dann wohl das Wagnis einer so schrecklichen Tat eingehen? Ich erwartete jemanden, der Buße leistet – und du forderst den König zum Zweikampf! Das zweite Vergehen ist noch schlimmer als das erste. Der kostbare Purpur hat dich innerlich und äußerlich völlig verwandelt. Der König

Provideat peltam rex citus atque pedum,
Ysengrimus avet solio depellere regem,
Impetit o dignus regia colla pugil!
In regem, o proceres; hoc dedecus isse sinetur?
Heu mihi, quos fastus ostrifer iste gerit!
Dignus erat furca, tamen emendabile crimen
Baronum meritis extitit atque meis;
Nuncque duellarem chirotheca et pilleus arrham
Proponunt! proceres, probra quis ista ferat?
Haeccine signa putas iram compescere, demens?
His potius signis saevior ira subit.
Quis tibi persuasit Satanas prodire, priusquam
Consule me nosses, quae facienda forent?
Consule me haec stulti praesumptus pignora certe
Debueras longe deseruisse foris,
Tunc tibi rex forsan precibus mansuescere posset,
Qui vix nunc aliquo conciliante potest.
Dic mihi, rex, quidnam super hoc iussurus es ausu?
Ingenium magnae nobilitatis habes,
Parce precor stolido, patruus mihi dicitur esse,
Et licet invitus serviit ipse tibi;
Regis more gerens, rex haec tibi, patrue, dicit
(Rex etenim iussit me sua verba loqui):
'Debitor ignoscentis eget, sibi consulit insons,
Nec veniae nisi sit criminis auctor erit,
Fortior est feriente ferens, nec saecula pulchrum
Tam fecisse deo quam scelerata pati.
Ergo metu cessa, perge, Ysengrime, redique,
Reinardo culpam dono rogante tuam,
Tam quia me aegrotum cestu grassaris iniquo,
Quam mihi quod fuerit praestita sero chlamys,

möge sich eilends mit Schild und Knüppel versehen! [1125] Es verlangt Isengrim danach, den König vom Thron zu stürzen. O welch ein würdiger Faustkämpfer greift das königliche Haupt an! Kann man, o ihr Edlen, solch eine Schmähung des Königs zulassen? Weh mir, welch einen Hochmut erlaubt sich dieser Purpurträger da! Er hatte den Galgen verdient, doch ließ sich das schwere Verbrechen [1130] durch der Barone und meine Fürsprache noch sühnen. Und jetzt liegen da Handschuh und Hut zum Zeichen der Duellforderung. Edle, wer soll diese Schmach ertragen? Glaubst du, dass diese Zeichen den Zorn dämpfen, Wahnsinniger? Eher steigert sich der Zorn dadurch.

[1135] Welcher Teufel hat dich überredet vorzupreschen, bevor du meinen Rat vernommen hast, was zu tun sei. Auf meinen Rat hin hättest du diese Pfänder deines blödsinnigen Vorsatzes bestimmt weit vor den Toren zurücklassen müssen. Dann hätte der König sich vielleicht durch Fürsprachen für dich erweichen lassen. [1140] Das kann er jetzt aber kaum noch, selbst wenn sich jemand für dich einsetzte.

Sag mir, König, welcher Befehl ergeht über diese abenteuerliche Tat? Du besitzt großen Edelmut. Bitte schone den Dummkopf, der mein Oheim sein soll und der dir, wenn auch wider seinen Willen, gedient hat.

[1145] Oheim, der König sagt dir nach königlicher Weise (er hat nämlich befohlen, dass ich seine Worte vortrage): ›Der Schuldige bedarf der Vergebung, der Unschuldige sorgt für sich selbst und benötigt keine Nachsicht, solange er kein Verbrechen begeht. Wer den Schlag erträgt, ist stärker als der Schlagende, und für Gott [1150] ist es schöner, die Sünden auf sich zu nehmen als die Welt erschaffen zu haben. Hab keine Furcht, Isengrim, mach dich auf und kehre heim. Auf Bitten Reinhards erlasse ich dir deine Schuld, sowohl die, dass du mich in meiner Krankheit mit feindlichem Handschuh angegangen als auch jene, dass du mir deinen Mantel

Nec, quia non poscas veniam, inficiorve mororve,
Gratia non gratis, quando rogatur, adest.
Parco, licet nolis, ingrato parcere grator,
Cum redies sensu, gratia pluris erit,
Sive igitur tardas seu vis properare, cavebo,
Ne quicquam hic fieri triste querare tibi:
Si vis ferre moram, postquam sudabo, resumptis
Protinus exuviis regrediere domum;
Si properas, quacumque die remeaveris istuc,
Praestita servabo restituenda tibi.'"
Regia finierat medicus mandata suumque
Ad patruum pro se talia versus ait:
"Patrue, me rursum tibi subvenisse negato,
Regia quem propter desiit ira, patet."
Replicat ille nihil nec tam sibi praestita gaudet
Tergora servari, quam tribuisse dolet,
Quin tardare recusat ibi foribusque nefandis
Appropians iterum cogitat inde gradi;
Cervus, aper, vulpes, vervex, caper, ursus, asellus
Quisque sua profugum voce valere iubent:
"Eia nunc commendatus, nunc, dulcis amice,
Nunc commendatus, dulcis amice, deo!"
Respondet nihil ille salutantesque relinquens,
Hospitium tamquam non placuisset, abit.
Rex Rufanus ubi sumptis sudaverat herbis
Tegmine sub calido, pristina pausa redit,
Poscitur et capitur cibus, alternantque repente
Hinc natura valens, inde medela potens;
Mox animi compos rerum narramine dulci

erst so spät geliehen hast. [1155] Es ist auch unerheblich und gleichgültig, dass du nicht um Verzeihung bittest. Gnade gibt es nicht umsonst, wenn sie erbeten wird. Ich verschone dich auch gegen deinen Willen und verschone den Undankbaren gern. Wenn du wieder bei Sinnen bist, wird deine Dankbarkeit umso größer sein. Ob du dir Zeit nehmen oder forteilen willst, ich werde darauf achten, [1160] dass es hier keinen Anlass zur Klage für dich gibt. Wenn du warten willst, kannst du, sobald ich mit Schwitzen fertig bin, in deinen zurückerhaltenen Kleidern nach Hause gehen. Wenn du es eilig hast, werde ich den Leihmantel aufbewahren, um ihn dir zurückzugeben, an welchem Tag auch immer du hierher zurückkommst.‹«

[1165] Der Arzt hatte den königlichen Auftrag beendet, wandte sich an seinen Oheim und sprach wieder in eigener Sache: »Oheim, es ist offenbar, dass ich dir wieder geholfen habe, auch wenn ich dich verleugnet hatte: Der Zorn des Königs hat sich um meinetwillen aufgelöst.«

Jener antwortete nichts und freute sich weniger, dass das verliehene Fell [1170] für ihn aufbewahrt werde, als dass es ihn schmerzte, es weggegeben zu haben. Er lehnte es sogar ab zu bleiben und gedachte aufzubrechen, indem er sich wieder der unsäglichen Tür näherte. Hirsch, Eber, Fuchs, Widder, Bock, Bär und Esel – jeder Einzelne grüßte den Flüchtigen zum Abschied: [1175] »Ei, jetzt Gott befohlen, jetzt, lieber Freund, jetzt Gott befohlen, lieber Freund!« Jener erwiderte nichts, ließ die Grüßenden hinter sich und ging ab, als wäre er mit der Gastfreundschaft nicht zufrieden gewesen.

Sobald König Rufan die Kräuter eingenommen und unter dem warmen Fell [1180] geschwitzt hatte, kehrte das alte Wohlbefinden zurück. Er verlangte und verzehrte Speisen, und unversehens wirkten abwechselnd seine kräftige Natur und die starke Medizin. Seine Lebensfreude kehrte wieder zurück, und er bat

Tempora Reinardum tollere longa rogat:
Ut lupus exierit claustrum aut intrarit, et hospes
Ut fuerit capreae transieritque redux,
Factaque mutua, verba data atque relata vicissim,
Aut cur aetatem dissimularit ibi;
Addit et, ut gallus Reinardum luserit ipsum,
Rex subridendo, scire quoque illud avens.
Difficilis Reinardus erat, nam multa loquentem
Sermo fatigarat continuatus eum,
Sed Brunona rogat sibi saepe relata referre
At Bruno versus fecerat inde novos;
Quos ubi rex, an vellet eos audire, rogatus
Mandat, id allatum Gutero moxque redit,
Datque urso, dedit ursus apro, legit ille, silebat
Dulcisonum auscultans curia tota melos.

Reinhard, die Langeweile mit einer unterhaltsamen Geschichte zu vertreiben: [1185] Wie der Wolf ins Kloster eingetreten und wieder ausgetreten sei, wie er Gast des Rehs gewesen und wieder davongekommen sei, was sich zugetragen habe, was gesagt und geantwortet worden sei, oder warum er dort sein Alter verschwiegen habe. Auch, fügte der König hinzu, wolle er unbedingt wissen, [1190] wie der Hahn sogar Reinhard verspottet habe.

Reinhard sträubte sich, weil er, der viel gesprochen hatte, durch das ununterbrochene Reden erschöpft war. Er bat Bruno, das ihm oft Erzählte zu erzählen, und Bruno hatte sogar neue Verse darüber gedichtet. [1195] Der König wurde gefragt, ob er sie hören wolle. Als er dies bejahte, lief Gutero, sie zu holen, und kehrte alsbald zurück. Er überreichte sie dem Bären, der Bär gab sie dem Eber, der sie vorlas. Der ganze Hof verstummte und lauschte dem wohltönenden Lied.

## LIBER QUARTUS

Orandi studio loca visere sacra volebat
Caprea cum sociis Bertiliana suis,
Incomitata prius, septem post nacta sodales,
Officiis quorum nomina iuncta vide:
Rearidus cervus, suspectum ductor in agmen,
Horrida ramosi verticis arma gerit;
Berfridus caper et vervecum satrapa Ioseph
Praesidium armata fronte tuentur idem;
Carcophas asinus, portandis molibus aptus,
Nomen ab officii conditione trahit;
Dictatum Reinardus agens prohibetque iubetque,
Ut clavus facilem torquet utroque ratem,
Nimirum sapiens senioque illectus an artem
Tempore, an aetatem vicerit arte, latet;
Actitat excubias anser Gerardus et hostes
Nocturnos strepitu terrificante fugat;
Horarum custos Sprotinus gallus et index
Tempora tam lucis quam tenebrosa canit,
Luce viae tempus cantat pausaeque cibique,
Nocte deo vigiles solvere vota monet.
Hos ubi quove modo comites sortita sit, edam,
Caprea, res cunctis non fuit acta palam;
Sola domo exierat sanctos aditura peregre,
Visere quos crebro voverat ante diu,
Praecipue sancti Gereonis in aede columnam,
Dispariter stantem sontibus atque piis.
Compita contigerat densis umbrosa frutectis
Caprea, cum coeptum dimidiasset iter,

## BUCH IV

### *Die Wallfahrt der Tiere*

Das Reh Bertiliana entschloss sich, gemeinsam mit seinen Gefährten, die heiligen Stätten zu besuchen, um dort inständig zu beten, anfangs noch allein, später dann mit sieben Genossen. Vernimm ihre Namen und ihre Aufgaben: Rearid, der Hirsch, ihr Anführer gegen verdächtige Gegner, trug die furchteinflößenden Waffen seines ausladenden Geweihs. Der Bock Berfried und Joseph, der oberste der Widder, boten gleichen Schutz mit ihrer bewehrten Stirn. Der Esel Karkophas war fähig, Lasten zu tragen, und leitete seinen Namen von der Art seiner Aufgabe ab. Reinhard leitete die Schar durch Befehle und Verbote, wie das Steuerruder den leichten Kahn nach beiden Seiten lenkt. Man weiß nicht, ob das durch sein hohes Alter abgefeimte Schlitzohr seine Listigkeit durch seine Lebenszeit übertraf oder umgekehrt. Der Ganter Gerhard versah den Wachdienst und vertrieb nächtliche Feinde durch sein schreckenerregendes Geschrei. Der Hahn Sprotin verkündete als Wächter und Ausrufer der Stunden die Zeiten des Tages und der Dunkelheit; bei Tageslicht meldete er die Zeiten des Pilgerns, der Rast und des Essens, in der Nacht mahnte er, aufzuwachen und die Gelübde gegenüber Gott zu erfüllen.

Nun will ich erzählen, wo und wie das Reh seine Begleiter gefunden hat; die Pilgerfahrt war nämlich nicht allgemein ausgerufen worden. Allein war es von zuhause aufgebrochen, um zu den Heiligen in der Fremde zu pilgern, deren Besuch sie häufig und seit langem gelobt hatte. Besonders wollte sie zu der Säule in der Kirche des heiligen Gereon, die sich zu Sündern und Frommen unterschiedlich ausrichtet. Das Reh war, als es die Hälfte des Weges zurückgelegt hatte, an eine Weggabelung gelangt, die von dichtem Gebüsch beschattet wurde. Der dort im dornigen Ge-

Per tribulos illic dominae sentesque vaganti
Occurrit vulpes, edit et audit ave;
Tunc ait: "unde soli? quorsum? cur sola? quid actum?
Singula (consulte sciscitor) ede mihi!"
Domna refert: "cur ista roges, ignoro, sed audi
(Forsitan exemplis instituere meis):
A laribus digressa meis pausantia Romae
Sanctorum atque aliis pignora viso locis,
Neve sacrum minuat circumflua pompa laborem,
Sola vior, turbae non famulantis egens."
Reinardus capream sollers dementer euntem
Corripuit verbis commonuitque bonis:
"Cara soror, servire deo sanctisque placere
Non, nisi discurras incomitata, potes?
Iob si vera docet, fit numquam hypocrita felix,
Perfidius nihil est quam simulata fides,
Quisque, quod est, pateat: paupertas pauperis esto,
Divitias comites divitis esse decet.
Pauper nescit opes moderari, nescit honorem,
Subtrahe, confer opes, pauper utroque perit,
Pauper honore dato tumet, intabescit adempto,
Aufer opes, exspes, redde, petulcus erit;
Optima sors misero est numquam feliciter esse,
Directo teritursemita nota gradu,
Perdere res nescit, quisquis non novit habere,
Instabiles animos mutat uterque color.
At dives, quem plena animi prudentia firmat,
Perdere tam suffert quam sapienter habet,
Collegasque domi, collegas diligit extra,
Aufer honestatem, probra merentur opes;
Tu quoque vive probe, comitatu fungere pulchro,
Esto larga domi, largior esto foris,

sträuch herumirrenden Dame begegnete der Fuchs. Er grüßte und wurde gegrüßt. Er sprach: »Woher kommst du zu mir in meine Einsamkeit? Wohin des Weges? Warum allein? Was hast du vor? Antworte mir auf jede meiner mit Bedacht gestellten Fragen!« Die Dame gab zurück: »Ich weiß nicht, warum du das fragst, aber höre (vielleicht lernst du aus meinem Beispiel): Ich habe mein Haus verlassen und suche die Reliquien der Heiligen auf, die in Rom und andernorts ruhen. Damit kein überflüssiges Gepränge das fromme Vorhaben beeinträchtige, reise ich allein und bedarf keiner Schar von Bediensteten.«

Der kluge Reinhard wies das so töricht pilgernde Reh zurecht und gab ihm einen guten Rat: »Liebe Schwester, kannst du Gott und den Heiligen nur gefällig sein, wenn du ohne Begleitung herumziehst? Wenn Hiob Recht hat, wird ein Heuchler niemals glücklich. Nichts ist schlimmer als vorgetäuschter Glaube. Jeder zeige, was er ist: Armut gehöre zum Armen. Reichtümer sollen den Reichen begleiten. Der Arme weiß mit Reichtümern und Ehre nicht umzugehen. Nimm oder gewähre ihm Reichtum – in beiden Fällen scheitert er. Erweist man ihm Ehre, schwillt ihm der Kamm; raubt man sie ihm, muss er vergehen. Nimm ihm den Reichtum, ist er verzweifelt, gib ihn zurück, ist er zügellos. Das beste Los für den Elenden ist es, niemals glücklich zu sein. Einen vertrauten Weg beschreitet man mit sicherem Schritt. Wer nichts hat, kann nichts verlieren. Beide Situationen verschlechtern die Lage der Wankelmütigen. Der Reiche hingegen in der vollen Kraft seiner geistigen Klugheit erträgt es zu verlieren und versteht es zu besitzen. Er liebt seinesgleichen, ob zuhause oder außerhalb. Ohne gesellschaftliches Ansehen ist Reichtum jedoch schändlich.

Lebe daher auch du ehrenwert, und leg dir ein prächtiges Gefolge zu. Sei großzügig daheim und großzügiger noch unter-

Non cassat meritum pomposi gloria coetus,
Cor vigeat pura simplicitate pium.
Forsitan et latitat carectis hospes in istis,
Vespere cui nolles incomitata loqui;
Cervus, ego et vervex, gallus, caper, anser, asellus
Sumpsimus eiusdem vota gerenda viae,
Accipe fortunam socios per utramque fideles,
Viribus insignes consilioque sumus."
Dicta placent, comitesque vocat Reinardus, et omnes
Alternum feriunt foedus euntque simul.
Ysengrimus eo vafer auscultarat et ictum
Foederis audierat, cominus inde cubans,
Hic lupus octo quater lustrorum traxerat orbes,
Qua comites illos caprea nacta die est;
Qui cum vix prae fasce asinum reptare trahentem
Infertas bulgis intueretur opes,
Angitur eximiae tactus dulcedine praedae,
Quid faciat? celeris mens erat, alvus iners.
Ederat et biberat plus iure et largius usu,
Ut gravido illisam ventre cavaret humum,
Vertebro costisque super surgentia palmum
Ilia praeduro durius utre rigent,
Sicque urgente cutis stomacho superaverat, ut non
Tota licet densis esset operta pilis;
Elicit inde omnes ex toto corpore vires,
Et ter conatur surgere terque cadit.
Ingemit et mortis species sibi mille precatur,
"Proh dolor! hic", inquit, "mors patienda mihi est!
O quale hospitium nunc perdo miserrimus exul!
Ibo, queam nequeam, qualibet arte ferar,
Subsequar anguino saltem vestigia reptu,

wegs. Der Ruhm eines prächtigen Geleits schmälert dein Verdienst nicht, solange dein Herz in reiner Einfalt fromme Stärke zeigt. Vielleicht verbirgt sich in diesem Buschwerk auch ein Fremder, mit dem du am Abend ohne schützende Begleitung nicht reden möchtest. Der Hirsch, ich und der Widder, Hahn, Bock, Ganter und Esel haben das Gelübde abgelegt, denselben Weg auf uns zu nehmen. Nimm uns also als in Glück und Unglück treue Gefährten an. Wir zeichnen uns durch Kraft und Voraussicht aus.« Das Gesagte gefiel, Reinhard rief die Gefährten, sie schlossen ein wechselseitiges Bündnis und pilgerten gemeinsam.

Der hinterlistige Isengrim, der dort in der Nähe lag, hatte gelauscht und den Abschluss des Bündnisses gehört. Der Wolf hatte an dem Tag, an dem das Reh seine Begleiter gewann, acht mal vier Pentaden an Jahreskreisen durchlaufen. Als er sah, dass der Esel die in Säcke gehüllten Schätze schleppte und wegen der Last kaum vorankam, quälte er sich, angetan von der außerordentlich verlockenden Beute. Was sollte er tun? Seine Gedanken waren schnell, der Bauch aber träge. Er hatte über Gebühr viel und mehr als gewöhnlich gegessen und getrunken, so dass sein schwerer Bauch eine Vertiefung in den zusammengepressten Boden gedrückt hatte. Seine Flanken ragten mehr als eine Handbreit über Rippen und Hüfte hinaus und waren noch härter als der steinharte Bauch. Durch den Druck des Magens hatte sich das Fell so ausgedehnt, dass es nicht mehr ganz von den doch dichten Haaren bedeckt wurde. Er nahm alle Kräfte seines ganzen Leibs zusammen, versuchte, sich dreimal zu erheben, und fiel dreimal wieder hin. Er stöhnte und beschwor tausend Todesarten für sich: »Weh mir«, rief er, »ich muss den Tod erleiden! Ach welch eine Pilgerherberge verpasse ich jetzt, ich elendigster Verstoßener! Ich werde gehen, ob ich nun kann oder nicht, und mich wie auch immer fortschleppen, ich werde notfalls wie eine Schlange kriechend ihren Spuren folgen. Wie ein Schwein will ich mich

More suis volvar; sin comes, hospes ero!"
Ergo alvum dorso dorsumque reciprocat alvo,
Vim spes, spem generat vis, opus urget amor.
Dictator latitare sagax in saltibus illis
Noverat et paucis profore velle lupum;
Digrediens igitur Ioseph comitante seorsum,
Frigida suspensi sustulit ora senis,
Et docuit Ioseph, quid agat, si venerit hospes,
Cui nomen lupus est, canus at absque fide.
Nox obiter surgit, Sprotino deinde canente
Hospitium subeunt et sua seque locant;
Carcophanta vocat Ioseph domuique tuendae
Praeficit, "hoc", dixit, "stabis, aselle, loco!
Ianitor hic instar solidi defigere pali,
Appulit externo nostra carina solo.
Tutior esse putas, quod non nunc arma minentur?
Hamus inescatur, qui capit agmen aquae,
Oblatus quandoque calix suspectior ense est,
Scis, quibus ingeniis prodita Troia fuit?
Saepius extorres provincia blanda fefellit,
Dum vetuit fallax ante timere quies.
Quod si pravus in hoc quis repserit advena saeptum,
Hoc verbum cella posteriore tene:
Fac, quaecumque iubebo tibi, contraria iussis."
Ille libens iussas substitit ante fores;
Siditur ad mensas, asinum furor urget edendi,
Fertque suam stolida rusticitate famem,
Neglectisque focum foribus petit inque repostos
Discursat discos sparsaque frusta rapit.
Arguit hunc Ioseph: "repete ostia, rustice demens,
Congruit officiis sollicitudo vigil!

voranwälzen. Wenn nicht Gefährte, will ich doch Gast sein!« Also drehte er sich vom Bauch auf den Rücken und vom Rücken auf den Bauch Hoffnung gab Kraft, Kraft gab Hoffnung, die Begier drängte zum Abschluss.

Der scharfsinnige Anführer wusste, dass der Wolf sich in jenen Wäldern versteckte und kaum jemandem nützlich sein wollte. Er ging also in Begleitung von Joseph beiseite, nahm den schaurigen Kopf eines dort aufgehängten alten Wolfs herab und sagte Joseph, was er tun solle, wenn ein Gast einträfe, der Wolf hieße, grau sei und hinterhältig. Die Nacht brach eben herein, Sprotin krähte, sie suchten eine Pilgerherberge auf und lagerten sich und ihr Gepäck. Joseph rief Karkophas herbei und trug ihm auf, das Haus zu bewachen. Er sagte: »An diesem Platz wirst du stehen bleiben, mein lieber Esel. Als Türwächter rühre dich wie ein kräftiger Pfahl nicht von der Stelle. Unser Schiff hat an fremdem Gestade angelegt. Glaubst du, sicher zu sein, weil uns gerade keine Waffen bedrohen? Ein Köder steckt auf dem Haken, der die Bewohner des Wassers fängt. Manchmal ist ein dargereichter Becher verdächtiger als ein Schwert. Weißt du, durch welche Erfindung Troja den Feinden ausgeliefert wurde? Schon öfter hat ein scheinbar freundliches Land Fremde dadurch getäuscht, dass eine trügerische Ruhe anfangs jegliche Furcht genommen hat. Wenn sich also irgendein übler Ankömmling in diese Behausung einschleicht, behalte diese Anweisung im Hinterkopf: Mach zu allem, was ich dir befehle, das genaue Gegenteil.«

Jener stellte sich bereitwillig vor die ihm anbefohlene Tür. Man setzte sich zu Tisch, rasende Fressgier quälte den Esel, und er ertrug seinen Hunger wie ein tölpelhafter Bauer: Er verließ die Tür, rannte zum Herd, lief zwischen den zurückgestellten Tellern hin und her und griff sich die herumliegenden Speisereste. Joseph fuhr ihn an: »Zurück zur Tür, wahnwitziger Bauer, dein Amt erfordert äußerste Wachsamkeit! Ein gewaltiger Nutzen geht verlo-

Utilitas ingens perit utilitate pusilla,
  Negligitur vitae cura favore gulae."
Ianitor insano tantum succurrere ventri
  Anxius, ut didicit, serio cassa refert:
"Quid mihi commendas servanda nisi ostia, sodes?
  Fas impune mihi sit tua iussa sequi!
Mastico non oculis, committo dentibus escam,
  Os vacuat discos, ostia vultus habet."
Ire lupus laxa paulatim coeperat alvo,
  Praecelerans vires sedulitate suas,
Cumque reluctantem Ioseph ferus urget asellum
  Pollicitis, precibus, pulsibus atque minis,
Perfidus hospes adest, inventis laeta precatur,
  Non oris meditans verba animive loquens.
Propositum nequam pulchro sermone colorans,
  Obnubit ficta religione dolum,
Nocte soporatos pensans iugulare lucroque
  Conciliare moram, limen ubi intrat, ait:
"Pax vobis! eremita iubet, benedicite, fratres!
  Pax iterum vobis! haec eremita iubet."
(Primitus horruerant, veluti fit, quando repente
  Auribus aut oculis res inimica subit,
Mox, simul obstandum est, uno, non pluribus, hoste,
  Viribus et numero vis animosa redit)
Addidit hospes: "ego ad fratres eremita monendos,
  Ut teneant pacem iustitiamque, vagor.
Me, quibus est post terga fides, praesente sit horror?
  Vos super ingressu ne trepidate meo,

ren wegen eines winzigen Vorteils, die Sorge um das Leben gerät außer Acht, weil Fressgier den Vorzug erhält.« [125] Der Türwächter war lediglich in Sorge, seinem rasenden Magen zu Hilfe zu kommen, und gab, wie er es gelernt hatte, ernsthaft eine nichtige Antwort: »Was befiehlst du mir, nur auf die Tür zu achten, Gefährte? Es sei mein Recht, deine Befehle zu befolgen, ohne Qualen zu erleiden. Ich kaue nicht mit den Augen, sondern überlasse die Speise den Zähnen; [130] Das Maul leert die Teller, die Tür behalte ich im Auge.«

Nachdem er seinen Bauch entleert hatte, setzte sich der Wolf langsam in Bewegung, eifrig trieb er seine Kräfte in seinem Vorwärtsdrang an. Als Joseph den widerstrebenden Esel heftig mit Versprechungen, Bitten, Schlägen und Drohungen bedrängte, [135] kam der hinterhältige Gast hinzu und wünschte den Angetroffenen Glück, wobei er die Worte aus seinem Mund nicht meinte oder die in seinem Kopf nicht aussprach. Der Bösewicht übermalte sein Vorhaben mit schöner Rede und verbarg seine List unter vorgespielter Frömmigkeit. Er plante, nachts den Schlafenden die Kehle durchzubeißen und seinen Aufenthalt [140] zu seinem Vorteil zu nutzen. So rief er, sobald er die Schwelle übertrat: »Friede sei mit euch! Der Klausner grüßt euch, Brüder. Lobet den Herrn! Noch einmal: Friede sei mit euch! So grüßt euch der Klausner.« Zuerst erstarrten sie vor Furcht, wie es geschieht, wenn unversehens eine feindliche Sache vor Augen und Ohren steht. [145] Bald aber kehrte im Bewusstsein, nur einem und nicht mehreren Feinden widerstehen zu müssen, das Vertrauen auf ihre Kräfte und ihre Überzahl zurück.

Der Gast fügte hinzu: »Ich komme als Klausner zu meinen Brüdern, um sie aufzufordern, Frieden und Recht einzuhalten. Sollten diejenigen in meiner Gegenwart Angst verspüren, die nur Vertrauen haben, wenn ich ihnen den Rücken zuwende? [150] Zittert nicht über mein Eintreten, meine Wildheit hat sich gelegt,

Mansuevit rabies, perstant mihi forma sonusque,
Exigit hoc vitiis debita poena meis,
Sum lupus aspectu, mens est mansuetior agno,
Voce lupum testor, sed probitate nego,
Ergo est vana soni, vana est acceptio formae,
Moribus et factis est adhibenda fides.
Pravus in insontes olim et truculentus habebar,
Tam bene nunc vivo, quam malus ante fui,
Nec mihi tam quosquam quam vos invisere dulce est,
Plus quibus offeci, plus pietatis ago;
Huc quoque me vestri traxit fiducia voti,
Usque precor Romam vester ego esse comes,
Opto Palaestini patriarcham inquirere templi,
Da mihi votivam, compater hirce, crucem!"
(Namque is praecipua figebat fronte loquentem,
Artis enim sociae non recolebat opem)
Parturiunt antiqua novum peccata ruborem,
Damnavit primus vota lupina caper,
"Quemlibet hic", infit, "non custodita fuisse
Ostia gaudentem crastina furca levet!
Excipitur solus (non novimus omne cor) anser,
Noluerint alii, forsitan ille velit.
Qui pubem in vitiis contraxit, canet in hisdem,
In quibus et canet, convenienter obit,
Credidero mansuesse lupum spirare valentem,
Hic me sive abbas sive eremita voret;
Ergo sit anachoreta lupus, sit papa, sit abbas,
Non habeat dentes, aut eat, unde venit,
Unde fugax abiit, repetat sua claustra crucemque
(Nam caret hic coetus praesule) poscat ibi.
Dentato nostras eremitae claudimus aedes,

geblieben sind nur Gestalt und Stimme. Das erfordert die Strafe, die ich für meine Sünden ableisten muss: Äußerlich bin ich ein Wolf, mein Gemüt aber ist sanfter als ein Lamm. Durch meine Stimme bin ich ein Wolf, doch meine Rechtschaffenheit widerlegt es. Folglich ist die Beurteilung nach meiner Stimme und Gestalt hinfällig, der Charakter und die Taten verdienen Vertrauen. Einst wurde ich für böse und blutdürstig gegenüber Unschuldigen gehalten. Jetzt führe ich ein so gutes Leben, wie ich früher schlecht war. Und niemanden besuche ich lieber als euch. Je mehr ich jemandem geschadet habe, desto mehr zeige ich mich ihm barmherzig.

Im Vertrauen auf euer Gelübde bin auch ich hierher gekommen. Lasst mich bitte bis Rom euer Gefährte sein. Ich möchte den Patriarchen der Kirche von Palästina aufsuchen. Reich mir, Mitbruder Bock, das Pilgerkreuz!« Der Angesprochene starrte nämlich den Redner mit gerunzelter Stirn an, konnte er sich doch nicht an eine von Gemeinschaftssinn zeugende Tat des Wolfs erinnern. Alte Sünden treiben immer wieder neue Schamesröte hervor.

Als erster verurteilte der Bock die wölfischen Gelübde. »Jeder, der sich hier darüber freut, dass die Tür unbewacht gewesen ist, möge morgen am Galgen hängen! Allein der Ganter sei ausgenommen, können wir doch nicht in jedes Herz hineinschauen. Die anderen hätten es nicht gewollt, er vielleicht schon. Wer seine Jugend in Sünden verbracht hat, wird auch in ihnen alt werden, und wird er in ihnen alt, wird er auch in ihnen den Tod finden. Wenn ich jemals glaube, dass der Wolf, solange er noch atmen kann, sanftmütig wird, möge er mich verschlingen, einerlei, ob er Klausner oder Abt ist. Mag der Wolf nun Einsiedler, Bischof oder Abt sein: Er soll keine Zähne haben oder andernfalls gehen, woher er gekommen ist, in sein Kloster zurückkehren, aus dem er geflohen ist, und das Pilgerkreuz dort fordern (fehlt unserer Schar doch ein Bischof). Vor einem Klausner mit Zähnen ver-

Nec vulpi aut asino dens mihi carus inest,
Nullus habens dentes adeo mansueverit umquam,
Quin hunc sub terra meque velim esse super,
Nil habet hac eremita domo dentatus agendum;
Dic, asine, et cur non ostia claudis adhuc?
Quaeris adhuc nobis eremitas addere plures?
Absque alio officium scit satis iste suum."
Annuit his anser, neve excipiatur ab illis,
Ostia qui cupiunt clausa fuisse, iubet.
Ysengrimus in hoc sensit sermone duorum
Introitum paucis complacuisse suum,
Iamque alios eadem vel deteriora parasse
Formidans, fictae praevenit arte fugae,
"Ysengrimus abit, fratres, in pace manete!
Non quales", inquit, "cernimur esse, sumus.
Ingresso ne fratre aliquis succenseat, oro,
Si iubeor, maneo, si minus, ire libet,
Denique, si qua mihi dicta est iniuria, dono,
Et nobis fieri rite paciscor idem,
Discedo, Reinarde, vale, cunctique sodales,
Quos ego me miror plus placuisse tibi!"
Aspicit optantem Reinardus abire vetari
Et cogi inscissis posse redire pilis,
"Patrue, quo", dixit, "pergendum est nocte profunda?
Intempesta via est, ostia nulla patent!
Stulta piget dixisse caprum, revocabilis esto
Nec mala te propter dicta fuisse putes!
Nostra putabatur tecta assiluisse quis alter,
Quem nobis alio carius isse foret,
At tibi devoto servit chorus iste favore,
Inque tuos usus optima nostra vacant."
Ysengrimus ovans sedit gratesque rependit;

schließen wir unser Haus. Nicht einmal der Fuchs oder der Esel besitzen solch ein Gebiss, das mir sogar ganz abgeht. Niemand mit Zähnen wird jemals so sanftmütig werden, dass ich ihn nicht lieber unter und mich auf der Erde hätte. [185] Dieser mit Zähnen bewehrte Klausner hat im Haus nichts zu suchen. Sag, Esel, warum hast du die Tür immer noch nicht verschlossen? Willst du, dass uns noch mehr Einsiedler aufsuchen? Dieser da weiß auch ohne einen anderen, was ihm zu tun ansteht.« Der Ganter pflichtete dem bei und forderte, nicht ausgenommen zu werden [190] aus der Schar derjenigen, welche die Tür verschlossen haben wollten.

Isengrim spürte bei dem Wortwechsel der beiden, dass sein Eintreten nur wenigen gefallen hatte. Weil er fürchtete, dass die anderen dasselbe oder Schlimmeres planten, kam er ihnen mit der List einer vorgetäuschten Flucht zuvor. [195] »Isengrim verlässt euch, Brüder, bleibt in Frieden! Wir sind nicht so«, sagte er, »wie man uns ansieht. Es möge bitte niemand über das Eindringen des Bruders zürnen; wenn man mich auffordert, bleibe ich, wenn nicht, gehe ich gern. Schließlich vergebe ich, wenn man mich beleidigt hat, [200] und ich bedinge mir aus, dass dasselbe auch mir gegenüber gilt. Ich gehe fort, Reinhard, leb wohl, und alle Gefährten, die du erstaunlicherweise mir vorziehst!« Reinhard blickte ihn an, der wünschte, dass sein Abgang unterbunden und er ohne Gesichtsverlust genötigt werde zu bleiben. [205] »Oheim«, sagte er, »wohin soll dich denn dein Weg mitten in der Nacht führen? Der Weg ist dunkel, alle Türen sind verschlossen. Wie ärgerlich, dass der Bock so Törichtes geäußert hat, bleib hier, glaube nicht, dass sich die üblen Worte auf dich bezogen haben! Man vermeinte, dass jemand anderes unser Haus aufgesucht habe, [210] von dem wir es vorgezogen hätten, er wäre anderswohin gegangen. Aber dir steht diese Schar ergeben und eifrig zu Diensten, und das Beste, das wir haben, steht zu deiner Verfügung.« Hocherfreut setzte sich Isengrim und sprach seinen Dank aus.

Mandabat subitas Bertiliana dapes,
Atque ait: “o Ioseph, nescimus, an ederit iste
Frater adhuc hodie, fac properare coquos!” –
“Ha, domina”, ille refert, “pisces pulmentaque desunt,
Nec quis in his lucis invenit ova duo;
Mandere si carnem sit fas, eremita rogetur!” –
“O utinam carnem”, cogitat ille, “dares!”
Caprea Reinardum, veluti vereatur ab ipso
Quaerere, quae liceat talibus esca, rogat;
Fur pendere minus, quam vulpem dicere praesul
Illicitam carnem talibus esse, timet,
Affectum patrui dictator corde perito
Atque suum retinens taliter inquit herae:
“Domna, nihil nisi sola fames abdicitur illis,
Esse docet mundis omnia munda liber.” –
“Dic, pater”, infit hera, “est, ut vulpes dicit? in isto
Ordine vescuntur carnibus? ipse refert.”
Has voces scitantis amans eremita sibique
Non dubitans credi lenia fatus ita est:
“Vescimur appositis, nil exigo nilque recuso,
Dona dei fiunt et tua grata mihi,
Sanctis sancta suis sanctus deus omnia fecit,
Nil comedit Satanas et malus usque manet,
Regula praecipua est peccato claudere pectus,
Sontibus iniunctum est saepe carere cibo;
Nil igitur iustis praeter peccare vetatur,
Maxima libertas suppeditare deo est.”
Tunc domina inquit ovans: “Ioseph, carne utitur hospes,
Nunc precor apponas optima quaeque potes!”
Ille refert paulum prius acto murmure, quale
Quoslibet ad iussus verna rebellis agit:
“Nil, domina, hic certe praeter capita alba luporum,

Bertiliana bestellte umgehend eine Mahlzeit [215] und sagte: »Ach Joseph, wir wissen nicht, ob dieser Bruder da heute schon gegessen hat, treib die Köche zur Eile an!« – »Herrin«, antwortete jener, »es mangelt an Fischen und Brei, und niemand findet in diesen Wäldern auch nur zwei Eier. Man frage den Klausner, ob er Fleisch essen darf!« – [220] »O wenn du doch Fleisch auftrügest!«, dachte jener. Als ob es fürchtete, den Klausner selbst anzusprechen, fragte das Reh Reinhard, welche Speise Einsiedlern erlaubt sei. Mehr als ein Dieb den Galgen fürchtete der Bischof, der Fuchs könnte sagen, dass Fleisch solchen Personen verboten sei. [225] Der Pilgerführer beherzigte mit seiner Erfahrung das Verlangen seines Oheims wie sein eigenes und erwiderte der Dame: »Herrin, ihnen ist nichts außer zu hungern untersagt. Die Schrift lehrt, dass den Reinen alles rein ist.« Darauf die Dame: »Sag, Pater, verhält es sich, wie der Fuchs meint? [230] In deinem Orden isst man Fleisch? Er behauptet es.«

Diese Fragen waren dem Einsiedler höchst willkommen. Er zweifelte nicht, dass man ihm glauben würde, und sprach sanftmütig: »Wir essen, was uns vorgesetzt wird. Ich fordere nichts und weise nichts zurück. Die Gaben Gottes und deine Gaben nehme ich gern an. [235] Der heilige Gott macht für seine Heiligen alles heilig. Satan isst nichts und bleibt auf ewig böse. Die wichtigste Regel lautet, sein Herz vor der Sünde zu verschließen. Den Sündern ist oft ein Fastengebot auferlegt. Nichts ist also den Gerechten verboten, außer zu sündigen. [240] Man hat die größte Freiheit, wenn man Gott dient.«

Darauf sagte die Herrin erfreut: »Joseph, unser Gast akzeptiert Fleisch. Serviere ihm bitte jetzt das Beste, über das du verfügst!« Jener antwortete, nachdem er ein wenig gemurrt hatte, wie es ein unwilliger Diener über irgendeinen Auftrag tut: [245] »Hier gibt es garantiert nichts anderes als weißbehaarte Köpfe von Wölfen. Die-

Hic cibus est simplex simpliciterque sapit;
Ne nimium iubeas! gratanter parta ministro,
Si mihi suppeterent, et meliora darem,
Scit mihi Reinardus non his potiora vacasse,
Omnia Reinardo nota aliisque reor."
Reinardus subjicit: "delirat domna iubendo,
Quid velit, ignorat, dat, quibus ipsa caret!
Imperet ipsa satis, nos montem insidimus altum,
Salmones Rheni porrige sive Mosae!
Ecce lupina tibi capita esse fateris habesque,
Porrige confestim, porrige, nonne valent?
Quod sapiunt, sapiunt, et nosmet vescimur hisdem,
Haec quoque praesenti competit esca loco:
Silva lupos, pelagus pisces habet, ergo lupinum
Tam caput hic estur quam bene piscis ibi;
Da, quod habes, bone frater, adest eremita modestus,
Pauperibus pietas sufficit ante deum."
It Ioseph profertque caput, quod habebat, et alte
Ante sui saltans hospitis ora levat,
Coeperat intuitu capitis substringere caudam
Cruribus atque alias malle fuisse lupus,
Inter saltandum dapifer clamabat: "herilem
Notitiam quisqus donat, ovanter habet!
Arripui primum caput hoc, Reinarde, videto,
An gustu placeat, convenienter olet,
Sicut olet, sapiat, laudabitur! unde sit, haeres?
Hoc caput Andegavi credo fuisse senis,
Cis Romam melius nullum vacat." ista locuto,
Dictator veluti felle citatus ait:
"Stulte, quod hoc caput est? ede ex maioribus unum!"
Ille redit velox et referebat idem,
Porro hoc notitia viduaverat atque coronam

se Speise ist einfach und schmeckt einfach. Verlangt nicht zu viel! Mit dem Vorhandenen will ich gerne dienen. Ich würde auch Besseres auftischen, wenn es mir zur Verfügung stünde. Reinhard weiß, dass ich nichts Besseres als dies anbieten kann. [250] Ich glaube, das ist Reinhard und den anderen bekannt.« Reinhard entgegnete: »Unsere Herrin phantasiert mit ihrem Befehl. Sie weiß nicht, was sie will, und gibt, was sie nicht besitzt. Soll sie doch unablässig befehlen: ›Serviere Lachse aus Rhein oder Maas‹. Wir befinden uns gleichwohl oben in den Bergen. [255] Siehe, du behauptest, Wolfshäupter zu haben, und du hast sie. Bring sie sofort herbei, bring sie, oder sind sie nicht gut genug? Sie schmecken, wie sie schmecken. Auch wir ernähren uns von ihnen. Diese Speise entspricht unserer Umgebung. Der Wald beherbergt Wölfe wie das Meer Fische. [260] Also isst man hier ebenso gut Wolfsköpfe wie dort Fisch. Gib, was du hast, guter Bruder. Der anwesende Klausner ist bescheiden. Den Armen genügt der fromme Wille vor Gott.«

Joseph ging und holte den einen Kopf, den er hatte, und hielt ihn tänzelnd hoch vor das Maul seines Gastes. [265] Der Wolf klemmte beim Anblick des Hauptes seinen Schwanz zwischen die Schenkel und wäre lieber woanders gewesen. Zwischen seinen Tanzschritten rief der Speisenträger: »Wer etwas Herrschaftliches gibt, kann frohlocken! Ich habe zuerst diesen Kopf genommen. Reinhard, sieh zu, [270] ob er schmeckt. Er duftet angenehm. Wie der Duft, so sei der Geschmack. Dann wird man ihn loben. Du fragst dich, woher er stammt? Dieser Kopf gehörte, glaube ich, einem Alten aus Anjou. Diesseits von Rom findet man keinen besseren.«

Auf diese Worte schrie der Pilgerführer scheinbar wutentbrannt: [275] »Dummkopf, was ist das für ein Kopf? Such einen von den größeren heraus!« Jener kam schnell zurück und brachte denselben. Nun aber hatte er ihn seiner Kennzeichen beraubt und mit

Desuper avulsis finxerat ante comis,
"Hoc", ait, "abbati nuper detraximus Anglo,
Non hoc obtulerim fratris ad ora mei!
Hoc carum nihil est, quo carior hospes habetur,
Aedis herus stramen plumeaque hospes habet.
O caput hoc, Reinarde, vide, quam pingue teresque,
Quam sint personae congrua quaeque suae!
Huic gravidi paribus capitones Sithiu nutant,
Atrebas in claustro talia sanctus alit,
Laetius hoc eremita aliis admittere debet,
Non de dissimili religione fuit."
Iussor acutus ad haec: "sub pravo parca ministro
Mensa iuvat paucos, et perit hora dapum,
Nec caput hoc laudo, melioribus alter abundat
Angulus, ad laevam digrederere parum,
Grande illic caput abdideram, cui fuste colurno
Panditur os, esu praevalet illud, abi!" –
"Quis caput", ille refert, "unum inter mille requirat?
Quod prius ignoro posteriusve legam,
Visne, quod ablinxit, cum vellere crederet herbam,
Gerardus coram quattuor anser heri?
Dacus in hoc denso pausabat gramine praesul,
Pars visu facilis nulla cubantis erat,
Gramen ibi vellens improvidus incidit anser
Pontificis Daci subripuitque caput;
Concitus eventu, nulla formidine rerum,
Efflavit villos auriculasque simul,
Et valido flatu caput est huc inde rotatum,
Cervus id, id caper, id vidit asellus, ego id."
Ille ait: "hoc vere est, cui stipes labra colurnus
Separat, hoc nobis sufficit, ede celer!"

einer Tonsur versehen, nachdem er oben die Haare ausgerissen hatte. »Dieses Haupt«, rief er, »haben wir neulich einem Abt aus England abgerissen. Nicht einmal meinem Bruder hätte ich es vorgesetzt. Doch gilt sein Wert nichts, je größeres Ansehen der Gast genießt. Als Hausherr nimmst du das Heu, und der Gast bekommt das Federbett. Schau nur, Reinhard, wie fett und prall das Haupt ist, wie alles der Würde des Gastes angemessen ist! Gleichschwere Dickköpfe wie dieses schwanken in Sithiu herum, der heilige Vedastus nährt solche Häupter in seinem Kloster. Unser Klausner soll diesen Kopf lieber als einen anderen zu sich nehmen, stammt er doch aus einem ähnlichen Orden.«

Darauf der scharfsinnige Führer: »Mit einem schlechten Diener bringt ein karger Tisch nur für wenige etwas, die Essensstunde ist verlorene Zeit. Dieses Haupt kann ich nicht empfehlen. In der anderen Ecke liegt eine große Menge besserer. Halte dich ein wenig links. Dort habe ich ein großes Haupt versteckt. Ein Stock aus Haselholz sperrt ihm das Maul auf. Dieser Kopf ist zum Essen bestens geeignet, geh schon!« »Wer kann schon«, erwiderte jener, »einen Kopf unter tausenden finden? Ich weiß nicht, welches ich zuerst oder danach auswählen soll. Willst du etwa jenes, das Ganter Gerhard gestern im Glauben, Gras zu rupfen, in Gegenwart von vier Zeugen abgebissen hat? Ein dänischer Bischof hatte sich auf dieser dicht bewachsenen Wiese schlafen gelegt. Kein Teil des Ruhenden guckte hervor. Als der Ganter dort die Wiese abgraste, stolperte er über das Haupt des dänischen Bischofs und riss es ab. In seiner Aufregung, nicht weil er über das Geschehen erschrocken gewesen wäre, blies er Haare und Ohren ab. Und durch das starke Blasen rollte das Haupt von dort bis hierher. Das haben der Hirsch und der Bock und der Esel und ich gesehen.« Darauf sagte jener: »Das ist wahr. Der Kopf, dem der Haselstock die Lippen spreizt, genügt uns. Hol ihn schnell!«

Omnes ille pilos digressus demit et aures,
Ne pateant ulla cognitione doli,
Laxat et impacto distentam pungile buccam,
Horrifico rictu labra reducta patent.
Diriguit visis senior vultumque retorsit,
– Excutitur forti pulsa timore fames –
Tunc primum patuit fortunam nolle iocari,
Haud umquam similem pertulit ante metum.
“Quis me”, inquit, “Satanas lupicidas traxit ad istos?
Heu mihi, quo tardat fune ligata dies?
Quid cornuta acies? Gerardus et iste refertur –
Porro parum infaustos est iugulasse lupos,
Quin – efflasse pilos auresque rotasseque flando
Huc caput! hoc sensu sospite ferre queam?”
Anser ad haec: “hoc ergo novum, Ysengrime, recenses?
Non mihi res equidem contigit ista semel,
Si vellem, capita octo lupis maioribus illo
Efflarem atque ipsi, domne eremita, tibi!
Mene fuisse putas materno semper in ovo?”
Et dabat ingentem gutture flante sonum.
Audito ter clamat “atat” lupus atque repente
Sensibus amissis in sua terga cadit,
Efflatumque diu caput amisisse putavit
Atque illud Geticas transiluisse nives.
Semianimem rapta cognatus mente iacentem
Erigit et dicit: “patrue, surge, sede!
Patrue, ni fallor, dormitas, vade quietum!
Excessit morem cena favore tui.”
Ille nihil dictis intendit, cetera versat,
Terribilis turbae tecta subisse gemens,

Der Widder ging hinaus und entfernte alle Haare und Ohren, damit man den Betrug nicht durchschauen könne. Er sperrte das geöffnete Maul mit einem eingesetzten Stab auf. Grauenerregend standen die zurückgezogenen Lippen gähnend weit offen. Bei dem Anblick erstarrte der Alte und wandte sein Gesicht ab. Der Hunger war ihm vergangen, vertrieben von starker Furcht. Da ging ihm erstmals auf, dass das Schicksal keine Spiele spielt. Niemals zuvor hatte er eine vergleichbare Angst verspürt.

»Welcher Teufel hat mich«, sagte er, »zu diesen Wolfsschlächtern gebracht? Weh mir, mit welchem Seil ist der Tag gebunden, dass er so langsam heraufzieht? Was will dies gehörnte Heer? Und dieser Gerhard da soll nicht nur unglückliche Wölfe enthauptet haben, sogar die Haare und Ohren hat er weggepustet und das Haupt durch Blasen bis hierher gerollt. Wie kann ich das ertragen, ohne wahnsinnig zu werden?« Darauf der Ganter: »Ist das also neu für dich, Isengrim? Mir zumindest ist eine derartige Sache nicht nur einmal passiert. Wenn ich wollte, bliese ich acht Wölfen, größer noch als jener, die Köpfe weg und sogar, Herr Einsiedler, dir! Glaubst du etwa, ich sei nie aus dem mütterlichen Ei geschlüpft?« Und er stieß mit fauchender Kehle einen gewaltigen Schrei aus. Als der Wolf das hörte, stöhnte er dreimal laut »Aaah« und fiel in plötzlicher Ohnmacht auf seinen Rücken.

Lange war er der Überzeugung, dass er sein weggeblasenes Haupt verloren habe und dass es über die getischen Schneefelder geflogen sei. Der Neffe richtete den seiner Sinne beraubten, halbtot am Boden Liegenden auf und rief: »Oheim, erhebe dich, setz dich hin! Oheim, wenn ich mich nicht täusche, bist du schläfrig. Geh doch zu Bett! Zu deinen Ehren hat die Mahlzeit länger als üblich gedauert.« Jener überhörte das Gesagte, ihm ging anderes durch den Kopf. Er bedauerte, das Haus dieser schrecklichen Bande betreten zu haben. Sein Verlangen zu verschwinden

Nec prius intrandi qui tunc erat ardor eundi,
Spes minus oblectat, quam metus angit edax.
Tunc ita dictator: “quid, patrue, volvis?” at ille:
“Quid pensem, rogitas? maxima monstra quidem!
Quis Satanas umquam vidit loca sacra petentes
Tot capita in sumptus ferre lupina suos?
Nonne bovina forent esu potiora suumque?”
Orator contra callidus ista refert:
“Patrue, nec sapiens sub religione videris,
Nec fueras, pravum cum sequereris iter;
Quae mihi, quid Scythicae vulpi, quidve egeris Indae?
Et, quid ego Hispanis, quae tibi cura, lupis?
Cum tua sedulitas nobis et nostra tibi assit,
Hostibus haec nostris, non tibi, poena venit.
Ansere meque times coram et vervece caproque?
Gensne alii genti faverit ulla magis?
Graece allec loquitur, trans Alpes biga fritinnit,
Tam canere hoc, quam nos extimuisse potes.
Tolle dapes, Ioseph, refer in cellaria cursim,
Provenit officio gratia pulchra pio,
Obsequiis iras, impensis damna lucramur!”
Ille caput raptum condidit atque redit,
Sicque gemit dicens: “heu pallet episcopus iste!
Concolor infirmo est, langueat oro parum;
Aut habet aut fingit quintanae frigora febris,
Commodius posset forsitan esse domi.”
Replicat orator: “io, quanta peritia Ioseph!
Quam bene formatus matris in aede suae est!
Pergere vult abbas, ideo fortassis abibit?

war stärker als zuvor sein Eifer einzutreten. Weniger erfreute ihn Hoffnung, als ihn nagende Furcht ängstigte.

Darauf der Pilgerführer: »Oheim, was überlegst du?« Und jener: »Du fragst, woran ich denke? An die allergrößten Ungeheuer! Welcher Satan hat jemals gesehen, dass Pilger so viele Wolfsköpfe als Proviant auf dem Weg zu den heiligen Stätten mitgenommen hätten? Wären nicht Rinder- und Schweineköpfe zum Essen viel besser geeignet?« Der schlaue Sprecher der Gruppe hielt dagegen: »Oheim, du scheinst weder im jetzigen Ordensstand klug zu sein noch warst du es, als du dich noch auf dem Weg des Bösen befandest. Was geht es mich an, was du einem skythischen oder indischen Fuchs antust? Und was geht es dich an, was ich mit spanischen Wölfen anstelle? Da dein Dienst uns und unser Dienst dir zugute kommt, trifft diese Strafe nur unsere Feinde, aber doch nicht dich.

Hast du Angst, wo doch der Ganter, ich, der Widder und der Bock bei dir sind? War jemals ein Geschlecht dem Geschlecht eines anderen freundlicher zugetan? Spricht ein Hering griechisch oder quietscht ein Karren über die Alpen und nennt man das Gesang, ist das genauso absurd, als wenn du dich vor uns fürchtest. Nimm das Essen, Joseph, und bring es schnell in die Speisekammer zurück! Ein schöner Dank ist uns zuteil geworden für unseren Dienst, für unser Entgegenkommen ernten wir Zorn und Schaden für unsere Ausgaben!«

Jener verstaute das hastig aufgehobene Haupt, kehrte zurück und sprach seufzend: »Ach wie blass ist der Bischof! Er sieht geschwächt aus. Ich bete, dass er nicht krank ist. Er hat oder simuliert Schüttelfrost des Fünftagefiebers. Es wäre vielleicht angenehmer für ihn, zu Hause zu sein.« Der Sprecher entgegnete: »Hei, was für eine Erkenntnis, Joseph! Wie gut wurde er unterwiesen im Haus seiner Mutter! Der Abt will fortziehen, aber ob er vielleicht deswegen tatsächlich aufbricht? Der Esel will so, sein Trei-

Optat sic asinus, tendit agaso secus;
Fas viget optandi, languet proventus agendi,
Optato paucis suppetit usque frui.
Vis permissus eat gratis bona nostra vorasse?
Consiliis saltem comparet illa suis!" –
Cetera dicturum vehemens intercipit hircus,
Ut qui doctorem nollet habere lupum:
"Non habet haec iustam, Reinarde, calumnia causam,
Vastavit nostrum non nimis ille penu.
Res minuit sparsas communis abusio, ritum
Hospitii tota testificata domo,
Hospitibus mos est animoque manuque gerendus:
Nostras atque suas solveret iste dapes?
Hospitis adventu densatur sumptus in omnes,
Pectoris affectum vox faciesque notant,
Egimus hoc isti rursumque libenter agemus,
Nimirum ut patruo sedula turba tuo.
Hactenus ergo illi scio nos servisse decenter,
Effice nunc summum, quaerit abire, iube!
Velle rogandus erat, quod nos rogat, ergo rogatum
Cum non obtineat, turba perita sumus?
Insipiens perdit parvis data magna negatis,
Prisca perit probitas deficiente nova,
Cur remeare vetes, cui non intrare negasti?
Ingressum decuit te vetuisse magis!
Consilium potius non experiamur euntis,
Quam nimis incumbat consiliantis onus,
Quid si consultor se paverit, ut tibi malles
Impastum reducem consuluisse nihil?
Consulit, ut reditum concedas: quando retentus
Consulet utilius? ter pluet ante trabes!

ber will anders. Mag der Wunsch auch stark sein, lässt er doch nach, wenn es an seine Umsetzung geht. [370] Nur wenigen ist es vergönnt, das Gewünschte auch zu genießen. Willst du, dass wir ihm gestatten, fortzugehen und unsere Vorräte ohne Bezahlung verschlungen zu haben? Möge er sie wenigstens durch kluge Ratschläge begleichen!«

Der stürmische Bock unterbrach den Sprecher in seiner Rede, als wenn er den Wolf nicht als Lehrmeister akzeptieren wolle: [375] »Diese Anschuldigung besitzt keine gerechte Grundlage, Reinhard. Jener hat unseren Vorrat nicht allzu sehr geplündert. Der gemeinschaftliche Verbrauch, den das ganze Haus als Regel der Gastfreundschaft bezeugt, hat die herumgereichten Vorräte verkleinert. Man muss den Gästen mit Herz und Hand zur Verfügung stehen. [380] Soll dieser Gast da für unseren und seinen Verzehr bezahlen? Bei Ankunft eines Gastes erhalten alle mehr. Stimme und Gesicht verraten, was das Herz fühlt. Wir haben ihn bedient und werden es gern wieder tun, sind wir doch zumal bei deinem Oheim eine hilfsbereite Schar. [385] Ich weiß also, dass wir ihm bisher gebührend gedient haben. Erweise ihm jetzt den höchsten Dienst. Er will gehen, fordere ihn also dazu auf! Man hätte fragen sollen, worum er uns bitten wollte. Sind wir denn noch bei Verstand, wenn er das Erbetene nicht erhält? Ein Narr verliert große Gaben, wenn er kleine verweigert. [390] Fehlt es an neuer Rechtschaffenheit, geht die alte zugrunde. Warum möchtest du ihm verbieten heimzukehren, dem du den Eintritt nicht verweigert hast? Den Eintritt zu verwehren, hätte dir besser angestanden! Lasst uns lieber auf den Rat des Scheidenden verzichten, als uns mit dem Ratgeber allzu sehr zu belasten. [395] Was, wenn der Ratgeber so viel isst, dass du lieber gewollt hättest, er wäre unbewirtet zurückgekehrt, ohne dich zu beraten? Sein Ratschlag war, ihm die Rückkehr zu gestatten. Wann könnte er Nützlicheres raten, wenn man ihn zurückhielte? Eher wird es dreimal Bäume regnen. Er bezahlt seine Mahl-

Discidio pensat cenam gratesque meretur,
Eventus tantum suspicionis habent."
Providus obiecit qui norat fallere rhetor
Nec poterat falli calliditate levi:
"Quemque loqui prohibes, nec cui tua grata loquela est,
Inter grandaevos plus sapit iste senes,
Consultor quaestorque bonus, quem dico patenter
Tot cumulasse artes quot senuisse dies;
Non equidem nobis hoc consultore carendum est,
Plus nobis dominae proderit iste meae.
Porro recedendi sit fas et tempus, et ipse
Renueret certe, si bene nosco fidem;
Creditis huc longo dignatum calle venire
Tam cito cognatos linquere velle suos?
Foedera per nostri generis rogo, sicubi malles,
Patrue, quam caros hic penes esse tuos."
Ruminat ille diu, quidnam respondeat apte,
Et perhibet tandem, quae sibi tuta putat:
"Quem fore me reris? cur nominor, haud quod inique
Aspernor? vellem patruus esse tibi!"
Intulit ille: "mei frater patris aestimo cum sis,
Dicere te patruum debeo iure meum,
Agnosco speciem, si vis, profitere, sonumque,
Nec, quia me miserum conspicis esse, neges."
Retulit ille: "quod est falsum, Reinarde, negabo,
Eliciunt mentem forma sonusque tuam,
Vocibus et formis non semper credere debes,
Sunt multi similes vultibus atque sono.
Non ego sum, quem me ipse refers, vice falleris ista,
Nomen idem teneo, sed lupus alter ego,
Nominor Ysengrimus, ut is, quem reris adesse,

zeit mit seinem Weggang und verdient Dank dafür. [400] Argwohn verdient nur seine Ankunft.«

Der vorausblickende Sprecher, der zu täuschen verstand, sich aber nicht durch eine kleine List täuschen ließ, hielt dagegen: »Den du hier am Reden hinderst und dem deine Rede nicht gefällt, ist unter den betagten Alten der Klügste, [405] ein guter Ratgeber und Verwalter, der, wie ich offen behaupte, so viele Kniffe kennt, wie er Tage alt ist. Für uns wenigstens ist dieser Ratgeber unentbehrlich. Mehr als wir alle zusammen wird er meiner Herrin von Nutzen sein. Gäbe es die Gelegenheit und Zeit, sich zu entfernen, er würde es [410] bestimmt ablehnen, wenn ich seine treue Gesinnung richtig einschätze. Glaubt ihr, dass er, der sich herbeigelassen hat, den langen Weg hierher auf sich zu nehmen, seine Verwandten so schnell wieder verlassen will? Bei unseren Familienbanden frage ich dich, Oheim, wo immer du lieber sein wolltest, als hier bei deinen Lieben?«

[415] Isengrim überlegte lange, was er füglich antworten sollte, und brachte schließlich etwas vor, bei dem er sich sicher glaubte: »Wer, denkst du, bin ich? Warum gibt man mir einen Namen, den ich nicht ohne Grund zurückweise. Ich wollte, ich wäre dein Oheim!« Reinhard gab zurück: Ich denke, weil du der Bruder meines Vaters bist, [420] habe ich das Recht und die Pflicht, dich meinen Oheim zu nennen. Ich erkenne deine Gestalt und deine Stimme. Gib es doch freiwillig zu, und leugne es nicht, weil du siehst, dass ich arm bin.« Jener erwiderte: »Was falsch ist, Reinhard, werde ich bestreiten. Das Äußere und der Klang verwirren deine Wahrnehmung. [425] Du darfst Stimmen und Erscheinungsformen nicht immer glauben. Viele gleichen sich in ihren Gesichtszügen und ihrer Stimme. Ich bin nicht der, als den du mich benennst, in diesem Fall täuscht du dich. Ich trage zwar denselben Namen, bin aber ein anderer Wolf. Ich heiße Isengrim wie der, von dem du glaubst, dass er vor dir steht. [430] Ich

Nomine sum compar, sed probitate minor;
Huius filiolum me glorior esse, sed ipsum
Ipsius aut prolem non potuisse queror,
Plaudo tamen fatis, quod nomine donor eodem,
Quod similem vultum porto sonique decus.
Elige consiliis, quemcumque probaveris aptum,
Annis praependet sarcina tanta meis,
Partita est hodierna quidem mihi vespera lustrum,
Aetas consilii pondere parva caret,
Vox iuvenum vento, seniorum traditur arcae;
Ire sinar, nulla est hic mihi causa morae,
Nolo inopes sumptu socios onerare diurno,
Quos nequeo sensu provehere atque fide."
Taliter annosi iuvenis sermone peracto
Subiungit placida voce magister ovans:
"Huc subito, huc socii, vervex et cerve caperque!
Filiolus patrui cogitat ire mei,
Mando tribus vobis, ut conducatis euntem,
Nos quamvis inopes diligit atque colit.
Ultimus hospitium tenor expleat: hospes iturus
Degustet dominae pocula quaeque meae;
Non hic tractetur peius, quam creditis ipsum
Vos lare tractandos proposuisse suo,
Gratia reddatur, quia nos dignatus adire est,
Utque iterum veniat, poscite, quando volet!"
Ysengrimus ad has voces haec verba subinfert,
Pocula dulcorem non habitura timens:
"Nosco vias, venio satis inconductus eoque,
Ante satis biberam, non modo plura bibam;
Res perdit, quicumque suas nolentibus offert,
Nil opus est addi praeter abire mihi."
Talia poscentem dictator mulcet amica

gleiche ihm beim Namen, weniger aber bei der Zuverlässigkeit. Ich rühme mich, sein Patenkind zu sein, und beklage, nicht er selbst oder sein Nachkomme sein zu können. Dennoch danke ich meinem Los, dass ich denselben Namen erhalten habe und dass ich ihm ähnlich bin im Gesicht und beim Wohlklang der Stimme. [435] Wähle für den Rat, wen auch immer du für geeignet erachtest. Für mein Alter wiegt eine so große Bürde zu schwer. Ich habe nämlich heute Abend mein erstes Jahrfünft zur Hälfte durchlaufen. Ein geringes Alter hat im Rat nur wenig Gewicht. Die Stimme der Jungen verweht der Wind, die der Alten bleibt im Gedächtnis. [440] Man lasse mich gehen, es gibt keinen Grund für mich, hier zu bleiben. Ich will die armen Gefährten nicht durch meinen täglichen Unterhalt belasten; ich kann ihnen mit meinem Verstand und meiner Freundschaft nicht helfen.«

Als der betagte Jüngling seine Rede beendet hatte, antwortete der Lehrmeister mit sanfter Stimme freudig: [445] »Hierher, Freunde, sofort hierher, Widder und Hirsch und Bock! Das Patenkind meines Oheims plant fortzugehen. Ich befehle euch dreien, ihm das Geleit zu geben. Obwohl wir arm sind, liebt und achtet er uns. Unsere Gastfreundschaft soll auf ihr Ziel zulaufen: Der scheidende Gast [450] möge jeden Becher meiner Herrin auskosten. Er soll nicht schlechter behandelt werden, als er selbst euch nach eurer Meinung in seinem Haus hätte behandeln wollen. Man statte ihm Dank ab, weil er uns seiner Gegenwart gewürdigt hat. Fordert ihn auf wiederzukommen, wann immer er möchte!«

[455] Auf diese Worte entgegnete Isengrim, der befürchtete, dass die Becher nichts Süßes enthalten würden: »Ich kenne die Wege, oft genug komme und gehe ich ohne Geleit. Auch habe ich zuvor genug getrunken, jetzt werde ich nicht mehr trinken. Wer seinen Besitz jemandem anbietet, der ihn nicht will, gewinnt nichts. [460] Es ist nicht nötig, dass ich noch etwas hinzufüge, nur dass ich gehe.« Auf diese Forderung hin besänftigte der Pilgerfüh-

Voce monens: "oro, dulcis amice, tace!
Patrinusne tibi est patruus meus? eius amore,
Quae fuerant illi, sunt facienda tibi,
Ut, cum compererit, si nos ipse hospes adisset,
Non eadem dubitet parta fuisse sibi."
Ductores praeiere, sequique eremita iubetur,
Quid faciat? gemino stringitur ipse malo:
Ire pavet, venisse dolet, promissa daturos
Pocula pone videns, limen abesse foris;
Incipit ire tamen paulatim saepe reflexis
Huc illucque oculis itque reditque diu.
Ostia Carcophas obiter servanda subibat,
Clamitat infido laniger ore minans:
"Bulgifer, ausculta, quid, si vis vivere, mandem!
Magnanimus Ioseph praecipit, ergo pave!
Per sanctos, quos quaero, nisi mea iussa sequaris,
Non erit exitio culpa redempta tuo!
Totas pande fores, tener Ysengrimulus ibit,
Tramite ne stricto transeat, aeger enim est;
Ardalio demens, tu si qua strinxeris illum,
Te prius exocula, quam videare mihi!"
Ianitor econtra: "blandiri desine, frater!
Sponte mea facerem – qualia iussus agam!
Multa iubes clamans, clamandi sentio causam,
Proficies ista calliditate nihil,
Scilicet alliciens hac hospitis arte favorem
Insignire mea te probitate cupis.
Nil veter aut iubear, sapiens facit absque iubente,
Quod prodest; quod obest, absque vetante cavet;
Si plus serviero, meus ut tuus extitit hospes,

rer den Wolf und ermahnte ihn mit freundlicher Stimme: »Ich bitte dich, liebster Freund, schweig! Ist mein Onkel nicht dein Pate? Aus Liebe zu ihm müssen wir für dich tun, was wir für ihn getan hätten, damit er, wenn er davon erfährt, nicht daran zweifelt, dass ihm dasselbe zuteil geworden wäre, wenn er uns als Gast aufgesucht hätte.«

Die Führer gingen voraus, der Klausner wurde ersucht, ihnen zu folgen. Was sollte er tun? Ihm drohte ein doppeltes Übel: Er fürchtete zu gehen und bedauerte gekommen zu sein, als er sah, dass die Überbringer der versprochenen Becher nah waren, fern aber die Tür. Dennoch setzte er sich allmählich in Bewegung, blickte um sich und machte immer wieder einen Schritt vor und einen zurück. Zugleich hatte Karkophas die Wache an der Tür übernommen, und der Wollträger drohte dem Unzuverlässigen mit lauter Stimme: »Sackträger, wenn du dein Leben behalten willst, höre auf meinen Befehl! Der hochherzige Joseph befiehlt, also zittere! Bei den Heiligen, zu denen ich pilgere: Wenn du meine Befehle nicht befolgst, wird deine Schuld nicht einmal durch deinen Tod gesühnt! Öffne sämtliche Türen, Klein Isengrimchen will aufbrechen. Er soll keinen beengten Durchgang passieren, ist er doch krank. Wahnwitziger Vielfraß, wenn du ihn auch nur irgendwie einschränkst, solltest du dir lieber deine Augen ausstechen, bevor du unter meine Augen kommst. Der Türhüter gab zurück: »Hör auf mit deinen süßen Worten, Bruder! Was man mir befiehlt, hätte ich schon freiwillig ausgeführt! Viele Befehle schreist du heraus. Ich kenne den Grund deines Geschreis. Doch wirst du mit dieser deiner Schlauheit nichts erreichen. Du willst dir mit dieser List die Gunst unseres Gastes erschleichen und dich mit meiner Redlichkeit schmücken. Man verbiete oder befehle mir nichts. Der Weise macht ohne Befehl, was nützlich ist; und vor dem, was schadet, hütet er sich ohne Verbot. Wenn ich mehr diene, ist er ebenso mein wie dein Gast. Ich will

Ut maior tibi sit gratia, nolo pati,
Tu bonus absque fide, solo clamore laboras,
Nil ego clamo, fidem sedulitate probans."
Credidit haec praesul dixisse fideliter illos,
Et magis audaci coeperat ire gradu,
Ianitor interea laxaverat ostia paulum,
"Hic", ait, "hic transi concitus, ista via est!"
Inter dicendum bis pulsans poplite dextro
Currere grandisono ter iubet ore senem.
Ille supersiliens veloci limina saltu
Transierat medium tutus adusque femur:
Carcophas onerosus erat, sex Fresidos orae
Mole boves aequans et tria grana salis,
Tanta mole fores adigens incumbit adactis,
Atterit attritis artius usque premens.
Abbas ut laqueo canis allidente tenetur
Aut quam viscosum rete coercet avem;
Non redit aut prodit, manet hac immotus et illac,
Mobiliorque inter marmora iuncta foret,
Ilia non stabant, intus compressa coibant,
Sic forium inflictu stringitur ille gravi.
Eohe quam vincto non curat credere vinctor!
Quam concordat inops cum locuplete parum!
Scit deus affectum vincti, scit vinctus et ipse!
Quam mora non animo grata morantis erat!
Hunc quasi nolentem procedere ianitor asper
Voce urget, pulsat poplite, calce ferit.
"Ostia", dicebat, "socii, patefacta videtis,
Nullorsumque gradi vult bonus iste cliens;
Quid moror hic? alio compellor, abire rogate!

nicht dulden, dass dir ein größerer Dank zuteil wird. Deiner Güte fehlt Verlässlichkeit, du arbeitest nur mit Geschrei. Ich hingegen schreie nicht und stelle eifrig meine Zuverlässigkeit unter Beweis.«

[495] Der Bischof gelangte zu der Auffassung, dass ihre Worte glaubwürdig seien, und begann, kühner auszuschreiten. Inzwischen hatte der Türhüter die Tür ein wenig frei gegeben und rief: »Hier, hier geh schnurstracks hindurch, das da ist der Weg!« Bei diesen Worten stieß er den Alten zweimal mit dem rechten Knie [500] und befahl ihm dreimal mit Stentorstimme, loszulaufen. Jener sprang mit einem schnellen Satz über die Schwelle und überquerte sie sicher bis zur Hälfte seines Oberschenkels: Karkophas war schwer, er wog so viel wie sechs Rinder von der friesischen Küste und drei Salzkörner. [505] Mit seinem vollen Gewicht schob er die Tür zu, lehnte sich dagegen, drückte gegen das Gedrückte und erhöhte den Druck immer mehr. Der Abt war gefangen wie ein Hund in einer sich zuziehenden Schlinge oder wie ein Vogel, den ein mit Leim bestrichenes Netz festhält. Er konnte weder vor noch zurück und hing fest auf beiden Seiten der Tür. [510] Zwischen zusammengefügten Marmorblöcken wäre er beweglicher gewesen. Seine Flanken hielten nicht stand, wurden nach innen gedrückt und berührten sich, so presste ihn der schwere Druck der Tür zusammen.

Ach, wie wenig kümmert es den Gefängniswärter, ob er dem Gefangenen glauben kann! Wie wenig haben arm und reich gemein! [515] Nur Gott weiß, wie dem Gefangenen zu Mute ist, und der Gefangene selbst. Wie wenig willkommen war die Verzögerung für den, der die Verzögerung erlitt. Der grobe Türsteher beschimpfte ihn, als wolle er nicht weitergehen, er stieß ihn mit dem Knie und trat ihn mit dem Huf. »Gefährten, ihr seht«, rief er, »dass die Tür offen steht. [520] Dieser gute Diener hier will uns aber um keinen Preis verlassen. Was stehe ich hier noch? Mich drängt es anderswohin, lasst mich gehen! Hätte ich das gewusst,

Ianua, si scissem, non patuisset adhuc,
Nullius hic causa peregrini stare tulissem,
Seria me rerum talia totque trahunt.
Nec petit hic standi veniam, nec stare quod ipsum
Hic patior, grates, quas mihi debet, agit,
Restituit pretium nutrita monedula merdam,
Gracculus et cuculo, quem fovet, hoste perit;
Dedo tibi officium, Ioseph, da nescio sane
Nec curo cuinam, quilibet illud agat,
Cuius ob insignes oculos ego ianitor essem,
Limen ubi semper, qui redit itque, tenet?"
Laniger obiecit: "praecepi tota patere
Ostia, nec curas providus esse semel;
Offero pignus, ut es nequam, quia quasseris illum
Parte sui quavis, perfide calo, lues!"
Ianitor "absit!" ait, "tu nempe patientia cernis
Ostia, non oculis credis, inepte, tuis?
Absit eum me astante quati! scit enim ipse, rogetur,
Non ultro hoc facerem, quin prius ipse mihi!
Tu saltem, Berfride, vide!" tunc hircus asello:
"Nonne", inquit, "video? si velit ire, potest,
Nescio, cur maneat, spontaneus ire recusat,
Ianua laxari latius ista nequit;
Hoc vere speculor, Ioseph quoque ridet iniquus,
Ostia contemplans laxa fuisse diu,
Invidet exprobratque tibi pravoque favore
Segnitiem spectat praesulis atque tacet.
Delirare liquet monachos iuvenesque senesque:
Primitus ingressi claustra verentur, amant;

wäre die Tür nicht bis jetzt offen gewesen. Wegen eines Fremden hätte ich es nicht übernommen, hier zu stehen. So schwerwiegende, so viele Angelegenheiten beanspruchen mich. Er bittet weder um Erlaubnis, hier stehen bleiben zu dürfen, noch stattet er mir den schuldigen Dank ab dafür, dass ich ihm erlaube, hier stehen zu bleiben. Die Dohle belohnt ihre Aufzucht mit Vogeldreck; die Krähe wird von dem Kuckuck getötet, den sie gefüttert hat. Ich überlasse dir mein Amt, Joseph. Wem du es überträgst, weiß ich nicht, und es kümmert mich auch nicht. Jeder Beliebige mag es ausüben. Wie soll ich wegen meiner ausgezeichneten Augen Türwächter sein, wenn immer jemand, der zugleich hinaus- und hereinwill, die Schwelle besetzt?«

Der Wollträger hielt dagegen: »Ich habe befohlen, dass die Tür ganz offen stehen soll, aber du bemühst dich nicht, auch nur einmal aufmerksam zu sein. Ich wette, unzuverlässiger Knecht, dass du es büßen wirst, solltest du ihn an irgendeiner Stelle gequetscht haben, bist du doch ein Nichtsnutz!« Der Türhüter rief: »Das sei ausgeschlossen! Siehst du nicht die offene Tür? Glaubst du deinen eigenen Augen nicht, du Narr? Es sei fern, dass er in meinem Beisein gequetscht werde. Er weiß es, man frage ihn. Von alleine würde ich das nicht tun, es sei denn, er hätte es zuvor mir getan. Schau wenigstens du her, Berfried!« Darauf erwiderte der Bock dem Esel: »Sehe ich etwa nicht hin? Wenn er gehen will, kann er es. Ich weiß nicht, warum er bleibt. Er weigert sich aus freien Stücken zu verschwinden. Die Tür kann man nicht weiter öffnen. Das sehe ich genau. Auch der neidische Joseph amüsiert sich, sieht er doch, dass die Tür die ganze Zeit offen steht. Er beneidet und tadelt dich, schaut in schändlicher Hoffnung auf Begünstigung der faulen Unbeweglichkeit des Bischofs zu und schweigt.

Es ist bekannt, dass Mönche, ob jung oder alt, nicht zurechnungsfähig sind. Kurz nach ihrem Eintritt fürchten und

Regula vilescit vix cognita, cumque gerendum
Quid foris audierint exierintque semel,
Vel nimis inviti vel numquam claustra revisunt –
Hos sequitur ritus hic eremita piger.
Nescio, sis abbas an tu patriarcha, quid haeres?
Ostia cum pateant, utquid abire negas?
Carmina nunc stares ad completoria iuste,
Quid tardas, demens? hinc, eremita, sali!
Quo tu, cerve, paras?" (etenim fingebat abire)
Expecta, sodes, dum patriarcha bibat!"
Cervus ad haec: "nondumne bibit? cur ergo venire
Incipit? utque abeat me duce, pergo prior;
Ioseph, nonne venit? mihi velle venire videtur."
Replicat ille: "tibi quando libebit, abi!
Ille manebit adhuc, cur hinc impotus abiret?
Grandibus est pateris ante abigenda sitis."
Cervus "itemque bibat rebibatque antistes, ego", inquit,
"Ambulo, maiorem non tolerabo moram,
Esuriens et sola domum mea cerva tuetur,
Si venies mecum, nunc, domine abba, veni!
Transiit hora, sali! non stabo diutius istic,
Hic mihi non tota nocte manere vacat;
Tu bene transieris, sed id ausus penderet alter,
At tibi vim Ioseph nemo tuente facit."
Obviat his Ioseph: "si debet, pendat et iste;
Dic, caper, estne reus? dixeris esse, luat."
Hircus ait: "non peior erit me iudice, quamvis
Perdiderit totum, quod probitatis habet."
Ingeminat Ioseph: "tacui satis, abba, recede!
Otia sectari nos tua posse putas?

lieben sie das Kloster. Kaum sind sie mit der Ordensregel vertraut, gilt sie ihnen nichts mehr, und wenn sie von auswärtigen Erledigungen hören und nur einmal das Kloster verlassen, kehren sie entweder äußerst ungern oder überhaupt nicht mehr zurück. Dieses heilige Gesetz befolgt auch dieser faule Einsiedler. [555] Ich weiß nicht, ob du nun Abt oder Bischof bist, was hält dich fest? Was weigerst du dich fortzugehen, wo doch die Tür offen steht? Richtigerweise stündest du jetzt bereit zur Komplet. Was zögerst du, Unisinniger? Mach dich schleunigst hinfort von hier, Einsiedler! Wohin willst du, Hirsch?« (er gab nämlich vor, gehen zu wollen) [560] Warte, Kamerad, bis der Bischof trinkt!«

Darauf der Hirsch: »Trinkt er noch nicht? Warum geht es erst jetzt los? Ich gehe schon mal hinaus, er folge meiner Führung. Er kommt doch wohl nach, Joseph? Mir scheint, dass er kommen will.« Jener erwiderte: »Geh nur fort, wann immer es dir beliebt! [565] Er aber wird erst einmal hier bleiben. Warum sollte er ohne Trunk gehen? Zuvor muss der Durst aus großen Bechern gelöscht werden.« Der Hirsch sagte: Der Bischof möge trinken und nochmals trinken, ich aber gehe. Einen weiteren Verzug werde ich nicht in Kauf nehmen. Meine Hindin hütet hungrig und allein das Haus. [570] Wenn du mit mir gehen willst, dann komm, Herr Abt! Die Zeit des Stundengebets ist vorbei, auf geht's! Ich bleibe nicht länger hier stehen. Ich habe nicht die Zeit, hier die ganze Nacht zu verweilen. Du kannst unbehelligt gehen. Ein anderer, der dies wagte, müsste bezahlen. Dich aber zwingt niemand, weil Joseph dich schützt.«

[575] Darauf erwiderte Joseph: »Wenn er etwas schuldig ist, muss auch er zahlen. Sag, Bock, hat er Schulden. Wenn du das bejahst, möge er sie begleichen.« Der Bock antwortete: »Meiner Meinung nach wird er nicht schlechter werden, mag er auch all seine Rechtschaffenheit verloren haben.« Joseph seufzte: »Ich habe lange genug geschwiegen, Abt, verschwinde! [580] Glaubst du, dass wir deinem

Aut intro redeas aut egrediaris oportet,
  Elige mox, quid agas, optio dicta viget!
Crede, cito aut abies aut te tardasse pigebit!"
  O quales gemitus tunc dabat ille miser!
Irridens gemitus exclamat degener hircus:
  "Hic missam media nocte eremita canit;
Laniger, ausculta, quam dulciter organa fundat,
  Tam bene, ni fallor, vix modularer ego!" –
"Sic tibi missa solet cantari?" laniger infit,
  "Nunc scio te psalmos non bene nosse tuos;
Affirmat verbum ille quidem – missamque putasti!
  Esse supra Scaldum vult cathegeta Remis."
Rearidus dixit: "vos tortum dicitis ambo,
  Doctus in hoc ego sum carmine vosque rudes;
Pluribus offensis cecidit, nunc illa fatetur,
  Scire volens, quo sint ipsa pianda modo."
Tunc caper: "o Ioseph, vera est sententia cervi,
  Postmodo quae nobis sint facienda, vide!
Excessusne suos exponet funditus omnes,
  Insimul ut positos indita poena lavet?" –
"Stultitia haec nobis", respondit laniger, "absit!
  Quid faciam, satis est absque monente ratum;
Suppetat assensor, qui sicut ego omnia penset,
  Non patiar culpas hunc recitare diu.
Quis scit, an in saltus vox transeat alta remotos
  Et possit scelerum poenituisse pares?
A tribus absolvi nobis fortasse nequibit,
  Quae veniet mores turba referre malos;
Absolvatur ab his, Brabantes cetera gaudent
  Corrigere, at nobis ista piare datum est."

Müßiggang nacheifern können? Entweder du kommst herein oder du gehst hinaus, entscheide dich schnell, was du machen willst. Die Entscheidung gilt! Glaub mir: Entweder du verschwindest schleunigst, oder du wirst dein Trödeln bereuen!«

Ach welch ein Stöhnen gab der Arme damals von sich! [585] Der gemeine Bock lachte über das Stöhnen und schrie: »Dieser Klausner singt mitten in der Nacht die Messe. Wollträger, hör nur, wie süß er seine Orgelpfeifen klingen lässt! Selbst ich könnte kaum so melodisch singen, wenn ich nicht irre.« – »Pflegt man die Messe bei dir so zu singen?« antwortete der Wollträger. [590] »Dann weiß ich jetzt, dass du deine Psalmen nicht gut kennst. Jener übt seine Rede ein – und du hast es für die Messe gehalten! Er möchte Lehrer werden in Reims jenseits der Schelde.«

Rearid warf ein: »Ihr beide redet Unsinn. Ich bin in diesem Gesang ausgebildet, ihr hingegen seid Laien. [595] Er ist vielen Anfechtungen erlegen, jetzt beichtet er sie und will wissen, wie er sie sühnen kann.« Darauf der Bock: »O Joseph, der Hirsch hat mit seiner Meinung recht. Überlege, was wir hierauf tun müssen! Soll er all seine Ausschweifungen ausführlich darlegen, [600] so dass er sie nach der Beichte durch die auferlegte Buße auf einmal sühnt?« – »Eine solche Dummheit sei fern von uns«, antwortete der Wollträger. Auch ohne kluge Vorschläge weiß ich, was ich zu tun habe. Stimmt mir jemand bei und beurteilt alles so wie ich, werde ich nicht zulassen, dass dieser seine Verfehlungen lange vorträgt. [605] Wer weiß, ob seine tiefe Stimme in die entlegenen Wälder dringt und diejenigen, die gleicher Verbrechen schuldig sind, zur Reue bewegen könnte? Wir drei können der Schar, die ihre Übeltaten zu beichten kommen wird, vielleicht keine Absolution erteilen. Diese sollen ihn lossprechen. Das Übrige zu bereinigen, dürfen die Brabanter [610] sich freuen; uns ist es aufgetragen, die vorliegenden Sünden büßen zu lassen.«

Tunc caper oblongum variumque trifurculat amen,
Concinnat bifidum furcula quaeque melos:
Ista velut bubo macer et rota putrida bigae,
Haec ut Arabs daemon gallicaque orca sonat,
Scansilis exiles bis crispat tertia phthongos,
Ut vox alta tubae summaque chorda gigae.
Undique deinde "feri!" nec vox sonat ulla nisi illud,
Excipiunt plena tunc pietate senem:
Cervus agit costas, caper armos, guttura vervex,
Atque inter calices verba benigna volant.
"Has ego", cervus ait, "costas adigoque ligoque,
Quas abigit positu macra inventa suo." –
"Incute tu costas; armis", caper infit, "adactis,
Ne nimis, ut timeo, succutiantur, agam."
Laniger "arcto", inquit, "fauces nimis hactenus amplas,
Patribus hoc memini vix placuisse meis."
Ha quotiens cervus, pulsans benedicite, clamat:
"Explora, frater, quid ferat iste calix!"
Ha quotiens hircus: "non sum caper, immo sacerdos,
Accipe quaesitam, sancte eremita, crucem!"
Ha quotiens vervex: "si mecum pergere Romam
Appetis, hic peram do baculumque tibi!"
Ha quotiens omnes: "Satanas haec pocula magnus
Sanctificet famulo multiplicetque suo!"
Iam non exterius convivae talia caro
Pocula pincernas continuare piget,
Sed quid pauca iuvant? dormitur forsitan intus?
Non curant famulas inseruisse manus?
Infra velle (licet non ultra nolle) sodales
Non queritur dantes intus adesse senex:

Darauf blies der Bock auf drei Hörnern ein langgezogenes, abwechslungsreiches Amen. Jedes Horn erzeugte eine zweifache Melodie: Das erste tönte wie ein abgemagerter Uhu und ein rostiges Wagenrad, das zweite wie ein arabischer Teufel und eine französische Fischtonne; [615] das dritte brachte schrill trillernd zwei hohe Töne hervor wie der hohe Klang einer Trompete und die höchste Saite einer Fiedel. Von allen Seiten erklang dann aber einstimmig: »Schlag zu!«

Da fielen sie mit frommer Inbrunst über den Alten her: Der Hirsch bearbeitete die Rippen, der Bock die Schultern und der Widder die Kehle. [620] Und zwischen den Bechern flogen wohlmeinende Worte hin und her. »Ich passe die Rippen ein und verbinde sie«, rief der Hirsch, »ihre Fehlstellung wurde durch die Magerkeit seiner Jugend bewirkt.« – »Stoß du die Rippen; ich widme mich den zusammengedrückten Schultern«, warf der Bock ein, »damit sie nicht, wie ich befürchte, allzu sehr erschüttert werden.« [625] Der Wollträger rief: »Ich drücke ihm den allzu weiten Rachen zusammen. Ich erinnere mich, dass dieser Makel schon meinen Vorvätern wenig gefallen hat.« Ach, wie oft rief der Hirsch bei der Austeilung des Segens: »Bruder, koste, was dieser Kelch enthält!« Ach, wie oft rief der Bock: »Kein Bock bin ich, sondern Priester. [630] Empfange, heiliger Einsiedler, das gewünschte Kreuz!« Ach, wie oft rief der Widder: »Wenn du vorhast, mit mir nach Rom zu wallfahren, gebe ich dir hier Pilgertasche und Pilgerstab!« Ach, wie oft riefen alle: »Der große Satan möge diese Becher seinem Knecht segnen und vermehren!«

[635] Es wurde den Mundschenken noch nicht zu viel, dem lieben Tischgenossen draußen solche Becher beständig zu verabreichen. Doch was brachten so wenige? Schlief man vielleicht drinnen? War ihnen nicht daran gelegen, mit ihren Händen zum Dienst beizutragen? Der Alte konnte sich nicht beklagen, dass die Kameraden drinnen [640] ihm weniger gaben, als er wollte, aber auch

Gallus terga, marem vulpes, caudam occupat anser,
Vellit is, hic mordet, calcitrat ille furens,
Non cuiquam monuisse vacat – se quisque monebat –
Ne, si quem moneat, non sibi forte vacet.
Qualiter astringit ferrum sub verbere forceps,
Sic angit caudam, sic premit anser ovans;
Astulat ut plancam bene mota dextra dolabra,
Sic cum carne pilos gallus ad ossa rapit;
Non tamen ille potest tantos sentire furores,
Reinardi feritas tam rabiosa furit.
Hospitii calices ut praesul sumpserat istos
Roboreque exhausto turba resedit hebes,
Tunc Ioseph claudi iubet ostia, paret asellus,
Auribus instillans murmura pauca lupi:
"A caris sociis huc tu conductus es usque,
Nunc, si quid pedibus fidis, amice, sali!
Nunc intende salire! sali, si quando salisti!
Iam matutinum convocat hora chorum;
Ne tamen hinc salias, nisi grates egeris ante,
Grandibus est meritis gratia parva satis.
Annuimus gratis discos paterasque dedisse,
Proventu medio pascua ventris eunt;
Exigimus grates, quia te conduximus omnes,
Offensam nobis materiare cave,
Imprimitur pollex palmae redeunte petitum
Hospite, qui gratus non fuit ante datis."
Supprimit ille minas et nobilitate silendi
Fungitur, in tempus servat agenda suum;
Quid stulto concepta semel prudentia confert?
Post sapere exiguum stultior usque manet,

nicht mehr, als er nicht wollte. Der Hahn nahm den Rücken, der Fuchs das Glied, der Ganter den Schwanz in Beschlag. Dieser zog, der dort biss und jener scharrte wie wild. Keiner nahm sich die Zeit für Anfeuerungen. Damit ihm nicht die Zeit fehle, in der er einen anderen ermunterte, feuerte sich jeder selbst an. [645] Wie die Zange das Eisen unter dem Hammerschlag festhält, so kniff und presste der frohlockende Ganter den Schwanz. Wie ein handliches, kräftig geschwungenes Beil von einem Brett die Späne fliegen lässt, so riss der Hahn die Haare mit dem Fleisch bis auf die Knochen aus. Dennoch fühlte der Wolf nicht diese so schmerzhaften Rasereien, [650] so sehr tobte sich die wütende Wildheit Reinhards aus.

Als der Bischof die Kelche der Gastfreundschaft geleert, die Schar sich verausgabt und ermattet hingesetzt hatte, schloss der Esel auf Befehl Josephs die Tür, wobei er den Ohren des Wolfs einiges einflüsterte: [655] »Bis hierher wurdest du von lieben Gefährten begleitet. Jetzt aber, Freund, springe fort, sofern du dich auf deine Füße verlassen kannst! Sei jetzt bereit zum Sprung! Spring, wenn du jemals gesprungen bist! Schon versammelt sich der Chor zur Morgenmesse. Dennoch solltest du nicht vorn hier fortspringen, ohne dich zuvor zu bedanken. [660] Für unsere großen Dienste reicht ein kleiner Dank. Wir waren einverstanden, Teller und Schalen umsonst zu füllen, das Weideland dient der allgemeinen Wohlfahrt. Wir erwarten aber Dank dafür, dass wir dich begleitet haben. Nimm dich jedoch in Acht, dass du nichts vorbringst, was uns beleidigt. [665] Für den Gast, der sich nicht für die ihm erwiesenen Wohltaten bedankt, hält man die Hand geschlossen, wenn er wiederkommt, um etwas zu erbitten.«

Jener hielt seine Drohungen zurück und hüllte sich in vornehmes Schweigen. Was er zu tun hatte, verschob er auf den richtigen Zeitpunkt. Was aber nützt einem Dummkopf ein einmaliger kluger Entschluss? [670] Nach dem kurzen Moment der Besinnung

Bis reticens apte, quater abdita vulgat inepte,
Tam bene nec celat, quam male deinde refert,
Quid prodest asino siluisse et dicere vulpi?
Vicisset celans, vincitur ipse loquens.
Audierat vulpes verba irridentis aselli,
Quod matutini carminis hora foret,
Atque cor indagare volens abeuntis, iturum
Lusuris patruum vocibus usus ita est:
"Bulgifer imprudens, alios, quam diximus istic,
Hunc matutinos dicere velle putas?
Restitit haec ad verba senex hostique perito
Ludificandus, avens ludificare, refert:
"Cantasti, Reinarde, tuos; ego differo nostros,
Nondum cantandis suppetit hora meis;
In lucem suspendo meos multumque diurnos
Cogito nocturnis dissimilare tonos,
Diximus obscuros istic, octavaque lecta est
Lectio, servatur nona legenda mihi.
Nunc habet iste suam, nunc parvulus ille placentam,
Et ratis in portu plena diebus adest;
Non bene servo vicem cantores solus in octo,
Alterius partis cras schola maior erit,
Matutina mei venient ad carmina fratres,
Qui laudes secus ac hircus et anser agant!" –
"Patrue", rhetor ait, "patruus (cur vera negarem?)
Hactenus ut fueras, tu mihi semper eris;
Nonne potest munire deus, quem somnia terrent?
Iurgia sunt leges ad dirimenda datae;
Quod si iudicio nostros commiseris actus,
Hic, quod ames, factum est; unde querare, nihil.

bleibt er fortan umso dümmer. Wenn er zweimal Geheimnisse zu Recht verschweigt, posaunt er sie hinterher viermal aus; nichts kann er so gut verbergen, wie er es anschließend schlecht ausplaudert. Was nützt es, mit dem Esel geschwiegen zu haben und mit dem Fuchs zu reden. Durch Schweigen hätte er gesiegt, durch Reden wurde er besiegt.

Der Fuchs hatte die Worte des höhnenden Esels vernommen, dass die Stunde des morgendlichen Messgesangs gekommen sei, wollte erfahren, was der Scheidende im Schilde führte, und redete seinen aufbrechenden Oheim mit spöttischen Worten an: »Dämlicher Sackträger, glaubst du, dass dieser noch andere Messgesänge anstimmen will als diejenigen, die wir hier gesungen haben? Auf diese Worte blieb der Alte stehen und antwortete dem schlauen Feind, den er liebend gern betrügen wollte, aber doch selbst der Betrogene sein musste: »Du hast deine Messe gesungen, Reinhard. Ich warte noch mit meiner, noch ist die Stunde für meinen Gesang nicht gekommen. Ich warte das Tageslicht ab und denke, dass sich die Melodien bei Tage deutlich von denen der Nacht unterscheiden. Wir haben hier dunkle Gesänge gesungen und die achte Lesung gelesen; die neunte Lesung ist mir vorbehalten. Mal bekommt das eine Kind, mal das andere den Kuchen, und im Hafen liegt ein Schiff voller Tage. Es passt nicht, dass ich als einzelner gegen acht das Responsorium singe. Morgen wird ein größerer Chor für den Wechselgesang zugegen sein. Meine Brüder werden zur Frühmesse erscheinen und das Morgengebet anders als Bock und Ganter intonieren!«

»Oheim«, rief der Wortführer, »denn mein Oheim bist du bisher gewesen und wirst du immer bleiben, warum soll ich die Wahrheit leugnen? Kann Gott nicht den behüten, dem seine Träume Furcht einjagen? Gesetze wurden erlassen, um Streitigkeiten beizulegen. Wenn du unsere Taten vor Gericht bringen willst, so ist hier nur geschehen, was du liebst, und nichts, worüber

Quamvis ipse neges, ob qualem nescio causam,
Lustra tibi certum est octo fuisse quater,
Omnis eo veniens aetatis oportet ut isto
More salutetur, si iuvenescere avet,
Ergo ut, qualis eras dictus te teste, redires,
Antidotum pietas hoc tibi nostra dedit.
Talibus obsequiis debentur flagra minaeque?
Par Satanae est, qui vult impius esse pio;
Si vis, pro reduci nobis gratare iuventa,
Istud ave ex nostra sedulitate refers,
Lentior extiteras annis quam temo bilustris,
Ianua nostra tibi est omine visa bono.
Nunc fore coepisti tener, ut faba trima, catellus,
Pax tibi sit! quo vis, vade, catelle tener!
Pax tibi! vade alacer! quotiensque redisse senectam
Senseris, hic semper parta iuventa tibi est:
Ob quod ad ista novum cantasti limina carmen,
Nunc tibi sit simplum, post erit usque duplum!"
Praesul ad haec: "hic laureolum tibi currit, ut optas,
Iusta refert meritis hora quibusque vices;
Multa in vasa quid hoc fundam? servistis honeste,
Taliter, haud aliter, vos amo, sicut amor,
Nec mihi servitum satis est, offertis agendum,
Cladibus hoc deerat ius synodale meis;
Olim non fuerat legis mihi cura sequendae –
Nescio quis statuet nunc mihi legis onus?
Candidiore novo veterem non cambio callem,
Tardum est annosos discere vincla canes.
Lege mea potior, sum praesul ego atque decanus,
Cras synodum mando, conveniemus item;

du dich beklagen könntest. Obwohl du es selbst abstreitest – warum, weiß ich nicht –, steht fest, dass du viermal acht Jahrfünfte zählst. Es gehört sich, dass jeder, der dieses Alter erreicht hat, auf diese Weise gegrüßt wird, wenn er wieder jung zu werden wünscht. [705] Um dich also wieder zu dem zu machen, der du nach eigener Aussage gewesen bist, hat unsere Nächstenliebe dir diese Arznei verabreicht. Verdienen solche Dienste Schläge und Drohungen? Der gleicht dem Teufel, der dem Guten Böses will. Wenn du willst, danke uns für deine wiedererlangte Jugend. [710] Unsere Dienstfertigkeit gewährt dir diesen Abschiedsgruß. Du warst mit den Jahren langsamer geworden als ein zehnjähriger Wagen. Ein glückliches Geschick ließ dich unsere Tür erblicken. Jetzt aber beginnst du wieder als kleines Wölflein, zart wie eine dreijährige Bohne. Friede sei mit dir! Geh, wohin du auch willst, zartes Wölflein! [715] Friede mit dir! Entferne dich hurtig! Jedes Mal, wenn du spürst, dass das Alter zurückkehrt, wird dir hier die Jugend zurückgegeben: Dasjenige, weswegen du auf dieser Schwelle ein neues Lied gesungen hast, sei dir diesmal nur einfach gewährt, zukünftig bekommst du es doppelt.«

Darauf der Bischof: »Hier läuft deine Scheibe wie gewünscht. [720] Die Stunde der Gerechtigkeit wird den Wechsel einläuten nach den Verdiensten eines jeden. Warum soll ich das in viele Gefäße gießen? Ihr habt ehrenvoll gedient. Genauso und keinesfalls anders, wie ihr mich liebt, liebe ich euch. Ich bin noch nicht genug bedient. Ihr bietet an, man müsse mehr tun. Dieses Synodalrecht kam bei meinen Niederlagen noch nicht zur Anwendung. [725] Vormals kümmerte es mich nicht, das Gesetz zu befolgen. Will jetzt jemand, ich weiß nicht wer, mich mit dem Gesetz belasten? Ich wechsle nicht von einem alten auf einen neuen helleren Weg. Es ist zu spät, alte Hunde an die Leine zu gewöhnen. Ich verfahre nach meinem eigenen Gesetz, ich bin schließlich Bischof und Dekan. [730] Für morgen setze ich eine Synode an, dann

Quam mihi vestra fuit pietas accepta, docebo,
    Cum fuerit synodi contio lecta meae,
Si non Reddidero sumptis aequalia saltem,
    Perfidior Suevo iudicer atque Geta!"
Exilit inde senex, vetuissent repere plagae,
    Praebebant vires ira dolorque recens;
Tunc iubet excubias caute Reinardus agendas,
    Hostica ne subitas inferat ira manus.
Ter stadium senior discesserat, elicit alto
    Murmure fautores pone proculque suos,
Iam brevis undenos conflaverat hora sodales:
    Ante alios omnes Gripo Triventer adest,
Abbatis socer ille fuit, cursuque rapaci
    Ysengrimigenae tres comitantur avum:
Magna salus ovium, Larveldus Cursor, avique
    Cum facie nomen Grimo Pilauca tenens,
Et numquam vel paene satur Septengula Nipig;
    Griponis subeunt pignora deinde duo:
Guls Spispisa prior, post natur Gvulfero Worgram;
    Hos inter sequitur Sualmo Charybdis Inops
Et proles amitae Griponis, Turgius Ingens
    Mantica, quo genero Sualmo superbus erat,
Sualmonisque nepos, Stormus Varbucus, et audax
    Privignus Stormi, Gulpa Gehenna Minor,
Hinc patruus Gulpae, Sualmonis avunculus idem,
    Olnam cognomen Maior Avernus habens.
His mala, quae tulerat, lupus auctoresque malorum
    Detegit et queritur, poena vovetur, eunt,
Paulo luce prius prorumpitur, armaque clamant,
    Tam male laturi, quam bene ferre rati;

kommen wir wieder zusammen. Wenn ich die Synodalversammlung zusammengerufen habe; werde ich darlegen, wie angenehm mir eure Nächstenliebe war. Wenn ich die empfangenen Wohltaten nicht mit gleicher Münze heimzahle, soll man mich für weniger vertrauenswürdig als einen Sueven oder Geten halten!«

[735] Der Alte sprang davon. Seine Wunden hätten ihn eigentlich nicht einmal kriechen lassen, doch Verbitterung und frische Wut verliehen ihm Kräfte. Darauf befahl Reinhard vorsichtshalber, Wachen aufzustellen, damit nicht der zornige Feind mit seinen Truppen überraschend angreifen könne. Drei Stadien hatte der Alte zurückgelegt. Mit seinem lauten Geheul [740] rief er seine Freunde von nah und fern herbei. Innerhalb einer Stunde hatte er elf Gefährten zusammengetrommelt.

Vor allen anderen war Greifer Dreiwanst zur Stelle, er war der Schwiegersohn des Abtes. In raschem Lauf kamen drei Abkömmlinge Isengrims, um ihren Großvater zu begleiten: [745] Läufer Leerdasfeld, die große Zuflucht der Schafe, dann Grim Gänserupf, der seinem Großvater ähnelte und seinen Namen trug, schließlich der nie oder fast nie satte Siebenschlund Schlürfer. Es folgten zwei Söhne Greifers: der Erstgeborene Völler Fressfress und der Zweitgeborene Wolfer Würgdenwidder. [750] Mit ihnen kamen Schwalm Charybdis, der Unersättliche und Nachfahre der Tante Greifers, sowie Schwelldenwanst Gewaltiger Sacktasch, auf den sein Schwiegervater Schwalm stolz war. Sodann Schwalms Enkel Sturm Rollbauch und der tapfere Stiefsohn Sturms Schlemmviel Höll der Jüngere, [755] und schließlich Allfass mit dem Beinamen Höll der Ältere, der Schlemmviels Onkel wie auch Schwalms Oheim war. Ihnen legte der Wolf unter Klagen das Elend dar, das er erlitten hatte, und dessen Urheber. Sie schworen Rache und machten sich auf den Weg. Kurz vor Morgengrauen brach man hervor, und sie riefen zum Kampf, der so schlecht [760] für sie ausgehen sollte, wie sie glaubten, dass er gut ausginge. List wandte das Unheil zum

Profuit arte malum, cessit victoria victis,
Invia robusto munia cautus adit.
Hospitis irati praesenserat excuba pernox
Terribilem reditum praemonuitque suos;
Gallus, cervus, ovis, caper, anser, caprea, vulpes
Alta petunt, solita mobilitate leves,
Consedere super celsi pinnacula tecti,
Eventusque suos operiuntur ibi,
At tam mole sui quam consuetudine deses
Ad cumulum feni stabat asellus edens.
Assiliunt hostes coniuratamque ruinae
Unanimi stipant obsidione domum;
Sero fere metuens, asinus fenile per altum
Tendit, ubi socios suspicit esse suos,
Antera iam tectum tenet ungula, postera fenum,
Unde salus fieret sive ruina semel,
Nec miser ascensor nec felix esse videtur,
Perdere tam facilis quam retinere fugam.
A pluteo tecti, suspenso corpore quantum
Occupat interstans, subter acervus erat;
Tunc asinus magno se proripit impete sursum,
Calx obiter labens postera lusit eum;
Succidit ille labans retro, saltusque supinans
Non asinum attollens in sua terga rotat,
Ut mons ille ruit, sub cuius pondere vasto
Illiduntur humi Turgius atque socer.
Vertit in auxilium iacturam provida vulpes
Taliter: "o demens, iussimus ista tibi?
Muribus his opus esse putas? quin arripe primum
Archilupum turbae totius hucque rota!
Inde tene seriem, maioribus adde pusillos,
Donec compereris non superesse pilum.

Guten, der Sieg fiel den Besiegten zu. Der Listige nimmt die Burg ein, die der Gewalt trotzt.

Die Nachtwache hatte die furchterregende Rückkehr des wütenden Gasts bemerkt und die Ihren gewarnt. [765] Hahn, Hirsch, Widder, Bock, Ganter, Reh, Fuchs, leicht und beweglich, wie sie waren, kletterten nach oben, setzten sich auf den First des aufragenden Daches und warteten dort ab, was mit ihnen geschehen würde. Nur der Esel, der durch sein Gewicht und von Natur aus träge war, [770] stand bei einem Heuhaufen und fraß. Die Feinde stürmten heran und umzingelten in einmütiger Belagerung das Haus, das zu zerstören sie sich geschworen hatten. Die Furcht befiel den Esel fast zu spät. Er stieg auf den Heuhaufen und strebte dorthin, wo er seine Gefährten sah. [775] Die Vorderhufe waren schon auf dem Dach, die hinteren standen im Heu. Seine Lage brachte ihm mit einem Mal Rettung oder Untergang. Der Kletterer schien weder unglücklich noch glücklich zu sein und ebenso leicht die Flucht verspielen wie gewinnen zu können. Der Haufen unten war von dem Rand des Daches so weit entfernt, [780] wie der Esel in voller Streckung lang war. Da sprang der Esel in einem Kraftakt hoch, dabei glitten seine Hinterhufe aus und machten sein Vorhaben zunichte. Er wankte und fiel rückwärts. Der Sprung brachte den Esel nicht nach oben, sondern drehte ihn und warf ihn auf den Rücken. [785] Er stürzte wie ein Berg, und unter seiner ungeheuren Last wurden Schwelldenwanst und sein Schwiegervater auf den Boden gepresst.

Der kluge Fuchs wendete diese Kalamität in einen Vorteil um, indem er rief: »Wahnsinniger, haben wir dir das befohlen? Glaubst du, dass wir solche Mäuse brauchen? Greif dir doch lieber [790] den obersten Erzwolf der ganzen Meute und schleudere ihn hierher! Dann nimm sie dir der Reihe nach vor, erst die Großen, dann die Kleinen, bis du merkst, dass nicht einmal ein Härchen übrig ist.

Me miserum, quod non plures huc appulit error!
Hos penitus geminum lambimus ante diem!
Iussa facis, demens, Gerardus an irruet anser?
Nec sinet hic caudam nec remanere caput!"
Anser deinde cavum proflans et fortiter alas
Concutiens gestum paene volantis habet;
Diriguere hostes, porro consurgere necdum,
Qui ruerant, poterant, fit timor atque tremor,
Nec mora, quot capitum, tot circumquaque viarum,
Primum, cuius amor moverat arma, fugit.
Venerunt pariter, multum rediere dirempti,
Quo versi steterant, posteriora ruunt;
Turgius et Sualmo tandem consurgere nisi
Vix sua digesto membra tulere solo,
Utque iter areptum est, omnes post terga relinquunt,
Qui nisi fuerant praecelerasse diu;
Sic asinus victus Reinardi vicerat astu,
Unius et clades omnibus egit opem.

Crastina lux aderat, mirantur gallus et anser
Tot vulpis victos arte fuisse lupos,
Iamque retractantes sollertia facta, futuri
Oderunt socium suspicione doli;
Disponens igitur leni facienda susurro,
Sprotinus socium format ita atque monet:
"Versutus nimis iste mihi, Gerarde, videtur,
Nec nos in fatua simplicitate sumus;
Exiguum non est, ubi sit fallacia, nosse,

Ach ich Armer, dass ihre Fehleinschätzung nicht noch mehr von ihnen hierher getrieben hat! Diese haben wir in weniger als zwei Tagen aufgeschleckt. Führst du die Befehle aus, Wahnsinniger, oder soll Ganter Gerhard auf sie losgehen? Er wird weder Kopf noch Schwanz übrig lassen.« Darauf blies der Ganter seinen Hals auf, schlug heftig mit seinen Flügeln und machte Anstalten loszufliegen.

Die Feinde erstarrten. Die Gestürzten konnten sich nicht mehr erheben, Furcht und Schrecken griffen um sich. Es gab kein Halten mehr. Wie viele Köpfe es waren, so viele Fluchtwege nahmen sie. Als erster floh, dem zuliebe sie in den Kampf gezogen waren. Gemeinsam waren sie gekommen, ziemlich versprengt kehrten sie zurück. Entgegen der Richtung, in der sie sich aufgestellt hatten, stürzten sie zurück. Schwelldenwanst und Schwalm standen endlich auf, auch wenn sie ihre Gliedmaßen kaum aus der Vertiefung erheben konnten. Sobald sie den Weg erreicht hatten, ließen sie alle hinter sich zurück, die ihnen schon lange Zeit vorausgeeilt waren. So trug der besiegte Esel durch Reinhards List den Sieg davon, und die Niederlage eines einzigen machte sie alle stark.

## *Fuchs und Hahn*

Die Sonne war aufgegangen. Hahn und Ganter staunten, dass so viele Wölfe durch die List des Fuchses besiegt worden waren. Als sie die klugen Taten überdachten, wandten sie sich von ihrem Kameraden ab, weil sie ihn wegen künftiger List beargwöhnten. Sprotin plante also, was zu tun sei, und instruierte seinen Gefährten mit leisem Flüstern und warnte ihn: »Dieser dort scheint mir allzu schlau zu sein, Gerhard. Aber auch wir sind nicht töricht und einfältig. Es ist nicht unwichtig zu wissen, wo der An-

Cognita vitatur vel minus anguis obest.
Ad nostram redeamus humum, quaesita profecto
Sat loca sanctorum credo fuisse mihi,
Transmutemus iter, nihil aestimo sanius esse,
Nam mora suspecta est, demptaque causa morae.
Coniugium expletum est, cui decrevere necari
Altilium domini quadrupedumque mares,
Nec portanda foco Carcophas ligna veretur,
Omnia sunt isto percelebrata die;
Res igitur finem, quae nos praestrinxit, ut huius
Reinardi comites efficeremur, habet.
Quem bene si novi, non nostra ex stirpe quis umquam
Longa pace fuit nec comes eius erit;
Nec, quia iurarit, veracior esse putetur,
Iurant multa, quibus creditur usque parum,
Frangere fraus citius, quod iurat fortius, audet;
Iurandi non est indiga vera fides,
Iuravit nobis Reinardus, crede fidelem!
Vult tibi, quod voluit patribus ante tuis.
Servat adhuc farto iuratum foedus omaso,
Foedus obit, postquam desinit esse satur;
Ad libertatem peccandi surgit egestas,
Esse nihil crimen praeter egere putat,
Nec, sibi dum prosit, curat, quam pluribus obsit,
Hac timor atque pudor consiliante cadunt.
Clam rapienda fuga et subito est; si noverit hostis,
Propositum insidiis anticipabit iter."
Ille susurrantes attendens prodit et infit:
"Unde timor, socii? Nonne abiere lupi?"

schlag passiert. Einer Schlange, die man entdeckt hat, kann man ausweichen, oder sie schadet weniger. Lass uns nach Hause zurückkehren. Ich glaube, ich habe wahrlich genug Stätten der Heiligen aufgesucht. Lass uns einen anderen Weg einschlagen. Nichts ist vernünftiger, denke ich.

Zu bleiben ist riskant, und ein Grund zu bleiben besteht nicht mehr: Die Hochzeitsfeier ist vorbei, für welche die Herrschaft beschlossen hatte, die männlichen Vögel und Vierfüßer zu töten. Auch Karkophas fürchtet nicht mehr, Holz zum Herd tragen zu müssen. Das Fest war an diesem einen Tag vollständig zu Ende. Damit ist also auch der Umstand, der uns gezwungen hat, Gefährten dieses Reinhard zu werden, nicht mehr gegeben. Wenn ich ihn richtig kenne, ist noch nie einer aus unserem Geschlecht lange in Frieden gelassen worden und wird auch nicht lange sein Gefährte sein. Man darf ihn nicht für glaubwürdiger halten, weil er einen Eid geleistet hat. Sie schwören vieles, denen man bisher nicht über den Weg getraut hat. Die Hinterlist traut sich umso schneller, das Geschworene zu brechen, je stärker sie ihren Schwur bekräftigt. Echte Glaubwürdigkeit bedarf keines Schwurs. Reinhard hat uns einen Schwur abgelegt, halte du ihn für verlässlich! Er will dir antun, was er auch schon deinen Vorvätern antun wollte. Er hält das beschworene Bündnis, weil sein Magen gefüllt ist; er bricht es genau dann, wenn er aufgehört hat, satt zu sein. Not erlaubt sich die Freiheit zu sündigen. Nur Not zu leiden, hält sie für ein Verbrechen, und sie schert sich nicht darum, wie vielen sie schadet, solange es ihr nur nützt. Beherrscht sie das Denken, liegen Furcht und Scham danieder. Wir müssen heimlich und unverzüglich fliehen. Wenn unser Feind dahinterkommt, wird er mit seinen Listen unserer geplanten Flucht zuvorkommen.«

Jener bemerkte ihr Geflüster, trat hervor und sagte: »Woher die Angst, Kameraden? Sind die Wölfe nicht verschwunden?« Da

Cogitat hic gallus: "tu nondum, frater, abisti,
Tu mihi vis sane quod lupus esse tibi!"
Addidit astutus rhetor: "quae causa pavendum
Suadet, ubi gaza est, religio atque favor?
Stultus tuta timens fit tutus, quando timendum est,
At sapiens trutina pendit utrumque sua.
Este penes socium tuti, coram hoste pavete,
Non me vos aliqua fraude notastis adhuc;
Septima cras lux est, nunc sexta, nec utor in istis
Carne domi, nedum cum loca sacra petam;
Qui caret ipse fide, nullum putat esse fidelem,
Si bona vestra fides, et mea nota foret.
Comiter errantem sapiens supportat amicum,
Non vos pro modico crimine trudo foras,
Nunc iterata sacris habeat concordia pondus,
Ut duplicem culpam foedera fracta trahant;
Neve viam sacram, quamvis sit dura, timete,
Dulce nihil meruit, qui nihil acre tulit."
Gallus ad haec: "nosti, quae dicebamus, et ac si
Verum nescieris, cetera fingis", ait,
"Iactabamus enim, quod nostris protinus herbis
Exhibuit iuvenem ianua docta lupum.
Ergo, quod simulas nos velle recedere, mirum est,
Nam nos non dubitas velle coesse tibi,
Quin, ne nos famulos tibi dedignere, veremur,
Nec tua mens nobis, sed tibi nostra patet;
Ne spes nostra labet, iuretur utrimque secundo,
Et grates, si nos non reprobaris, habe!"

gab der Hahn zu bedenken: »Du bist noch nicht fort, Bruder, Was der Wolf für dich ist, willst du zweifellos für mich sein!« Der schlaue Wortführer fuhr fort: »Welcher Grund weckt deine Furcht, wo doch Vorräte vorhanden sind und Frömmigkeit und Zuneigung? Der Dumme empfindet in Sicherheit Furcht und fühlt sich sicher, wenn er sich fürchten sollte. Der Kluge wägt beides auf seiner Waage ab. Fühlt euch sicher bei eurem Gefährten, fürchtet euch, wenn ein Feind zugegen ist. Ihr habt mich bisher noch nicht bei einem Betrug erlebt. Morgen ist Sonnabend, heute Freitag. An diesen Tagen esse ich zu Hause kein Fleisch und schon gar nicht, wenn ich zu den heiligen Stätten pilgere. Wer selbst Treue vermissen lässt, hält niemanden für treu. Ist eure Treue aufrichtig, solltet ihr auch meine kennen. Der Weise erträgt leichthin den Irrtum eines Freundes. Wegen eines kleinen Vergehens stoße ich euch nicht vor die Tür. Lasst uns unsere Übereinkunft mit heiligem Schwur erneuern und so bekräftigen, dass ein Bruch des Bündnisses doppelte Schuld nach sich zieht. Schreckt nicht vor der Pilgerfahrt zurück, auch wenn sie beschwerlich ist. Wer nichts Bitteres verträgt, verdient auch nichts Süßes.«

Darauf antwortete der Hahn: »Du weißt, was wir tatsächlich gesagt haben, und als ob du die Wahrheit nicht kenntest, erfindest du alles andere. Wir gratulierten uns nämlich, dass die gelehrte Tür den Wolf mit unseren Arzneikräutern auf der Stelle zum Jüngling gemacht hat. Es ist daher merkwürdig, dass du vorgibst, wir wollten umkehren. Denn du zweifelst doch nicht, dass wir bei dir bleiben wollen. Ja wir fürchten sogar, dass du uns als deine Diener verschmähst. Wir kennen nicht deine Einstellung, du aber kennst unsere. Damit unsere Zuversicht erhalten bleibt, möge beiderseits ein zweites Mal geschworen werden. Sei bedankt, wenn du uns nicht zurückweist!«

Quamvis crediderat repetito foedere lusus
Dictator socios velle manere suos,
Ieiunare minus rupto pro foedere gallum
Terret, quam certa morte carere iuvat.
"Nunc propera, Gerarde comes, fortasse manemus
Incolumes hodie, cras comedemur", ait,
"Eia mox, dum nulla fugam cautela coercet!"
His dictis celerem corripuere viam,
Sed cervus simul atque asinus, vervexque caperque
Hi nondum dominam destituere suam.
Sentit abisse duos nec curans fracta fuisse
Foedera Reinardus damna uterina dolet;
Tunc baculum secum peramque prehendit abitque,
Quaesitumque diu non reperire potest,
Denique plena videns intra granaria gallum,
Insidias cassa calliditate parat.
"Heus!" inquit, "Sprotine comes, cur solus abisti
Omnibus ignaris sollicitisque tui?
Debueras saltem, licet incomitatus abires,
Dicere, ubi sociis inveniendus eras!
En egomet longo quaesitum tempore tandem
Vix isto potui te reperire loco."
Ille refert: "frustra quaerebar, sponte redissem,
Cum reditum nossem profore posse mihi."
Intulit hostis: "ita est, sed solum miror abisse,
Heu meruit nostrum nemo tibi esse comes?
Me taceo, quem semper amas te semper amantem,
Cetera se spretis te dolet isse phalanx,
Sacraque vota nimis per te dilata queruntur,
Et nullo, donec veneris, ire volunt;
Nunc, nostri dum cura deum movet, accipe peram

Obwohl der Anführer durch das neu aufgelegte Bündnis getäuscht wurde und glaubte, dass seine Gefährten bleiben wollten, schreckte es den Hahn weniger, für den Bruch des Paktes zu fasten, als es ihn freute, dem sicheren Tod zu entgehen. Er sagte: »Jetzt beeile dich, Gefährte Gerhard, vielleicht bleiben wir heute noch unversehrt, morgen aber werden wir gefressen. Nur zu, solange noch keine Vorbeugemaßnahme unsere Flucht verhindert!« Mit diesen Worten machten sie sich schleunigst auf den Weg. Doch der Hirsch und der Esel und der Widder und der Bock ließen ihre Herrin noch nicht im Stich.

Reinhard bemerkte, dass die beiden fortgegangen waren. Während ihn der Bruch des Bündnisses nicht kümmerte, schmerzte ihn der Verlust für seinen Magen. Da ergriff er seinen Pilgerstab und seine Tasche und ging fort. Den Gesuchten konnte er lange nicht finden. Endlich entdeckte er den Hahn in einem vollen Kornspeicher und stellte ihm mit vergeblicher Schlauheit nach. »He!« rief er, »Sprotin, mein Gefährte, warum bist du allein aufgebrochen ohne unser aller Wissen, die wir voller Sorge um dich sind? Du hättest wenigstens, wenn du schon ohne Begleitung fortgehst, sagen müssen, wo die Gefährten dich hätten finden können! Schau, ich habe dich kaum und endlich nach langer Suche an diesem Platz hier entdeckt.« Jener entgegnete: »Man hat mich umsonst gesucht. Ich wäre freiwillig zurückgekehrt, wenn ich gewusst hätte, dass die Rückkehr mir nicht schaden würde.« Der Feind gab zurück: »So ist es. Doch wundere ich mich, dass du allein aufgebrochen bist. Hatte keiner von uns es verdient, dich zu begleiten? Um von mir zu schweigen, den du immer liebst und der dich immer liebt, schmerzt es doch die übrige Schar, dass du sie verschmähtest und fortgingst. Sie klagen, dass die gelobte Pilgerfahrt durch dich allzu sehr in Verzug gerät, und wollen keinesfalls weiterziehen, bevor du nicht zurückgekommen bist. Nimm also jetzt, solange Gott noch für uns sorgt, Pil-

Cum baculo, et sacrum perficiamus iter!"
Cristiger obiecit: "scio, te duce tutus ego essem,
Et cuperem semper te comitante gradi,
Sed baculum peramque tuam refer, illa profecto
Gutero, qui tenus hac haec dabat, usque dabit!
Accipe, si rogitas, causam: fidissimus esse
Diceris esuriens, sed satur absque fide;
Non igitur tecum nisi ieiunante viabor,
Nil fidei stomacho luxuriante tenes."
Subridens vafer haec replicat: "sociabimur ergo!
Esurio, quantum credere nemo queat,
Quoque fame crucior graviore, fidelior hoc sum."
Penniger econtra: "tempora perdis, abi!
Per sanctos, quos quaeris, abi, Reinarde! manebo,
Sit fas, sive nefas, nolo coesse tibi;
Gutero decrevit meliores visere sanctos,
Atque suus consors suasit ut esse velim,
Suasit, eroque, redi! nil nugis proficis istis,
Alterutrum nobis noscimur ambo satis."
His velut iratus responso vocibus apto
Obviat, hypocrita fallere fraude volens:
"Compater o nunc usque tuus, Sprotine, ferebar,
Effestuco dehinc teque genusque tuum!
Muribus esto comes! gallorum nullus haberis,
Et penitus patria nobilitate cares;
Artibus ars cunctis respondet nulla vicissim!"
Ille vafer subito ludificatus ait:
"Unde meo videor despectior esse parente?
Coniugibus bis sex impero solus ego,
Quaelibet et minimum non audet tangere granum,

gertasche und Stab, und bring mit uns die heilige Fahrt zu Ende!« Der Kammträger erwiderte: »Ich weiß, dass ich unter deiner Leitung sicher wäre, [910] und ich wünschte, immer in deiner Begleitung unterwegs zu sein. Doch nimm deinen Stab und die Tasche wieder mit, denn Tatsache ist, dass Gutero, der sie bisher überreicht hat, das auch forthin tun wird! Wenn du willst, vernimm meinen Grund: Man hält dich für äußerst vertrauenswürdig, wenn du hungrig bist, als Satter giltst du jedoch als treulos. [915] Ich werde also nicht mit dir gehen, solange du nicht hungrig bist. Ich vertraue dir aber nicht, wenn dein Bauch geschwollen ist.«

Der Schalk lachte und entgegnete: »Also marschieren wir zusammen! Ich bin so hungrig, wie es niemand glauben kann, und je mehr mich der Hunger quält, desto mehr kann man mir vertrauen.« [920] Der Federträger hielt dagegen: »Du vergeudest deine Zeit, verschwinde! Bei den Heiligen, die du aufsuchst, verschwinde, Reinhard! Ich werde bleiben. Ob Recht oder Unrecht – ich will nicht mit dir zusammen sein. Gutero hat beschlossen, bessere Heilige aufzusuchen, und mir zugeredet, sein Weggefährte zu werden. [925] Er hat mich überzeugt, ich werde es tun. Du aber kehre zurück! Du erreichst nichts mit diesen Possen. Wir kennen uns beide gut genug.«

Als ob er durch diese Worte erbost wäre, fuhr der Heuchler ihn mit einer passenden Antwort an, denn er wollte ihn hinters Licht führen: »Sprotin, bisher galt ich als dein Verwandter. [930] Von nun an sage ich mich von dir und deinem Geschlecht los! Begleite doch die Mäuse! Für einen Hahn wirst du nicht mehr angesehen, und den Adel deines Vaters lässt du ganz und gar vermissen. Allen seinen Künsten entspricht nichts auf deiner Seite!«

Überraschenderweise ließ sich der schlaue Hahn täuschen und erwiderte: [935] »Wieso soll ich weniger Ansehen besitzen als mein Vater? Ich allein bin Herr über zweimal sechs Ehefrauen, von denen keine einzige es wagt, ein Korn auch nur ein bisschen zu be-

Me nisi mandetur praecipiente prius."
Fictor ad haec: "Sprotine, tace! tam vilia tanti
Stirps patris ostentas? proh pudor, opto mori!
Vilior hoc fore quisque solet, quo clarior ortu
Eximiis proavis inferiora facit;
Nam tuus ille parens uno pede functus et unum
Praecludens oculum carmen herile dabat."
Exultans Sprotinus idem despondet agitque,
Seque refert magno cedere nolle patri.
Addidit ille: "tui generis nunc aemulus esse
Incipis, at patrem plus valuisse ferunt,
Fama nihil de te perhibet, nec scimus, iniquo
An iusto fuerit semine foeta parens;
Egregiam prolem maiorem patribus esse
Sive parem, sed non degenerare decet.
Ecce meo multum placuit tuus ille parenti,
Et titulis omnes nobilitabat avos:
Orbi quadrifido resonum fundebat, in uno
Stans pede, pupillam clausus utramque, melos,
Qua deus usque potest aliquid, vox dulcis, et ultra
Audiri poterat milibus octo quater!"
Gallus idem iurans canit, utraque lumina clausus,
Quem citius medio subripit ille sono,
Irrisitque suo suppressum poplite: "namque
Omnis agens, ut vult, se probat esse, quod est!
Egregie, Sprotine, canis! sic postera cantet
Stirps mihi quotidie, sic cecinere patres;
Porro quid optabas cantando dicere? novi:
Foedera iuraras et violasse doles,
Dicere sed nimium clara hoc mihi voce volebas,

rühren, wenn es ihr nicht zuvor auf meinen Befehl zugesprochen wurde.« Darauf der Betrüger: »Sprotin, sei lieber ruhig! Solche Nichtigkeiten [940] führst du als Sohn eines so großen Vaters an? Welch eine Schande! Ich könnte sterben! Je höher jemand von Geburt ist, desto verächtlicher wird er, wenn er Geringeres leistet als seine herausragenden Vorfahren. Dein Vater konnte nämlich auf einem Bein stehend mit einem geschlossenen Auge ein Lied singen, das einem Herren anstand.«

[945] Triumphierend beteuerte Sprotin, dasselbe zu können, führte es vor und sagte, er wolle seinem großen Vater in Nichts nachstehen. Jener fuhr fort: »Jetzt beginnst du, dich deinem Erzeuger als ebenbürtig zu erweisen. Doch man sagt, dein Vater habe noch mehr vermocht. Über dich hingegen wird nichts erzählt, und wir wissen nicht, [950] ob deine Mutter von erlaubtem oder illegitimem Samen befruchtet wurde. Ein ausgezeichneter Nachkomme muss seine Vorfahren übertreffen oder ihnen gleich kommen, aber nicht aus der Art schlagen. Siehe, dein Vater war meinem sehr verbunden, und er hat durch seine Taten das Ansehen eurer Ahnen gesteigert: [955] Er ließ sein widerhallendes Lied in alle vier Himmelsrichtungen erklingen, stand dabei auf einem Bein und hatte sogar beide Augen geschlossen. Seine melodische Stimme konnte man hören, soweit Gottes Macht reicht, und noch viermal acht Meilen darüber hinaus.

Der Hahn schwor, dasselbe zu können, schloss beide Augen und krähte. [960] Mitten im Lied ergriff ihn schnell der Fuchs, drückte ihn mit seinem Knie zu Boden und spottete: »Ja, jeder zeigt, was er ist, wenn er tut, was er will! Du singst vorzüglich, Sprotin! So haben schon deine Vorfahren gesungen, so soll mir auch deine Nachkommenschaft täglich vorsingen! [965] Willst du etwas sagen, während du singst? Ich weiß schon: Du hattest das Bündnis beschworen und bedauerst, es gebrochen zu haben. Doch du wolltest es mir mit allzu lauter Stimme sagen, ohne zu wissen,

Nescius insidias pluribus esse locis;
Quid si quis latitans audisset probra seorsum,
Qui tibi, cum nolles, improperaret adhuc?
Idcirco vetui cantum prodire parantem,
Intrandum est nemus, ut clam fatearis ibi,
Iniungenda tuis est poena reatibus illic,
Et, tua qui prodat crimina, nullus erit;
Neglectam debere fidem maiore piari
Comperies nisu quam potuisse geri.
Non quia te cupiam consumere quemve tuorum,
Hoc facerem invitus, sat tibi claret idem;
Esurio, servabo fidem, nil vendico de te,
Ni quod, si sapias, sponte mihi ipse dabis;
Non plumas comedo, pennas utrobique relinquo,
Integra perstabunt candidiora tui,
Hoc, quod vile tui est, esu quod inutile nosti,
Quod muscis alitur vermiculisque, molam."
Taliter irrisus reticebat, fraudibus hostem
Tempora lusuris commodiora legens;
Reinardum tardasse piget, raptaque rapina
Supplebat cursu concitiore moras.
Mensus iter medium fuerat, prospexit euntem
Confuso strepitu rustica turba furens:
"Aspice, quid portet Reinardus! prende! relinques?
Quo nunc, fur? quo sic? prendite! curre! feri!"
Senserat arrepto Sprotinus tempore fraudem
Posse refraudari sicque profatur ovans:
"Heu generis mansura mei confusio semper!
A studio capitis libero fata mei;
Me generis prisci tangit pudor atque futuri,
Quorum nobilitas omine laesa meo est,
Quod sub degeneri captivus deferor hoste,

dass an den meisten Orten Gefahren drohen. Was, wenn jemand abseits im Verborgenen deine Schandtaten gehört hätte [970] und sie dir, auch wenn du es nicht willst, immer wieder vorhielte? Daher habe ich es unterbunden, dass du weitergehst und deinen Gesang anstimmst. Du musst in den Wald gehen, um dort insgeheim zu beichten und dir für die von dir verschuldeten Taten eine Buße auferlegen lassen, und es gibt niemanden, der deine Verbrechen verrät. [975] Du wirst verstehen, dass einen Wortbruch zu sühnen mehr erfordert, als das Wort gehalten zu haben. Nicht weil ich dich oder jemanden aus deiner Familie verspeisen will – ich täte das äußerst ungern; das ist dir hinreichend bekannt. Ich hungere, doch ich halte Wort. Ich verlange nichts von dir außer dem, [980] was du mir, wenn du klug bist, aus freien Stücken geben wirst. Ich esse keine Federn und lasse auf beiden Seiten dein Gefieder übrig. Deine prächtigeren Teile werden unversehrt dastehen. Was wertlos an dir ist, was zum Essen ungeeignet, wie du weißt, was sich von Fliegen und Würmern nährt, nur das werde ich zermalmen.« [985] Der so Verspottete schwieg und wartete auf einen günstigeren Zeitpunkt, um seinen Feind durch List zu betrügen.

Reinhard bereute es, sich aufgehalten zu haben, packte seine Beute und glich die Verzögerung durch schnelleres Laufen aus. Der Weg war zur Hälfte zurückgelegt, als eine Bauernschar den Laufenden [990] erblickte und voller Wut wild durcheinander schrie: »Schau, was Reinhard wegträgt! Greif ihn! Lässt du wohl los? Wohin jetzt, du Dieb? Wohin so? Packt ihn! Lauf! Schlag ihn!« Sprotin erkannte, dass er den Betrüger betrügen könne, wenn er den Moment nutzte, und rief hoffnungsfroh: [995] »Ach, welch ewig bleibende Schmach für mein Geschlecht! Ich entlasse das Schicksal aus der Verpflichtung, sich um mein Leben zu kümmern. Mich erfüllt aber Scham für mein altes und künftiges Geschlecht, dessen Adel durch mein Unglück beschädigt ist, weil mich ein nichtadliger Feind als Gefangenen fortschleppt, [1000] mich, ei-

A decies nono nobilis ortus avo,
Olim praeda forem, vulpesque tulisset honorem,
Collatis generi patribus orta meo.
Fur me foedus habet, mala me vulpecula portat!
Cur dicam, rogitas, ista?" (rogabat enim)
"Si possem, loquerer graviora decentius in te,
Vis credi probus, et quid probitatis habes?
Exprobrasset enim turba haec tibi rustica gratis,
Si tibi, quod iactas, esset herile genus?
Materiam, si vis laudari, praestrue laudis,
Absque operum titulis irrita verba volant.
Ha quaeris, quid agas? (etenim quaerebat) "et extas
Vulgatus sapiens? disce, docebo quidem;
Tu me visus eras sapientior usque dierum,
Te ferar hic saltem doctior esse semel.
Sic igitur facies: tu me depone, manebo,
Quid fuga prodesset? mors patienda mihi est!
Et me deposito dic: 'plebs insana, silete!
Si porto, cuius rem nisi porto meam?
Sic pater est a patre meo portatus, et iste
Nunc feudum patriae conditionis habet.'
Te sin esset, ut est, melior pars septima lendis,
Destruere hoc posses rustica probra modo."
Deponens spolium, Reinardus inania clamat,
Depositus celeri mobilitate fugit,
Concutiensque alas super alta rubeta resedit.
"Sum, domine, hic! grates, galliger", inquit, "habe!
Hic, quamvis alibi mallem, vel me tamen esse
Grator, ubi sine te sero futurus eram;

nen Adligen, der einem neunzig Generationen alten Geschlecht entstammt. Wäre ich doch einst erbeutet worden und hätte ein Fuchs diese Ehre gehabt, der von Vorvätern abstammte, die meinem Geschlecht ebenbürtig wären. Ein schändlicher Dieb hält mich, ein übles Füchslein verschleppt mich!

Warum ich das sage, fragst du?« (er hatte nämlich gefragt) [1005] Wenn ich könnte, brächte ich, ohne zu übertreiben, noch Schwerwiegenderes gegen dich vor. Du willst als rechtschaffen gelten, und welche Rechtschaffenheit besitzt du? Hätte dich denn diese Bauernschar ungestraft geschmäht, wenn du, wie du dich brüstest, aus einem Herrengeschlecht stammtest? Wenn du gelobt werden willst, schichte zuvor Baumaterial für das Lob auf. [1010] Ohne ehrenvolle Taten bleiben Worte leer und flüchtig.

Ha, du fragst, was du tun sollst?« (er hatte nämlich gefragt) »Und giltst allgemein als weise? Lerne, ich werde dich unterrichten! Bis jetzt schienst du weiser als ich zu sein, hier will ich wenigstens einmal für klüger als du gehalten werden. [1015] Du wirst Folgendes machen: Leg mich ab, ich werde hier bleiben, denn was nützte mir die Flucht? Sterben muss ich ohnehin. Wenn du mich abgelegt hast, sprich: ›Unverständiges Volk, schweigt! Wessen Sache trage ich, wenn ich den Hahn trage? Doch nur mein Eigentum. So wurde schon sein Vater von meinem Vater getragen. Und nun [1020] erhält dieser hier sein Lehen aus dem väterlichen Vertrag.‹ Wenn nicht der siebte Teil eines Läuseeis besser wäre als du (das ist er aber), könntest du auf diese Weise die Schmähungen der Bauern entkräften.«

Reinhard legte seine Beute ab und rief unnütze Worte. Der Abgelegte ergriff schnell und behände die Flucht, [1025] schlug mit den Flügeln und setzte sich oben auf einen Brombeerbusch. »Herr, ich bin hier! Sei bedankt, Hahnträger!«, rief er, »Auch wenn ich lieber woanders wäre, bin ich doch dankbar, hier zu sein, wo ich ohne dich noch lange nicht sein würde. Du bist der Verpflich-

Solvisti patriae bene vectigalia sortis,
Portatus genitor sic meus ante tuo est,
Sed quia tam subito solvisti tamque libenter,
Optima, si iubeas, hinc tibi mora dabo."
Dixerat et variis instigans cantibus hostem
Ungarice et Graece Chaldaiceque canit,
Rettulit elusus simulato foedere lusor,
Responsum falsa sic pietate linens:
"O generis, Sprotine, tui tutela decusque!
Nobilis et prudens, pulcher opumque dator!
Non miror, si mora mihi socialiter offers,
Grandius obsequium cum mihi saepe geras;
Sed non nunc mihi mora placent, tu vescere, donec
Digrediar visum, paxne sit anne pavor,
Nolo iterum nobis insultet rusticus exlex
Aut nostrum impediat quilibet hostis iter."

tung, die dein Vater eingegangen ist, gut nachgekommen. [1030] So wurde schon mein Erzeuger von deinem getragen. Doch weil du so schnell und bereitwillig deine Pflicht erfüllt hast, werde ich dir, wenn du es verlangst, die besten Brombeeren schenken.« Er hatte gesprochen und forderte mit verschiedenen Gesängen auf ungarisch, griechisch und chaldäisch seinen Feind heraus. [1035] Der betrogene Betrüger gab mit vorgetäuschtem Einvernehmen zur Antwort, die er mit falscher Frömmigkeit salbte: »O Sprotin, Schutz und Zierde deines Geschlechts! Edler und kluger und schöner Spender reicher Gaben! Ich wundere mich nicht, wenn du mir brüderlich Brombeeren anbietest, [1040] hast du mir doch schon oft einen größeren Dienst geleistet. Aber jetzt habe ich keinen Appetit auf Brombeeren. Iss du sie, während ich fortgehe, um nachzusehen, ob Friede oder Furcht und Schrecken herrscht. Ich will nicht, dass uns wieder ein gesetzloser Bauer beleidigt oder dass irgendein Feind unseren Weg versperrt.«

## LIBER QUINTUS

Insipiens quandoque rapit sapientis, itemque
Praeventus sapiens insipientis opus,
Vix aliquis semper sapienter, et omnia nullus
Quamlibet insipiens insipienter agit;
Reinardus per multa sagax cessavit in uno,
Utile dum laxo dente reliquit onus.
Deposuit gallum pro nobilitate tuenda,
Fastus et utilitas non simul esse ferunt;
Sed minus amissae tristis de sorte rapinae
Quam de tam stolida credulitate fuit,
Plus semel eludi, qui fallere callet avetque,
Quam decies simplex innocuusque dolet.
Sed damnum reparare vafer spe fisus inani,
Nulla palam tanti signa doloris habet,
Scilicet ereptus laqueis, ne rursus eosdem
Aut similes sapiens incidat, usque cavet;
Ille igitur similis laetanti fruge carentes
Tendiculas alia calliditate novat.
Protinus obliquo digressus calle seorsum,
Expertum credi, paxne sit, isse cupit,
Dum graditur, veterem speculator forte cothurnum,
Hunc rapit immerso dente diuque premit;
Fel rabidum solvens in saevas denique voces,
Devovit dentes taliter ille suos:
"**O** dentes Satanae, non dentes vulpis honestae,
Vix scio, quid vobis imprecer atque velim!
Vos ebete exterebret culica, quem compede forti
Alligat invidiae nona Gehenna, Satan!
Concrepite in putri corio!" (ter namque quaterque
Incussos dentes concrepere ipse dabat)

# BUCH V

Manchmal vollbringt ein Tor das Werk eines Weisen und ebenso ein vorausschauender Weiser das eines Toren. Kaum einmal handelt irgendjemand immer weise, und kein Tor führt alles töricht aus. Der mit allen Wasser gewaschene Reinhard beging einen einzigen Fehler, als er sein Gebiss löste und seine nutzbringende Last losließ. Er hatte den Hahn abgelegt, um seine adlige Herkunft zu verteidigen. Stolz und Vorteil vertragen sich nicht, sagt man. Doch beklagte er weniger das Missgeschick der verlorenen Beute als seine so törichte Leichtgläubigkeit. Wer es versteht und liebt zu täuschen, den schmerzt es mehr, einmal betrogen zu werden, als den Einfältigen und Unschuldigen der zehnmalige Betrug. Doch der Schlaukopf zeigt im unbegründeten Vertrauen darauf, den Schaden auszugleichen, in der Öffentlichkeit keine Anzeichen noch so großen Schmerzes. Ist er der Schlinge entschlüpft, hütet sich der Weise fortan, noch einmal in dieselbe oder eine ähnliche Falle zu geraten.

Jener tat also, als freue er sich, und legte mit neuer List, aber ohne Erfolg neue Fallstricke aus. Er schlug sich sogleich seitlich in die Büsche und wollte glauben machen, er sei gegangen, um zu erfahren, ob Friede herrsche. Auf seinem Weg erblickte er zufällig einen alten Schuh, in den er seine Zähne schlug und den er lange hin und her zerrte. Endlich lösten wütende Worte seinen rasenden Zorn, und er verwünschte seine Zähne mit folgender Rede: »O ihr Zähne Satans, nicht Zähne eines ehrenwerten Fuchses, ich weiß kaum, was ich euch Böses wünschen soll und will! Möge Satan, den die neunte Hölle des Neides mit starkem Band fesselt, euch mit einem stumpfen Beitel aushöhlen! Knirscht nur in dem verrotteten Leder!« (er bohrte nämlich seine Zähne drei, vier mal ins Leder und ließ sie knirschen) »So hättet ihr

"Sic vos collidi, sic vos strinxisse decebat,
  Subdita cum vobis carnea praeda foret,
Taliter in pinguem gallum mordere negastis,
  Nunc veteres soleas rodite! gallus abest,
Prendite! certe abiit, quidni? Mordere nequistis,
  Mordendi gnaros ut sibi quaerat, abit.
Quid sperasse teri sub stultis dentibus illi
  Profecit misero? spes ea cassa fuit,
Non licuit, vetuistis enim, quid debuit ultra
  Quam venisse rapi? quam voluisse teri?
Scilicet expectandus erat, quoadusque rogasset,
  Quatinus a vobis se sineretis edi!
Ille, ubi vos segnes, ubi sensit stringere nolle,
  Esca abiit cupiens dentibus esse bonis,
Imprimere edoctis captique tenacibus atque
  Morsuris subito, talibus ille favet.
Vos dentes fore? vos gallum mordere? meumne
  Amplius os tales dedecorare feram?
Hiscere, non claudi, non stringere, solvere nostis,
  Hiscite iam, quantum vultis! hiare licet!
Hiscere nossetis, non forsan gallus abisset,
  Iamque revertetur gallus, hiate bene!
Si vos praenossem nil scire nisi hiscere tantum,
  Mansisset vestrum nullus in ore meo.
Quid quod eum vestri saltem non contigit unus?
  Ludibrium vobis, non quasi praeda, fuit;
Grator ei gratis vos non lusisse, relusit,
  Ludibrii dignam reddidit ille vicem.
Dicite, velletis reducem nunc stringere gallum?
  Lectio sat lecta est anne legetur item?
Plus valet empta semel quam bina industria gratis,

zupacken, so zubeißen müssen, als euch die Beute aus Fleisch angeboten wurde. Habt ihr euch solchermaßen geweigert, in den fetten Hahn zu beißen, so zernagt jetzt alte Schuhsohlen! Der Hahn ist fort, [35] greift ihn! Bestimmt ging er fort, wieso auch nicht? Ihr konntet nicht zubeißen, also ging er fort, um Zähne zu suchen, die sich auf das Beißen verstehen. Was nützte jenem Armen die Hoffnung, zwischen törichten Zähnen zermalmt zu werden? Diese Hoffnung war vergeblich, es war ihm nicht gestattet, ihr nämlich habt es verboten. Was musste er [40] noch mehr tun als gekommen zu sein, um geraubt zu werden? Als gewollt zu haben, zermalmt zu werden? Freilich, man musste abwarten, bis er um eure Zustimmung gebeten hätte, von euch verspeist zu werden! Sobald jener merkte, dass ihr träge wart und nicht zupacken wolltet, ging er fort, weil er guten Zähnen als Speise dienen wollte, Zähnen, [45] die zuzuschnappen und das Gefangene festzuhalten verstünden, die sofort beißen. Solche Zähne bevorzugt er. Ihr wollt Zähne sein, einen Hahn tot beißen? Soll ich es ertragen, dass solche Zähne weiterhin mein Maul verunzieren?

Zu gähnen, aber nicht euch zu schließen, nicht zuzupacken, sondern loszulassen, versteht ihr. [50] Gähnt nur, so viel ihr wollt! Es ist erlaubt, das Maul aufzusperren! Hättet ihr zu gähnen verstanden, wäre der Hahn vielleicht nicht verschwunden, reißt nur das Maul auf, und schon kehrt der Hahn zurück! Wenn ich vorher gewusst hätte, dass ihr nichts als Gähnen könnt, wäre kein einziger von euch in meinem Maul geblieben. [55] Wie kommt es, dass ihn nicht wenigstens ein einziger von euch gegriffen hat?

Er diente euch als Spielzeug, nicht als Beute. Ich bin ihm dankbar, dass ihr nicht umsonst gespielt habt; er nahm das Spiel auf und gab eurem Spiel ein würdiges Kontra. Sagt, würdet ihr den Hahn jetzt verschlingen, wenn er denn zurückkehrt? [60] Reicht die Lesung, oder soll sie noch einmal wiederholt werden? Die einmal bezahlte gilt mehr als die zweimal umsonst vollbrachte Leis-

Doctrix mordendi vos schola nescit adhuc,
Non didicistis adhuc, at vos mordere docebo,
Non ego, sed certe fida magistra fames.
Quid modo nobilitas vobis defensa rependit?
Nunc opus est vobis, quid dabit illa boni?
Nobilitas melior nostro recitatur in aevo,
Quam: 'pater illius hic, illius iste fuit',
Mos faciendus erat, qui nostro tempore pollet,
Saecula plus damnum dedecore ista timent.
Dedecus est unum, nam non est dedecus ullum
Praeter egestati supposuisse caput,
Nobilis est locuples, ignobilis omnis egenus,
Divitiae tuta nobilitate nitent,
Mors opibus natisque patres rapit, urnaque claudit,
Convivunt vivis et dominantur opes.
Nobilitas veterum taceatur, nonne sepulta est?
Quaeratur vivis auxiliare genus:
'Hic pater heredi pondo centena reliquit,
Rem patris hic duplo transiit, ille triplo.'
Quid mihi nobilitas, quae non ieiunia tollit?
Census alit viles, census obumbrat avos,
Denique gaza iuvat pravo sub divite multos,
Prodigus haud refert an sit avarus inops.
Ergo homines sapiunt: periit respectus agendi,
Dummodo divitias illaqueare queant,
Lucrum iustitiae, lucrum praefertur honori,
Nil nisi divitias non habuisse pudet;
Fraus, labor, insidiae, periuria, furta, rapinae,
Bella, duella, cruces, ira, querela, minae,
Proditio, caedes, ergastula, vincula, flammae,

tung. Die Schule, in der man das Beißen lehrt, hat euch bisher nicht aufgenommen, bisher habt ihr es nicht gelernt zu beißen. Doch ich werde es euch beibringen, und wenn nicht ich, so doch bestimmt der Hunger als zuverlässiger Lehrer.

Womit hat die verteidigte edle Abstammung euch belohnt? Benötigt ihr sie jetzt? Und was wird sie euch zukommen lassen? Man beruft sich heutzutage auf einen besseren Adel als auf ›Der Vater von jenem ist dieser, und der Vater von diesem ist jener‹. Die Regel, die zu unserer Zeit gilt, musste man befolgen. Unser Zeitalter fürchtet den Schaden mehr als die Schande. Es gibt nur eine einzige Schande, und diese Schande ist nichts anderes, als sein Haupt auf Armut zu betten. Der Reiche ist edel, unedel jeder Arme. Die Reichtümer glänzen durch ihren unverlierbaren Adel. Der Tod rafft die Väter von ihren Schätzen und Kindern fort, die Urne schließt sie ein. Die Reichtümer aber leben mit den Lebenden und sind mächtig. Man spreche nicht mehr vom Adel der Alten, ist er nicht begraben? Man suche eine Abstammung, die den Lebenden hilft. ›Dieser Vater hat seinem Erben 100 Pfund hinterlassen. Dieser hat das Vermögen des Vaters verdoppelt, jener verdreifacht.‹

Was soll mir ein Adel, der den Hunger nicht vertreibt? Reichtum ernährt die Niedrigen, Reichtum stellt die Ahnen in den Schatten. Schließlich nützt ein Schatz vielen, auch wenn ihn ein Ruchloser besitzt. Ob ein Armer geizig oder verschwenderisch ist, kümmert niemanden. Darauf also verstehen sich die Menschen: Rücksichtnahme ist zugrunde gegangen, solange sie nur Reichtümer an sich raffen können. Gewinn wird der Gerechtigkeit, Gewinn wird der Ehrbarkeit vorgezogen. Scham erregt nur, wer keine Reichtümer besitzt. Betrug, Arbeit, Hinterhalte, Meineide, Diebstähle, Raubzüge, Kriege, Zweikämpfe, Kreuze, Zorn, Jammer, Drohungen, Verrat, Blutbäder, Zuchthäuser, Ketten, Feuerflammen, Dienst, Lobsprüche, Erdichtetes,

Obsequium, laudes, fictio, dona, ioci,
Blanditiae, promissa, preces, iniuria iusque,
Iudicia, usurae, faenora, cura, favor,
Quaeque his adjicias, et quae contraria dicas,
Omnia iocundi sunt alimenta lucri,
Omnia constabunt summis leviora duobus:
'Venit homo argento, venit et ipse deus.'
Primitus hoc populi decretum, denique cleri,
Non modo pontifices, papa quoque ipse dicat,
Piscator Cephas et Beniaminita magister
Fecissent eadem, sed sapuere nihil;
Innumeras marcas, animas piscantia paucas
Retia piscator caelicus iste iacit,
Non curans homines meritis sed pendere censu,
Plura locat dantes in meliore polo,
Tutus apostolicae contemnit frivola vocis,
Archisophi Simonis forfice tondet oves.
Tornacum Romam studio virtutis in isto
Transilit, Anselmo praesule fausta polis;
Interius vivo Tornacus vellera pastor
Decutit ipse ovibus, decutit ipse capris.
O utinam foret ille meis ex dentibus unus!
Mordendi legem fratribus ille daret;
Ecclesias veluti leo saepta famelicus ambit,
Nil linquens nisi quod non reperire valet,
Dona, queat nequeat, qui iusso parcius offert,
Strictus obeditu mystica sacra tacet.
Quot gerit hic dentes, quasi tot praedonibus horrens,
Vellera nequaquam rapta recresse sinit,
Praevolat et raperet, si posset, plura repertis –
Proh dolor! inventis tollere plura nequit;
Hunc non posse modum rapiendi vertere plangit,

Geschenke, Scherze, Schmeicheleien, Versprechungen, Bitten, Unrecht und Recht, Gerichtsurteile, Zinsen, Erträge, Sorge, Begünstigung, was immer du diesem hinzufügst oder an Gegenteiligem benennst, von allem nährt sich der erfreuliche Profit.

Doch zweifellos wiegt nichts schwerer als diese beiden Grundsätze: ›Für Geld lässt sich der Mensch kaufen‹, und: ›Auch Gott ist käuflich‹. Das haben zunächst für das Volk und dann für die Geistlichkeit nicht nur die Bischöfe, sondern sogar der Papst erlassen. Der Fischer Cephas und der Lehrer aus dem Stamm Benjamin hätten dasselbe getan, doch verstanden sie sich nicht darauf. Dieser Papst da wirft als himmlischer Fischer seine Netze aus, in denen sich unzählige Mark Silber, aber nur wenige Seelen verfangen. Es kümmert ihn nicht, die Menschen nach ihrem Geld, nicht nach ihren Verdiensten zu beurteilen, und er verschafft denen, die mehr geben, einen besseren Platz im Himmel. Sorglos verachtet er die Worte des Apostels als Belanglosigkeiten und schert die Schafe mit der Schere des Erzsophisten Simon.

Tournai, die mit Bischof Anselm gesegnete Stadt, übertrifft Rom noch im eifrigen Bemühen um diese Tugend. Der Hirte von Tournai schert seinen Schafen, schert seinen Widdern das Fell bis in das Fleisch. Ach wäre er doch einer meiner Zähne! Er schriebe seinen Brüdern per Gesetz das Beißen vor. Er streicht um die Kirchen wie ein hungriger Löwe um die Schafhürden und lässt nichts zurück außer dem, was er nicht finden kann. Wer ihm weniger Geschenke als befohlen anbietet, ob er nun kann oder nicht, darf die Messe nicht lesen, da er an das Gehorsamsgebot gebunden ist. Er starrt gleichsam von so vielen Räubern, wie er Zähne hat, und niemals lässt er die geraubten Felle nachwachsen. Er stürzt voran und würde, wenn er könnte, noch mehr als das Gefundene rauben. Aber ach! Er kann nicht mehr als das Gefundene nehmen, und es macht ihm schwer zu schaffen, dass er diese Art zu rauben nicht ändern kann, ist er

Hoc solum praedae certus inesse nefas.
Hunc ego pontificem vobis propono sequendum;
Quid Claraevallis pannifer ille sapit?
Connectit paleas, nodum vestigat in ulva,
Decoriat calclos – mulgeat ergo grues!
Praesulis egregios mores imitaminor huius,
Qui rapit ut Satanas utque Gehenna tenet!"
Dum ferus improperat dentes dementer hiasse
Neve iterum dubitent stringere prensa movet,
Affore fagineus cortex spectatur ibidem
Ad formam chartae missilis atque modum;
Non bene cessuro fidens Reinardus in astu
Arripuit librum moxque reversus ait:
"Pax, Sprotine comes, iuratur! ubique locorum
(Siste metum) tuti possumus ire, veni!"
Replicat ille: "ratum est fortasse, sed ambigo paulum,
Res nescit subitam rara movere fidem,
Dicere tu nolles forsan, nisi nosse putares,
Sed, quaecumque putas, dicere certa cave!
Unius ut fraudis deprentitur inclitus auctor,
Postera credulitas curaque vocis obit,
Credere quo plures optat sibi quisque loquendo,
Hoc, quicquid loquitur, firmius esse decet,
Credendi faciles capiunt audita repente,
Difficiles animos insuperata trahunt." –
"Indice me", ille refert, "dubitas? ego dico tibi ipse!
Dicere me certum, quod puto, velle putas?
Ut de te taceam, frustrarer memet ego ipsum?
Tam mihi nativum quam trepidare tibi est.
Inter iurantes egomet iurare rogabar,
Vix spatium extorsi. dum comitere simul,
Expectamur enim, cursim properemus oportet,

doch überzeugt, dass dies das einzige Unrecht beim Beutemachen ist. Diesen Bischof stelle ich euch als Vorbild hin. Was weiß denn dieser Kuttenträger aus Clairvaux? Er bindet Spreu, sucht den Knoten im Schilfrohr, häutet Kieselsteine – soll er doch Kraniche melken! Folgt den hervorragenden Regeln dieses Bischofs, der wie der Teufel raubt und wie die Hölle festhält!«

Während der Fuchs seine Zähne wüst beschimpfte, ohne Verstand offen gestanden zu haben, und sie ermahnte, die Beute künftig ohne Zögern zu verschlingen, sah er dort ein Stück Buchenrinde liegen in der Form und Größe eines Sendbriefes. Im Vertrauen auf seine List, die jedoch nicht glücken sollte, nahm Reinhard die Rinde auf, kehrte alsbald zum Hahn zurück und sagte: »Gefährte Sprotin, der Friede wird beschworen! An allen Orten können wir gefahrlos gehen. Fürchte dich nicht länger und komm!« Jener erwiderte: »Vielleicht glaubt man das, ich aber bin nicht ganz sicher. Eine seltene Sache kann nicht sofort Vertrauen erwecken. Du würdest es vielleicht nicht sagen wollen, glaubtest du nicht, es zu wissen. Doch hüte dich, alles als gesichert zu verkünden, was du nur glaubst. Wird ein angesehener Zeuge nur einmal einer Falschaussage überführt, findet sein Wort fortan keinen Glauben und keine Aufmerksamkeit mehr. Je mehr jeder wünscht, man möge seinen Worten Glauben schenken, desto sicherer muss das Gesagte sein. Leichtgläubige Leute nehmen das Gehörte ohne weiteres an, kritische Geister werden nur durch unwiderlegbare Tatsachen überzeugt.«

»Du zweifelst an meiner Aussage?« gab jener zurück, »Ich bin es doch, der es dir sagt! Glaubst du, ich wolle das, was ich nur glaube, als Gewissheit ausgeben? Soll ich mich selbst zum Narren machen, um von dir ganz zu schweigen? Furcht gehört ebenso zu meiner wie zu deiner Natur. Man hat mich gebeten, mit den anderen den Eid abzulegen. Ich habe nur wenig Zeit ausgehandelt, in der du mich begleiten sollst. Man wartet auf uns,

Gressibus impavidis nos scio posse frui:
Aspice signatam, si non mihi credis", (et offert
Quam tulerat) "chartam, nuntia pacis adest!
Nolebam monstrare tamen, quoadusque probassem,
An velles ultro credulus esse mihi,
Et veluti credas tibi me desisse favere,
Sic me nescio qua suspicione fugis,
Accipe et hac in teste fidem scrutare sodalis!"
Taliter instanti reddidit ille vafer:
"Laicus, ut nosti, sum gallus, nescio chartas
Inspicere, et quidam falsa sigilla ferunt;
Tu satis es verax, sed te fortasse fefellit,
Qui bullam tribuit, terra repleta dolo est."
Callidus hic credens astutum fallere, falso
Bullifer obiecit dura favore minax:
"Baccharis, Sprotine Satan! mortem incidis ultro?
Vis, vesane, mori? quin resipisce, miser!
Curia si sciret, quod chartae credere nolles,
Vix fierem vitae tutor ego ipse tuae!
Audi versiculum perlecta pace sequentem:
'Nolentes chartae credere teta trahit.'
Istius edicti viget incassabile pondus,
Charta tibi ostensa est et recitata palam,
Si potes aut audes, procerum decreta refelle,
Credideris, vives; renue, curre mori!
Si legere ignoras, at ne diffide relatis,
Credetur coram vindice sero nimis.
In dominum peccat, qui servum audire recusat:
Quid, dominus credi cum iubet ipse sibi?
Crede mihi, iubeo, baronum scilicet uni,
Sub quibus haec pax est: par mihi praetor eris!"

wir müssen uns beeilen. Ich weiß, dass wir furchtlos ausschreiten können. Schau auf den unterzeichneten Brief, wenn du mir nicht glaubst«, (und er wies vor, was er mit sich trug), »die Nachricht vom Frieden ist da! Ich wollte ihn nicht zeigen, bevor ich geprüft hätte, [160] ob du mir vielleicht ohnehin glauben wolltest. Und wie du glaubst, ich hätte aufgehört, dir gewogen zu sein, so weiß ich nicht, welcher Verdacht dich zur Flucht bewegt. Nimm also den Brief und prüfe an ihm die Zuverlässigkeit deines Gefährten!«

Der schlaue Hahn antwortete dem Drängen des Fuchses: [165] »Du weißt, ich bin nur ein ungebildeter Hahn und kann keine Briefe lesen; manche bringen auch gefälschte Siegel herbei. Du bist ja vollkommen vertrauenswürdig, aber vielleicht hat dich jener getäuscht, der dir das Schreiben übergeben hat; die Welt ist voller Arglist.« Der durchtriebene Briefträger meinte, den Listigen täuschen zu können, [170] und antwortete mit geheuchelter Freundlichkeit und scharfen Drohungen: »Teuflischer Sprotin, du bist außer dir! Gehst du freiwillig in den Tod? Willst du sterben, Wahnsinniger? Komm wieder zu Verstand, du Elender! Wenn der Hof wüsste, dass du dem Brief keinen Glauben schenken willst, könnte selbst ich kaum für dein Leben garantieren! [175] Hör doch die Zeile, die auf die Friedensbotschaft folgt: ›Die dem Brief nicht glauben wollen, sind zum Tode verurteilt.‹ Dieser Erlass hat unwiderrufliche Gültigkeit. Der Brief wurde dir gezeigt und öffentlich vorgelesen. Wenn du es kannst oder wagst, entkräfte die Beschlüsse der Edlen. [180] Glaubst du, bleibst du am Leben; lehne ab, und du gehst in den Tod. Wenn du nicht lesen kannst, vertraue dem, was man dir gesagt hat. Bekundet man seinen Glauben erst vor dem Richter, ist es zu spät. Gegen den Herren versündigt sich, wer seinen Diener nicht anhören will. Was, wenn der Herr selbst befiehlt, man möge ihm glauben? [185] Glaub mir – ich befehle es – als einem der Reichsbarone, unter denen der Friede geschlossen wurde, und du wirst wie ich ein Würdenträger werden!«

Fallere multiloqua conantem fraude retundit
  Laicus hac cantor calliditate iocans:
"Suspicio, Reinarde, perit mihi, vera videris
  Dicere, nimirum qualiter usque soles.
Eminus incanum videor mihi cernere quendam,
  Aestimo, quod multas viderit ille nives,
Undecies denis plures barbae eius Apriles
  Impendent, specta, sabbata quanta ferat;
Illius a collo curvum, quae tibia fertur,
  Pendet, et est album, quod sedet ipse super.
Quin etiam nigri, speciem pietatis habentes
  Nec dubie dulces, ante retroque ruunt,
Accelerant cursim, non nos fortasse requirunt,
  Sed velut huc agili strenuitate volant;
Cernis, ut illorum quisque aestuat utque vaporat?
  Nescio quid rufi pendet ab ore piis,
Vultus ut insontes notat, ut promucida blandos!
  Non agitat tales insita cura mali.
Curia nonne potest hos pacis mittere testes?
  Nam, veluti pacem testificentur, eunt;
Quid nocet? expecta! de pace rogentur, an illam
  Tantum compererint, anne iubere velint."
Non fuit hoc vulpi nimis acceptabile verbum,
  Quattuor hic nummos non meruisse putat;
Incidit affectus geminos, cui pareat, haerens,
  Spe prohibente, metu praecipiente fugam.
"Utquid ab externis", ait, "amens galle, requires?
  Quod nosti socio testificante ratum?
Propositum pacis, sicut cognosco, retexi,
  Forsan et hi veniunt, ut fateantur idem;
Adjice, quod tibi sum charta quoque teste locutus,

Der ungebildete Sänger parierte den wortreichen Täuschungsversuch des Fuchses und hielt ihn mit einer schlauen List zum Narren: »Mein Misstrauen, Reinhard, schwindet; du scheinst die Wahrheit zu sagen, [190] wie du sie bisher allzu überzeugend vorzutragen pflegtest. Mir scheint, ich sehe in der Ferne einen gewissen Graubart. Ich schätze, dass er schon viele Winter erlebt hat, mehr als elf mal zehn Aprilmonate hängen an seinem Bart. Sieh nur, wie viele Friedens- und Feiertage er mit sich bringt! [195] An seinem Hals hängt etwas Gebogenes, das man Jagdhorn nennt. Er sitzt auf etwas Weißem. Vorweg und hinterher laufen ja sogar Schwarze, die den Anschein von Sanftmut erwecken und zweifelsohne lieb sind. Sie eilen rasch herbei. Vielleicht haben sie es nicht auf uns abgesehen, [200] aber mit großer Geschwindigkeit fliegen sie geradezu hierher. Siehst du, wie jeder von ihnen schwitzt und dampft? Etwas Rotes, ich weiß nicht, was, hängt den Sanftmütigen aus dem Maul. Wie unschuldig lässt sie ihr Blick, wie zärtlich ihre Schnauze erscheinen! Ein naturwüchsiger Drang zum Bösen treibt solche Wesen nicht. [205] Ist es nicht möglich, dass der Hof sie als Zeugen des Friedens schickt? Sie laufen nämlich, als ob sie den Frieden bezeugen möchten. Was schadet es? Warte doch! Man frage sie nach dem Frieden, ob sie nur von ihm gehört haben oder ob sie ihn ausrufen sollen.«

Dem Fuchs war diese Nachricht nicht sonderlich willkommen. [210] Er glaubte, hierfür keine vier Pfennige nehmen zu können. Zwei entgegengesetzte Gefühle befielen ihn, und er zögerte, welchem er nachgeben solle: die Hoffnung, welche ihn von der Flucht abhielt, und die Furcht, die ihn zur Flucht antrieb. »Warum erkundest du bei Fremden, wahnwitziger Hahn, was du aus dem Zeugnis eines Gefährten als glaubhaft erfahren hast? [215] Ich habe den Friedensplan, wie ich ihn verstehe, offen gelegt. Vielleicht kommen diese, um dasselbe zu verkünden. Nimm hinzu, was ich dir unter Vorlage des Briefes gesagt habe, damit die Glaubwürdig-

Claudicet ut nulla suspicione fides.
Utque nihil veri testetur charta, (quod absit!)
Annua cras ingens festa Machutus habet,
En comitante pari nonam modo clanga profestam
Tinnit, ut ipse audis, quid tibi tester ego?"
(Et tunc forte duo, sed non ob id, aera sonabant)
"Efficiunt tutas festa verenda vias.
Credis adhuc mecum securus pergere posse?
Sed te non adeo diligit usque deus,
Namque inter proceres pacem iurasse mereri
Nonne foret generi gloria magna tuo?
Ergo ego paulatim saltus enitar in istos,
Elogium pacis curia sanxit ibi."
Econtra Sprotinus ait gratanter, ut hostem
Astibus exiguis succubisse videns:
"Quin, Reinarde, mane, dum nuntius iste loquatur!
Crediderim vanis nuntia tanta nolis?
Tuque bene acciperes, si mallem credere cupro
Quam tibi? dum veniat nuntius iste, mane!"
Hostis ad haec: "potius condensa frutecta revisam,
Nam mihi nequaquam nota rogare libet,
Coniuransque altae conscribar patribus aulae,
At te rusticitas dedecorosa premat!"
Intulit elusor: "pax est iurata, comesque
Primatum pacis diceris, unde times?
Tu mihi non metuenda times, et tantus haberis?
Sta, miser, hic modicum, protinus ibo simul!
Venimus huc ambo, solus paterere reverti?"
Taliter urgenti reddidit ille pavens:
"Iuratam fateor pacem, Sprotine, fuisse,

keit durch keinen Argwohn beeinträchtigt werde. Wenn aber der Brief nichts Wahres enthalten sollte – was Gott behüte! –, [220] so feiert doch morgen der gewaltige St. Machut sein Jahresfest. Hör doch, die Glocke läutet, wobei eine zweite sie begleitet, die neunte Stunde und das Vorfest ein. Du kannst es selbst hören, was muss ich dir denn noch beweisen?« (Zufällig schlugen gerade zwei Glocken, doch nicht aus dem genannten Grund) »Das Ehrenfest macht die Wege sicher. [225] Glaubst du jetzt, dass du sicher mit mir vorankommst? Erst jetzt wendet sich Gott dir in seiner Liebe zu. Denn würde es deinem Geschlecht nicht großen Ruhm einbringen, wenn du gewürdigt wirst, mit den Edlen den Frieden zu beschwören? Ich werde mich also allmählich in diese Wälder da begeben. [230] Dort hat der Hof den Frieden ausgelobt.«

Voller Freude, weil er sah, dass sein Feind seiner kleinen List auf den Leim gegangen war, entgegnete der Hahn: »Ja bleib doch, Reinhard, bis dieser da seine Botschaft entrichtet hat. Hätte ich denn eine so wichtige Nachricht belanglosen Glocken glauben sollen? [235] Würdest du es gutheißen, wenn ich es vorzöge, der Bronze mehr zu glauben als dir? Bleib, bis dieser Bote da angekommen ist!« Darauf der Feind: »Ich ziehe mich lieber in das dichte Buschwerk zurück, denn es missfällt mir, nach bereits Bekanntem zu fragen, und ich werde, wenn ich schwöre, zu den hohen Herren des Hofes zählen. [240] Auf dich aber kommt das schwere Los zu, als Bauer zu leben!«

Voller Hohn hielt jener dagegen: »Der Friede ist beschworen, und du bezeichnest dich als einen der Friedensfürsten, warum also fürchtest du dich? Du fürchtest etwas, das mir keine Angst einjagen muss, und wirst für so mächtig gehalten? Bleib noch ein wenig hier stehen, du Armer! Ich gehe gleich mit dir. [245] Wir sind beide hierher gekommen, lässt du es zu, dass ich allein zurückkehre?« Auf solches Drängen erwiderte furchtsam der Fuchs: »Ich behaupte, dass der Friede beschworen wurde, Sprotin, aber er

Sed nondum populis notificata patet."
Gallus item dixit: "iurata pace vereris?
Sed 'non est populis notificata' refers;
Ergo per hos testes et te vulganda per ipsum est,
Hostis ob hoc forsan rex abeuntis erit!"
Cartiger agresti devictus turpiter arte
Effatur timida talia voce rogans:
"Ha, Sprotine, quid hoc quod collo pendet ab alto,
Curvum portendit? res ea pace venit?
Et canus nigrique doce quid quaerere possint,
Quorum dependens illud ab ore rubet!"
Ille refert: "pax est primatibus agnita magnis,
Quorum consilio fungitur aula potens,
Sed conflare venit vulgares buccina turmas,
Quas accire negat curia docta rudes,
Canaque collectis populis persona loquetur
Decretum celso regis ab ore datum,
Porro plebs hilaris comperta pace viritim
Transmittit regi dona venusta canes.
Quid me teste, miser, dubitas?" ea quippe loquenti
Credere non audens bullifer infit item:
"Si verum esse potest, Sprotine, quod asseris, esto!
Ast ego in haec meditor ferre frutecta gradum,
Et licet illorsum sit eundi parva cupido,
Ibo, velis nolis; manseris, ibo tamen,
Gallicule infelix, ut princeps inclitus ibo,
Tuque in perpetua rusticitate manes.
Forsitan hi pacem veniunt perhibere, quid ad nos?
Nota foret nobis pax sine teste satis;
Nunc vero edictum pacis mora longa tenebit,
Contio dum populi tota coisse queat.

ist offensichtlich noch nicht überall verkündet worden.« Darauf antwortete der Hahn: »Du fürchtest dich trotz des beschworenen Friedens? [250] Du sagst ›Er wurde noch nicht überall verkündet‹. Also müssen diese Zeugen und du selbst ihn bekannt machen. Der König wird deswegen vielleicht für den Fortgehenden feindselige Gefühle hegen.«

Der durch eine simple List überwundene Briefträger bat mit zitternder Stimme: [255] »Ha, Sprotin, was trägt er da für ein krummes Ding, das ihm vom Hals herabhängt? Hat das Ding mit dem Frieden zu tun? Sag mir auch, was der Graue und die Schwarzen suchen könnten, aus deren Maul etwas Rotes heraushängt!« Jener erwiderte: »Der Friede ist zwar den großen Herren bekannt, [260] deren Rat der mächtige Hof folgt. Das Horn aber kommt, die Scharen des rohen Volks zusammenzurufen, das der gelehrte Hof heranzuziehen sich weigert. Der grauhaarige Würdenträger wird vor dem versammelten Volk den Erlass aus dem Mund des erhabenen Königs verlesen. [265] Anschließend schickt jeder einzelne aus dem Volk, das durch die Ausrufung des Friedens frohgestimmt ist, dem König Hunde als edle Gaben. Was zweifelst du Elender, wo ich mich doch dafür verbürge?« Der Briefträger traute sich nicht, diesen Worten und ihrem Sprecher zu glauben, und sagte: »Wenn das, was du anführst, Sprotin, wahr sein kann, sei's drum! [270] Ich aber gedenke, meine Schritte in dieses Buschwerk zu lenken. Auch wenn du nur wenig Neigung verspürst, dorthin zu gehen, werde ich gehen, ob du es willst oder nicht. Du magst bleiben, ich werde dennoch gehen. Unglückseliges Hähnchen, Ich werde als ein ruhmreicher Fürst gehen, Und du bleibst auf Dauer in deinem Bauernstand. [275] Vielleicht kommen diese, um die Friedensbotschaft zu verbreiten, was betrifft es uns? Uns wäre auch ohne weitere Bürgen der Friede hinreichend bekannt gewesen. Jetzt aber wird die Ausrufung des Friedens lange aufgeschoben, bis die Volksversammlung vollständig zusammenkom-

Sed quia consuescunt multos offendere multi,
Saepe suos hostes turba gregata videt,
Quod si pellicium alterius quis scinderet ante
Auditum pacis, tu quererere parum;
Ego licet morereris, eo, mortemque mereris,
Quod me nugosa garrulitate tenes."
Lusor ad haec: "ergo remane! venit aulicus hospes,
Si qua tibi est in me causa, sequester erit,
Emendabo libens aut excusabo, quid ultra?
Praecipuis iras hostibus ista fugant;
Nescio, post ubi me videas, dirimamur amici!"
Vocibus his trepidans subdidit ille suas:
"Non huc me procerum timor aut reverentia banni
Traxit, nec placita est hic ad agenda locus."
Tunc sic improperans hosti Sprotinus ovanter
Respondit pavido: "turpiter ergo fugis!
Turpiter hinc certe fugis ut vulpecula nequam,
Et pervado meo corpore ego ipse tuum,
Nobilitas cecidit, si non contenderis istic,
Pro qua te puduit rustica probra pati,
Fur mihi tu deprensus abis, appello duellum,
Si potes, haec collo probra repelle tuo!"
Intuit ille: "diem forsan spectabo locumque,
Quo defendendi suppetat hora mihi";
Evolat inde ruens, ut qui non esse rogandos
Cogitat, an possint accelerare, pedes.
Post profugum ille alacer convicia clamat acerbe:
"Heu mihi, quam foedum est curia passa nefas!
Iure suo regem spoliat Reinardus abitque

men kann. Weil aber in einer großen Menschenmenge gewöhnlich viele von vielen [280] gestoßen werden, kommt es dabei häufig zum Ausbruch von Feindseligkeiten. Du solltest dich also nicht beklagen, wenn schon vor dem Ausrufen der Friedensbotschaft jemand einem anderen den Pelz zerreißt. Ich also entferne mich, magst du auch sterben, und du verdienst den Tod, weil du mich mit läppischem Geschwätz aufhältst.«

[285] Darauf spottete jener: »Bleib hier, denn es kommt ein höfischer Gast. Wenn du irgendeinen Klagegrund gegen mich hast, wird er vermitteln. Ich will gern Genugtuung leisten oder mich entschuldigen, was denn sonst? So schwindet der Zorn auch bei den erbittertsten Feinden. Ich weiß nicht, wo du mich später triffst. Lass uns als Freunde auseinander gehen!« [290] Diesen Worten fügte der Fuchs zitternd hinzu: »Mich hat weder die Furcht vor den Edlen noch der Respekt vor der Gerichtsbarkeit hierher geführt, und hier ist nicht der Ort für Gerichtsverhandlungen.« Da schmähte Sprotin seinen verzagten Feind und antwortete ihm im Triumph: »Schändlich ergreifst du die Flucht! [295] Unzweifelhaft ergreifst du schändlich die Flucht wie ein nichtsnutziges Füchslein! Ich fordere dich zu einem Kampf Mann gegen Mann heraus. Dein Adel, für den du dich geschämt hast, die Beschimpfungen der Bauern zu erdulden, gilt nichts mehr, wenn du nicht hier zum Kampf antrittst. Du läufst wie ein Dieb weg, den ich ertappt habe. Ich fordere dich zum Zweikampf. [300] Wenn du kannst, schaff dir diese Beleidigungen vom Hals!« Jener antwortete: »Vielleicht werde ich noch den Tag und den Ort sehen, an dem die Stunde meiner Verteidigung gekommen ist.« Flugs stürzte er fort wie einer, der meint, seine Füße nicht fragen zu müssen, ob sie schnell laufen könnten.

[305] Der aufgekratzte Hahn schrie dem Flüchtenden heftige Schmähungen hinterher: »Weh mir! Welch ein schändliches Unrecht wurde dem Hof angetan! Reinhard beraubt den König seines

Liber, adhuc leviter consequeremur eum;
Regis adeste, precor, proceres! accurrite cursim!
Fur salit hic, furem pendite! debet enim,
Aut agite huc! si vos hunc taedet pendere, pendam,
Passus idem pater est a genitore meo."
Respicit ille parum, nil praeter currere curans,
Laetior hoc, quo plus inde remotus erat;
Spem turbante metu, spe consolante timorem,
Invia pensabat lance viasque pari.
Et iam per casus nemorum amfractusque petrarum
Cursio lassarat quadriduana vagum,
Tempore nec tanto quicquam libasse ciborum
Dicitur aut pausa se recreasse brevi;
Congestoque simul cursusque famisque labore
Officium fessi deseruere pedes,
Tunc primum remeasse canes tutosque viarum
Circuitus posito credidit esse metu.

Postquam depulsa potuit formidine liber
Circumspectandi sedulitate frui,
Cuius ab incursu patrui defenderat agnos
In campo, quendam cernit adesse coquum;
Utile multotiens sine damno impensa recurrunt,
Reinardo est probitas auxiliata semel:
Quem coquus ut vidit ieiunia longa viasque
Perpessum tremulo paene labare genu,
Pinguibus artocreis, quot lanx cumulata tenebat,
Officii veteris pro vice donat eum.

Rechts und läuft als Freier davon. Noch können wir ihn leicht einholen. Ihr Edlen des Königs, ich bitte euch zu Hilfe, kommt schnell herbei! Hier entspringt der Dieb, hängt den Dieb, denn er ist schuldig! Oder bringt ihn hierher! Wenn ihr euch scheut, ihn zu hängen, werde ich es tun. Sein Vater hat dasselbe von meinem Erzeuger erfahren müssen.«

Reinhard blickte nur selten zurück und achtete nur auf das Laufen. Er war umso froher, je weiter er sich von dort entfernt hatte. Furcht minderte die Hoffnung und Hoffnung beschwichtigte die Furcht. Er unterschied nicht zwischen ungebahnten und gebahnten Wegen. Die viertägige Flucht durch abschüssige Bergwälder und über gewundene Felspfade hatte den Umherschweifenden geschwächt. Es heißt, er habe in so langer Zeit weder etwas zu essen zu sich genommen noch sich in einer kurzen Rast erholt. Seine Füße, die durch das Laufen und den Hunger doppelt beansprucht wurden, versagten ermüdet ihren Dienst. Da glaubte er erstmals, dass die Hunde zurückgelaufen und die umliegenden Wege sicher seien, und seine Furcht legte sich.

## *Der Wolf im Kloster (I)*

Nunmehr ohne Furcht konnte er es genießen, wie befreit aufmerksam um sich zu blicken, und er sah in der Nähe einen Koch, dessen Schafe er vor dem Angriff seines Oheims verteidigt hatte. Ein Einsatz ohne eigenen Schaden zahlt sich oft aus. Reinhard hat seine gute Tat in diesem Fall geholfen: Als der Koch sah, dass der Fuchs, der lange Hunger und Reisestrapazen gelitten hatte, mit zitternden Knien fast hingefallen wäre, schenkte er ihm für seinen vormaligen Dienst eine gehäufte Schüssel voll

Ignotum est, ubi forte suum quis viderit hostem,
Reinardus sollers praemeditatur idem:
Octo reservat, edens reliquas, capitique coronam
Postulat irradi, rasus it atque satur,
Artocreasque ferens, patruum si viderit, ipsum
Cogitat oblato pacificare cibo,
(Mos illius erat quaecumque tulisse dolentis
Irarum viso non meminisse lucro)
Nec fortuna animum praecustodita fefellit:
Obviat in mediis saltibus ille seni.
Ysengrimus ovans conspecto longius hoste
Quanta recalfacto gaudia felle gerit!
Evax saepe tonat saliens, mox vero resistit
Et victus placidae clamat odore dapis:
"Quo, Reinarde Satan? quis te faustissimus istuc
(Vivere si scirer …, sed sciar!) error agit?
Procide! ne certe noceat protractio mortis,
Accipies subitam, non patiere, necem!"
Irruere aspiciens patruum sibi nolle repente,
Reinardus victum novit et orsus ita est:
"Patrue, tam fandi quam congruit ordo silendi
Fratribus; ut mandat regula, disce loqui!
Reinardus Satanas non sum, sed dicor, ut exto,
'Reinardus frater', dicere mitte 'Satan',
Nonne vides hic signa mei certissima voti?
Frater ego hoc produnt hinc cibus, inde caput,
Aspice, qui sapiat! nostri cibus ordinis iste est,
Aspice!" et artocreas eminus ipse rotat.
Quas cadere in terram prohibens cum lance volantes
Praeripit, et nulla masticat ille mora,
Sed quo tipsanas dentato femina ligno

mit fetten Krapfen. [335] Man weiß nie, wo man vielleicht seinem Feind begegnet. Der schlaue Reinhard dachte jedenfalls voraus: Acht Krapfen hielt er zurück, aß die übrigen, ließ sich auf dem Kopf eine Tonsur schneiden und ging satt und geschoren weiter. Er trug die Krapfen und gedachte, seinen Oheim, wenn er ihn träfe, [340] durch die angebotene Speise zu besänftigen. Dieser hatte nämlich die Angewohnheit, seinen Zorn bei der Aussicht auf einen Gewinn zu vergessen, was auch immer er zuvor erlitten hatte. Der vorausbedachte Verlauf enttäuschte seine Ahnung nicht: Mitten in den Wäldern begegnete er dem Alten.

[345] Wie große Freude empfand der jubilierende Isengrim, als er von fern seinen Feind erblickte und seine Galle wieder hochkochte! Er tanzte und stieß viele Jauchzer aus, hielt aber bald inne und rief, vom Geruch der schmackhaften Speise überwältigt: »Wohin, Reinhard, du Teufel? Welcher höchst willkommene Irrweg hat dich [350] hierher geführt? Wenn du gewusst hättest, dass ich noch lebe …, aber du wirst es erfahren! Auf die Knie! Um dich nicht mit einem langen Todeskampf zu quälen, wirst du einen schnellen Tod bekommen, du sollst nicht leiden!«

Als Reinhard sah, dass sein Oheim ihn nicht sofort angreifen wollte, erkannte er ihn als überwunden und hub wie folgt an: [355] »Oheim, Klosterbrüder sind an Regeln des Sprechens wie an solche des Schweigens gebunden. Lerne zu sprechen, wie es die Regel verlangt! Ich bin nicht ›Reinhard, der Teufel‹, sondern ›Bruder Reinhard‹. So werde ich auch angesprochen. Unterlass also die Anrede ›Satan‹. Siehst du nicht die untrüglichen Zeichen meines Gelübdes? [360] Ich bin ein Klosterbruder, das bezeugen hier die Speise und dort meine Tonsur. Schau, wie es schmeckt! Das ist die Speise unseres Ordens, Schau!« Und er schleuderte ihm von fern die Krapfen zu. Jener schnappte sie samt der Schüssel im Flug, weil er verhindern wollte, dass sie zu Boden fielen, und kaute, ohne innezuhalten, [365] doch schlug er die Zähne zusammen in

Inverrit dentes dentibus ipse modo,
Et collisa semel moluisse minutius illum
Polline triticeo vasque cibumque ferunt,
Glutieratque prius, quam se libasse putaret,
Fercula per latam praecipitata gulam.
Ammirans igitur veluti spectabile monstrum,
Quod sibi contigerat, talia laetus ait:
"In somnis, Reinardus, sumus? phantasmate rerum
Fallimur, an vera est res quasi vana tamen?
Dulcia nescio quae mihi iacta fuisse recordor,
Iactaras equidem, quis mihi iacta tulit?"
Atque huc dicendo circumspiciebat et illuc,
Nescius in barathro vincta iacere suo.
Adiecitque: "ego iacta videns prensurus hiabam,
Atque fere labiis prensa fuere meis;
Evasere tamen, quorsum volitasse putentur?
Nam, nisi dormierim, iacta fuisse liquet.
Intus adhuc aspirat odor, quem faucibus hausi,
Sed miseri dentes nil habuere boni;
Infortunati ceperunt aera dentes,
Proh, satis atque ultra rebar hiasse miser!
Inglutisse solum ventusne efflata tulisse
Credatur, dubito, sed periere mihi;
Quaere, sit hic, in quod quierint cecidisse, foramen,
Quaerere" (quaerebat scilicet ipse) "veni!"
Stans procul ille refert monachus quasi tangere segnis
Mansueti metuens ora redunca senis,
"Patrue, non clare video, fumosa culina
Obsuit et calidus lumina nostra vapor;
Denique quid prodest, ubi non cecidere, requiri?

der Art, in der eine Frau die Gerstenkörner mit einer Mörserkeule zu Brei zerstampft. Man berichtet, er habe Gefäß und Speise zerkleinert und feiner gemahlen als das feinste Weizenmehl. Er hatte die Mahlzeit durch seinen weiten Schlund gestürzt und verschlungen, bevor er glaubte, auch nur gekostet zu haben. Er staunte über das, was ihm widerfahren war, wie über ein Meerungeheuer und sagte gut gelaunt: »Befinden wir uns in einem Traum, Reinhard? Täuscht uns eine Spukgestalt, oder hat sich diese unwirkliche Sache tatsächlich ereignet? Ich erinnere mich, dass mir irgendwelche Süßigkeiten zugeworfen wurden. Du hattest geworfen, meine ich. Aber wer hat sie mir weggenommen?« Und mit diesen Worten blickte er suchend in alle Richtungen, ohne zu wissen, dass sie gut geschützt in seinem Magen lagen.

Und er fügte hinzu: »Als ich sie heranfliegen sah, sperrte ich mein Maul auf, um sie aufzufangen, und fast hätten meine Lippen sie auch festgehalten. Dennoch sind sie verschwunden. Was soll man glauben, wohin sie geflogen sind? Wenn ich nicht geschlafen habe, wurden sie tatsächlich geworfen. Im Inneren schwebt noch der Duft, den ich mit meinem Schlund eingesogen habe. Aber meine armen Zähne haben nichts von dem Guten gehabt. Meine unglücklichen Zähne haben nur Luft aufgeschnappt. Ach, ich Armer dachte, ich hätte mein Maul weit genug und mehr aufgesperrt! Ich kann nicht entscheiden, ob man glauben soll, der Erdboden habe sie verschluckt oder der Wind habe sie fortgeblasen, mir sind sie jedenfalls entgangen. Such, ob hier ein Loch ist, in das sie gefallen sein könnten, komm suchen!« Er suchte freilich auch selbst.

Der Mönch blieb ohne Eile in einiger Entfernung stehen, als ob er sich fürchtete, das eingefallene Maul des besänftigten Alten zu berühren, und sagte: »Oheim, mein Blick ist getrübt. Der Rauch aus der Küche und der heiße Dampf haben meine Augen zusammengezogen. Aber was nützt es schließlich, sie dort zu su-

In rictus recolo iacta fuisse tuos.
Nonne tibi dentes vehemens immorsus edendo
Ferculaque oblisos dura cavasse queunt?
Quamlibet in cryptam camerati lapsa molaris,
Perdita quae quaereris, delituisse reor;
Dividuos dentes interflua lingua pererret,
Oblique illambens scrupula quaeque proba!"
Reddidit ista senex: "amissa perisse feramus,
Post strepitum sero porta pudenda coit,
Pristina pensentur profectu damna futuro:
Frater, ubi his epulis vivitur, esse velim!
Nil me terret ibi nisi lex imposta vorandi,
Quod solet illabi leniter esca nimis,
Nil faciunt dentes; hiscant, cibus incidit ultro,
Tamque exit leviter, quam patienter init,
Sicque fit, ut venter persistat semper inanis,
Religio vacui pessima ventris erit." –
"Patrue", subiecit monachus, "depone querelam!
Quamvis fluxa vorent, usque vorare licet,
Usque vorare quidem!" dictis his ille subinfert:
"Ha, Reinarde Satan, ut profiteris, edunt?
Sufficiens uni saltem datur esca duobus?
Non oberit parci dentibus, usque vorem."
Intulit his frater, quasi quaedam dicta retundens:
"Patrue, deliras! dicar ego usque Satan?
Frater es ipse fere, fraternis utere verbis,
Nec timeas praeter posse vorare parum!
Sufficienter edunt omnes, sed dulce canentes
Praecipue, satis est unius esca tribus,

chen, wo nicht hingefallen sind? Ich erinnere mich, dass man sie in deinen Rachen geworfen hat. Könnten nicht das heftige Zubeißen beim Essen und die harten Speisen dir die zusammengebissenen Zähne ausgehöhlt haben? Ich denke, dass das Verlorene, das du suchst, in die Krypta [400] eines gewölbten Backenzahns gerutscht und dort verborgen ist. Die glatte Zunge möge zwischen die Zähne gleiten, leck alles von oben bis unten ab und prüfe jede auch noch so kleine Unebenheit!« Der Alte gab zurück: »Wir müssen uns mit dem Verlust des Verlorenen abfinden. Nach dem Furz ist es zu spät, den Hintern zusammenzukneifen. [405] Vergangene Verluste mögen durch künftigen Gewinn ausgeglichen werden. Bruder, ich will sein, wo man von diesen Speisen ernährt wird. Nichts hält mich davon ab außer der Regel, das Aufgetragene verschlingen zu müssen. Denn das Essen pflegt allzu sanft durch die Kehle zu gleiten. Die Zähne haben nichts zu tun; sie öffnen sich, die Speise fällt von allein hinein, [410] und sie kommt ebenso geschmeidig heraus, wie sie umstandslos hineingelangt ist. So kommt es dazu, dass der Bauch immer leer bleibt. Die Religion des leeren Magens ist immer die schlechteste.«

»Oheim«, warf der Mönch ein, »hör auf zu klagen! Auch wenn sie nur Weiches verschlingen, dürfen sie andauernd verschlingen, [415] auf jeden Fall andauernd verschlingen!« Auf diese Worte brachte jener vor: »Ha, Reinhard, du Teufel, essen sie tatsächlich so, wie du es versprichst? Wird wenigstens einem einzigen zu essen gegeben, was für zwei ausreicht? Schonung wird den Zähnen nicht schaden, solange ich nur schlingen kann.« Darauf erwiderte der Bruder, als ob er manches Gesagte abschwächen wollte: [420] »Oheim, du bist von Sinnen! Werde ich immer noch mit ›du Teufel‹ angeredet? Du bist selbst schon fast ein Bruder, sprich also brüderlich, und fürchte nichts, außer zu wenig verschlingen zu können. Alle bekommen reichlich zu essen, doch vorzugsweise die Sänger mit der lieblichen Stimme: Die Speise eines einzigen reicht

Tu cui, si velles cantare, imitabilis esses?
  Expensam duplicem vox tibi pulchra daret;
Ne vox notitiam tollat suppressa canentis,
  Erige clamosae faucis ad astra melos."
Laetus ad haec senior: "nisi memet nescio, frater,
  Cantorum nulli blandior, aequa refers;
Hunc mihi, qui nunc est, usum deus annuat illic,
  Ultra speratum cantor herilis ero,
Inveniam nullum fratrem, cui latius hiscant
  Guttura, vel cuius clarius ora sonent."
Tunc alacer Reinardus ait: "quod saepe poposci,
  Patrue, cerno: tibi regula sacra placet;
Nil igitur restat tibi nunc nisi dicere, cuius
  Officii malis esse magister ibi."
Ysengrimus ad hanc submittit lumina vocem,
  Verbaque respondet, qualia corde tenet:
"Frater, ego officium postremae vendico sortis
  (Scis bene, cur teneat Lucifer ima nocens):
Dum meliore loco me provehat agnita virtus,
  Lixa vel opilio comiter esse feram;
Nunc, quae claustra petam, refer, et praefinge coronam,
  Ne qua perfidiae suspicione fuger."
Continuo iussus Blandinia claustra subire,
  Vadit adusque aurem tonsus ab aure senex,
Et facile est intrare datum, sed triste reverti;
  Omnibus intrando dat recipitque 'vale',
(Dat commune 'vale', nondum 'benedicite' doctus
  Dicere fraterne, discere coepit ibi)

für drei. Wer könnte dir gleich kommen, wenn du singen wolltest? Deine schöne Stimme brächte dir eine doppelte Portion ein. Um den Sänger bekannt zu machen, darf man die Stimme nicht unterdrücken. Richte dein Lied also aus voller Kehle zu den Sternen!« Froh antwortete der Alte: »Wenn ich mich richtig einschätze, Bruder, kommt mir kein anderer Sänger gleich, du hast Recht. Wenn mir Gott dieselbe Fertigkeit, über die ich jetzt verfüge, auch dort zubilligt, werde ich ein Sänger sein, der alle Erwartungen übertrifft. Ich werde keinen Bruder finden, dessen Kehle weiter offen steht oder dessen Mund heller erklingt.«

Darauf sagte der muntere Fuchs: »Was ich schon lange gefordert habe, liegt auf der Hand, Oheim: Dir sagt die heilige Ordensregel zu. Es bleibt jetzt nichts für dich zu tun übrig als zu sagen, welches Amt du dort am liebsten bekleiden möchtest.« Isengrim schlug auf diese Äußerung seine Augen nieder und gab eine Antwort, die von Herzen kam: »Bruder, ich beanspruche nur ein Amt untersten Ranges (du weißt gut, warum der ruchlose Luzifer den untersten Platz in der Hölle besetzt). Bis die Anerkennung meiner Tugend mir einen besseren Platz verschafft, nehme ich es ohne Murren auf mich, Koch oder Hirt zu sein. Jetzt verrate mir, in welches Kloster ich gehen soll, und schneide mir eine Tonsur, damit man mich nicht mangelnder Glaubwürdigkeit verdächtigt und verjagt.« Man forderte ihn auf, ins Kloster Blandinium einzutreten.

Dorthin begab sich der Alte mit seiner Tonsur, die von einem Ohr bis zum anderen reichte. Der Eintritt wurde ihm leicht gemacht, doch traurig war sein Austritt. Bei Eintreten grüßte er alle und wurde von allen mit ›Guten Tag‹ gegrüßt (er gebrauchte das gewöhnliche ›Guten Tag‹, weil er noch nicht gelernt hatte, das unter Brüdern übliche ›Benedicite‹ zu sagen; er fing erst an, es dort zu lernen). Die abgelegten Gelübde wurden

Vota relata placent, admittitur, atque professum
  Continuo fratrem sumpta cuculla tegit.
Rumor is undenos abbates traxerat illuc,
  In quibus abbatum Lucifer unus erat,
Nomine vel numero unus erat sed nullus eorum
  Vivendi studiis et pietate manus;
Quo super Egmundi fratres abbate beatos
  Ius viget, augescit census, abundat honor,
Gaza venit cumulo, cumulataque prostat honesto,
  Et reditura datur, dandaque dupla redit,
'Da dabiturque tibi' sapiens intelligit abbas,
  Certus id implentes fallere nolle deum.
Recta malos quam nosse piget, tam dicere taedet,
  At mihi recta quidem nosse loquique libet,
Hoc alios inter refert abbatas et istum:
  Fas rapere est aliis, huic retinere nefas;
Quos rapuisse pudet, lappas imitantur et uncos,
  Ut dubites alia stirpe fuisse satos.
O famosa viri famaque industria maior!
  Percurso similes vix habet orbe duos:
Paupera claustra patres opibus fecere retentis,
  Undique diffusis hic opulenta facit,
Praedia quid clament? ipsa ornamenta luerunt!
  Perditaque hic redimit plurimaque addit adhuc,
Implet in hoc et in his dominus promissa minasque:
  'Perdet egenus, et est plus habiturus habens.'
Hi sibi deficiunt, multis satis iste sibique est,
  Rebus egent parci, largus is auget eas,

angenommen, er wurde aufgenommen, und fortan bedeckte den geschworenen Bruder die angenommene Kutte.

[455] Das Gerücht hierüber hatte elf Äbte dorthin geführt, von denen einer der Morgenstern unter den Äbten war. Er war einer von ihnen in Bezug auf Titel und Rang, nicht aber in Bezug auf Lebenswandel und Freigebigkeit. Mit ihm als Abt herrscht über die gesegneten Brüder von St. Egmond [460] das Recht; die Einnahmen vermehren sich, das Ansehen kennt kein Maß mehr. Der Reichtum kommt haufenweise, und das Angehäufte dient ehrenwerten Zwecken. Man gibt, was zurückkommt, und es kommt zurück, um zweifach gegeben zu werden. ›Gib, und dir wird gegeben‹ war die Einsicht des weisen Abtes im Wissen, dass Gott diejenigen, die dies erfüllen, nicht betrügen will. [465] Für die Schlechten ist es ebenso misslich, das Richtige zu wissen wie es zu sagen. Mir hingegen gefällt es, das Richtige zu wissen und auszusprechen. Darin unterscheidet sich dieser von anderen Äbten: Den anderen gilt es als Recht zu rauben, ihm als Unrecht, etwas zu behalten. Die Scham über ihren Raub empfinden, verhalten sich wie Kletten und Widerhaken, [470] so dass man erwägen könnte, sie seien einer anderen Art entsprungen. O vielgerühmter Eifer, größer noch als der Ruhm dieses Mannes! Wenn man die ganze Welt durchstreift, findet man keine zwei Männer, die ihm gleich kommen Die Väter haben die Klöster arm gemacht, weil sie ihren Reichtum zurückhielten, dieser macht sie reich durch allseitige Verteilung des Vermögens.

[475] Was klagen die Landgüter, wo doch sogar die Kirchenschätze ausgegeben wurden! Dieser kauft sie zurück und fügt noch sehr viel mehr hinzu. Der Herr erfüllt bei diesem und den anderen Äbten seine Versprechen und Drohungen: ›Der Arme geht zugrunde, der Besitzende wird noch mehr besitzen.‹ Jene leiden selbst Mangel, dieser hat genug für sich und viele weitere. [480] Den Kargen geht der Reichtum ab, dieser Freigebige vermehrt ihn. Jene

Hi perdunt clausas, hic, quando excludit, adunat,
Hi tentis inopes, affluit iste datis,
Pellit utraque manu gazas, pulsaeque recurrunt,
Quotque viro redeunt, dividere ipse nequit.
Cuius si refici positis virtutibus ardes,
Haec est eximii secta verenda viri:
Se facere affatu medium, tractare perite
Seria causarum, reddere quaeque suis,
Conciliare iras populi, frenare tyrannos,
Non curare minas blanditiisve capi,
Non pretio flecti, non inclinare favori
Volvere multa, loqui pauca, silere diu,
Personas dirimit meritis, non ponderat aere,
Recta docens, eadem, quae docet, ipse gerit;
Illius haec mundus, deus autem cetera novit,
Auditis paucis pluribus adde fidem.
Talibus ornato comitem deus adidit unum,
Quem Lesburna cupit non petere astra cito,
Hunc tibi, dignus enim est, hunc unum admitte sodalem,
Ruderea reliquos cum strue verro foras;
Pace tua, Galtere, pater carissime, tester,
Non poterit tanti te puduisse paris,
Ille tuis aliquid virtutibus adjicit in se,
Optima cum facias, adjicit ille tamen.
Impresso nimis ungue, pater, tu singula limans
Abbatem immodica te gravitate probas;
Utquid fronte riges? utquid sermonibus horres?
Cur mihi non rides? nil mihi dulce refers?
Largum laeta decet facies et lingua suavis,

verlieren das eingeschlossene Vermögen, dieser hält es zusammen, wenn er es ausgibt. Jene sind arm durch das Festhalten, dieser besitzt im Überfluss durch das Geben. Er wirft das Geld mit beiden Händen hinaus, doch es kehrt wieder zurück. Und er ist nicht in der Lage, so viel zurückgekommenes Geld zu verteilen. Wenn du darauf brennst, dich an der Darlegung seiner Tugenden zu erbauen – dies sind die Grundsätze dieses außerordentlichen Mannes: sich gesprächsbereit zeigen, ernste Angelegenheiten mit Erfahrung behandeln, jedem das Seine zukommen lassen, den Zorn des Volkes besänftigen, Gewaltherren zügeln, sich nicht um Drohungen scheren oder von Schmeicheleien umgarnen lassen, sich weder durch Bestechung umstimmen noch durch Begünstigung beeinflussen lassen, Vieles bedenken, wenig sagen, lange schweigen; er sucht Amtsträger nach ihren Verdiensten aus und beurteilt sie nicht nach ihrem Vermögen. Er lehrt das Richtige und hält sich selbst an das, was er lehrt. Dies weiß die Welt über ihn, das Übrige aber weiß Gott. Nachdem du nur Weniges gehört hast, glaube auch das Übrige.

Dem so Ausgezeichneten hat Gott einen einzigartigen Mann zur Seite gestellt, von dem das Kloster Liesborn wünscht, er möge nicht so bald in den Himmel eingehen. Diesen einen nimm zum Gefährten an, er ist es wert. Die Übrigen kehre ich auf den Schutthaufen vor der Tür. Mit deiner Zustimmung, Walter, liebster Vater, werde ich es bezeugen. Du wirst dich eines so bedeutenden Ebenbürtigen nicht schämen können. Jener fügt deinen Tugenden in seiner Person sogar noch etwas hinzu. Obwohl du unübertrefflich handelst, fügt er noch etwas hinzu. Vater, du feilst mit allzu großem Druck des Daumens an Einzelheiten herum und erweist dich als Abt von übermäßiger Strenge. Warum runzelst du die Stirn? Warum fürchtet man deine Worte? Warum lächelst du mich nicht an? Warum sprichst du nicht sanft mit mir? Den Freigebigen zeichnen eine freundliche Miene und eine ver-

Ne rear iratum dona dedisse mihi.
Solius ergo tenes exempla Catonis, at ille
Fit vicibus certis Tullius atque Cato,
Utraque digna gerens abbate, remissus et asper,
Ambulat alterutram sed sine labe viam,
Quos se commansore fovet, quos hospite donat,
Hos necat egrediens, hos beat ipse redux,
Aspera sic laetis privato intercalat astu,
Ut nihil accuset livor amorve tegat.
Tu quoque, ne qua tuae Probitati portio desit,
Exhilara frontem, dic sine labe iocos!
Debes ecce deo, debes mihi, solve vicissim,
Tam sua vult caesar, quam deus, ambo ferant!
Haec duo virtutum deus exemplaria mundo
Reddidit, ut revocent, quas pepulere pii;
Scilicet hinc iactas superae ad penetralia pacis
Pluribus aerumnis hic vetuere premi.
Hi duo virtutes peccasse videntur in ipsas,
Quas a pace dei rursus ad arma trahunt,
Quas graviora adeo toleratis bella fatigant,
Saecula quam priscis saevius ista furunt;
Sed quibus huc redeunt vivis, auctoribus hisdem
De medio comites astra sequentur item.
His coram trepidanto alii profugique latento
Post arcam, pudeat nominis atque loci,
Nec modo se ignaris sese iuranto vocatos
Abbates, sed nec sponte fuisse sua.
Vivite quaeso diu, praeclari vivite patres!
Vivite subsidio pluribus atque mihi!

bindliche Sprache aus, damit ich nicht denke, dass ein Zorniger mich mit Gaben beschenkt hat. Du hältst dich allein an das Beispiel des Cato, jener hingegen ist in regelmäßigem Wechsel Cicero und Cato. Er handelt nachgiebig und hart, wie es einem Abt ansteht, und er wandelt auf beiden Pfaden, ohne zu straucheln. Die er mit seiner Anwesenheit beglückt und mit einem Besuch beschenkt, tötet er, wenn er fortgeht, und beseligt sie, wenn er wiederkommt. So mischt er auf seine eigene Art Strenge und Freundlichkeit, so dass der Neid nichts anklagen kann und die Liebe nichts zudecken muss. Damit deiner Tugendhaftigkeit nicht eine Kleinigkeit fehle, entwölke auch du deine Stirn und führe geziemende Scherzreden im Munde. Denn siehe, du schuldest es Gott, du schuldest es mir, hier wie dort musst du dich auslösen. Der Kaiser fordert das Seine, wie auch Gott, beide sollen es erhalten!

Diese beiden sittlichen Vorbilder hat Gott der Welt gegeben, damit sie die Tugenden zurückrufen, welche die frommen Väter vertrieben haben. Diese haben sie nämlich ins Heiligtum des himmlischen Friedens verwiesen und verboten, dass sie hier von weiteren Drangsalen bedrückt werden. Diese beiden scheinen sich gegen die Tugenden versündigt zu haben, die sie aus dem Frieden Gottes wieder zu den Waffen rufen. Sie müssen so viel härtere Kriege durchstehen gegenüber den bisher erlittenen, wie unser Zeitalter heftiger rast als die früheren. Doch die Tugenden begleiten dieselben Männer, die zu ihren Lebzeiten ihre Rückkehr veranlasst hatten, wiederum aus unserer Mitte zu den Sternen. Die anderen sollen vor diesen zittern, fliehen und sich hinter der Zellentür verstecken, ihres Titels und Rangs sollen sie sich schämen und nicht nur schwören, dass sie ohne ihr Wissen zu Äbten berufen wurden, sondern auch, dass sie es nie freiwillig gewesen sind. Lebt lange, so meine Bitte, lebt, ihr vortrefflichen Väter! Lebt und behütet viele und mich! Damit die Last für euren beschwer-

Ut sit sufficiens onerato sarcina collo,
Addite me, in tanto fasce gravabo parum!
Ysengrimus erat frater, dudumque sepulti
Sumere presbyteri poscitur ipse locum;
Ille rogat, quod opus soleat patrare sacerdos?
Pascere Berbices anne parare dapes?
At typice fratres ovibus dixere tuendis
Praefore presbyterum, paruit ille libens.
Continuo 'dominus vobiscum!' dicere iussus,
Ysengrimus ovans "cominus", inquit "ovis!"
Et "cúm!" teutonice accentu succlamat acuto,
Nolens grammatica dicere voce 'veni!'
(Compererat crebro Scaldaeas ille bidentes
Non nisi Teutonicos edidicisse modos,
Quas ad concilium mandatas voce latina
Convicit simili non bene nosse loqui,
Duraque nullorsum iactans in vincula, donec
Grammaticam scissent, pertulit ire reas;
Claustricola hic ideoque pius, qua noverat illas
Fungi, Teutonica voce veniere iubet)
Dumque docent 'amén' quasi graecum, accentuat 'ágne'.
Pars illum melius dicere nosse negant,
Pars ultro dixisse ferunt; strepit undique murmur:
"Verba, quid hic monachus cogitet, ante notant,
Hic tondere gregem studet intra vellera frater,
Tollere, quod lanam non sapit, iste parat!
Dissimulat fraudem, non alterat altera vestis,
Non habet, ut spondet, nigra cuculla fidem."
Murmure comperto socios non vera putasse
Insinuans, monachus convenienter ait:
"Fratribus ut caris assensi, nempe rogatus,

ten Nacken ausreichend groß ist, [540] nehmt mich dazu; in einem so großen Packen falle ich kaum ins Gewicht!

Isengrim war nun Mönch und man bat ihn, die Stelle eines schon vor langer Zeit begrabenen Priesters einzunehmen. Er fragte, welche Tätigkeit ein Priester gewöhnlich ausüben müsse. Vielleicht die Schafe auf die Weide führen oder das Essen zubereiten? [545] Die Brüder sagten, dass ein Priester die Schafe im übertragenen Sinn hüten müsse. Das war Isengrim recht, und er willigte ein. Obwohl man ihm immer wieder befahl, ›Der Herr sei mit euch‹ zu sagen, rief er stattdessen frohlockend: ›Herbei mit dir, Schaf!‹, und er befahl auf deutsch mit scharfer Betonung ›Komm!‹, [550] da er nicht das lateinische ›veni!‹ rufen wollte. Er hatte nämlich oft erfahren, dass die Schafe an der Schelde nur auf deutsche Töne zu hören gelernt hatten. Als sie nämlich in lateinischer Sprache zum Konzil befohlen waren, hatte er sich überzeugt, dass sie nicht vergleichbar gut Latein sprechen könnten. [555] Darauf ließ er sie in schwere Ketten legen und setzte durch, dass die Angeklagten nirgendwohin gingen, bevor sie nicht Latein gelernt hätten. Daher befahl der fromme Klosterinsasse sie hier in deutscher Sprache herbei, von der er wusste, dass sie sie verwendeten. Die Lehrer betonen das ›Amen‹ wie im Griechischen auf der zweiten Silbe, er aber artikulierte ›Lamm‹. [560] Manche sagten, er habe es nicht besser gekonnt, andere wiederum, er habe absichtlich so gesprochen. Überall hörte man das Gerücht: ›Was dieser Mönch im Schilde führt, verraten seine Worte. Dieser Bruder trachtet danach, die Felle der Herde von innen zu scheren. Er schickt sich an, alles wegzunehmen, was nicht nach Wolle riecht. [565] Ein anderes Gewand kaschiert den Betrug, ändert aber nicht den Betrüger. Die schwarze Kutte hält nicht, was sie verspricht.‹

Als er von dem Gerede gehört hatte, versicherte der Mönch, dass seine Gefährten falsche Vorstellungen hegten, und sagte höflich: »Als ich euch geliebten Brüdern einwilligte, Priester zu wer-

Presbyter ut fiam, non prior ipse rogans,
Presbyter, ut credo, non optassetis ut essem,
Ni dignus tanto noscerer esse gradu.
Ergo ovium pastor quia dicitur esse sacerdos,
Praetaxo officii sacra gerenda mei;
Presbyter idcirco quia sum pastorque futurus,
Ante saluto meos elicioque greges,
Ut pastoris oves oviumque attendere pastor
Indubia possit cognitione sonum.
Ne dubitate meae sub conditione salutis
Credere servandas (mancipo fidus) oves!
Explorate fidem, quam vobis spondeo, fratres,
Ars mea, quod fertis, grande levabit onus,
Sim licet a silva rudis et quasi frater agrestis,
Doctus in hoc ego sum vosque docere queo.
Ut meditor, sic dico: licet bene multa geratis,
Non habet arbitrium regula tota meum,
Arguere aestivum post prandia nolo soporem,
Quodque tenet sanctus tempora longa canor;
Ver, aestas, autumnus, hiems aut carmine vellem
Unius aut possent lege soporis agi.
Has autem meliore dapes abolebimus usu,
Artocreas nimium creditis esse bonas,
Artocreas utero lymphamque infundere cribro
Proposita refert utilitate nihil;
Vixque, quot artocreas ambiret follis ovinus,
Viginti solidis posse videtur emi,
Septenae fortassis oves hoc aere parentur,
Cur igitur pluris vanior esca noto?
Artocreis cumulate mihi coria octo bidentum,
Omnibus ebibitis vix tetigisse putem,
Nam deus his numquam dentes insevit edendis,

den, [570] freilich auf eure Bitte hin und nicht, weil ich zuvor darum gebeten hätte, hättet ihr, wie ich glaube, nicht gewünscht, dass ich Priester wäre, wenn man mich nicht für eine so große Beförderung für wert erachtet hätte. Weil es heißt, der Priester sei der Hirt seiner Schafe, habe ich mir folglich die heiligen Aufgaben meines Amtes vor Augen geführt. [575] Weil ich nun Priester bin und Hirte sein werde, grüße ich erst einmal meine Herden und rufe sie zusammen, damit die Schafe die Stimme ihres Hirten und der Hirte die seiner Schafe untrüglich erkennen können. Zögert also nicht, mir die Bewachung der Schafe anzuvertrauen, [580] solange ich lebe! Ich werde sie zuverlässig einhegen.

Prüft meine Treue, Brüder, die ich euch gelobe! Meine Erfahrung wird euch die große Last, die ihr tragt, leichter machen. Ich mag vielleicht ein rauer und gewissermaßen wilder Bruder aus dem Wald sein, in dieser Sache bin ich jedoch erfahren, und kann sie euch beibringen. [585] Wie ich denke, so rede ich auch. Ihr macht sicherlich vieles gut, doch billige ich nicht die ganze Ordensregel. Ich will den Mittagsschlaf nach dem Essen im Sommer nicht tadeln und auch nicht, dass der heilige Gesang so viel Zeit beansprucht. Ich wollte aber, dass in Frühling, Sommer, Herbst und Winter der Gesang [590] eines einzigen Mönchs ausreichte oder die Regel des Schlafes immer gelte.

Diese Mahlzeiten werden wir durch einen besseren Brauch ersetzen. Ihr überschätzt den Wert der Krapfen. Krapfen in den Magen oder Wasser durch ein Sieb zu schütten, entbehrt jeglichen in Aussicht gestellten Nutzens. [595] Für zwanzig Schilling können wohl kaum so viele Krapfen gekauft werden, wie in ein Schafsfell passen. Vielleicht bekommt man für denselben Preis sieben Schafe. Warum also mehr bezahlen für eine Speise, die flüchtiger ist als ein warmer Wind? Füllt mir acht Schafsfelle mit Krapfen [600] Wenn ich sie alle eingeschlürft habe, mag ich kaum glauben, etwas berührt zu haben. Gott hat uns doch niemals unsere Zähne einge-

Ut notus, in ventrem, pandite labra, volant!
Quod si quinque ovium det nostri cuique diatim
Cena duas, totidem prandia, nona suam,
Tunc taedere sui non accidit ordinis ullum;
Viscera ventoso ne temerate cibo,
Sunt solidi dentes, quid aquis vescantur et aura?
Gaudet carne caro, dentibus ossa placent!
Gangaque pro feno lanam constrata suavem
Accipiat, feno est non spolianda bidens,
Legitimi ferimur, nullum spoliemus oportet,
Sic sit, ne titubet qualibet ordo sacer;
Denique nostrarum ne fiat abusio rerum,
Nunc, quae praecipue sunt facienda, loquar.
Qui minus oblato fuerit convictus in alvum
Traicere, auriculas cauteriatus eat;
Inque duas partes praebenda soluta secetur,
Quas probat aequato pondere rectus apex,
Ut lepidus frater, stomacho venerabilis amplo,
Pauperiem biduo suppleat inde suam.
Consilium, fratres, quis vobis tale dedisset?
Res variae, quanti sit sapuisse, docent;
Tempora contentus quaestu transire diurno,
Non studui magnas condere cautus opes,
Non vestra intererit confratres pauperis esse,
Consilio solvam, quod dare cista nequit."
Consilium cupidi fratris pavefecerat omnes,
Sicque refert abbas: – verba referre parat,
Pendula signa sonant, canturas nocte sequente
Personas puero vix recitare vacat,
Ysengrimus in his frater, cui clarior aetas,

pflanzt, um so etwas zu essen. Sperrt euren Mund auf, und sie fliegen wie ein Lufthauch in den Magen! Wenn man jedem von uns jeden Tag fünf Schafe zubilligte, zum Abendessen zwei, ebenso zum Mittag und um 3 Uhr nachmittags noch eines, [605] dann kommt es nicht vor, dass jemand seines Ordens überdrüssig wird. Entweiht nicht eure Eingeweide mit windiger Speise! Die Zähne sind doch fest, warum sollten sie Wasser und Luft essen? Fleisch genießt Fleisch, Zähne erfreuen sich an Knochen. Anstelle von Heu möge man im Abort weiche Wolle auslegen, [610] man darf den Schafen nicht ihr Heu wegnehmen! Man kennt uns als rechtschaffene Leute, wir dürfen niemanden berauben. So soll es sein, damit nicht der heilige Orden irgendwie geschwächt werde.

Damit kein falscher Gebrauch von unseren Vorräten gemacht werde, werde ich euch jetzt und abschließend sagen, was vor allem zu tun ist. [615] Wird jemand für schuldig befunden, weniger als die vorgesetzte Speise in seinen Bauch befördert zu haben, soll er mit gebrandmarkten Ohren fortgehen. Die schaumige Mönchskost soll man in zwei Teile teilen, die eine zuverlässige Waage mit gleichem Gewicht abmisst, so dass ein weichlicher, durch seinen weiten Magen ehrwürdiger Bruder [620] damit zwei Tage lang seiner Armut abhelfen kann. Wer hätte euch, Brüder, je einen solchen Rat erteilt? Verschiedene Dinge lehren, wie wichtig Weisheit ist. Ich war zufrieden, die Zeit mit der täglichen Nahrungssuche zu verbringen, und war nicht darauf bedacht, vorausschauend große Schätze zu sammeln. [625] Euch ist nichts daran gelegen, Mitbrüder eines Armen zu sein. Daher bezahle ich mit meinem Rat, was meine Geldtruhe nicht hergibt.«

Der Rat des gierigen Bruders hatte alle in Furcht versetzt. Der Abt antwortete folgendermaßen, vielmehr, er wollte antworten. Doch schon läutete die Glocke, und der Chorknabe hatte kaum noch Zeit, [630] die Liste der Sänger für die nächste Nacht zu verlesen. Bruder Isengrim, der sich durch das höhere Alter auszeich-

Sortitus decima est in statione vicem.
Ille putabat oves dici responsa necandas,
Octo quater malens quam iugulare novem,
Sed geminis numerum cantorum sensibus aptum
Credens, fert dubia mente refertque vagus;
Cogitat apponi tot fercula nocte solere
Fratribus unius tempore danda cibi,
Quot puerum audierat legisse, et lecta profecto
Cantorum fuerant nomina terna quater;
Seu quotiens idem signaverat esse canendum
Cantorum numero testificante puer,
Accitis totiens iterari fratribus esum,
Qui melior longe mos foret atque sacer;
Spe meliore tamen mox audet utrumque futurum
Credere, quo fieret regula firma satis,
Plura die sperans ac saepius esse voranda
Fercula, dum somnus rarior esse solet.
"Quicquid", ait, "iubeor, fratres, implebo libensque
Responsum decimum quindecimumque canam;
Tardus obedierim, totiens ubi nocte quoque estur
Felicemque uterum fercula tanta replent?
Gemma sit abbatum, qui primus sanxit in orbe
Tale cuculliferae religionis onus!
Ha miseros homines, quos talis regula terret!
Qui dubitat, dubitet, non revocabor ego.
Nunc certe video, quia me deus egerit istuc,
Nunc scio me iunctum fratribus esse bonis;
Ter tantumque die libanda cibaria rebar,
Quadruplicem hunc numerum nocte dieque datis."

nete, bekam den zehnten Platz in ihrer Reihe zugeteilt. Er glaubte, dass die zu schlachtenden Schafe Responsorien hießen, und hätte lieber achtmal vier denn nur neun Tieren die Kehle durchgeschnitten. Weil er aber glaubte, dass der Zahl der Sänger eine doppelte Bedeutung eignen könnte, war er unsicher und schwankte in seiner Meinung hin und her. Er dachte, dass nachts den Brüdern üblicherweise so viele Gänge während einer einzigen Mahlzeit aufgetragen werden müssten, wie er den Knaben hatte Namen von Sängern vorlesen hören, und das waren in der Tat dreimal vier gewesen.

Oder er dachte, dass den herbeigerufenen Brüdern so oft Essen aufgetischt würde, wie derselbe Knabe die Anzahl der Gesänge angegeben hatte, wobei er die Zahl der Sänger bestätigt habe; dieser Brauch wäre bei weitem besser als nur heilig. Mit noch größerer Zuversicht wagte er zu glauben, dass beides geschehen werde, wodurch die Ordensregel hinreichend untermauert würde. Er hoffte, dass häufiger und mehr Mahlzeiten als am Tage zu verschlingen seien, obwohl man dann weniger zu schlafen pflegte.

»Was auch immer man mir befiehlt, Brüder«, sagte er, »ich werde es ausführen und bereitwillig das zehnte und auch das fünfzehnte Responsorium singen. Soll ich etwa zögerlich gehorchen, wo doch so oft auch nachts gegessen wird und den Magen so große Mahlzeiten füllen? Eine Perle unter den Äbten muss sein, wer in der Welt zuerst eine so schwere Last dem kuttentragenden Orden als Regel auferlegt hat! Ha, armselige Menschen, die eine solche Regel abschreckt! Zweifle, wer da zweifeln will. Ich werde mich nicht abberufen lassen. Jetzt erkenne ich genau, dass Gott mich hierher geführt hat. Jetzt weiß ich, dass ich mich guten Brüdern angeschlossen habe. Ich glaubte, dass nur dreimal und nur am Tage Essen ausgegeben würde. Ihr aber gebt die vierfache Menge bei Tag und bei Nacht!«

Interea ridens surrexit coetus et ibat,
Quippe diu signum tinnula vasa dabant,
Exclamans monachus revocatis taliter infit:
State parum, fratres, optima fabor adhuc!
Ne quid deficiat virtutis in ordine nostro,
Edicam breviter digna vigere diu:
Vos ego miror opes, quas expetit aequoris usus,
Cocturis epulas evacuare focis;
Scite meum genus hoc numquam curasse, sed omnis
Cruda solet plus quam cocta iuvare caro.
Primitus, ut coctas spoliarent unguine, lixae
Versuti carnes instituere coqui,
At nunc reliquias, inflati corda rapinis,
Dignantur dominis vix adhibere suas,
Elicit ergo adipem coquus, aridiorque trilustri
Caseolo infaustum strangulat esus herum;
Scit sapiens paucis, quorsum sententia tendat,
Sponte mea nullum, qui mea tollit, amo.
Ligna, focum, patinas, cacabos, ollasque coquosque
In sua projiciat posteriora Satan!
Quod quibus expendi solet aes et inania frugis
Plurima, quae superant, arte locate mea:
Turibula, et calices, et clangas, scrinia, capsas,
Candelabra, cruces, ostra, tapeta, libros,
Omnia nos faciamus oves crudasque voremus,
Optima ne pereat pars rapiente coquo.
Cumque ovibus constanter oves epulemur ovesque,
Vellem, quicquid habet mundus, ovile foret,
Vos etiam excipio, non clare, ignoscite, fratres,
Me solum excipio, cetera nulla quidem;
Me sibi non favisse putant monstra inscia veri,

Inzwischen war die Mönchsversammlung lachend aufgestanden und ging, da ja die klingenden Glocken schon lange das Zeichen gegeben hatten. Der Mönch hielt sie zurück und rief ihnen zu: »Bleibt noch ein bisschen, Brüder! Das Beste erzähle ich euch jetzt. [665] Damit unserem Orden nicht irgendetwas an Tugend abgeht, werde ich kurz etwas erlassen, was lange Bestand haben soll: Ich wundere mich, dass ihr die Holzvorräte, die man zum Bau von Schiffen benötigt, in den Kochherden verheizt, um Speisen zu kochen. Wisst, dass mein Geschlecht sich niemals darum gekümmert hat. [670] Alles Fleisch schmeckt gewöhnlich besser roh als gekocht. Zuerst haben die hinterhältigen Köche damit begonnen, das Fleisch zu kochen, um das Gekochte seines Fettes zu berauben. Doch jetzt lassen sie sich, durch ihre Raubzüge überheblich geworden, kaum herbei, ihren Herren die Überreste aufzutragen. [675] Der Koch zieht also das Fett heraus, und das Essen, das trockener ist als ein fünfzehn Jahre gelagerter Käse, lässt den Herrn ersticken. Der Weise erkennt aus wenigem, worauf das Vorhaben zielt. Freiwillig liebe ich niemanden, der mir das Meine wegnimmt. Holz, Herd, Pfannen, Kessel und Töpfe und Köche [680] soll sich der Teufel in seinen Hintern stecken!

Das Geld, für das man diese Dinge gewöhnlich kauft, wie auch das meiste andere nutzlose Zeug, das im Überfluss vorhanden ist, legt in meinem Sinne an: Weihrauchfässer und Kelche und Glocken, Heiligenschreine, Reliquienkapseln, Kerzenhalter, Kreuze, Purpurtücher, Teppiche, Bücher [685] lasst uns sämtlich zu Schafen machen und diese roh verschlingen, damit nicht das Beste dem räuberischen Koch zum Opfer fällt! Und mit den Schafen wollen wir Schafe und nochmals Schafe verspeisen. Ich wollte, die ganze Welt bestünde aus Schaf! Auch euch nehme ich nur bedingt aus, Brüder, verzeiht! [690] Nur mich allein nehme ich aus, alles Übrige nicht. Diese Ungeheuer kennen die Wahrheit nicht und glauben, ich sei ihnen nicht zugetan. Sie irren sich und machen

Falluntur, quotiens cernor adesse, dolent,
Sit durum, sit molle quidem, nisi profore vellus
Dentibus insolitum, diligo, quicquid habent.
Quid vero typicat, quod non mihi vellera prosunt,
Me nisi lanifica non fore matre satum?
Non mea me mater calatho incunavit Iprensi,
Quid genus et referam? nonne probabo fide?
Septimus a magno dicor quater esse Lovone,
Viscera cui fudit sus sua, fusus ei,
Illud in Hebraeis et Graecis atque Latinis
Codicibus scriptum mundus ubique legit."
Contio tota iterum risit, fratremque locutum
Omnia silvestri simplicitate ferunt.

Interea duro Reinardus liber ab hoste
Partis ad obliquae devia flectit iter,
Invisumque larem subit, Ysengrimus ubi ingens
A quater undecimo lustra tenebat avo;
Ysengrimigenas lupulos invenit in antro,
Parte alia gemitus hospita lassa dabat.
Tunc sic "quo, lupuli, vos ortos patre putatis?
Quove ierit pater hinc, sciscitor", hospes ait,
"Et quando rediet, vel quando rursus abibit?
Dicite, sum verax, dicite vera mihi."
Respondent lupuli: "nos ludere nolumus ullum,
Ysengrimigenae dicimur atque sumus,

sich jedes Mal Sorgen, wenn man meine Anwesenheit entdeckt. Ich aber liebe, was immer sie zu bieten haben, ob hart oder weich, mit Ausnahme des Fells, das den Zähnen fremd und zu nichts nutze ist.

Was aber bedeutet, dass mir Felle nichts nützen, außer dass ich nicht von einer Wollweberin als Mutter zusammengeknüpft worden bin? Meine Mutter hat mich nicht in einem Körbchen aus Ypern gewiegt. Was soll ich auch mein Geschlecht anführen? Werde ich es etwa nicht glaubwürdig nachweisen? Ich soll in viermal siebter Generation vom großen Lovo abstammen, mit dem sich eine Sau vermischte und er sich mit ihr. In aller Welt liest man dies, niedergeschrieben in hebräischen und griechischen und lateinischen Büchern.« Wieder lachte die ganze Versammlung. Und sie schoben alles, was der Bruder gesagt hatte, auf die Beschränktheit seines Waldlebens.

## *Fuchs und Wölfin*

Reinhard, der seinem hartnäckigen Verfolger entkommen war, schlug sich inzwischen seitlich in die Büsche und gelangte in das verhasste Revier, in dem der mächtige Isengrim von seinem viermal elften Ahnen her sein Lager hatte. Er traf in der Höhle die von Isengrim gezeugten Wolfswelpen an, während die erschöpfte Hausherrin in einem anderen Winkel der Höhle lag und stöhnte. Darauf fragte der Gast: »Von welchem Vater, Wölfchen, glaubt ihr abzustammen? Ich will wissen, wohin euer Vater gegangen ist und wann er zurückkommt oder wann er wieder fortgeht. Antwortet! Ich sage die Wahrheit, also sollt auch ihr mir die Wahrheit sagen!«

Die Welpen erwiderten: »Wir wollen niemanden belügen. Wir heißen und sind die Kinder Isengrims. Siehe, dort ruht sich

En cubat ex nobis, quos est enixa recenter,
Mater, adhuc etenim languet, ut ipse vides;
At pater ipse cibum perrexit quaerere nobis,
Mane revertetur, vespere perget item,
At tibi, si quid habes genitori dicere nostro,
Quisquis es, o senior, lar patet iste, sede!"
Replicat hostis: "et hic patuit mihi, gratia vobis!
Quam primum, ut cupio, notificarer ego!
O quam felici vos edidit omine mater,
Ne careat fidum posteritate genus!
Maturus pater est nec longum posse putatur
Vivere, vos eritis, quod pater ante fuit;
Huc ego cum graderer, flebant vervexque caperque
De breve victuri debilitate senis,
Sic rogo vos, damnum patris pensate sepulti,
Vos forma similes, moribus este pares!
Hortabor, ne triste patrem senuisse querantur:
Ante suam genuit pignora fausta necem;
Me caper et vervex anserque errare timebunt,
Cum vos usuros dicero lege patris,
Quod vos laudarim frustra, dubitantibus illis
Obsecro, ne possint improperare mihi."
Tunc sua crura levans et utroque foramine largus
Intulit: "hoc mixtum est, nonne suave sapit?
Sugite, dilecti patrueles, sugite! vobis
Traditur haec natis mulsa retenta meis;
Non me subsidium vobis impendere taedet,
Vos estis patrui pignora cara mei,
Pro patris obsequio, quod non permitterer illum

unsere Mutter von uns aus, die uns gerade geboren hat. Sie ist nämlich noch schwach, wie du selbst siehst. Unser Vater ist fortgegangen, um für uns etwas zu fressen zu besorgen. Er kommt morgen früh zurück und bricht abends wieder auf. Wenn du unserem Vater etwas zu sagen hast, steht dir, o Alter, wer immer du bist, dieses Haus offen, nimm Platz!«

Der Feind gab zurück: »Das Haus hat sich mir geöffnet, ich danke euch! So bald wie möglich möchte ich mich euch bekannt machen, wie ich es wünsche. O, unter welch glücklichem Vorzeichen hat eure Mutter euch geboren, auf dass das Geschlecht der Getreuen fortbestehe! Euer Vater steht in hohem Alter, und man glaubt nicht, dass er noch lange zu leben hat. Ihr werdet sein, was euer Vater früher einmal war. Als ich hierher wanderte, weinten Widder und Bock über die Hinfälligkeit des Alten und seine nur noch kurze Lebenserwartung. Daher bitte ich euch, füllt die Lücke, die euer Vater bei seinem Begräbnis hinterlässt! Kommt, die ihr ihm äußerlich ähnelt, auch seiner Wesensart nach! Ich werde sie ermahnen, nicht länger über das Altern eures Vaters zu klagen, hat er doch vor seinem Tod noch verheißungsvolle Nachkommen gezeugt. Bock, Widder und Gans werden fürchten, dass ich mich irre, wenn ich ihnen sage, dass ihr dem Recht eures Vaters nachfolgen werdet. Ich beschwöre euch: sie sollen mir nicht vorwerfen können, dass ich euch ihren Zweifeln zum Trotz unverdientermaßen gelobt habe.«

Dann hob er sein Bein und schenkte ihnen aus beiden Öffnungen reichlich ein: »Schmeckt dieses in Milch aufgeweichte Brot nicht herrlich? Saugt nur, geliebte Vettern, saugt! Ich überlasse euch diesen Honigwein, den ich eigentlich für meine Kinder aufgespart hatte. Mir macht es nichts aus, euch diese Unterstützung zukommen zu lassen, seid ihr doch die lieben Kinder meines Oheims. Anstelle der Betreuung durch euren Vater

Poscere, si praesens esset, habete meum!"
Ingemuere illi; gemitus quae causa, requirens
Mater ut agnovit, prosilit aegra licet,
Procurritque foras, sed spe privata sequendi est,
Aspiciens hostem praecelerasse nimis.
"Cur", ergo inquit, "amice, paras sic currere furtim?
Non sequeris morem, tu meus hospes eras!
Turpiter hospitii grates furatus abisti,
Hospita te revocat, fare, resiste parum!
Ante mihi gratans et commendatus abito,
Nuntiaque affectus basia sume mihi!"
Ille precans "hera, suffer", ait, "me solvere sero,
Fenore solvendi conciliabo moram,
Exieram minctum et redeo", (simulatque redire,
Iratam cupiens elicere arte lupam)
"Nilque", inquit, "peccasse reor, cur debeat obdi
Porta mihi, culpae conscius esto pavens."
Illa intro properans latitat post ostia sollers,
Ante domo natos interiore locans,
Ad quorum stratum Reinardo introrsus eunte
Cogitat insidiis anticipare fores.
Hostis idem meditans fieri potuisse minatur
Incursum, calcans limina, seque refert,
Et dominam grassans caeno impetit atque lapillis.
Non patitur fraudem dissimulare dolor,
Exilit illa furens, ille expectare sequentem,
Comprensu facilis, si voluisset, erat,
Moxque cucurrisset velocius illa, sed inde
Munia non longe, quae peterentur, erant.

nehmt mit meiner vorlieb, denn ich bräuchte ihn nicht um Erlaubnis bitten, wenn er hier wäre.«

Die Welpen heulten auf. Ihre Mutter sprang trotz ihrer Schwäche hervor, um zu sehen, was die Ursache des Geheuls sei. Sie lief vor die Tür, doch die Einsicht, dass der Feind einen zu großen Vorsprung [750] gewonnen hatte, raubte ihr die Hoffnung auf eine erfolgreiche Verfolgung. Also rief sie: »Mein Freund, warum machst du dich so heimlich auf und davon? Du befolgst die Regeln des Anstands nicht. Du warst mein Gast. Du bist gegangen und hast ungehörigerweise den Dank für die Gastfreundschaft unterschlagen. Deine Gastgeberin ruft dich zurück, sprich, warte ein wenig! [755] Danke mir zuerst und gehe dann Gott befohlen fort! Lass dich von mir zum Zeichen meiner Zuneigung küssen!« Jener bat: »Herrin, erlaube, dass ich später meinen Dank ableiste. Ich werde die Verzögerung durch die Zahlung von Zinsen wettmachen. Ich war hinausgegangen, um auszutreten, und komme jetzt zurück.« Er täuschte [760] seine Rückkehr vor und wollte die wütende Wölfin mit einer List herauslocken. »Ich glaube, nichts Böses getan zu haben«, fuhr er fort, »weswegen man vor mir die Tür zusperren müsste. Nur der Schuldbewusste muss sich fürchten.«

Jene eilte hinein und versteckte sich listig hinter der Tür. Vorher hatte sie ihre Jungen tief im Inneren des Hauses abgelegt. [765] Wenn Reinhard nach drinnen zu ihrem Lager liefe, gedachte sie, ihm vor der Tür aus ihrem Hinterhalt zuvorzukommen. Der Feind sah voraus, dass selbiges geschehen könnte, drohte einzudringen, stand schon auf der Schwelle und zog sich wieder zurück. Er reizte die Herrin, indem er sie mit Dreck und Steinchen angriff. [770] In ihrem Groll konnte sie ihren Hinterhalt nicht länger aufrechterhalten. Wütend sprang sie hervor. Jener wäre leicht zu ergreifen gewesen, wenn er auf seine Verfolgerin hätte warten wollen und wenn jene gleich schneller gelaufen wäre. Doch von dort bis zu seiner Burg, wohin er lief, war es nicht weit.

Sublimis scopulus cono petit aethera, quantum
  It spatii funda parva rotante silex;
Hinc rupis: strepitus per saxa tenentia frustra
  Serpere nitentis dulce susurrat aquae,
Illinc: florigero vultu blandissima Tempe
  Hospitium proprio ver sibi iure dicat,
Ante: iacet nulla tortus vertigine trames,
  Post: avium vario silva canore sonat;
Munia panduntur geminis adeunda fenestris,
  Sed maior gravida vulpe subire nequit,
Per septem cubitos intrato limine primum
  Ducit inoffensos semita plana pedes,
Ulteriusque utrobique aditum nitentibus intro
  Ter gradibus denis scansile praebet iter;
Congrandis furno testaque rotundior ovi
  Lar mediastina planus in arce sedet,
Intus olent dulces diversi nectaris herbae,
  Frondeaque implexum fulcra cubile dabant;
Huc rapido cursu fugiensque fugansque ruerunt,
  Ille sui leviter pervolat ora laris.
Dum temere illa sequens arctum nimis incidit, haesit
  Nec proferre potest nec revocare gradum,
Nec magis in latum remeat, quam prodit in arctum,
  Ianua sic captum stringit adacta canem,
Sic haeret cuneus, qui decipiente relictus
  Malleolo nondum robora tota fidit.
Spe modici fructus in maxima damna salitur,
  Dum mala non astu praeduce vota ruunt;
Dum stultus temere petit hostem, traditur hosti,
  Absque modo noli quaerere, quicquid amas,

[775] Ein Fels ragte mit seiner Spitze so weit zum Himmel auf, wie ein kleiner Kieselstein fliegt, der mit einer Schleuder geworfen wird. Auf der einen Seite des Felsens ertönte das liebliche Plätschern eines Baches, der über Steine floss, die seinen gewundenen Lauf vergeblich zu hindern suchten. Auf der anderen Seite erstreckte sich in voller Blüte das lieblichste Tempe. [780] Zu Recht hatte der Frühling hier seinen Wohnsitz genommen. Vor dem Fels verlief ein Weg ohne irgendeine Windung. Dahinter erklang der Wald vom vielfältigen Gesang der Vögel. Die Burg konnte man durch zwei Öffnungen betreten. Doch jemand, der größer war als eine trächtige Fähe, passte nicht hindurch. [785] Nach dem Überschreiten der Schwelle lenkte ein ebener Weg die Füße ungehindert über eine Strecke von sieben Ellen. Weiteren Zugang nach innen ermöglichte den Emporsteigenden eine beidseitige Treppe von drei mal zehn Stufen. Die glattwandige Wohnkammer war so groß wie ein Kamin und [790] runder als die Schale eines Eis. Sie lag im Zentrum der Burg. Drinnen dufteten süße und unterschiedlich aromatische Kräuter. Decken aus Laub waren zu einer Lagerstatt zusammengeflochten.

Hierher stürzten mit äußerster Geschwindigkeit Verfolgter und Verfolgerin. Jener flog mit Leichtigkeit durch den Eingang zu seiner Wohnung. [795] Jene aber hatte sich bei der Verfolgung blindlings in das zu enge Loch gestürzt, blieb stecken und konnte keinen Schritt vor oder zurück. Sie vermochte ebenso wenig ins Freie zurückzuweichen wie ins Enge vorzudringen. So presst die zugedrückte Tür den eingeklemmten Hund, so steckt der Keil fest, der den Stamm noch nicht ganz gespalten hat, [800] weil der Hammer daneben schlägt. In der Hoffnung auf einen mäßigen Ertrag stürzt man sich in größte Verluste, wenn man seine schlechten Begierden übereilt und ohne kluge Vorsorge umsetzt. Wenn ein Dummkopf seinen Feind blindlings angreift, liefert er sich ihm aus. Was immer du begehrst, versuche, es nicht um jeden Preis zu

Quae quaeris, potius quam te quaesitaque perdas,
Quoslibet ad ludos est sapuisse bonum.
Praeteriit stultus magno quaesita labore,
Atque eadem sapiens absque labore tulit;
Non bene conveniunt stultus simul atque dolosus,
Subdolus incautum ducit in omne malum,
Dum cadit in laqueum stultus ducente doloso,
Ludus inaequalis luditur inter eos.
Ut videt haerentem nullo luctamine solvi
Posse, per oppositam desilit ille forem,
Et male compatiens incommoda tanta ferenti,
In faciem miserae ludicra probra iacit,
Circumquaque salit, gestu sua gaudia testans,
Ut magis haerentis cresceret inde dolor;
Sic sua Reinardus demonstrans gaudia lusit,
Sed monachus lusit tristia fata miser.

Finierat decimus lector, signumque canendi
Silvigenae fratri supprior asper agit;
Indoctus frater veneranda silentia rumpit:
"Nescio, quid signes, tu mihi verba refer!"
Mox uno, binisque dehinc, tribus inde monetur
Flantibus, ut sileat, non tamen ille silet.
"Cur fletis, fratres, intelligo, parcite flatu!
Accimur pransum, flatus id iste notat;
Si tempesta quidem, lex esset idonea flandi,
Iam flatum decies debuit esse diu!

bekommen! Besser ist es, wenn du nur verlierst, was du begehrst, als das Erwünschte und zugleich dich selbst. Bei allen Spielen ist es gut, Klugheit walten zu lassen. Der Dumme verpasst, was er mit großem Aufwand angestrebt hat, der Kluge hingegen erreicht dasselbe Ziel mühelos. Dumme und Listige passen nicht gut zueinander: Der Heimtückische verleitet den Unvorsichtigen zu jedem Unglück. Wenn sich der Dumme unter Anleitung eines Durchtriebenen in der Schlinge verfängt, spielen sie ein ungleiches Spiel.

Sobald Reinhard sah, dass die Feststeckende sich durch keine Anstrengung befreien konnte, sprang er aus der Tür gegenüber hinaus. Und mitleidslos warf er der Armen, die so großes Ungemach ertragen musste, üble Beleidigungen an den Kopf. Er sprang überall herum und bekundete mit seinem Gebaren seine Freude, so dass sich der Grimm der Festsitzenden immer weiter steigerte. So spielte Reinhard sein Spiel und zeigte seine Freude, doch der Mönch spielte ein Spiel mit traurigem Ausgang.

## *Der Wolf im Kloster (II)*

Der zehnte Lektor hatte seine Lesung beendet, und der strenge Subprior gab dem im Wald geborenen Bruder das Zeichen für seinen Einsatz. Der ungebildete Bruder brach das ehrwürdige Schweigen: »Ich weiß nicht, was für Zeichen du machst. Sprich zu mir in Worten!« Erst einer, dann zwei, schließlich drei zischten ›Psst‹, um ihn aufzufordern, still zu sein. Doch er brach erneut das Schweigen: »Ich weiß, warum ihr schluchzt. Spart euren Atem! Man ruft uns zum Essen. Das bedeutet euer Zischen. Die Regel des Zischens könnte ja funktionieren, wenn man rechtzeitig von ihr Gebrauch machte. Man hätte schon seit langem zehnmal zischen müssen. Man hätte jetzt bereits, wenn ich

Nunc, nisi nil sapio, paenultima cena daretur,
Horologa immersit tardus aena latex,
Acta nocte fere primam conflamur ad escam,
Orbata est multo regula iure sui.
Irascor, consurgo tamen; benedicite multum!
(Sero venire potest consule nemo deo)
Sanctificet potum atque cibum, qui fecit utrumque,
Augeat et larga munus utrumque manu!"
Fratris ad hanc vocem fit perturbatio grandis,
Undique tunc naso flatur et ore simul,
Flatibus innumeris aedes procul icta reflabat,
Ut volucrum noctis milia terna sibi;
Tunc, quo more molens accitur, cuius in aurem
Edita non veniunt verba tonante mola;
Sibila dante choro procul usque resibilat echo,
Atria quam muro circumeunte patent,
Stridula sic urgente noto canneta queruntur;
Iam metuit vulpis prodier arte lupus,
Aestimat in templo Gerardos flare trecentos
Atque efflata suo claustra movenda loco,
Seque pati stando tot flatus posse perhorret,
Flante uno pridem se cecidisse memor.
Flatibus attactae subitis obiere lucernae,
Fit pavor, et quidam caelitus acta putant,
Te deum rapitur, clanga ilico bombilat ingens,
Et maior tonitrus altera more molit;
Signa pavet senior, cum parvum sueverit unum
Praetinnire cibos, magna tonare duo,
Nam (nisi fors) ideo, quia parvam parva duasque
Exigat ingentes grandior esca nolas.

nicht völlig unwissend bin, die vorletzte Mahlzeit ausgeben müssen. Die Metallkugel, die die Stunden anzeigt, ist zu spät gefallen. Die Nacht ist fast vorüber. Wir werden zum ersten Frühstück zusammengezischt. Man hat die heilige Regel erheblich in ihrem Recht eingeschränkt. Ich bin darüber zwar ungehalten, erhebe mich aber trotzdem. Sprecht ein langes Tischgebet! In Gottes Augen kann niemand zu spät kommen. Er, der Essen und Trinken erschaffen hat, möge beides segnen und mit seiner freigebigen Hand vermehren!«

Auf diese Rede des Bruders entstand eine große Unruhe. Von allen Seiten zischte man durch Nase und Mund zugleich. Die Wände, von zahllosem Zischen getroffen, zischten zurück, als zischten sich dreitausend Nachtvögel an. Wie man den Müller anschreit, dessen Ohr die Worte nicht hört, solange die Mühle lärmt, gab das Echo das Zischen des zischenden Chores zurück, so weit sich der Kirchenraum in seinen umlaufenden Mauern erstreckte. So stöhnt das rauschende Schilf, wenn der Sturm hindurchfegt. Sogleich fürchtete der Wolf, einer List des Fuchses ausgeliefert zu sein. Er dachte, dass in der Kirche dreihundert Gerharde zischten und dass das angeblasene Kloster sich von seinem Platz bewegen müsse. Entsetzt glaubte er nicht, so viel Gezische stehend ertragen zu können, erinnerte er sich doch, zuvor schon durch das Zischen eines einzigen umgefallen zu sein.

Die vom plötzlichen Zischen angeblasenen Lichter erloschen. Furcht griff um sich, und einige glaubten, die Vorgänge seien vom Himmel gesandt. Man riss an dem Seil der ›Te Deum‹; sogleich dröhnte die gewaltige Glocke, und eine zweite noch größere klang wie ein Donnerschlag. Weil der Alte gewöhnt war, dass nur eine kleine Glocke zum Essen läutete, erschrak er darüber, dass jetzt zwei große Alarm schlugen. Doch vielleicht könnte es ja sein, dass eine kleine Mahlzeit nur eine kleine Schelle erforderte und eine größere zwei gewaltige Glocken. Darauf rannten die

Tunc sparsim fratres per candelabra, per alta
  Scamna ruunt. libros, vasa crucesque rotant,
(Ast aetate rudes septem latuere tapetis,
  Tres aulaea quater, scriniaque octo tegunt)
Post aram sub scamna ruunt, sub pulpita fusi,
  Hic birrum labiis imprimit, ille manum,
Viscera fissuro non imperat ille cachinno,
  Terque cachinnantur quinque quaterque novem.
Iam conante cavas zirbo transponere fauces
  Affuit hic abbas, qui lupus alter erat,
Non nisi quinquimum docilis glutire Falernum,
  Pauca aliis tribuens plurimaque ipse vorans,
Tam bene se poterat quam sex portare molares,
  Vermibus auxilium grande futurus adhuc.
Scotigenum crustas mollisset flamine terno
  Atque saginasset, (tam fuit ipse macer)
Non secus in crassum quam si iacerentur aenum,
  Sic creber pateris proveniebat adeps.
Quam macidum atque olidum ructabat mane fere escis
  Hic pater hesternis ebrius atque satur!
Unius haud noctis residebat crapula somno,
  Quamvis solstitium mane nivale foret.
Praedia quis vasta tot condere novit in alvo
  Ovaque quis fratrum sic piperare suis?
Ut caper hic sapiens, et vocis ut ardea clarae,
  Tamquam leproso gutture pingue sonat,
Unguento verbis intercrassante refractis
  Dimidium stridet dimidiumque fremit:
"Ysengrime comes, Canta, cantare iuberis!"
  Hoc puto dicturus, si potuisset, erat;

Brüder einzeln zwischen den Leuchtern und hohen Bänken herum und schwenkten Bücher, heilige Gefäße und Kreuze. Allerdings verkrochen sich sieben noch etwas unreife Brüder hinter Wandteppichen, zwölf Mönche verbargen sich hinter Vorhängen und acht in Reliquienschreinen. [865] Sie warfen sich hinter dem Altar unter die Chorbänke, verteilten sich unter den Lesepulten, der eine drückte seine Kutte an die Lippen, ein anderer seine Hand, der dritte bekam einen Lachanfall, sonst wäre er geplatzt. Dreimal fünf und viermal neun Brüder schüttelten sich vor Lachen.

Schon drohte ihnen, das Bauchfell zu platzen und durch den Schlund nach oben zu kommen, [870] als der Abt eintraf, der ein zweiter Wolf war. Er hatte nichts gelernt, außer fünfjährigen Falerner zu trinken. Er gab den anderen wenig ab und verschlang selbst das meiste. Er konnte ebenso gut sich selbst oder sechs Mühlsteine tragen. Er versprach, eines Tages ein großes Fest für die Würmer zu sein. [875] Er hätte durch dreimaliges Anblasen schottischen Zwieback einweichen und durchfetten können (so mager war er!), nicht anders, als wenn man den Zwieback in eine Pfanne mit Fett geworfen hätte, so reichlich trat das Fett aus den Opferschalen seines Mundes hervor. Wie überaus mager und stinkend war das, was dieser Vater, [880] der noch satt und trunken von den Speisen des Vortages war, am Morgen erbrach. Durch den Schlaf einer einzigen Nacht war der Rausch noch nicht verflogen, selbst wenn es die Nacht vor der Wintersonnenwende gewesen wäre. Wer hätte so viele Ernten in seinem weiten Bauch bergen können, und welcher Bruder konnte die Eier so stark für die Seinen pfeffern?

[885] Seine Stimme hatte einen fetten Klang, als käme sie aus der Kehle eines Aussätzigen, wie bei einem weisen alten Ziegenbock oder einem Reiher mit seinem hellen Ruf. Halb grunzte, halb schnaubte er, wobei seine Worte durch hervortriefendes Fett unterbrochen wurden: »Freund Isengrim, singe! Man befiehlt dir zu singen!« [890] Das wollte er wohl sagen, glaube ich, wenn er

Illius audito fratres stridore quierunt:
"Cantatum, frater, te petit hora, veni!"
Silvigena inconsultus adhuc, cantare quid esset,
Rettulit irato fratribus ore suis:
"Non est hoc aliud, cur tanto turbine flastis?
Heu potuit 'canta' dicere nemo mihi?
Debita iam video subduci prandia nobis,
Cantatum iubeor currere, quicquid id est,
Si saltem bibere est cantare, feremus omitti
Prandia; si secus est, en bibiturus eo;
Triste fames cantat, sitis importunius urit,
In caelos animam plena cuculla vehit."
Iussit eum placidus pater in cellaria duci;
Constitit ante fores datque redire ducem,
Solus init crumeram, tonnis pincerna duciclos
Detrahit, ut prodat quaeque, quod intus habet,
Singula vasa probat, sed quaeque probata recusat
Claudere, tam cupido dorde probanda petit.
Et sibi sic dicit: "scriptura teste probate
Omnia, sic scriptum est, atque tenete bonum!
Abstinet usque bonis, quibus affluit, aeger avarus,
Cui vinum servas? fac semel ipse bibas!"
Stantibus in cantu visa est mora longa bibentis,
It, qui dux fuerat, reddere iussus eum,
Invenit in vino collotenus ille natantem,
Sicque inquit: "frater, balnea pulchra facis!
Crede mihi, hic caput est, quod cras intrabit in arcam,
Balnea sed dorso sunt adhibenda foris!
Prima nocte nimis largus pincerna fuisti,

gekonnt hätte. Als die Brüder sein Grunzen gehört hatten, beruhigten sie sich: »Für dich ist der Zeitpunkt gekommen zu singen, fang an!«

Der Waldgeborene war sich noch nicht im Klaren, was Singen sei, und antwortete seinen Brüdern mit zorniger Stimme: [895] »Aus keinem anderen Grund habt ihr mit eurem Zischen einen so großen Sturm entfacht? Konnte mir denn niemand einfach sagen: ›Singe!‹? Schon sehe ich, dass man das fällige Frühstück wieder hinausträgt, und ich soll mich mit dem Singen beeilen, was immer das ist. Wenn Singen wenigstens Trinken bedeutete, würden wir es ertragen, [900] dass das Frühstück entfernt wird; wenn es etwas anderes ist, gehe ich jetzt trinken. Traurig singt der Hunger, und stärker noch legt sich der brennende Durst auf die Stimme. Nur eine gefüllte Kutte lässt die Seele zum Himmel auffahren.«

Der sanftmütig gestimmte Abt ließ ihn zum Weinkeller bringen. Dort blieb er vor der Tür stehen und schickte seinen Führer zurück. [905] Der Weinschenk begab sich allein in den Keller und zog die Zapfen aus den Fässern, damit jedes preisgebe, was sein Inneres enthalte. Er probierte von jedem einzelnen Fass, weigerte sich aber, die geprüften Fässer wieder zu verschließen, so groß war sein Verlangen nach der Weinprobe. Und er sagte sich: »In der Bibel steht: ›Prüft alles‹, [910] so ist es geschrieben, ›und behaltet das Gute‹. Ein krankhafter Geizkragen enthält sich stets aller guten Dinge, auch wenn er sie im Überfluss besitzt. Für wen behältst du den Wein? Trink doch einmal selbst!«

Den sangesbereiten Mönchen schien der Trinker zu lange fort zu bleiben. Der ihn geführt hatte, ging mit dem Auftrag, ihn zurückzuholen. [915] Er fand ihn, wie er bis zum Hals im Wein schwamm, und sprach ihn an: »Bruder, du bereitest dir ja ein schönes Bad! Glaub mir, hier gibt es einen Kopf, der morgen in den Kerker wandert. Die Bäder für den Rücken sind draußen anzuwenden. In der ersten Nacht warst du ein allzu schenkfreudiger

Alter in officium substituendus erit;
Artior ego sitim nequiit compescere crater?
Saepe parum melius quam nimis esse semel!"
Potor ad haec: "ad quid tua cista, cucullifer amens,
Intranda est, nisi sit forsitan intus ovis?
Cur nisi propter oves cistam dignarer inire?
Quattuor est cistis amplior iste locus,
Nonne locum teneo capitis dorsique capacem?
Quid me dimidias? integer esse volo!
Quam subito offendit fratres, quod diligo legem,
Quam cito me, quia sum rectus, adesse dolent!
Meque fugare venis, ignoro, iussus an emptus,
Ut commune minus te sit agente malum;
Par facit auctori scelerum praeceptor et emptor,
Efficit impuram mens scelerata manum.
Suggere deceptis, quia vivo sicut et ipsi,
Non ego sum, quantum iudicor esse, rudis;
Regula vult, ni fallor, habetque infracta reatum,
Ut superet mediam Bacchus adusque gulam,
Hoc variae clamides sectantur idemque cucullae,
Multa bibunt fratres, plus tribus ipse pater.
Displicet abbati, quod moribus aemulor ipsum?
Quid nocet insano me sua facta sequi?
Ordinis esse mei non ipsum conqueror, et cur,
Quos sequitur mores, invidet ille mihi?
Deterius nihil est, quam quod sibi plaudit et in me
Detrahit exemplo perfida turba suo,
Nemo suae socium debet contemnere sortis,
Consimiles simili religione sumus.
Abbas noster edax bibulusque ut fratribus alto

Weinschenk. [920] Man wird einen anderen mit der Aufgabe betreuen müssen. Konnte denn nicht ein kleinerer Becher deinen Durst stillen? Oftmals weniger ist besser als einmal zu viel!«

Darauf der Trinker: »Wozu soll man in deinen Kerker, du wahnwitziger Kuttenträger, wenn sich darin möglicherweise kein Schaf befindet? [925] Warum soll ich mich herbeilassen, in den Kerker zu gehen, wenn nicht der Schafe wegen? Dieser Ort ist geräumiger als vier Kerker. Habe ich nicht genügend Platz für meinen Kopf und meinen Rücken? Warum zerteilst du mich in zwei Stücke? Ich will ganz bleiben! Wie schnell haben die Brüder daran Anstoß genommen, dass ich die Regel liebe, [930] wie schnell ärgert sie meine Anwesenheit, weil ich aufrichtig bin! Du kommst, mich zu vertreiben, ob auf Befehl oder bestochen, weiß ich nicht, damit du als Sündenbock die Schuld der Gemeinschaft verminderst. Auftraggeber und Bestechender sind bei einem Verbrechen ebenso schuld wie der Täter selbst. Verbrecherische Gedanken machen auch die Hand schmutzig.

[935] Teile den falsch unterrichteten Brüdern mit, dass ich lebe wie sie. Ich bin nicht ungebildet, wie sehr man es auch von mir glaubt. Die Regel bestimmt, wenn ich nicht irre, dass Bacchus den Durst zur Hälfte und mehr lösche. Ihre Übertretung gilt als Sünde. Das befolgen die verschiedenen Orden der Mantelträger wie auch die Kuttenträger. [940] Die Brüder trinken viel, der Abt selbst sogar mehr als drei. Missfällt es dem Abt etwa, dass ich seinem Verhalten nacheifere? Was schadet es dem Hirnlosen, dass ich mir seine Taten zum Vorbild nehme? Ich beklage nicht, dass er zu meinem Orden gehört, warum also neidet er mir die Gewohnheiten, die er selbst befolgt? [945] Nichts ist schlimmer, als dass die unzuverlässige Schar ihre eigene Vorgabe bei sich selbst lobt und bei mir ablehnt. Niemand soll seinen Schicksalsgefährten verachten. Wir sind durch den gleichen Orden verbunden. Wie unser fress- und trunksüchtiger Abt unsere Brüder durch seinen hohen

Nomine, sic stomachi religione praeest,
At mihi non suffert abbas imitabilis esse,
Ergo sequi vetitus moliar ire prior,
Abbatem fratresque simul virtute praeibo,
Si, qui plura vorat, sanctior esse potest.
Me vino potuisse refers moderatius uti,
Non scis, me saturo quid superare queat,
Praeceleras nimium; postquam satiatus abibo,
Argue me, si quid videris esse super,
Sufferres misere, si perdita vina fuissent,
Ecce vides coram stantia, tuque furis?
Vescerer et biberem cum fratribus, offer edendas
Quotidie, quantas censueramus oves;
Dum tenuem guttam de qua scrobe lingere possim,
Hic equidem noctes, hic habitabo dies."
Ille patri rediens et fratribus omnia narrat,
Quique ea laudaret, vix erat unus ibi,
Unanimes miserum iurant expellere fratrem,
Omnibus armantur, quae reperire queunt,
Neve moram faciant, prius occurrentia prendunt:
Ecce caballinum corripit ille caput;
Hic feno gravidam fertur rapuisse lagenam,
In qua sese abbas mungere suetus erat;
Quaeque ferebatur quintae mediana diei,
Dimidium fissae vendicat ille nolae;
Hunc veteris rhedae pars tertia munit; at abbas
Ipse molendinum grande sinapis agit.
Talibus atque aliis irrumpunt ostia freti,
Qua securus erat frater adhucque bibens,
Nilque nisi grates monachum meruisse putantem
Talibus obiurgat noxia turba minis:
"Huc, vesane, foras! Satana insatiate, repente

Titel [950] übertrifft, so auch durch die fromme Verehrung seines Magens. Doch er duldet nicht, dass er mein Vorbild ist. Weil man mir verbietet, ihm zu folgen, beabsichtige ich vorzugehen. Ich werde dem Abt und den Brüdern an Tugend voranschreiten, jedenfalls wenn für heiliger gelten kann, wer mehr verschlingt.

[955] Du sagst, ich hätte mich beim Wein mehr zurückhalten können. Du weißt aber nicht, was übrig bleiben könnte, wenn ich satt sein werde. Du bist vorschnell. Wenn ich gesättigt fortgehe, darfst du mich vor Gericht bringen, wenn du irgendetwas übrig geblieben siehst. Du würdest es nur schwer ertragen, wenn der Wein verloren gegangen wäre. [960] Aber siehe, er steht vor dir; und doch bist du außer dir? Ich würde mit den Brüdern essen und trinken, biete uns nur täglich so viele Schafe zu essen an, wie wir geschätzt hatten. Solange ich auch nur den kleinsten Tropfen aus irgendeiner Vertiefung lecken kann, werde ich mich hier Tag und Nacht häuslich einrichten.«

[965] Jener kehrte zurück und erzählte alles dem Abt und den Brüdern. Es gab keinen einzigen dort, der das gelobt hätte. Einmütig schworen sie, den elenden Bruder hinauszuwerfen. Sie bewaffneten sich mit allem, was sie finden konnten. Um keine Zeit zu verlieren, packten sie alles, was ihnen gerade über den Weg lief. [970] Der eine ergriff einen Pferdekopf, der andere hat angeblich einen mit Heu gefüllten Krug an sich gerissen, in welchen der Abt sich zu schnäuzen pflegte. Der Dritte griff sich die Hälfte einer zersprungenen Glocke, die Halber Donnerstag genannt wurde. [975] Der Vierte bewaffnete sich mit dem dritten Teil eines Kummets, und der Abt führte eine große Senfmühle mit sich.

Im Vertrauen auf solche und andere Waffen erstürmten sie die Tür, hinter welcher der trinkende Bruder bis dahin in Sicherheit war. Die gewaltbereite Horde beschimpfte den Mönch, [980] der nichts als Dank verdient zu haben glaubte, mit drohenden Worten: »Hierher, Wahnsinniger, komm heraus! Du unersättlicher

Huc ad nos, aliter nec bibiture parum!"
Armatam ut rabiem videt Ysengrimus et audit,
Esse illic monachus non vovet ipse diu,
Tunc, quod spissus erat paries solideque cohaerens,
Non amat: hinc lapides devovet, inde fabrum;
Mox velut audacter, ne formidasse putetur,
Procedit; fratrum cominus arma notans
"Quo, stolidi fratres", ait, "haec vexilla feretis?
Quis populus demens ista sequenda putet?
Nam nec recta quidem nec sunt conformia rectis,
Et melius poterant delituisse domi;
Non vos consilium sine me sapienter inistis,
Cur hodie non sum quam bene doctus heri?
Ergo domum redeant partis vexilla sinistrae,
Ingenium vobis notificabo meum.
Ordinis ex nostri coetu plerique leguntur
Pontifices, quorum est vita probata palam,
Qui, quanta tueantur oves pietate deumque
Quam timeant nuda religione, probant:
Quae populus, quae clerus habet, quae claustra, licenter
Omnia constituunt diripienda sibi
Vi, prece, iudiciis, ornatu, fraude, minisque
Et quibus ordo caret mosque modusque modis.
Praesulibus sumptis de clero haec regula partim
Noscitur, et partim, ceu didicere, tenent;
Omnia non sorbent, parco bacchantur hiatu,
Seducti raptis plura manere sinunt.
Eligit idcirco pars cleri provida sanctos
Claustricolas, quorum est linquere norma nihil,

Teufel, komm sofort zu uns her, der du anderes und nicht wenig trinken wirst!« Als Isengrim die bewaffnete Wut sah und hörte, schwor er, dort nicht mehr lange Mönch zu bleiben. In dem Moment gefiel es ihm nicht, dass die Mauer dick und fest gefügt war, und er verfluchte sowohl die Steine als auch den Maurer.

Um den Anschein von Tapferkeit zu erwecken und nicht für furchtsam gehalten zu werden, trat er vor. Als er die Waffen der Brüder von Nahem sah, sagte er: »Wohin, ihr dämlichen Brüder, tragt ihr diese Fähnlein? Welches Volk wäre so dumm und glaubte, diesen hinterherlaufen zu müssen? Es sind nämlich nicht die richtigen und sehen den richtigen nicht einmal ähnlich. Sie hätten besser zuhause versteckt bleiben sollen. Ohne mich und also ohne Weisheit habt ihr euren Beschluss gefasst. Warum sollte ich heute weniger erfahren sein als gestern? Die Fähnlein aus der falschen Ecke mögen also wieder nach Hause gehen, und ich werde euch mit meinem klugen Einfall bekannt machen: Aus der Mitte unseres Ordens soll die Mehrheit der Bischöfe gewählt werden, deren Leben in der Öffentlichkeit untadelig ist. Sie sollen zeigen, wie hingebungsvoll sie die Schafe hüten und wie sie Gott mit unverfälschter Frömmigkeit fürchten. Alles, was das Volk, die Geistlichkeit und die Klöster besitzen, soll man für sie durch Gewalt, Gebete, Prozesse, Pomp, Betrug, Drohungen und sonstige Vorgehensweisen, die gegen die Ordnung, die Sitte und das Maß verstoßen, nach Belieben rauben; das mögen sie beschließen.

Diese Regel kennen die Bischöfe, die aus dem Klerus stammen, nur zum Teil, und sie befolgen sie auch nur zum Teil, ganz wie sie es gelernt haben. Sie verschlingen nicht alles und trinken ihren Wein mit minder aufgesperrtem Rachen. Wenn sie zu Raubzügen verführt werden, erlauben sie, dass der größere Teil übrig bleibt. Daher soll der kluge Teil des Klerus heilige Klosterinsassen erwählen, die sich zur Regel gemacht haben, nichts zurückzulassen, die erst rauben, dann zusammenkratzen und

Qui primum rapiant, tunc scalpant, denique lingant,
Vere his virtutum regula tota patet.
Antistes fieri sperans ego moribus hisdem
Praevulgo studium, devoro, praedor, hio,
Innumerosque dies una virtute redemi,
Effuso vacuans omnia vasa mero;
Confestim lateque solet discurrere rumor,
Materies quotiens ardua solvit eum.
Propterea volui facinus committere clarum,
Ingluviem subito notificare volens,
Ut, si praesul ob hoc fuerit quis forte fugatus,
Quod parce rapiat, subroger aptus ego;
Si quid adhuc sapitis, laudabitis acta, probeque
Fratribus atque mihi consuluisse ferar.
Quod si damna movent vanum lucrosa furorem,
Hoc veniale meae sit probitatis opus,
Amodo nil perdam, nisi sit, quod perdere possim,
Quamquam non liceat paenituisse boni;
Peiores dici quam laica turba potestis,
Si luero primae crimen inane vicis,
Et commissa semel villanus daemone peior
Donat, vos acies lenior este precor!
At quocumque trahat sententia, nolo fugari,
Saltem, ubi nulla potest esse cupido, locer,
Et mihi praeposito domus infirmaria subsit,
Quamvis consilio discrepet illa meo;
Nam cum desiero rapere obtuleritque voranti
Exigua positas assecla lance dapes,
Tunc, quod erat certe praeda ingluvieque merendum,
Exspes officii pontificalis ero."

schließlich noch ablecken. Sie haben die Regel der Tugenden wahrlich und vollständig begriffen. In der Hoffnung, Bischof zu werden, mache ich mich mit eben diesen Sitten eifrig vertraut, schlinge, raube, giere. [1015] Dadurch, dass ich den Wein vergossen und die Fässer geleert habe, ersparte ich mir durch eine einzige Großtat unzählige Tage Klosterdienst.

Ein Gerücht verbreitet sich jedes Mal schnell und weit, wenn ein außergewöhnlicher Anlass es auslöst. Deswegen wollte ich ein ruhmreiches Verbrechen begehen [1020] und zugleich schlagartig meine Unersättlichkeit bekannt machen, um als geeigneter Ersatz dienen zu können, wenn irgendein Bischof vielleicht vertrieben würde, weil er sich beim Plündern zu sehr zurückhält. Wenn ihr ein bisschen klug seid, werdet ihr das Geschehene loben, und es wird heißen, dass ich rechtschaffen für mich und meine Brüder gesorgt habe. [1025] Wenn aber gewinnbringende Verluste grundlose Wut bei euch wecken, sollte meine aus gutem Willen begangene Tat doch zu entschuldigen sein. Ich werde in Zukunft nur noch das verderben, was ich verderben kann, auch wenn man eine gute Tat eigentlich nicht bereuen sollte. Ihr könntet als schlechter gelten denn die Masse der ungebildeten Laien, [1030] wenn ich ein unbedeutendes Vergehen schon beim erstem Mal büßen soll. Denn sogar ein Bauer, der schlimmer als der Teufel ist, vergibt einen einmaligen Misstritt. Ich bitte euch, milder zu urteilen. Wie auch immer der Urteilsspruch ausfällt –, ich will nicht vertrieben werden. Man soll mich dort einsetzen, wo keine Verführung droht. [1035] Soll man mich doch zum Vorsteher der Krankenabteilung machen, auch wenn sich das von meinem ursprünglichen Plan unterscheidet. Denn wenn ich aufhöre zu plündern und mir ein Diener in winziger Schale mein Essen zum Verzehr reicht, kann ich meine Hoffnung auf das Bischofsamt aufgeben, [1040] weil man sich dieses bestimmt durch Raub und Unersättlichkeit verdienen muss.«

Pravior Angligena caudato partis iniquae
Quidam rufus ad haec dogmata clamat ovans:
“Frater, tende foras! optata paratius instant
Tempora quam speras! hora beata venit!
Hora beata venit, qua consecrabere praesul,
Festus adest nobis iste tibique dies,
Teque his vexillis introductura sacratum
Contio fraterni tota favoris adest.”
Poscitur actutum cunctis e fratribus unus,
Ungere pontificem dignus, adestque celer,
Aedituus plenam pulicum producit acerram,
Auriculas meriti fratris utrasque replens.
“Hoc aspergo sacri caput”, inquit, “semine olivi,
Deficit uncturus tempora sacra liquor;
Sanctius est semen, vita est in semine, transit
In cerebrum saltu sanctificante vigor:
Infula, ne capiti benedictio decidat, assit!”
Feniferum gestans fictile frater adit,
Et fenum excutiens stolpato verberat orbe
Pontificis frontem, “sume”, ait, “alme pater!
Hanc etenim Artacus mittit tibi papa tiaram” –
(Bombilat hic grossum ventre lagena cavo,
Percussorque refert:) “felici tempore mitram
Apposui, praesul iam modo signa facit,
Scilicet, ut sacrum tetigit caput, infula clanxit.”
Percutitur rursum pontificale caput,
Clanxerat in primo, sed verbere fracta secundo
Dissilit in testas octo lagena quater,
Pontificis capiti ter inhaerent fragmina quinque,
Unius in testae continuata modum.
Intulit ergo sagax percussor voce iocosa:
“Aspicite huc, fratres, quam bene mitra sedet!

Irgendein rothaariger Bruder aus der feindlichen Gruppe, bösartiger noch als ein geschwänzter Engländer, rief auf diese Lehren voll Freude: »Bruder, komm heraus! Die erwünschten Zeiten stehen unmittelbarer bevor, als du erhoffst! Die glückliche Stunde ist gekommen! [1045] Die glückliche Stunde ist gekommen, in der man dich zum Bischof weiht. Dieser Festtag für uns und für dich ist angebrochen. Die Versammlung ist in brüderlicher Liebe vollständig zugegen, um dich mit diesen Fähnlein zur Weihe zu führen.«

Augenblicklich wurde einer aus allen Brüdern gefordert, [1050] der würdig war, den Bischof zu salben. Schnell war er gefunden. Der Messner holte ein Weihrauchkästchen voller Flöhe hervor und stopfte sie in beide Ohren des verdienten Bruders. Dabei sagte er: »Ich bestreue dieses Haupt mit der Saat heiligen Öls. Über flüssiges Öl zum Salben der heiligen Schläfen verfügen wir nicht. [1055] Die Saat ist noch heiliger, weil noch voll Leben. Ihre Kraft übertragt sich auf das Gehirn in selig machendem Sprung. Man bringe die Mitra, damit ihm der Segen nicht vom Kopf fällt!«

Schon war der Bruder mit dem heugefüllten Spucknapf da. Er schüttete das Heu hinaus und stauchte mit der übergestülpten Öffnung [1060] die Stirn des Bischofs zusammen. »Nimm, gütiger Vater!«, rief er, »denn der Bischof von Artois schickt dir diese Tiara.« Der Krug dröhnte dumpf aus seinem hohlen Bauch. Der darauf schlug, sagte: »Ich habe ihm in einem glücklichen Moment die Mitra aufgesetzt. Der Bischof wirkt schon Wunder. [1065] Man denke nur: Kaum hat die Mitra das heilige Haupt berührt, erschallt sie!« Noch einmal wurde auf das Haupt des Bischofs geschlagen. Beim ersten Schlag hatte der Krug getönt, bei zweiten zerbrach er und zersprang in viermal acht Scherben. Drei mal fünf Bruchstücke blieben im Kopf des Bischofs stecken. [1070] Aneinandergereiht ergaben sie die Form eines Topfes. Der schlaue Schläger hub mit spöttischer Stimme an: »Schaut her, Brüder, wie gut die

Nulla umquam melius mitra absque ligamine sedit!
Nunc stola quaeratur, vincta tiara bene est."
Redifer exclamat: "stola adest, ut credo" suique
Pontificis collum terque quaterque ligat.
Munerat hic dorsum pius abbas caute molari
Et "mea gratanter munera", dixit, "habe!
Istud, (crede mihi, vulgaris nominat usus)
Quod tibi do, libum; suscipe, dono libens!"
Nec mora, gestator mediani provolat aeris,
Pontificem cunctis plenius ille sacrat,
Procumbit decies antistes verbere deno
Et resilit totiens, undecimoque iacet;
Tunc ferus irridens ioculenta voce sacrator
Ludicra nequitiae protulit ista suae:
"Aeger ut appares, nisi fingas esse, magister
Ut super infirmos constituaris, eges;
Haec igitur fratres invitatura comesum
Infirmos media cymbala pende domo."
Vix miser antistes respiret, durus equini
Vector adest capitis consiliumque dedit:
"Si sapis, Ysengrime, cave fallacibus istis
Credere, non recte consuluere tibi,
Esse potes praesul meritis et nomine debes,
Sed non officium nosse videris adhuc;
At tua te gnarum ioculandi dextera naris
Indicat aspectu, fungere sorte tua:
Hanc tibi dono gigam, pagana est utpote porrum
Osseaque ut dominus Blitero, sume, vide!
Dum nimis optatum facinus concedit amicus,
Debetur dono gratia magna brevi,
Haec giga donatur gratis tibi, sume!" nec unum
Verbere iam verbum prodiit absque suo.

Mitra passt! Noch nie hat eine Mitra ohne Band besser gesessen! Jetzt möge man das Pallium suchen. Die Tiara ist gut befestigt.«

Der Träger des Kummets rief: »Schon ist das Pallium da, wie ich glaube«, und schlang das Geschirr drei und vier mal um den Hals seines Bischofs. Nun beschenkte der fromme Abt den Rücken sorgsam mit der Senfmühle und sagte: »Empfange voll Dankbarkeit meine Gaben! Glaub mir: Was ich dir gebe, heißt im Volksmund Kuchen. Nimm ihn, ich gebe ihn dir gern!« Unmittelbar im Anschluss sprang der Träger der halben Glocke vor und weihte den Bischof noch ausgiebiger als alle anderen. Zehn Schläge streckten den Kirchenvorsteher zehnmal nieder und ebenso oft sprang er wieder auf; beim elften Schlag blieb er liegen. Da lachte der wilde Weihende mit höhnischer Stimme und trieb seine bösartigen Scherze: »So krank, wie du aussiehst, wenn du nicht nur so tust, muss man dir die Leitung über die Kranken übertragen. Hänge also diese halbe Glocke im Haus auf, welche die kranken Brüder zum Essen rufen wird.«

Der Kirchenvorsteher konnte kaum Luft holen, als der hartherzige Träger des Pferdekopfes schon vor ihm stand und diesen Rat erteilte: »Wenn du klug bist, Isengrim, hüte dich, diesen Betrügern da Glauben zu schenken. Sie haben dich falsch beraten. Nach deinen Verdiensten kannst du Bischof sein und nach deinem Ansehen musst du es sogar sein. Doch hast anscheinend deine Aufgabe noch nicht verstanden. Der Anblick deines rechten Nasenflügels zeigt, dass du dich auf das Fiedeln verstehst. Komme also deiner Bestimmung nach! Ich schenke dir diese Fiedel. Sie ist ein wenig gewöhnlich wie Lauch und knöchern wie Herr Blitero, nimm sie, schau! Wenn ein Freund eine höchst erwünschte, aber bedenkliche Tat zugesteht, schuldet man ihm auch für eine flüchtige Gabe großen Dank. Diese Fiedel wird dir sogar umsonst gereicht, nimm sie!« Und jedes Wort wurde von

Verba nimis praesul sed parce verbera curans,
Gallus ut in prunis, per medium agmen abit;
Lixa malus revocans non expectare volentem
Dicitur ignitum praeripuisse veru.
"Frater, frater", ait, "modicum expectare memento!
Oblitus plectri quo cupis ire tui?
Accipe! quid faceres sine plectro? interque loquendum
Candenti ferro colla humerosque fodit,
"Arsque tibi", adiecit, "nondum est bene nota gigandi,
Cum chordas plectro sumpseris absque suo;
Quam primum cuperes modulari, nonne puderet
Ante oculos plectro te caruisse tuo?"
His donis studium exagitant: erratque pavetque
Sicut in externis per loca nota viis,
Et non ante sui meminit, quam staret, ubi uxor
Haerebat, medio corpore vincta tenus;
Extraxit miseram, referunt iurantque vicissim
Crimina Reinardi morte pianda gravi,
Tot tamen offensas (scit enim Reinardus, ubi et qui
Divisus) fertur conciliasse baco. –
Erubuit vulpes dici tam saepe quiisse
Nunc falli gallo, nunc ioculante lupo;
Senserat hoc subito vocemque erumpere promptam
Cetera lecturi supprimit ursus apri.
Desierat Bruno, lausque astrepit undique dictis,
Tunc epulas alacer rex iubet atque iocos;
At misere interea miser Ysengrimus in agro
Luserat ac tulerat fercula dura satis,

einem Schlag begleitet. [1105] Unbekümmert um die Schläge, wohl aber besorgt wegen der Worte lief der Wolf panisch wie ein Hahn auf glühenden Kohlen durch die feindliche Schar.

Man sagt, dass ein bösartiger Koch ihn zurückgerufen habe, obwohl er nicht mehr abwarten wollte, und einen brennend heißen Bratspieß hervorgeholt habe. Dabei sagte er: »Bruder, Bruder, warte doch noch einen kleinen Moment! [1110] Wohin willst du denn gehen? Du hast deinen Fiedelbogen vergessen. Nimm ihn! Was würdest du ohne Bogen machen?« Mit diesen Worten stocherte er ihm auf Hals und Schultern mit dem glühenden Spieß herum. »Du bist mit der Kunst des Fiedelns«, fügte er hinzu, »noch nicht besonders vertraut, da du das Instrument ohne seinen Bogen genommen hast. [1115] Wäre es dir nicht peinlich, wenn du erst spielen willst, vor dem Publikum deinen Bogen zu vermissen?«

Mit ihren Gaben spornten sie seinen Eifer an: Zitternd irrte er gleichsam auf unbekannten Wegen durch bekanntes Gelände. Er fand erst wieder zu sich, als er dort stand, wo seine Frau [1120] bewegungsunfähig bis zur Hälfte ihres Körpers feststeckte. Er hatte die Bemitleidenswerte herausgezogen, und sie erzählten sich abwechselnd die Missetaten Reinhards und schworen, sie durch einen grausamen Tod zu sühnen. Doch habe ein Schinken, so sagt man, die so vielen Übergriffe ausgeglichen Reinhard weiß, wo und wie er geteilt worden ist.

[1125] Der Fuchs errötete darüber, dass man erzählte, dass man ihn so oft habe überlisten können, mal der Hahn, mal der höhnende Wolf. Der Bär hatte dies gleich bemerkt und verhinderte, dass die Stimme des Ebers ertönte, der sich anschickte, auch das Übrige vorzulesen. Bruno hatte die Lesung beendet, von allen Seiten erklang Beifall für den Vortrag. [1130] Darauf verlangte der wieder muntere König nach Speisen und Kurzweil. Der unglückliche Isengrim hatte derweil auf dem Feld sein armseliges Spiel getrieben und reichlich karge Mahlzeiten zu sich genommen. Tief,

Usque profunda fere corium detractus ad ossa,
Regia dum linquens ad sua tecta redit.

Corvigarus sonipes, eunuchus fortis et ingens,
Cernitur in ripa stare paludis edens –
Qui paulo ante cibum sumpturus in amne palustri
Constiterat, medias mersus adusque iubas;
Pone legens pisces ibis sua crura videbat
Pressa caballino sub pede posse parum,
Non multum poterat, sed credi posse volebat,
Vim pellit cautis vis simulata minis.
"Corvigare, hic, frater, densa", inquit, "stamus in ulva,
Non oculi hic possunt observare pedes,
Est imperspicuus gurges, quisque ergo suorum
Esto pedum custos, en ergo servo meos;
Ne tibi deculcem talos, ne qualibet artus
Quasseris, timeo, sis memor ipse tui!
Qui minus optat habere pedes quam perdere, votis
Talibus hic aptum noverit esse vadum.
Hanc igitur mortem quia me spectante subisti,
Grator, adhuc spero tutus abire potes;
Si mihi post tergum venisses, nulla profecto
Reddere te sanum fors potuisset agro,
Dum potes incolumis meque hinc insonte salire,
(Fuscinulas Satanae porto) memento fugae!
Si tibi messuero coxas ignarus et armos,
Quid nisi damna refers meque dolere facis?
Te potius sanum, ut vellem, retinere nequisse

fast bis auf die Knochen hatte man ihm das Fell abgezogen, als er die Königsburg verließ und nach Hause zurückkehrte.

## *Wolf und Pferd*

[1135] Korvigar, das Pferd, ein starker und mächtiger Wallach, wurde dabei beobachtet, wie er am Rand eines Sumpfes stand und fraß. Kurz zuvor hatte er bis zur Hälfte seiner Mähne im moorigen Wasser gestanden, um Futter zu sich zu nehmen. Ein Storch fing unmittelbar dahinter Fische und bemerkte, [1140] dass seine Stelzfüße unter dem Pferdehuf ein wenig gedrückt werden könnten. Er konnte nicht viel ausrichten, wollte aber, dass man glaubte, er könne es. Eine vermeintliche Macht wehrt mit klugen Drohungen eine wirkliche Macht ab.

Er sagte: »Bruder Korvigar, wir stehen hier im dichten Schilf. Wir können unsere Füße hier nicht sehen, [1145] das Wasser ist trüb. Jeder achte also auf seine Füße! Siehe, auf meine passe ich auf. Ich fürchte aber, dass ich dir deine Fersen abtrete oder dass du irgendwie deine Knöchel brichst. Pass also selbst auf dich auf! Wer weniger wünscht, seine Füße zu behalten als sie zu verlieren, [1150] soll wissen, dass hier ein Tümpel ist, in dem sich solche Wünsche erfüllen können. Ich begrüße es, dass du diesen Tod mit mir als Zuschauer annimmst; doch hoffe ich immer noch, dass du unversehrt fortgehen kannst. Wenn du hinter meinen Rücken gekommen wärest, hätte dich wahrlich kein Glück der Welt wieder heil auf den festen Boden zurückführen können.

[1155] Flieh, solange du unversehrt und, ohne von mir Schaden erlitten zu haben, noch fortspringen kannst. Ich habe nämlich Teufelsklauen. Was anderes richtest du an als für dich Schaden und für mich Kummer, wenn ich unwissentlich deine Schultern oder Hüften abmähe? Ich will lieber beklagen, dass ich dich nicht

Admissum membris quam spoliasse querar."
Tunc madidas alis vehementibus ille papyros
Verberat et multo perluit imbre iubas;
Terretur sonipes nec deteriora timetur
Facturus, fieri quam sibi posse timet,
Mox volucri saltu perlatus ad arida, pedit,
Volvitur, est, cursat, gaudia mille furit. –
Ut lupus hunc vidit, plagarum oblivia fiunt,
Pelle sua pluris censet adesse lucrum,
Incipit omnino fortunae ignoscere, quoque
Exita quove inita est curia, tempus amat,
Tardius aut citius nollet pro pellibus octo,
Qualem perdiderat, regis abisse domo,
Tam fors cornipedem non invenisse reversum
Quam mala venturum praecelerasse fuit.
Corvigarus viso non cogitat esse pavendum,
Solus enim in solum sufficiebat eum;
Arte lupum vicit, qui cesserat ibidis arti,
Ars scit nulla vices artis in omne genus.
Tunc quasi conqueritur: "domine Ysengrime, quid hoc est?
Nonne cucullatae religionis eras?
Quis tibi diripuit vesanus latro cucullam?
Atque tibi est intro dempta cuculla nimis!" –
"Corvigare, ex multis", ait, "o mihi care diebus!
Me veluti laesum conspicis atque doles,
Me nisi diligeres, non te mea damna moverent,
Damna sed haec magnus conciliavit honor,
Non haec insidiis et viribus acta latronum,
Sors melius cecidit, quam cecidisse putas;

gesund erhalten konnte, wie ich es wollte, als dass ich es zugelassen habe, dich deiner Gliedmaßen zu berauben.« Dann peitschte er mit heftigen Flügelschlägen das feuchte Schilf und nässte die Pferdemähne mit einem kräftigen Schauer. Das Pferd erschrak und wurde weniger gefürchtet, weil es Schlimmes tun könnte, als dass es selbst fürchtete, ihm könne Schlimmes zustoßen. Es sprang wie mit Flügeln auf das trockene Land, ließ einen Wind, wälzte sich, fraß, galoppierte und wieherte voller Freude tausendmal.

Als der Wolf das Pferd sah, vergaß er seine Wunden und schätzte, dass ein Gewinn von größerem Wert als sein Fell in Aussicht stehe. Er verzieh seinem Schicksal vollkommen und versöhnte sich mit der Zeit zwischen seiner Ankunft am und seinem Fortgang vom Hof. Er hätte nicht für acht Felle, wie es das verlorene gewesen war, die Burg des Königs langsamer oder schneller verlassen mögen. Das Unglück, zu schnell bei Hofe eingetroffen zu sein, hielt sich mit dem Glück die Waage, das Pferd bei der Rückkehr gefunden zu haben.

Korvigar glaubte bei seinem Anblick nicht, sich fürchten zu müssen, denn er konnte es mit Isengrim allein aufnehmen. Er, den die List des Storches überwunden hatte, überwand den Wolf mit List. Es gibt keine List gegen jede Art von List. Er sagte mit scheinbarem Bedauern: »Herr Isengrim, was ist das? Gehörtest du nicht einem Orden von Kuttenträgern an? Welcher wahnsinnige Räuber hat dir die Kutte entwendet? Und man hat dir gar zu viel von der Kutte weggenommen!«

»Korvigar«, antwortete er, »ich schätze dich schon seit vielen Tagen. Du siehst mich an und bedauerst mich, als wäre ich verletzt. Wenn du mich nicht liebtest, nähmest du keinen Anteil an meinem Schaden. Doch dieser Verlust bringt große Ehre mit sich. Ihn haben nicht ein Hinterhalt oder die Gewalt von Räubern verursacht. Mir ist ein besseres Los zugefallen, als du glaubst. Ein Klu-

Saepe brevi impenso lucratur maxima prudens,
Grande brevi nostri cessit utrique bonum.
Gesturus nostri praeclara negotia claustri,
Legatus subii moenia regis ego,
Interea nostrae rex aeger pellis egebat,
Quam subito exutam rege rogante dedi;
Non fuit hoc magni, donassem iniussus, et omnis
Curia cum magno rege petebat eam!
Quippe tuam noram mihi te hic astare paratum
Sponte dare atque illud proposuisse diu,
Sed deerat, cur maestus eras, occasio dandi,
Nunc desiderio suppetit hora tuo:
Pone cutem; reddam, cum nostra recreverit, utram
Malueris; merces optio fito datae!
Et de carne tua, nam tunc quoque crassus et ingens
Sat remanes, detur cena pusilla mihi,
Non hoc quaero mihi, tu mole iuvaris obesa,
Ocius ut curras, vix modo membra moves;
Non costas aut ossa velim tibi tollere, paulum
Schedarum clunes vendico pone popas,
Efficit herba tibi carnem, sine vescar abunde,
Fasciculo herbarum pars tibi dempta redit.
Non dico, quia te dubitem quaesita daturum,
Quin avidum dandi longa loquela gravat:
Quem prius inventum titulis elegero tantis,
Rex pretium pellis reddidit ipse meae,
Quasque mihi grates rex danti scripsit et illi
Obstanti dempta conditione necem."

ger macht oftmals mit einem kleinen Einsatz den größten Gewinn. [1190] Für einen kleinen Einsatz ist jedem von uns beiden ein großes Gut zugefallen. Um bedeutende Geschäfte unseres Klosters zu erledigen, betrat ich als Gesandter die Burg des Königs. Währenddessen benötigte der König unser Fell, das ich auf Bitten des Königs sofort auszog und ihm gab. [1195] Das war nichts Besonderes. Der ganze Hof und der große König hatten darum gebeten. Ich hätte es auch ohne Aufforderung hergegeben. Ich wusste ja, dass du hier stehst und bereit bist, mir freiwillig dein Fell zu überlassen, und dass du dir das schon seit langem vorgenommen hattest. Aber es fehlte die Gelegenheit für die Übergabe, weswegen du schon traurig warst. [1200] Jetzt ist die Stunde gekommen, in der sich dein Wunsch erfüllt. Lege dein Fell ab! Wenn mein eigenes nachgewachsen ist, gebe ich das zurück, das du von beiden lieber möchtest. Das Wahlrecht sei der Lohn für die Gabe.

Auch soll mir von deinem Fleisch ein Stückchen als Mahlzeit gegeben werden, denn du bist auch hinterher noch genügend fett und riesig. [1205] Ich wünsche das nicht für mich, dir wird durch die weggegessene Last geholfen, damit du schärfer galoppieren kannst. Du rührst ja kaum noch deine Beine. Ich will dir auch keine Rippen oder Knochen wegnehmen, nur ein bisschen Fell beanspruche ich hinten von deinen fetten Hinterbacken. Dein Fleisch entsteht durch den Verzehr von Gras. Lass mich also üppig speisen. [1210] Der weggenommene Teil wächst dir durch ein Büschel Gras wieder nach.

Ich sage das Folgende nicht, weil ich zweifle, dass du das Gewünschte gibst, da ja langes Gerede dem zuwider ist, der darauf brennt zu schenken. Der König selbst hat mir denjenigen als Lohn für mein Fell zuerkannt, dem ich zuerst begegne und den ich zu solch hohen Ehren erwähle. [1215] Der König hat für den, der mir sein Fell gibt, schriftlich Gnadenerweise bestimmt, für den aber, der sich weigert, die bedingungslose Todesstrafe.«

Corvigarus fallax “pellem petis”, inquit, “et escam,
Non sunt a sociis ista petenda diu,
Sponte sequens non est iniecto fune trahendus,
Esse queror tanto dignus honore parum;
Sed sine consilio nihil est prudente gerendum,
Hic tibi suspecta est undique turba canum,
Nec duce te silvas ausim confisus adire,
Ut capias illic tutus ab hoste cibum,
Rapta cuculla tibi est, nimiumque corona recrevit,
Te species fratrem nulla fuisse docet.
Truncandas submitte comas, redolabo coronam,
In nemus ut possim te duce tutus agi;
Nescio, si nosti, privatim tondeo fratres,
Pauperis officii me pudet esse palam,
In talis aptata meis rasoria porto” –
Cui lupus: “hoc nihil est, ne nisi vera refer!
Nam quotiens paulisper hebent rasoria, cautus
Inverrens corio tonsor acuta facit,
Nulla tibi pendet corrigia, detege, si qua est!”
Corvigarus penem nudat aitque: “vide!
Subligar hoc acuit rasoria nostra, secantque,
Aspice!” ferratos exhibuitque pedes.
Aspicit ut ferri spiras in calcibus hospes
Quaeque vetat dici cetera saepe pudor,
Fallere cornipedem facili deliberat astu:
“Corvigare, indoctos credis ita esse lupos?
Sed suit ex duro crepidas tibi subula ferro,
Vis procul hinc sanctos quaerere sicut ego,
Estque viae baculus, quod subligar esse fateris,
Fallere me nulla calliditate potes.
Quod durum est, ostendis, et est corrigia molle,

Der hinterlistige Korvigar antwortete: »Du verlangst Fell und Fressen. Das muss man von Freunden nicht lange fordern. Man muss den nicht mit einem übergeworfenen Strick ziehen, der freiwillig folgt. [1220] Leider bin ich einer so hohen Ehre nicht hinreichend würdig. Ohne einen klugen Plan soll man nichts ausführen. Ringsum lauert eine Hundemeute auf dich. Ich traue mich nicht, unter deiner Führung den Wald zu betreten, damit du dort unbehelligt vom Feind dein Essen zu dir nimmst. [1225] Deine Kutte ist dir geraubt, deine Tonsur allzu stark nachgewachsen, Dein Aussehen gibt nicht mehr zu erkennen, dass du ein Mönch warst. Lass dir die Haare schneiden. Ich werde dir deine Tonsur wieder ausrasieren, damit ich unter deiner Leitung sicher in den Wald geführt werden kann. Ich weiß nicht, ob du es weißt. Ich frisiere heimlich die Mönche. [1230] Ich schäme mich, einen so niedrigen Dienst öffentlich auszuüben. Daher trage ich meine Rasiermesser unter meinen Hufen.« Ihm erwiderte der Wolf: »Das stimmt nicht. Sage nichts als die Wahrheit! Denn jedes Mal wenn die Rasiermesser ein wenig stumpf werden, wetzt ein aufmerksamer Barbier sie an einem Lederriemen und schärft sie. [1235] Du hast keinen Streichriemen hängen. Zeig ihn, wenn er irgendwo ist!« Korvigar entblößte sein Glied und sagte: »Schau! Dieser Lederschurz schärft unsere Rasiermesser, und sie schneiden. Schau!«, und er zeigte seine mit Eisen beschlagenen Hufe vor.

Als der Gast die Ringe aus Eisen an den Hufen und das Übrige erblickte, [1240] das häufiger zu nennen die Scham verbietet, nahm er sich vor, das Pferd durch eine kleine List zu täuschen: »Korvigar, glaubst du, dass Wölfe so unwissend sind? Freilich hat dir die Schusterahle Sandalen aus hartem Eisen angepasst. Du willst wie ich fern von hier die Heiligen aufsuchen, [1245] und das, was du als Schurz bezeichnest, ist dein Pilgerstab. Du kannst mich mit deiner Schläue keinesfalls hinters Licht führen. Du zeigst etwas Hartes, ein Streichriemen ist jedoch weich. Ich sehe, dass dies

Hunc baculum voti contuor esse tui,
Elapsum est ferrum, contemplor inane foramen,
Ferratum fuerat, perfice vota, miser!
Tonsa corona mihi satis est, fidenter eamus,
Quolibet optaris, dux tibi fidus ero."
Ille refert: "non nugor, adest corrigia praesens
Et, si vis, capiti tonsor et arma tuo,
Quoque mihi corium quam fratrum spissius extat,
Fratribus officii tam super arte feror."
Postquam nil senior verbis profecerat illis,
Sermones alia condidit arte suos:
"Corvigare infelix, esse haec rasoria dicis,
Imbannite quater quindeciesque Satan?
Inter sacrilegas lychnis stolulisque Gehennae
Devovere tuum bis caput octo patres!
Quod foribus nostris omnes detraxeris anos,
Accusabo nefas, hic tua furta patent."
Tonsor ad haec: "o parce reo, domine abba! quid horres?
Es monachus, parca tende flagella manu!
Qui miser esse potest, miseros mediocriter angat,
Qui sibi vult parci, parcat et ipse reis;
Vel tulimus lapsum vel labi possumus omnes,
Quisque sui, dum quem corripit, esto memor!
Peccavi, peccasse piget, nec me abnego sontem
Esse nec excuso, detrahe furta mihi!
Cominus huc propera, senui tumbaeque propinquo,
In banno vereor flagitiisque mori,
Dedo pedes", talumque levans praecolligit horam
Obliquis oculis, quando ferire queat.
Prensa calce putans facilem Ysengrimus abactu

der Stab zu deinem Pilgergelübde ist. Er war mit Eisen beschlagen. Die Eisenspitze ist herabgefallen, ich sehe nur noch das nutzlose Löchlein des Nagels. Elender, vollende die Wallfahrt! Meine Tonsur ist genug geschnitten. Lass uns beherzt gehen, wohin auch immer du willst. Ich werde dir ein treuer Führer sein.« Das Pferd antwortete: »Ich scherze nicht: Der Streichriemen ist vorhanden und auch, wenn du willst, der Barbier und das Werkzeug für deinen Kopf. Und wie mein Riemen dicker und länger hervorsteht als bei den Mönchen, so wird auch die Kunst meines Handwerks höher geschätzt als die der Brüder.«

Nachdem der Alte durch seine Worte nichts gewonnen hatte, stützte er seine Reden auf eine andere List: »Unglückseliger Korvigar, du viermal fünfzehnfacher Teufel, du behauptest, das seien Rasiermesser? Zweimal acht Priester haben mit Kerzen und Stolen dein Haupt in die Hölle unter die Kirchenräuberinnen verwünscht! Ich werde als Verbrechen anklagen, dass du von unseren Türen alle Ringe entfernt hast. Hier liegen deine Diebstähle offen zu Tage!« Darauf der Barbier: »O schone den Angeklagten, Herr Abt! Was jagst du mir Angst ein? Du bist Mönch, halte dich zurück, wenn deine Hand die Peitsche schwingt. Wer selbst unglücklich sein kann, soll Unglückliche nicht zu sehr quälen. Wer für sich selbst Schonung verlangt, soll auch Schuldige schonen. Wir sind alle schon zu Fall gekommen oder können noch stürzen. Jeder denke an sich selbst, wenn er einen anderen bestraft! Ich habe gesündigt, ich bereue, gesündigt zu haben, ich leugne nicht, ein Sünder zu sein, und ich entschuldige es nicht. Zieh mir die gestohlenen Eisen ab! Komm schnell her zu mir, ich bin alt und nähere mich dem Grab. Ich fürchte mich davor, im Bann und in meinen Lastern zu sterben. Ich reiche dir meine Füße.« Er hob seinen Huf und schätzte aus dem Augenwinkel den Zeitpunkt ab, zu dem er zuschlagen könnte. Ysengrim glaubte, die Beute leicht davontragen zu können, wenn

Ilicet accedit sicque sibi inquit ovans:
"Tres male sustentant tabulata quadrangula postes,
Nec tribus incedit firma quadriga rotis."
Ut satis aptatus stetit Ysengrimus ad ictum,
Corvigarus talum promovet atque ferit,
Si scit, quidque ferit: medioque intervenit ictu
Auriculas (retro funditur ille procul)
Moenia non aliter quam iactus in alta molaris,
Officiumque aures osque oculique negant.
Talus equo rediit, sed spira in fronte remansit,
Os penetrant clavi, spira retenta sedet,
Nec transire potest nisi quatenus acta volando,
Illaeso formam presserat osse suam,
Namque relecta super ferrum membrana coibat
Vix oculo plagae percipiente locum.
Corvigarus monachum ferro feliciter ictum
Aspiciens dulci voce iocatur ovans:
"Unum, frater, habes, hunc offer fratribus anum,
Vester an extiterit, consule quasque fores;
Si sublatus ibi fuit hic, mea prata revise,
Substituam socios, fixus ubi iste modo est.
Surge, quid expectas? (immotus namque iacebat)
"In capite est, palpa, circulus haeret ibi,
Invenies in fronte tua, quod quaeris in herba,
Cum gradiere, cave ne cadat, haeret adhuc,
Figere, da veniam, potui non firmius illum,
Perge, tuis nostrum fratribus infer 'ave'!"
Denique paulatim motis prorepere membris
Cum crebro gemitu nititur ille miser;

er erst den Huf ergriffen habe, näherte sich sogleich und sprach zu sich voll inneren Jubels: »Drei Beine stützen einen viereckigen Tisch nur schlecht, [1280] und ein Wagen mit vier Rädern fährt auf dreien unsicher.«

Als Ysengrim in der richtigen Position für den Schlag stand, bewegte Korvigar seinen Huf nach vorn und trat dann nach hinten aus. Nach seiner Meinung traf er alles. Tatsächlich aber trat er ihn mitten zwischen die Ohren. Isengrim wurde weit nach hinten geschleudert, [1285] nicht anders als ein Brocken, der gegen eine hohe Mauer geworfen wird. Ohren, Mund und Augen verweigerten ihren Dienst. Der Huf kehrte zum Pferd zurück, das runde Hufeisen aber steckte in der Stirn. Die Nägel drangen in den Knochen ein, der Ring blieb draußen haften. Er hätte nur eindringen können, wenn er geflogen wäre. [1290] Er hatte dem ganz gebliebenen Knochen seine Form aufgedrückt. Über dem Eisen hatte sich nämlich die aufgeplatzte Haut geschlossen. Man konnte mit dem Auge die Stelle der Wunde kaum noch erkennen.

Korvigar sah den Mönch an, den er mit seinem Hufeisen bestens getroffen hatte, und spottete frohlockend mit süßlicher Stimme: [1295] »Einen Ring hast du wieder, Bruder. Zeig ihn deinen Mitbrüdern und erkundige dich an jeder Tür, ob es eurer ist. Wenn er dort hingebracht worden ist, besuche meine Wiesen wieder. Ich setze seine Kameraden dorthin, wo dieser sich jetzt noch befindet. Erhebe dich, worauf wartest du?«. Er lag nämlich noch, ohne sich zu rühren. [1300] »Der Ring ist an deinem Kopf, berühre ihn vorsichtig, er hängt dort. Du wirst auf deiner Stirn finden, was du im Gras suchst. Wenn du gehst, achte darauf, dass er nicht hinunterfällt, noch hängt er oben. Entschuldige, ich konnte ihn nicht fester anheften. Mach dich auf und entrichte deinen Brüdern unseren Gruß!«

[1305] Endlich machte jener Bemitleidenswerte Anstalten, seine Glieder zu bewegen und allmählich unter fortwährendem Stöhnen

"Eia, care comes, modo Romam! quodque sigillum
Fronte tua fixum est, effice papa legat,
Dic papae, quia Corvigarus, qui vescitur herbis,
Cum Romam peteres, hoc eremita dedit.
Tutus eris, me pontifices, me papa veretur,
Nominis et vitae conditione meae:
Corvigarus dicor, sic nullus papa vocatur,
Papa quis est herbas? est cibus herba mihi,
Plus me papa potest, sed sedis iure beatae,
Sed merui vita nomineque esse prior.
Idque sigilla notant, etenim sunt plumbea papae,
Cerea pontificum, ferrea nostra quidem;
Quam ferro plumbum, quam plumbo cera rigore,
Tam praesul papae, tam mihi papa subest,
Protinus ergo, simul spectarit papa sigillum
Corvigari, claustro restituere tuo!"

voranzukriechen. »Ei, mein lieber Gefährte, jetzt noch nach Rom! Und mach, dass der Papst das Siegel liest, das an deiner Stirn festgenagelt ist. Sag dem Papst, dass der Eremit Korvigar, der sich von Kräutern ernährt, es dir gegeben hat, als du nach Rom aufgebrochen bist. Deine Sicherheit ist garantiert. Bischöfe und der Papst achten mich wegen meines Ansehens und meiner Lebensweise. Ich heiße Korvigar. Kein Papst trägt diesen Namen. Denn welcher Papst isst schon Kräuter? Kräuter sind aber meine Speise. Der Papst ist mächtiger als ich, doch nur durch das Recht des Heiligen Stuhls. Ich aber habe meinen Vorrang vor ihm durch mein Ansehen und meine Lebensweise verdient. Das weisen nämlich die Siegel aus: Die päpstlichen sind aus Blei, die bischöflichen aus Wachs, meine aber aus Eisen. Wie das Blei weniger hart ist als das Eisen und das Wachs weniger als das Blei, so untersteht der Bischof dem Papst und der Papst mir. Sobald der Papst das Siegel Korvigars erblickt haben wird, wirst du wieder deinem Kloster eingegliedert werden.«

## LIBER SEXTUS

Talibus expletis sano gavisa tyranno
 Curia dispersa est, ad sua quisque redit;
Transibat Reinardus, ubi Ysengrimus adempta
 Pelle parum gaudens et caput ictus erat,
Sed nimium muscas aegrum pietate parantes
 Visere concussis dentibus ire rogans,
Quorum exauditur longe collisio, tamquam
 Lanilegus pecten pectine crebra sonans.
Ictibus auditis Reinardus clamitat alte:
 "Regia quis socius robora caedit ibi?
Quis, domine, es, caesor, qui sic, nisi me ante rogasses
 Caedendi veniam, regia ligna secas?
Defensore putas silvam, vesane, vacantem,
 Cum sit tutelae credita silva meae?"
Ysengrimus item feriens horrebat, at ille:
 "Et quis bannitum caedit itemque nemus?
Quisquis es, hic linques dolabram, nisi caedere cesses,
 Si sum silvituus regis, ut esse puto;
Cum sua villani pacare salicta sinantur,
 Cur requiem lucus regis habere nequit?
Tam cave, ne exilem violaveris amodo brancum,
 Quam, tecum ut redeat tuta securis, amas!"
Taliter irritat, donec prope constitit illum;
 "Hiccine, noster", ait, "patrue dulcis, ades?
Succisum silvas aliquem venisse putabam,
 Da veniam, ignarus noxia verba dedi!"
Ysengrimus humo poterat consurgere necdum,

# BUCH VI

## *Der Rachensprung*

Nach diesen Ereignissen ging der Hof froh über die Genesung des Herrschers auseinander, und jeder kehrte zu seinen Angelegenheiten zurück. Reinhard kam an dem Ort vorbei, wo Isengrim über den Verlust seines Fells trauerte und auf den Kopf geschlagen worden war. [5] Der Wolf bat die Fliegen zu gehen, die sich anschickten, den Kranken mit allzu großer Anteilnahme zu besuchen, und klapperte mit den Zähnen. Ihr Zusammenschlagen war schon von weitem zu hören und klang wie das ratternde Aufeinandertreffen zweier Weberkämme. Als Reinhard das Klappern der Zähne hörte, rief er laut: [10] »Welcher Genosse fällt dort die Eichen des Königs? Was für ein Holzfäller bist du, Herr, der du das königliche Holz schneidest, ohne mich zuvor um die Erlaubnis zum Fällen gefragt zu haben? Glaubst du von allen guten Geistern Verlassener, der Wald sei ohne Hüter, wo er doch meiner Aufsicht anvertraut worden ist?« [15] Isengrim schlug weiter die Zähne aufeinander und erschrak. Darauf der Fuchs: »Und wer fällt noch immer den königlichen Bannwald? Wer auch immer du bist, wenn du nicht aufhörst zu schlagen, lässt du deine Axt hier, so wahr ich der Waldhüter des Königs bin, wie ich es zu sein glaube. Wenn die Bauern in Frieden ihre Weidenhaine bewirtschaften dürfen, [20] warum kann dann der Wald des Königs nicht in Ruhe gelassen werden? Hüte dich ebenso, nur noch einen dünnen Zweig zu knicken, wie du es vorziehst, deine Axt wieder sicher nach Hause zu bringen!«

So beschimpfte er ihn, bis er vor ihm stand. Er rief: »Mein süßer Oheim, du bist hier? [25] Ich glaubte, irgendjemand sei gekommen, die Wälder zu fällen. Verzeih mir, ich habe, ohne genauer hinzugucken, Beleidigendes gesagt!« Isengrim konnte sich noch nicht vom Boden erheben, doch versuchte er mit List zu

Sed quod non poterat viribus, arte parat;
"Huc, cognate, veni! silvam sub rege tueris,
Tu meus es sanguis, ne vereare, veni!
Ignosco spolium pellis, servire tyranno
Te decuit, regi, non tibi, triste velim,
Hinc succido nemus, caesori tolle securim,
Regia ne officium transferat ira tuum!" –
"Appropiare tibi non possum, patrue dulcis,
Tam doleo trabeae perditione tuae;
Cur sine pelle tua tot amicis fultus abisti?
Nam quicumque mei, nonne fuere tui?
Sed malus hoc fecit Ioseph tibi, pendat acerbe,
Hic modo bis sena prole superbus ovat,
Si quid adhuc virtutis habes, proficiscere mecum,
Reddat pro corio seque suosque tuo;
Nec tenebrae metuantur, habes in vertice lunam,
Haec nobis rectum praevia pandet iter,
Si triduana fuisset adhuc, iam plena coiret,
Aut triduum rediit, post ubi plena fuit."
Hanc lupus ad vocem redivivo robore surgit,
Ignoscit vulpi, mitia verba refert,
Corvigari totam detexit in ordine fraudem,
Mox stabulum Ioseph nil metuentis adit.
(Praedocuit vulpes vervecem regis in aula,
Fallere qua posset calliditate lupum)
"Patrue, pone minas et praeblandire parumper,
Qui simulat pacem, certius ense ferit;
Ne subito effugiant, patrem natosque saluta!" –
"Pax vobis, fratres! hic bonus hospes adest,
Quem totiens optastis, adest, procedite laeti!" –
"Quis nobis pacem tempore clamat in hoc?

erreichen, wozu die Kräfte nicht genügten: »Neffe, komm her! Du hütest auf Anordnung des Königs den Wald, [30] du bist von meinem Blut, fürchte dich nicht, komm her! Ich verzeihe den Raub des Fells. Du warst genötigt, dem Herrscher zu dienen. Dem König, nicht dir wünsche ich Schlechtes. Ich fälle hier den Wald, nimm dem Holzfäller das Beil weg, damit nicht der zornige König einen anderen mit deinem Amt betraut!« – [35] »Ich kann nicht näher zu dir kommen, mein süßer Oheim. Ich bin so traurig über den Verlust deines Prachtgewands. Warum bist du ohne Fell fortgegangen, obwohl dich so viele Freunde unterstützt haben? Denn waren alle meine Freunde nicht auch die Deinen? Doch hat dir das der böse Joseph angetan. Er soll dafür streng bestraft werden. [40] Mit übermäßigem Stolz freut er sich über seine zweimal sechs Kinder. Verfügst du noch über etwas Kraft, brich mit mir zusammen auf. Er soll mit seiner Person und den Seinen für dein Fell einstehen. Wir brauchen die Dunkelheit nicht zu fürchten. Auf deinem Scheitel sitzt der Mond. Er leuchtet uns auf dem richtigen Weg voraus, [45] als wenn erst drei Tage seit dem Vollmond vergangen wären oder es noch drei Tage bis zum Vollmond dauerte.«

Auf diese Rede erhob sich der Wolf mit wiedergewonnener Kraft. Er verzieh dem Fuchs, sprach mit versöhnlichen Worten und legte den Betrug Korvigars von Anfang bis Ende dar. [50] Bald hatte er den Stall Josephs erreicht, der sich aber nicht fürchtete. Der Fuchs hatte nämlich den Widder zuvor am Hof des Königs schon unterwiesen, mit welcher List er den Wolf übertölpeln könne. »Oheim, stell die Drohungen zurück und schmeichle ein wenig. Wer Frieden vortäuscht, trifft umso sicherer mit dem Schwert. [55] Grüße Vater und Kinder, damit sie nicht überstürzt fliehen!«

»Friede sei mit euch, Brüder! Ein edler Gast ist eingetroffen, den ihr schon so oft herbeigewünscht habt, tretet freudig vor!« – »Wer ruft uns zu dieser Tageszeit seinen Friedenswunsch zu? Der-

Pace precor careat, qui debuit obdere caulam!
  Non mihi clamata pace opus esse reor,
Rus habito, numquid silvalem debeo censum?
  Hinc procul indictor foederis huius eat!" –
"Haec, frater, mihi verba subintendisse videris." –
  "Nil ego, domne, tibi praeter honesta loquar;
Quilibet externus, qui nobis profore nollet,
  Clam potuit nostras insiluisse fores." –
"Et quid, amice, putas? potuitne externior hospes
  Deteriorque tuos ullus inisse lares?" –
"Care pater, potuit, si non mihi nequior optas
  Esse, tuus genitor quam fuit ante meo." –
"Nec melior nec peior ero; si comiter illud,
  Quicquid erit, tuleris, scis bene ferre iocum;
Iugera nunc solves, quot sum tibi mensus, ego istos
  Tres quater usuram, te capitale peto,
Ergo minas omnes laxatae redde crumenae!" –
  Mallem villano quam cibus esse tibi?
Nil mihi sive meis contingat tristius agnis,
  Vix mihi tam rebar velle favere deum.
Si me dumtaxat totum consumere posses!
  Sed polus aurora progrediente rubet,
Hic homines oriente die patiere canesque,
  Si petimus silvas, stirps nocitura tua est;
Est opus arte nova, pars nostri corporis opta
  Nulla tibi pereat, fac mea dicta, sapis:
Ad terram reside retroque innitere posti,
  Atque bene impressos in scrobe fige pedes,
Inde mihi tota protende voragine fauces,
  Quam late valeas pandere labra, vide!

jenige kann wohl bitte auf den Frieden verzichten, der den Pferch verschließen musste. Ich glaube, dass ich den ausgerufenen Frieden nicht benötige. Ich bewohne das offene Feld. Bin ich etwa eine Waldsteuer schuldig? Der Ausrufer dieses Gesetzes soll das Weite suchen!« – »Bruder, du scheinst diese Worte auf mich gemünzt zu haben.« – »Ich werde über dich, Herr, nur Ehrenvolles sagen. Irgendein Fremder, der uns nichts Gutes will, konnte heimlich durch unsere Tür eindringen.« – »Und was glaubst du, Freund? Konnte irgendein fremder und böser Gast in dein Haus hineinkommen?« – »Er konnte, ehrwürdiger Vater, jedenfalls wenn du mich ebenso gut behandeln willst wie früher dein Vater den meinen.« – »Ich werde weder besser noch schlechter sein. Wenn du das alles lächelnd erträgst, was da auf dich zukommt, verstehst du es gut, heitere Miene zum bösen Spiel zu machen. Jetzt bezahlst du mir die Morgen Land, die ich dir ausgemessen habe. Ich fordere diese viermal drei als Zinsen und dich als Kapital. Öffne also deinen Geldbeutel und gib alle Münzen heraus!«

»Sollte ich lieber einem Bauern denn dir als Speise dienen wollen? Nichts Schlimmeres könnte mir und meinen Lämmern zustoßen. Ich habe nicht gedacht, dass Gott mir eine solche Gnade erweisen wolle. Wenn du mich doch nur in einem Stück verschlucken könntest! Doch der Morgen zieht auf, der Himmel rötet sich. Bei Tagesanbruch werden dir hier Menschen und Hunde zusetzen. Wenn wir in den Wald gehen, wird deine Familie dir zur Last fallen. Wir müssen einen anderen Plan fassen. Ich wünsche, dass dir kein Teil meines Körpers verloren geht. Tu, was ich sage, wenn du klug bist! Setz dich auf den Boden und lehne dich rückwärts an den Türpfosten, drücke deine Füße fest in eine Vertiefung und stemme dich ab, recke mir danach dein Maul mit ganz aufgesperrtem Rachen entgegen, sieh zu, dass du deine Lippen so weit wie möglich öffnest! Man erzählt sich überall, du seist ein

Rumor ubique refert, quam sis Bernardus hiandi,
Nunc parebit, utrum noris hiare bene.
Integer ingenti ferar in tua viscera saltu,
Buccellam talem fors tibi nulla dedit,
Nil formido nisi in stomachos discurrere plures,
Hiscere si nosti, deprecor hisce semel!
Si bene laxaris buccam mihi, funditus intro,
Hoc tibi consilium proderit atque mihi,
Tunc non sollicitabor, ubi superantia condam,
Cancellosque uteri quosque replebo tui!"
Imprimit ille pedes scrobibus postique retrorsum
Appodiat, furno laxius ora patent,
Impete si recto vervex in labra ruisset,
Intrasset medio guttura ventre tenus;
Assilit ergo hostem sublatis cornibus alte,
Fixerunt superum cornua bina labrum,
Bina cavas nares, frontem duo, bina palatum,
Excutitur senior sensibus atque loco.
Conqueritur Ioseph: "domine Ysengrime, rogaram,
Firmiter ut stares, tamque repente cadis?
Aut cadis aut titubas, sta firmiter, esca parata est,
Vescere constanter, cerne, diescit enim;
Sex ovibus quondam sumptis illectus ad esum
Et plus dimidio ventris inanis eras,
Vis libata tibi hic una est, effetus abisti,
Plus quam dimidius resto superstes adhuc.
Nunc fugis, ut dantur tibi fercula prima; cibusne
Moverit, ignoro, taedia sisne satur,
Hoc sapit ante diem caro vervecina, redibis
Vespere, quid sapiat tunc quoque, nosse dabo,
Efficiam, ne non toto scribatur in orbe,
Perlepide ludum me didicisse pati.

rechter Bernhard im Maulaufreißen. [90] Jetzt wird es sich zeigen, ob du es verstehst, dein Maul aufzusperren. Ich werde mich mit einem gewaltigen Satz vollständig in deine Eingeweide werfen. Ein solches Häppchen hat dir noch kein gütiges Geschick bereitet. Ich fürchte mich nur davor, in mehrere Mägen zu wandern. Wenn du dein Maul aufsperren kannst, dann sperre es bitte dieses eine Mal auf! [95] Wenn du für mich deinen Mund weit öffnest, mache ich mir, zur Gänze drinnen, keine Sorgen mehr, wo ich meine Überbleibsel unterbringe, und werde alle Winkel deines Bauches füllen! Dieser Plan kommt also dir und mir zugute.«

Der Wolf presste seine Füße in die Vertiefungen und lehnte sich [100] an den Türpfosten. Sein Maul stand weiter offen als ein Ofen. Wenn sich der Widder auf direktem Wege in das Maul gestürzt hätte, wäre er durch die Kehle bis in die Mitte des Bauches gerutscht. Daher sprang er seinen Feind mit hoch aufgerichtetem Gehörn an. Zwei Hörner durchbohrten die Oberlippe, [105] zwei die Nasenhöhle, zwei die Stirn und zwei den Gaumen. Der Alte verlor seine Besinnung und seinen Platz.

Joseph beschwerte sich: »Herr Isengrim, ich hatte darum gebeten, dass du fest stehst, und du fällst so schnell um? Du fällst oder schwankst, steh fest! Das Essen ist fertig. [110] Friss ununterbrochen! Denn sieh nur, der Tag bricht schon an. Wenn du früher sechs Schafe als Appetithappen zu dir genommen hattest, war dein Bauch noch mehr als zur Hälfte leer. Kaum ist dir hier ein einziges Schaf vorgesetzt worden, gehst du bis oben gefüllt davon. Dabei ist von mir noch mehr als die Hälfte übrig. [115] Sobald dir die ersten Gänge aufgetischt werden, fliehst du; ich weiß nicht, ob dir das Essen den Magen umgedreht hat oder ob du satt bist. So schmeckt Widderfleisch vor Tagesanbruch.

Du kommst heute Abend wieder, und ich lasse dich wissen, wie es dann schmeckt. Ich werde dafür sorgen, dass man in der ganzen Welt festhält, [120] dass ich mich in unbeschwertem Scher-

Sive satur sive insipidam pertaesus es escam,
Nolo mihi parcas, do satis atque super,
Scrabonis vetuli penna paganior essem,
Tantillae vellem si dapis esse tenax;
Dic patruo, Reinarde, tuo, vescatu abunde."
Namque aderat vulpes, festa cupita gerens.
"Grates, frater, habe! satur est, dormire sinatur,
Nil audit, dextro poplite (dormit) abi!"
His dictis abiit Ioseph comitantibus agnis;
Ut potuit demum, repsit et ille domum,
Et donec misero virtus coriumque recrerunt,
Nullorsum a propria prodiit aede foras.

Convaluisse lupum fama perhibente renidet
Vulpes, ut nitido noctua furva die,
Tunc tendit laqueos ad callida vota valentes,
Robrore diffidens fraude capescit opem;
Difficilem veniam scelerum ratus esse priorum,
Tertia disponit praenocitura lupo.
Non dubitat recto praependere lucra leonem
Et leviter motum, quo vocat ira, sequi,
Scitque lupum nescire inter duo dura petendum,
Unde sit eniti pronius, esse magis;
Saepe malum sapiens fert pro peiore fugando,
Stulti vana timent inque timenda ruunt.

zen habe unterrichten lassen. Ob du nun satt bist oder ob es dich vor der ungenießbaren Speise ekelte, ich will nicht, dass du mich schonst. Ich gebe reichlich und mehr. Ich wäre gewöhnlicher als der Flügel eines alten Mistkäfers, wenn ich eine solche Kleinigkeit an Essen zurückhielte. [125] Sag deinem Oheim, Reinhard, er möge reichlich zulangen!« Der Fuchs war nämlich zur Stelle und feierte das erwünschte Fest. »Vielen Dank, Bruder! Er ist satt. Lassen wir ihn schlafen! Er hört nichts, er schläft. Geh und gehab dich wohl!«

Nach diesen Worten entfernte sich Joseph in Begleitung seiner Lämmer. [130] Sobald er es vermochte, kroch auch der Wolf endlich nach Hause, und der Arme tat keinen Schritt vor die Tür seines Baus, bevor nicht seine Kraft wiedergekehrt und das Fell nachgewachsen war.

## *Der Löwenanteil*

Als es sich herumsprach, dass der Wolf sich wieder erholt habe, freute sich der Fuchs wie eine schwarze Eule am helllichten Tag. [135] Er legte Schlingen aus, die für seine schlauen Vorhaben taugten. Weil er seiner Stärke nicht traute, rief er seine Schlauheit zu Hilfe. Weil er glaubte, schwerlich Verzeihung für seine früheren Untaten zu erhalten, plante er eine für den Wolf schädliche Beuteteilung zu drei Teilen. Er hatte keinen Zweifel, dass der Löwe einen Gewinn dem gerechten Anteil [140] vorzöge und aufbrausend dem Ruf des Zorns folgen würde. Und er wusste, dass der Wolf nicht wusste, dass zwischen zwei Übeln dasjenige zu wählen sei, aus dem man sich leichter wieder herausarbeiten könne. Ein Weiser erträgt oft etwas Schlechtes, um etwas Schlechterem zu entgehen. Die Dummen fürchten Unwesentliches und geraten unverhofft in eine wahrlich furchterregende Situation.

Esuriens ibat raptum leo, cautus eunti
  Obviat hospes, humi stratus adorat eum.
"Rex domine, obnixe tuus Ysengrimus, ut illuc
  Pransurus venias neve morere, rogat,
Expectaris enim." facilis leo paruit, itur,
  Cominus accedunt, ostia clausa vident.
"Patrue, nonne semel saltem tua vota peregi?
  Nunc saltem grates promeruisse sinar?
Per me parta tibi est haec gloria, forsan honore
  Vix isto gaudes, tam sapis usque parum;
Exultes, tristeris, adest, quod saepe petisti,
  Progredere, adventum suscipe regis ovans!
Rex tuus hospes adest, tuus hospes! nunccine nosti
  Me favisse tibi? rex tuus hospes adest!
Ergo epulum accelera, quod heri te rege daturum
  Hospite iactabas, rex properare cupit."
His senior verbis stupet erumpitque probatum,
  Haeccine Reinardus dixerit anne Satan;
Viso rege silens trepidat, detracta recresse
  Conqueritur, rursum tergora danda timens.
"Patrue, mandatus rex ad tua prandia venit,
  Ipse petitus adit, non tua dona petens,
Et promissa negas? nobiscum rura require,
  Nil tibi promisit rex epulumque dabit.
Inveni vitulam, sed vis abducere aventi
  Defuit, et regem praepedit ecce pudor;
Tu medius nostri, tu fortis et absque pudore,
  Curramus! nemori rura propinqua sedent,
Tu deductor eris praedae, rex tutor, ego index,
  Et fore communem rex patietur eam."

[145] Der hungrige Löwe ging auf Raub aus. Ihm begegnete der schlaue Gastgeber, der sich auf den Boden warf und ihm huldigte. »Herr König, dein Isengrim bittet dich untertänig, dass du unverzüglich dorthin zum Essen kommst. Er erwartet dich nämlich.« Der Löwe kam der Bitte gern nach. Man machte [150] sich auf den Weg. Als sie näher kamen, fanden sie die Tür verschlossen. »Oheim, habe ich nicht jetzt wenigstens einmal deine Wünsche erfüllt? Werde ich jetzt wenigstens deine Dankbarkeit verdient haben? Ich habe dir diesen Ruhm erworben. Aber vielleicht freust du dich gar nicht über diese Ehre. Du bist zuweilen etwas begriffsstutzig. [155] Ob du nun jubelst oder trauerst, es ist eingetreten, was du schon oft gewünscht hast. Komm heraus und nimm den König freudig in Empfang! Der König ist dein Gast, dein Gast! Erkennst du jetzt, dass ich dir Gutes will? Der König ist dein Gast! Bring also schnell das Mahl herbei, das du dem König als Gast auftischen wolltest, [160] wie du gestern geprahlt hast. Der König hat es eilig.«

Bei diesen Worten erstarrte der Alte. Er stürzte hinaus, um zu prüfen, ob Reinhard oder der Teufel das gesagt hatte. Beim Anblick des Königs schwieg er und zitterte. Er bedauerte, dass das abgezogene Fell nachgewachsen war, weil er fürchtete, seinen Pelz [165] wieder hergeben zu müssen. »Oheim, der König ist von dir eingeladen zum Essen gekommen. Er ist da auf deine Bitte hin, nicht weil er um deine Gaben bittet, und du verweigerst das Versprochene? Komm mit uns in die Felder. Der König hat dir nichts versprochen und gibt dir doch eine Mahlzeit. Ich habe eine Färse gefunden, ich wollte sie wegbringen, doch fehlte mir die Kraft, [170] und den König hemmte offensichtlich die Scham. Du hältst zwischen uns die Mitte: Du bist stark und schamlos. Lasst uns eilen! Die Felder liegen nahe am Wald. Ich zeige die Beute, du führst sie hinweg, und der König bewacht sie. Und der König wird es zulassen, dass sie uns allen gehört.«

Vulpe loquente leo reticet, non antea pontem,
Quam capras habeat, praefabricare volens;
Mens aliter versat, fortuna dante iuvencam
Non dubitant vulpes et leo, cuia foret.
Annuit Ysengrimus, eunt, reperitur, abitque
In nemus arreptis bucula ducta toris;
Ut tenuere locum, quem rex praeceperat escis,
Tunc patuit, quanti sit sapuisse, palam.
Bos cadere est morsu. non verbo, iussa caditque,
Non moriens ausa est dicere 'nolo mori',
At lupus insipiens, vix rege rogante, quis illam
Divideret recte, "partiar", inquit, "ego".
(Tam praeceps fatuus quam non est gnarus agendi,
Expectat sapiens, dum sapienter agat)
"Ergo partifica, domine Ysengrime, decenter!" –
"Partiar egregie, rex here, nonne leges?"
Assilit ergo bovem, semota est, membra tripertit,
Partibus aequatis inspicit acre leo;
"Ysengrime, putas, est bos divisa facete?" –
"Rex, bene divisa est et sine fraude, proba!" –
"Experiar paucis, an sit divisa perite,
Si bene divisa est, utile dico tibi;
Pars haec prima trium cuia est?" – "tua, maxime mi rex." –
"Et cuius media est?" – "rex, ego sumo mihi hanc."
(Rector adhuc sed vix inscissa bile tacebat)
"Tertia pars cuinam cedat, amice, iubes?" –
"Reinardo vulpi." rabies tunc tota movetur,
Nec motis animis imperat ille diu,
A scapulis pellem caudatenus excutit illi;
"Qui, patrine, dein? partificata bene est?"
Territus ille fere retro salit atque seorsum
Coctana vendentis more resedit anus,

Während der Fuchs sprach, schwieg der Löwe. Er wollte die Brücke nicht bauen, bevor er die Ziegen hätte. Seine Gedanken gingen in eine andere Richtung. Fuchs und Löwe zweifelten nicht, wer die Färse erhielte, wenn das Glück sie ihnen überließe. Isengrim stimmte zu, sie gingen, die Färse wurde gefunden und ging, am Strick geführt, in den Wald. Als sie den Platz erreicht hatten, den der König für die Mahlzeit vorgesehen hatte, zeigte sich in aller Klarheit, wieviel Weisheit wert war. Mit einem Biss, nicht mit einem Wort befahl man der Kuh zu fallen, und sie fiel. Sterbend hatte sie nicht zu sagen gewagt: ›Ich will nicht sterben.‹

Der törichte Wolf rief, kaum hatte der König gefragt, wer sie gerecht teilen würde: »Ich werde teilen.« Der Dummkopf ist ebenso vorschnell wie unwissend über das, was zu tun ist. Der Kluge wartet ab, bis er klug handeln kann. »Teile also, Herr Isengrim, wie es sich gehört.« – »Ich werde vorzüglich teilen, Herr König. Möchtest du nicht wählen?« Er sprang also das Rind an, zerlegte es und teilte die Stücke in drei Portionen. Grimmig schaute der Löwe auf die gleich großen Teile: »Was glaubst du, Isengrim, ist das Rind auf höfische Weise geteilt?« – »Es ist richtig und ohne Betrug geteilt, König, prüfe es!« – »Ich werde schnell erfahren, ob es fachkundig geteilt wurde. Wenn die Aufteilung richtig war, werde ich dir etwas sagen, was dir nützt. Wem gehört dieser erste der drei Teile?« – »Das ist deiner, mein größter König.« – »Und wem gehört der mittlere Teil?« – »Den nehme ich mir, König.« – Der König hatte bis jetzt geschwiegen, obwohl ihm schon die Galle überlief. »Wem soll nach deiner Anweisung, mein Freund, der dritte Teil zufallen?« – »Fuchs Reinhard.« Da brach die ganze Wut aus ihm heraus, und er konnte seine zornige Erregung nicht länger beherrschen. Er riss ihm von den Schultern bis zum Schwanz das Fell ab. »Was jetzt, Väterchen? Immer noch gut geteilt?« Ziemlich erschrocken sprang der Wolf zurück und setzte sich abseits wie ein altes Weib, das Quitten verkauft. Er

Oblitusque suam partem, indignatus an ira
  Nescio, si meminit sumere, liquit ibi.
"Patrue, nunc claret, quanto consuescat honore
  Aula secutores glorificare suos,
Serviit ante ursus, modo rex tibi, parce faventi,
  Gratulor auspiciis invideoque tuis!
Quod si me pateris verum tibi dicere, rector,
  Hunc pudet officium sustinuisse tuum,
Non potuit coram primatibus absque ministro
  Exuvias alba ponere fronte suas;
Hoc fortuna loco nos tres dumtaxat adegit,
  Rexque licet consors tu quasi noster ades,
Hic, sua si placitura tibi velamina nosset,
  Ipsemet iniussus depositurus erat." –
"Me prior hic, Reinarde, tuus vestire volebat,
  Qualiter expediit non tolerare mihi,
Sero fere sensi, sensi tamen; ipse lucelli
  Si quid habet, bursae condat in ore suae!
Me, cui vult, iubet esse parem, coniudico, quidni?
  Solus ego hic, quid rex? unus ut unus agit." –
"Anne tibi externo potius, rex docte, favere
  Quam consanguineo debuit atque sibi?
Denique nescio quae perpessum incommoda iactas,
  Ferre potes grates, unde tibi ira placet;
Ominis ille boni credit vestire superbum
  Induviis regem bis meruisse suis,
Vera tamen dicam, nisi mitis sontibus esses,
  Pendere praesumptus debuit acta sui." –
"Ysengrimus, ut est, partitur et eligit, ut vult;
  Hoccine tu saltem participare potes?" –
"Dividere ignoro, nullus mea foedera curat,

vergaß seinen Anteil, ob aus Ärger oder aus Zorn weiß ich nicht. Sollte er daran gedacht haben, ihn sich zu nehmen, hat er ihn doch lieber dort gelassen.

»Oheim, jetzt wird deutlich, mit wie großer Ehre [210] der Hof seine Anhänger bedenkt. Vorher hat dir der Bär, jetzt sogar der König gedient, obwohl du ihm kaum Gutes getan hast. Ich gratuliere zu deinem Glück und beneide dich darum! Wenn du mir, mein Herrscher, erlaubst, die Wahrheit zu sagen, so schämt er sich, deinen Dienst angenommen zu haben. [215] Er konnte nicht ohne Diener vor den Edlen sein Gewand ablegen, ohne schamrot zu werden. An diesem Ort hat das Glück genau betrachtet nur uns drei zusammengeführt. Du bist zwar König, aber doch gewissermaßen als unseresgleichen zugegen. Wenn er gewusst hätte, dass dir seine Kleidung gefällt, [220] hätte er sie bestimmt von alleine abgelegt.« – »Dein Prior hier, Reinhard, wollte mich auf eine Weise bekleiden, mit der ich nicht einverstanden sein kann. Auch wenn ich es erst spät bemerkt habe, so habe ich es doch bemerkt. Hat er einen kleinen Gewinn, soll er ihn in den Schlund seines Geldbeutels stecken! [225] Er machte mich mit wem auch immer gemein. Einverstanden, warum auch nicht? Ich bin hier allein, wieso König? Einer allein bewirkt so viel wie einer allein.« – »Musste er dir als Fremdem, kluger König, nicht mehr gönnen als sich und seinem Verwandten? Schließlich weiß ich nicht, welchen Schaden er, wie du behauptest, erlitten hat. [230] Deinen Zorn, in dem du dir gefällst, kannst du als Gnadenerweis ansehen. Dieser vom Schicksal Begünstigte glaubt es verdient zu haben, den stolzen König zweimal mit seinem Gewand zu bekleiden. Um die Wahrheit zu sagen: Wärest du nicht allzu mild zu den Schuldigen, müsste er für die Taten seiner Frechheit büßen.«

[235] »Isengrim teilt, wie es seinem Wesen entspricht, und er wählt, wie er will. Kannst nicht wenigstens du dies hier einteilen?« Ich verstehe nichts vom Teilen. Ich brauche auf niemanden Rück-

Quaeque acquiro, mei solius esse solent;
Tu solus vitulam, prout ad me spectat, habeto,
Offensam patrui nolo movere mei." –
Improbe, rex ego sum natus punire rapaces,
Suggeris, ut mihimet iura aliena petam?
Perdita conciliem potius, quam dicar inique
Eripere externas et violenter opes!
Divide, communis praeda est, nil vendico sane,
Praeter quod merito dixeris esse meum." –
"Incidit ammissum patruus meus atque luendi
Aestimat eventum, partiar ergo iubes?
Quicquid vis, facito; quoadusque ignoveris illi,
Quod male divisit, partificabo nihil." –
"Omne nefas illi pariter poenamque remitto,
Et tibi do veniam, divide, sicut aves."
Tunc itidem ternos aequans Reinardus acervos
Constituit, sed non utilitate pares:
Pinguibus ex frustis spissisque et paene sine osse
Portio prima aliis pluris utrisque valet,
Crassaque non adeo, quamquam carnosa, secunda est,
Est ossosa parum tertia carnis habens;
Tresque pedes demum perfectis partibus addens,
Seposuit quartum partibus ille procul.
"Qualiter intendas, dubito, sed dividis apte,
Quem cuiusque velis nescio partis herum;
Mutabisne aliquid? vis quid cui demere parti?
Addereve? an, quales esse videntur, erunt?" –
"Nil variabo quidem, divisa est bucula prorsus,
Elige, quam malis de tribus esse tuam." –

sicht zu nehmen. Alles, was ich erwerbe, gehört in der Regel mir allein. Soweit es mich betrifft, sollst du die Färse allein haben. [240] Ich will aber nicht den Unwillen meines Oheims erregen.« »Nichtswürdiger, ich bin als König dazu geschaffen, Räuber zu bestrafen. Flüsterst du mir ein, ich solle mir fremde Rechte aneignen? Lieber will ich Verlorenes vergüten, als dass man mir nachsagt, ich würde mich ohne Recht und gewaltsam fremden Eigentums bemächtigen. [245] Teile! Die Beute gehört uns gemeinsam. Ich beanspruche nur dasjenige, was mir nach deiner Meinung zusteht.« – »Mein Oheim hat Schuld auf sich geladen und überlegt, wie seine Strafe ausfallen wird. Du befiehlst also, dass ich teile? Mach, was du willst. Solange du ihm nicht verziehen hast, [250] dass er schlecht geteilt hat, werde ich nichts teilen.« »Ich spreche ihn von jeder Untat frei und erlasse ihm zugleich die Strafe. Auch dir verzeihe ich. Und jetzt teile, wie es dir beliebt!«

Da schichtete Reinhard ebenfalls drei Haufen auf, die zwar an Größe, nicht aber an Wert gleich waren. [255] Die erste Portion bestand aus dicken, fetten Fleischstücken, fast ohne Knochen, und übertraf die beiden anderen an Wert. Fleischig, wenn auch nicht so fett, war die zweite Portion. Und die dritte bestand aus Knochen mit nur wenig Fleisch. Schließlich fügte er jedem der drei fertigen Haufen einen Fuß hinzu [260] und legte den vierten in einiger Entfernung von den drei Portionen ab. »Ich bin mir nicht im Klaren, worauf du hinaus willst, doch teilst du passend. Ich weiß nicht, wen du zum Herrn über jeden Teil vorgesehen hast. Wirst du noch etwas ändern? Willst du von irgendeinem Teil noch etwas wegnehmen? Oder hinzufügen? Oder bleiben die Haufen, wie wir sie sehen?« – [265] »Ich werde nichts mehr ändern. Die Färse ist ein für alle Mal geteilt. Wähle, welchen von den drei Teilen du vorziehst!«

"Tu lege pro cunctis, pars cuius quaeque sit, edic!
Proposui, quicquid dixeris, esse ratum." –
"Hanc tibi, (summus enim libare potissima debet)
Quam carnosa onerant crassaque frusta, lego;
Proxima reginae dabitur, cura eius agenda est,
Illa domi recubat foetibus aegra novis;
Crescentes nati tibi sunt ideoque voraces,
Inque tuas epulas et genitricis hiant,
His nisi quid demus, quod saltem rodere possint,
Nec tibi nec dominae pars sua tuta meae est:
Ossibus indomitos his exercento molares,
Castigent cupidam fercula dura gulam." –
"Et pes cuius erit, qui solus secubat illic?" –
"Sit meus aut parti suppetat ille tuae!
Sic ego divisi, sic quaeque locanda putavi,
Qui melius norunt, aptius illa locent." –
"Debetur iure o tibi pes, tuus esto! videris
Ut fidus dominis verna favere tuis;
Quisnam te docuit partiri taliter? ede!
Per mihi quod debes et tibi foedus ego." –
"Me docuit docturus adhuc non pauca, quod istic
Quodque alias sapui, patruus iste meus." –
"Et cum divideret, cur non sibi novit id ipsum?" –
"Propter Belvacos non fuit ausus idem." –
"Ergo, quod edocuit, misere intellexerat ipse,
Teque aliosque docens ipse docentis eget?" –
"Rex miser, ignoras lethargo saecula laedi?
Saepe valens aliis non valet ipse sibi. –
Patrue, quid prodest, quod te castigo frequenter?
Quo te plus moneo, stultius usque facis;
Stulte aliena petens sua seque petitaque perdit,

»Triff du die Wahl für alle! Sag nur heraus, wem welcher Teil gehört! Ich habe beschlossen, dass alles, was du entscheidest, gelten soll.« – »Für dich sehe ich diesen Haufen vor, auf dem die fleischigen und fetten Brocken liegen, weil es dem Obersten gebührt, das Beste zu genießen. Den nächsten soll die Königin erhalten, die versorgt werden muss; sic liegt zu Hause und ist geschwächt von der Geburt ihrer jüngsten Kinder. Du hast heranwachsende und deswegen gefräßige Kinder. Sie schnappen nach deinen und ihrer Mutter Speisen. Wenn wir ihnen nicht etwas geben, woran sie wenigstens nagen können, ist weder dein Anteil noch der meiner Herrin sicher. Sie sollen ihre unbändigen Zähne an diesen Knochen erproben, die harten Speisen sollen ihre Fressgier bändigen.« – »Und wem wird der Fuß gehören, der dort abseits für sich liegt?« – »Er sei mein oder komme noch zu deinem Teil. So habe ich geteilt; so ist nach meiner Überzeugung alles zuzuordnen. Die sich besser darauf verstehen, mögen es passender zuordnen.« – »Zu Recht schuldet man dir den Fuß, er sei dein! Man sieht, dass du als treuer Diener für deine Herrschaft sorgst.

Wer hat dich gelehrt, so zu teilen? Sprich bei der Bündnistreue, die du mir schuldest und ich dir schuldig bin.« – »Dieser mein Oheim, der mich weiterhin etliches lehren wird, hat mir beigebracht, was ich hier und sonst gewusst habe.« – »Und als er geteilt hat, warum hat er das nicht für sich beherzigt?« – »Wegen der Bürger von Beauvais hat er nicht dasselbe gewagt.« – »Hat er also selbst schlecht verstanden, was er gelehrt hat? Benötigt er, der dich und andere lehrte, selbst einen Lehrer?« – »Armer König, weißt du nicht, dass die Welt von Trägheit geplagt ist? Jemand, der für andere stark ist, ist für sich selbst oft schwach. –

Oheim, was nützt es, dass ich dich immer wieder tadle? Je mehr ich dich ermahne, desto größere Dummheiten begehst du. Wer ohne Überlegung Fremdes begehrt, verliert das Seine, sich

Nescis, quid vulgi mystica dicta notent?
Frania putrescunt melius quam poma vorentur,
Vas plenum recto, qui tenet, orbe ferat.
Patrue, nos inter tres tantum sermo vagetur:
Tu nimis in partem regis avarus eras,
Lingere debueras ubi, nam mordere parabas,
Librat bufo tenax atque relibrat humum,
Curia dissimulat lingentes, morsa remordet,
Et repetunt proceres fenore morsa gravi;
Sospes, si saperes, et regis amicus abisses,
Sed tibi quae multis, pessima plaga nocet,
Non simul ingluvies discretioque esse sinuntur,
Liberior victrix debilioris erit.
Servares aliena, tuis consuetus abuti?
Cuius erit custos, qui negat esse sui?
Venit egestati venter, qui vendit agellum,
Venter egens vendit fasque nefasque cibo;
Idcirco partemque tuam regisque petebas,
Et rex continuo motus utramque tulit.
Non adhibere potes nisi pleno vincula folli,
Dum superest aliquid, nil tetigisse putas;
Sumere praestabat modicum quam perdere totum,
'Multa ubi, sat', fertur, 'quod iuvat, esse bonum',
Utilis est oculus, cui profore desinit auris,
Subsidium parce, dat tamen usque deus,
Ecclesia est ingens, cantatque in parte sacerdos,
Multa oculus captat, sed manus aequa praeest,
Tonsa bidens melior quam decoriata, iuvatque
Decoriata aliquid, perdita tota perit.

und das Begehrte. Weißt du nicht, was die tiefsinnigen Sprüche des Volks bedeuten? ›Herrschaftliche Äpfel verfaulen eher, als dass sie gegessen werden‹ und: [300] ›Wer einen vollen Becher hält, muss ihn gerade halten‹. Oheim, dieses Gespräch soll unter uns dreien bleiben. Du warst allzu gierig nach dem Anteil des Königs. Wo du hättest lecken müssen, schicktest du dich an zu beißen. Die Kröte hält die Erde fest und wägt sie und wägt sie noch einmal. [305] Der Hof übersieht die Leckenden, wird er aber gebissen, beißt er zurück, und der hohe Adel fordert den Bissen mit drückenden Zinsen wieder ein.

Wärest du klug gewesen, wärest du unversehrt und als Freund des Königs fortgegangen. Stattdessen hast du, wie so viele, den schlimmsten Verlust erlitten. Gefräßigkeit und Unterscheidungsvermögen vertragen sich nicht. [310] Die zügellosere wird den Sieg über das schwächere davontragen. Schonst du fremdes Gut, wenn du gewohnt bist, das deine zu verschwenden? Was will bewahren, wer nicht einmal das Seine bewahren will? Der Bauch, der sein Äckerchen verkauft, verkauft sich selbst an die Armut. Ein hungriger Bauch gibt Recht und Unrecht für Speise her. [315] Daher begehrtest du deinen Teil und den des Königs. Und der König nahm sogleich erzürnt beide Teile. Du kannst deinem hohlen Bauch Fesseln anlegen, wenn er voll ist. Solange noch ein wenig Platz in ihm ist, bildest du dir ein, noch nichts angerührt zu haben. Es war besser, sich nur mäßig zu bedienen als alles zu verlieren.

[320] Man sagt: ›Wo Überfluss herrscht, ist es gut, sich mit dem Nötigen zu begnügen‹. Man braucht das Auge, wenn das Ohr seinen Dienst versagt. Gott verleiht seinen Schutz sparsam, doch ununterbrochen. Die Kirche ist groß, doch der Priester singt nur in einem Teil von ihr. Das Auge hascht nach vielem, doch was die Hand hält, ist besser. [325] Ein geschorenes Schaf ist besser als ein geschundenes, und ein geschundenes nützt wenigstens ein bisschen, während ein verlorenes ganz verloren ist.

Mortuus aut esses aut regia iura tulisses;
Rex tua teque tenet sub dominante iugo,
Ius sub rege tuum non est sed regis, at illi
Gratia, si quicquam liquerit esse tuum,
Cum quo si quid habes, quod uti commune feratur,
Optima des illi, ne tua teque premat.
Aspera sors misero sese est cognoscere nullo,
Non regum comites, rustica turba sumus,
Luxuriant reges, et rustica turba laborat,
Quid regum est? aether, flumina, terra, fretum;
Villanus cribro pronascitur atque galastrae,
Rex Cereri et piperi, carnibus atque mero,
Rusticus e sulco producit regibus ostrum,
Stuppeaque ipsius sagmata corpus arant.
Qui sua dementer vastant, externa capescunt,
Servans parta potest sumere, quando libet;
Suppetit ingluvies aulae, cui cuncta creantur,
Sobrietas miseras stringit egena casas,
Pauperis ingluvies exhausta protinus arca
Prodit, quam noceat deseruisse modum;
Legem pone gulae, ne fias pauper abusu
Et male mendices aut male rapta luas."

His siluit dictis rimansque procacibus hirquis
Dilecti patrui singula membra notat,
Pars autem, nisi pelle carens, in corpore toto
Iudice Reinardo nulla decora fuit.
Tunc parat ornatu patruum meliore beare,

Du hättest dich dem königlichen Recht fügen oder sterben müssen. Der König hält dich und das Deine unter dem Joch seiner Herrschaft. Unter dem König hast nicht du das Recht, sondern der König, und er erweist eine Gnade, wenn er dir etwas überlässt. Wenn du mit ihm etwas für den gemeinsamen Gebrauch besitzt, gib ihm das Beste, damit er nicht dich und das Deine bedrängt. Es ist für einen Armen ein hartes Los, sich als wertlos zu erkennen. Wir sind nicht das Gefolge des Königs, wir sind eine Rotte von Bauern. Die Könige prassen, und das Bauernvolk arbeitet. Was gehört den Königen? Die Luft, die Flüsse, die Erde, das Meer. Der Bauer wird für Kornsieb und Melkeimer geboren, der König für Weißbrot und Pfeffer, für Fleisch und Wein. Der Bauer lässt aus der Furche Purpur für die Könige wachsen seinen Körper furchen dagegen Kittel aus Werg. Die ihren eigenen Besitz sinnlos verschwenden, eignen sich fremden an. Wer das Erworbene aufbewahrt, kann es verbrauchen, wann er will. Gefräßigkeit ist am Hof, für den alles erzeugt wird, im Übermaß vorhanden. Darbende Bedürftigkeit würgt die Hütten der Armen. Die Gier eines Armen leert in kürzester Zeit die Vorratskammer und führt vor Augen, wie sehr es schadet, die Mäßigkeit zu verabschieden. Setze deiner Fresssucht Grenzen, damit dich Verschwendung nicht verarmen lässt und du nicht in übler Weise betteln und rauben und dafür büßen musst.«

## *Der Schwur auf das Wolfseisen*

Nach diesen Worten schwieg der Fuchs und studierte frech mit zusammengekniffenen Augen von oben bis unten seinen geliebten Oheim. Am ganzen Körper waren nach Reinhards Meinung nur die Teile schön, von denen das Fell abgezogen war. Da plante er, seinen Oheim durch einen noch schöneren Schmuck

Quadrupedem metuens currere posse nimis,
Rem miseram repetens et paucis profore credens
Cuique lupo innatas quattuor esse bases;
Maluit ergo uno nullum pede sive duobus
Quam dulcem patruum rite carere tribus,
Aestimat ausurum pedibus quam plurima tantis,
Quae nimio nequeant absque labore geri.
"Non oberit cuiquam, prosit, si profore possit,
Si fuerit saltem qualibet arte tripes."
Tunc constante fide senis ista susurrat in aurem:
"Patrue, non nobis hoc bene cessit iter,
Nil nobis cum rege, potest nimis ille feroxque
Viribus intendit, nil pietatis habet,
Res a rege tuas non vi, non arte tueris,
Sunt tibi mutata lucra petenda via.
**B**alduinus senior, 'Bona' qui 'Fiducia' fertur,
Pellicium patri debuit ipse tuo,
Reddere quod blande monitus cum saepe negasset,
Denique censores constituere diem;
Debitor interea mortem exactorque tulerunt,
Causaque maiori cessit inacta minor.
Carcophas patriis successit rebus ut heres,
Sic quoque solvisset debita rite patris;
Poscere nec veniam nec solvere curat, eamus!
Convictum facili calliditate tenes:
Non didicit causas Galla tractare loquela,
Praeposuit Franco Danubiale solum,
Teutonicus miser et rudis est ut papa salignus,
Stridula Bavarico gutture verba liquans;

selig zu machen, weil er fürchtete, dass jener mit vier Füßen zu schnell laufen könne. [355] Er dachte wiederholt über diese missliche Angelegenheit nach und meinte, es nütze niemandem, dass alle Wölfe mit vier Beinen zur Welt kämen. Lieber noch, als dass jemandem ein oder zwei Füße fehlten, wollte er, dass sein süßer Oheim rechtmäßig ohne drei Füße auskommen müsse. Er schätzte, dass er mit so langen Beinen größte Wagnisse eingehen würde, [360] die nur mit großer Mühe ausgeführt werden könnten. »Es wird niemandem schaden, könnte aber womöglich nützen, wenn er durch eine beliebige List wenigstens nur drei Beine hätte.«

Dann flüsterte er in seiner gewohnten Aufrichtigkeit ins Ohr des Alten: »Oheim, diese Ausfahrt ist nicht gut für uns ausgegangen. [365] Wir lassen uns nicht mit dem König ein. Er ist allzu mächtig, droht trotzig mit seinen Kräften und zeigt keine Anteilnahme. Du wirst deine Angelegenheiten vor dem König nicht durch Kraft und nicht durch List schützen. Du musst einen anderen Weg wählen, um Erfolg zu haben. Balduin der Ältere, den man Wohlgetreu nennt, [370] schuldete deinem Vater sein Fell. Weil er sich geweigert hatte, es zurückzuerstatten, obwohl man ihn oft und freundlich gemahnt hatte, hatten die Richter endlich einen Gerichtstag festgelegt. Inzwischen waren Schuldner und Gläubiger verstorben, und die kleine gerichtliche Auseinandersetzung wurde von größeren verdrängt. [375] Wie Karkophas als Erbe die Nachfolge der väterlichen Angelegenheiten angetreten hat, so hätte er auch von Rechts wegen die Schulden seines Vaters zahlen müssen. Er denkt nicht daran, um Entschuldung zu bitten oder zu zahlen. Brechen wir auf! Mit ein wenig Schläue hast du ihn überführt und in deiner Gewalt. Er hat nicht gelernt, Prozesse auf französisch zu führen. [380] Er hat die Donauauen dem Land der Franzosen vorgezogen. Er ist ein elender Deutscher und roh wie ein Pfaffe aus Holz. Aus bayrischer Gurgel spuckt er zischende Wörter

Ore mihi Franco causam committe tuendam,
Indiget ille suae compositore vicis,
Reddere pellicium primo clamore coactus
Exuet, incautum me duce fisus adi!
Quid dubitas?" (dubitabat enim) "semel obsecro tempta,
Quam sine versuta sit meus arte favor;
Si res ista tuo fuerit contraria voto,
Me glutito tuae curva catasta gulae."
Ille ratus verum, quod cogitat esse lucrosum,
Incidit audita conditione plagam.
"Nescio te, Reinarde, parem cui suspicer esse,
Tu meus es fautor, tu meus hostis item,
At monitis ubicumque tuis obtempero, laedor;
Cedo tamen, veluti sis mihi fidus adhuc,
Indice, ni fallor, fama mihi debuit ille
Pellicium, et fraus est hac mihi facta tenus." –
"Patrue, fama meae concordat idonea voci,
Dicere tam nosti me tibi vera magis;
Hac iter est, mora segnis obest, succede, praeibo,
Et, qua continuant lucus et arva, mane,
(Hostibus horret ager!) ne nobis triste quid obstet,
Ad silvas asinum qualibet arte traham."
Protinus invento vulpes praedixit asello
Propositum fraudis, nec dolet ille sequi;
Invenere senem silvarum extrema tenentem,
Carcophas rauco ter sonat ore 'vale'.
"Frater, 'ave' hoc falsum est! si me salvare cupisses,
Iam mihi venisset res mea missa domum;
Nunc tam redde libens, quam commodus exigo, facque

aus. Überlass es mir, den Prozess in französischer Sprache zu führen. Jener hat keinen Anwalt, der ihn vertritt. [385] Schon beim ersten Einspruch ist er gezwungen, das Fell zurückzugeben, und er wird es ausziehen. Vertraue meiner Führung und überfalle den Unvorbereiteten! Was zögerst du?« Er zögerte nämlich. »Prüfe doch einmal, ich beschwöre dich, wie ich dir ohne jede Verschlagenheit zugeneigt bin! Wenn diese Angelegenheit nicht nach Wunsch verläuft, [390] soll mich die Wendeltreppe deines Schlundes verschlingen!«

Der Wolf hielt alles für wahr, was für ihn vorteilhaft aussah, und ging ins Netz, nachdem er sich mit den Umständen vertraut gemacht hatte. »Ich weiß nicht, Reinhard, mit wem ich dich vergleichen soll. Du bist mein Wohltäter und zugleich mein Feind. [395] Immer wenn ich deinen Ratschlägen folge, erleide ich Verletzungen. Doch ich willige ein, als hätte ich mich immer auf dich verlassen können. Wenn mich das Gerücht nicht täuscht, schuldet jener mir ein Fell, und man hat mich bisher darum betrogen.« – »Oheim, das Gerücht ist zutreffend und stimmt mit meinen Worten überein. [400] So erkennst du umso mehr, dass ich dir die Wahrheit sage. Dies ist der Weg, faules Verweilen schadet nur. Komm nach, ich gehe voraus. Warte, wo Wald und Feld aufeinander stoßen, damit uns nichts Unangenehmes zustößt. Das Feld wimmelt nämlich von Feinden! Ich werde den Esel mit irgendeiner List zum Wald bringen.«

[405] Als der Fuchs den Esel gefunden hatte, legte er ihm sogleich den Plan für den Betrug dar. Jenem tat es nicht Leid zu folgen. Sie fanden den Alten, der sich am Waldrand aufhielt. Karkophas ließ mit rauer Stimme dreimal sein ›Sei gegrüßt‹ ertönen. »Bruder, dein ›Sei gegrüßt‹ ist unangebracht! Hättest du mich zu grüßen gewünscht, [410] wäre mir mein Eigentum schon längst nach Hause geschickt worden. Gib mir jetzt freiwillig, was ich höflich fordere, und pass auf, dass ich mich nicht wiederholen

Denuo ne repetam! nunc repetisse feram." –
"Nil tibi me recolo, domine Ysengrime, tulisse,
Debita do, quod lex publica mandat, agam."
Consilio vulpes accitur, itemque reversi
Constiterant, vulpem bis iubet ille loqui,
Iussa locuturum paucis praevenit asellus:
"Nequaquam placita hic rebar agenda mihi,
Inconsultus ob hoc feror huc; opus ergo tuente
Si fuerit, vocem consiliumque peto." –
"Utquid consilium, frater, vocemque requiris?
Quaeruntur patruo debita certa meo,
Pellicium reddi, quod tanto tempore debes
Et tu cuius eum cernis egere, iubet."
Tunc seriem causae a fundo prestrinxit et addit:
"Taliter haec retines debita tamque diu;
Quot tu pensus oves, (hoc damnum ponderat horno)
Hanc massam damni mittit amore tui.
Laetius ac citius tam solvere iusta memento,
Quam superas sensu divitiisque patrem;
Dedecet ingenuos patria probitate carere,
Obprobrium pravis stirps generosa parit.
Pauperior tota meus anteritate suorum
Patruus hoc anno bis sua texta novat;
Est quater undenis haec larva tibi insita lustris,
Nec tu credis adhuc hanc senuisse satis?
Exue! fructus erit duplex tibi: debita solvis,
Et nova succrescens dat tibi cappa decus;
Et quam ferre diu potuit, scis leniter illum
Supportasse, suae nunc eget ipse rei,

muss! Es reicht gerade, es jetzt gefordert zu haben.« »Ich erinnere mich nicht, Herr Isengrim, dir etwas weggenommen zu haben. Was ich schuldig bin, zahle ich. Ich halte mich an das, was das allgemeine Recht vorschreibt.«

[415] Der Wolf nahm den Fuchs um Rat beiseite. Sie kamen zurück und stellten sich auf. Der Wolf forderte den Fuchs zweimal auf zu sprechen. Der Esel kam dem Fuchs, der das Befohlene sagen wollte, mit wenigen Worten zuvor: »Ich war keinesfalls davon ausgegangen, hier einen Prozess führen zu müssen. Deswegen komme ich ohne Rechtsbeistand hierher. Sollte ich also [420] einen Verteidiger benötigen, will ich vertreten und beraten werden.« – »Wozu verlangst du nach Rat und Vertretung, Bruder? Es werden für meinen Oheim unstrittige Schulden gefordert. Er befiehlt, das Fell zurückzugeben, das du schon so lange Zeit schuldig bist und das er, wie du siehst, benötigt.«

[425] Dann fasste er den Verlauf der Streitsache von Anfang an zusammen und fügte hinzu: »Solcherart und so lange hältst du deine Schulden zurück. Wieviel du in Schafen gerechnet wiegst, hat er für dieses Jahr als Schaden angesetzt. Aus Liebe zu dir erlässt er dir diesen großen Schaden. Lass dich umso freudiger und schneller herbei, die gerechten Forderungen zu erfüllen, [430] als du deinen Vater an Verstand und Reichtum übertriffst. Für Edle ist es schändlich, wenn ihnen die Rechtschaffenheit ihres Vaters fehlt. Eine adlige Herkunft bringt für schlechte Menschen zusätzlich Schande. Mein Oheim, obwohl ärmer als alle seine Voreltern, hat dieses Jahr seine Kleider zweimal erneuert. [435] Dieses schäbige Kleid sitzt dir seit viermal elf Jahrfünften auf dem Leib, und doch glaubst du nicht, es sei noch nicht alt genug? Zieh es aus! Du wirst einen zweifachen Vorteil haben: Du zahlst deine Schulden, und in deinem neuen Mantel wirst du aussehen, als sei er dir angewachsen. Du weißt, dass jener alles gleichmütig hingenommen hat, solange er konnte, [440] doch jetzt bedarf er

Credita qui reddit, rursus debere meretur,
  Redde nec excusa nec tibi quaere moram!
Ditior es genitore tuo meliusque videris
  Solvere posse tuus quam potuisse parens,
Mater Ibera quidem, genitor tibi Francus, et ipso
  Ditior atque ortu clarior illa fuit;
At tibi nobilitas amborum cessit opesque,
  Astu praeterea quod tibi crevit, habes."
Haec ubi Burgundo vulpes expresserat ore,
  Consilium et vocem poscit asellus item;
Ysengrimus itemque negans ait: "improbe, debes!
  Hoc est consilium, rem mihi redde meam!
Quis tibi consuleret melius? mea, quaero, secusne
  Ac mihi solvendo conciliare putas?" –
"Patrue, parva aliquando solet res profore multum,
  Cominus huc aures arrige, pauca loquar";
(Arrigit ille aures) "omnino cepimus istum,
  Perdere nil poteris, iusta querela tua est,
Consulturus eat meque oratore loquatur,
  Deterit hic nullo forma colore prior.
Ille vafer nimis est, fortassis voce negata
  Altius appellans vim sibi clamet agi,
Debita, ni caveas, reddet, sed reddita vendet
  Forsitan, et quaestu quaestio pluris erit;
Aucupis ut laqueo non evasura tenetur,
  Unguibus et pennis improba saevit avis." –
"Ite! feram, sed quae posuisti, fixa manento!"
  Consultu redeunt. "patrue, recta sapis,
Nec mihi Carcophas nisi rectum velle videtur,

selbst der Sache. Wer seine Schulden begleicht, kann wieder Schulden aufnehmen. Zahle also, mach keine Ausflüchte und bitte nicht um Aufschub! Du bist ehrenhafter als dein Erzeuger und scheinst besser bezahlen zu können, als es dein Vater konnte. [445] Dein Vater war Franzose, deine Mutter Spanierin. Sie war edler und von berühmterer Herkunft als er. Doch beider Adel und Reichtum müssen dir den Vortritt lassen, außerdem ist dein Besitz durch deine Schlauheit noch angewachsen.«

Sobald der Fuchs dies in burgundischer Mundart vorgetragen hatte, [450] forderte der Esel erneut rechtliche Vertretung und Beratung. Isengrim wies das wieder zurück und sagte: »Schurke, du schuldest mir! Hier hast du deinen Rat: Gib mir meine Sache zurück! Wer könnte dir besser raten? Ich frage dich: Glaubst du auf anderem Wege zu einem Ausgleich zu kommen, als mir meinen Besitz zu erstatten?« – [455] »Oheim, auch eine kleine Sache kann manchmal einen großen Vorteil bringen. Neige dein Ohr ein wenig näher her zu mir, ich will dir etwas sagen.« Er spitzte seine Ohren. »Wir haben ihn ganz und gar gefangen. Du kannst nichts verlieren. Deine Klage vor Gericht ist berechtigt. Soll er doch gehen und um Rat fragen und sich meiner als Fürsprecher bedienen. [460] Sein früheres Äußeres wird keinen Farbton schlechter werden. Er ist ziemlich schlau. Wenn ihm die Fürsprache verweigert wird, geht er vielleicht in Berufung und klagt, man habe ihm Gewalt angetan. Wenn du nicht aufpasst, gibt er zurück, was er schuldig ist, doch lässt er sich vielleicht die Rückgabe teuer bezahlen, und dann kostet die Klage mehr als das Objekt der Klage. [465] Ein schlimmer Vogel wehrt sich mit Klauen und Flügeln, wenn er sich im Netz des Vogelstellers verfangen hat und sich nicht befreien kann.« – »Geht nur, ich dulde es! Doch was du dargelegt hast, bleibe unverändert!«

Sie berieten sich und kamen zurück. »Oheim, du weißt, was rechtmäßig ist, doch auch Karkophas scheint mir nur das Rechte

Te quoque, si verum est, quod profitetur, amat.
Dicit enim, quia, quicquid habet, pretiosius, ultro,
Si tribui peteres praeciperesve, daret,
Poscere si praesens nolles, per quemlibet illi
Mandasses miserum, praesto fuisset ovans;
Sed quia pellicium fertur debere nec offers
Legitimam turbae testificantis opem,
Te putat, ut bonus es, non hoc ab iure petisse,
Sed se nihil meminit iuris habere tui,
Nec tibi se, quot dicis, oves minuisse nec unam,
Si fuerit solvens cetera quoque modo.
Suspicionis agit tam sera exactio causam,
Contigit hoc rerum mentio prima die,
Te tua iura putat (totiens extranea tollis)
Non dilaturum sponte fuisse diu;
Aut igitur testes, quis possit credere, quaerit
Aut ut praeiures pignora sacra super,
Et de stirpe sua cum lectis ipse refellet
Aut legem auxilio deficiente feret.
Sed modo nil debet nec vult debere quid umquam,
Mos malus est hodie et cras quoque sicut heri,
Se tibi formidat numquam persolvere posse,
Reddere si tulerit iussa tributa semel,
Rusticus ut solvens debet tamen usque tyranno
Nec fiscum papae Gallia trina replet." –
"Huc, Reinarde, veni!" (venit) "quid consulis actu?" –
"Solvere si vellet, rectior ille foret;
Quaerit recta tamen." – "vis iurem?" – "patrue, quidni?
Audacter iura, perdere turpe tua est.

zu wollen. [470] Wenn es stimmt, was er vorbringt, ist auch er dir in Liebe zugetan. Er sagt nämlich, dass er aus freien Stücken seinen ganzen wertvolleren Besitz überlassen würde, wenn du es wünscht oder befiehlst. Wenn du es nicht persönlich fordern wolltest, sondern ihm durch irgendeinen hergelaufenen Boten aufgetragen hättest, wäre er herzlich gern dazu bereit gewesen. [475] Aber weil man ihn bezichtigt, ein Fell zu schulden, du aber keine Reihe von Zeugen für die Rechtmäßigkeit deiner Forderung aufbietest, glaubt er, dass du es, ehrlich wie du bist, nicht ohne Grund beansprucht hast. Er erinnert sich aber nicht, etwas zu haben, das dir zu Recht gehört, oder dir so viele Schafe, wie du behauptest, oder auch nur eines entwendet zu haben, [480] auch wenn er dir das übrige so oder so bezahlen würde. Eine so späte Forderung gibt Anlass zu Argwohn. Am heutigen Tag ist diese Angelegenheit zum ersten Mal erwähnt worden. Er glaubt, dass du deine eigenen Rechtsansprüche nicht aus eigenem Antrieb so lange zurückgestellt hast, wo du dir doch so oft fremdes Gut aneignest. [485] Er verlangt also entweder Eideshelfer, die für ihn glaubwürdig sind, oder dass du zuvor über den heiligen Reliquien einen Eid ablegst. Er wird dich mit ausgesuchten Eideshelfern aus seinem Geschlecht widerlegen oder sich, wenn diese Hilfe versagt, dem Gesetz fügen. Doch jetzt schuldet er nichts und will auch nie etwas schuldig sein. [490] Das ist ein schlechter Brauch, heute wie morgen und auch schon gestern. Er fürchtet, dich niemals vollständig auszahlen zu können, wenn er erst einmal die geforderte Steuer entrichtet hat, wie der Bauer, der zahlt, doch immer seinem Herren zinspflichtig bleibt und das dreiteilige Gallien die Schatulle des Papstes niemals füllt.«

[495] »Reinhard, komm hierher!« Er kam. »Was rätst du zu tun?« – »Wollte er zahlen, wäre das ein anständigeres Verhalten. Was er fordert, ist dennoch rechtens.« – »Ich soll also schwören?« – »Warum nicht, Oheim? Schwöre beherzt. Das Deine zu verlie-

Scit bene Carcophas, quod non evadere possit,
Quaerit cancellos, solvere taedit eum,
Non habet auxilium; si sic sineretur abire,
Pellicium vellet dimidiare volens,
Protinus abstabunt, quoscumque elegerit, illi,
Sciris enim praeter recta movere nihil;
Denique quid paulum tibi periurasse nocebit?
Tot fratrum pro te postulat usque chorus." –
"Desiperem, toto si pars mihi carior esset,
Quis mihi reliquias afferet? aequa velim." –
"Patrue, reliquiae, gradiamur, cominus assunt!"
Ventum est ad pedicam. "patrue, fige gradum!
Prospice, quid iures! capitur, qui peierat istic,
Nec sinit hic sanctus gratis abire reos;
Debita si nosti te iusta requirere, iura!"
Quicquid avet, rectum cogitat esse lupus,
Impositumque pedem coeuntia robora prendunt.
"Patrue, iuratum est sufficienter, abi!
Iurandi reverens Carcophas solvere praesto est,
Porro sine emenda solvere posse rogat;
Sacramenta quidem, te malle remittere partem
Quam iurare ratus, dixit agenda sibi.
Periurasse tamen convictus debita perdis,
Pignora si moris sacra; movere cave!
Immotis digitum sacris subducere tempta!"
Attonitus casu stat lupus atque silet.
"Patrue care, quid hoc? captivus paene videris,
Reliquias mosti! – culpave maior obest:
Debuerat nummus tua iuramenta praeisse
Placandis sanctis nec datus ille fuit!
Pignus ob hoc temet sanctus sibi vendicat ipsum;

ren, ist schändlich. Karkophas weiß genau, dass er nicht entkommen kann. [500] Er fordert uns vor Gericht, es widerstrebt ihm zu zahlen. Er hat keinen Beistand. Wenn man ihn so ziehen ließe, würde er gern die Hälfte seines Fells dafür hergeben. Alle, die er ausgesucht hat, werden ihn alsbald verlassen, da man weiß, dass du nur auf dein Recht aus bist. [505] Und schließlich: Was soll es dir schon schaden, ein bisschen falsch geschworen zu haben? Eine so große Schar Mönche schließt dich fortwährend in ihre Gebete ein.« – »Ich wäre verrückt, wenn ich einen Teil lieber hätte als das Ganze. Wer bringt mir die Reliquien? Ich fordere Gerechtigkeit!« – »Oheim, die Reliquien sind ganz in der Nähe, lass uns gehen!«

[510] Man kam zu einer Schlagfalle. »Oheim, bleib stehen! Überlege, was du schwörst! Wer hier einen Meineid schwört, wird gefangen. Dieser Heilige lässt keinen Schuldigen ungestraft davonziehen. Wenn du weißt, dass deine Schuldforderung berechtigt ist, schwöre!« Alles, was er begehrte, hielt der Wolf für gerecht. [515] Er setzte seinen Fuß auf die Falle, die zusammenklappte und ihn zu fassen bekam. »Oheim, es ist genug geschworen, geh fort! Aus Achtung vor dem Eid ist Karkophas bereit zu zahlen. Darüber hinaus bittet er, ihm die Geldbuße zu erlassen. Er hat gesagt, er habe auf dem Eid bestanden, weil er glaubte, [520] du würdest lieber auf einen Teil verzichten als schwören. Wenn du die heiligen Reliquien berührst, bist du des Meineids überführt und verlierst, was man dir schuldet. Hüte dich also vor der Berührung! Versuche, den Finger zurückzuziehen, ohne die Reliquien zu berühren!«

In seinem Unglück stand der Wolf wie erstarrt und schwieg. [525] »Lieber Oheim, was ist? Du siehst ja fast wie ein Gefangener aus. Du hast die Reliquien berührt! Oder eine noch größere Schuld hält dich fest. Man hätte vor deinem Schwur eine Münze opfern müssen, um die Heiligen zu besänftigen, doch sie wurde nicht gegeben! Deswegen beansprucht der Heilige dich selbst als

Me quoque ne capiat sanctus, abibo, mane!
Non poteris redimi, plus nummo pignus amatur,
Pes vadium nummi vel pede maius erit;
Mancipium sanctis collo corioque dicarer,
Si vadium vellent credere, nempe negant.
Verum multa solent contingere, patrue, fures,
Raptoresque hodie saecula docta sacrant,
Pontifices rapiunt, sectantur furta decani,
Namque hi, si raperent, praeda repente forent;
Raptor eras, sanctique suum novere sodalem,
Nunc raptum comitem semper habere volunt,
Sanctificant subito sancti, quodcumque prehendunt,
Incipit idcirco pes tuus esse sacer.
Intrasses utinam sanctorum scrinia totus!
Nunc de te tantum pes modo sanctus erit;
Atque utinam sanctis omnes caperentur ab hisdem,
A quibus es captus, quos tua vita tenet!"
Tunc duo discedunt; ubi nollet, tertius haeret,
Tunc male deceptum se lupus esse videt,
Pertaesus tardare malis peiora redemit,
Abmorsumque suo deserit ore pedem.

Pfand. Ich gehe, damit mich der Heilige nicht auch fängt. Bleib du nur hier! Man kann dich nicht auslösen. Das Pfand ist begehrter als die Münze. Ein Fuß oder etwas Größeres als ein Fuß wird das Pfand für die Münze sein. Ich würde mich selbst mit Hals und Haar den Heiligen zu eigen geben, wenn sie das als Pfand akzeptieren würden. Das tun sie natürlich nicht. Wahrlich, Oheim, Diebe pflegen ihre Hand auf vieles zu legen, und die gelehrte Welt erteilt heutzutage Räubern ihren Segen. Bischöfe rauben, und Dekane betreiben eifrig Diebstahl. Wenn diese auch rauben würden, wären sie selbst bald Beute. Auch du warst ein Räuber, und die Heiligen sehen in dir einen Gefährten. Jetzt wollen sie, dass du, den sie erbeutet haben, für immer bei ihnen bist. Die Heiligen machen alles, was sie zu fassen bekommen, sofort heilig. Daher beginnt auch dein Fuß schon heilig zu sein. Ach, wenn du doch vollständig in den Heiligenschrein hineingegangen wärest! Jetzt wird von dir nur dein Fuß heilig werden. Und wenn doch dieselben Heiligen, die dich ergriffen haben, alle ergreifen würden, die nach deiner Weise leben!« Dann gingen zwei fort; der dritte steckte fest, wo er es nicht wollte. Der Wolf erkannte, dass man ihn übel getäuscht hatte. Weil er keinesfalls bleiben wollte, kaufte er sich durch das kleinere Übel vom größeren frei und ließ den mit eigenem Maul abgebissenen Fuß zurück.

## LIBER SEPTIMUS

Hos tandem finire volens fortuna labores
   Proiecit miserum mortis in ora senem,
Ereptus pedicis in guttura dira Salaurae
   Incidit; ad lucum venerat usque miser,
Illic scrofa, papae! glandes, quot quinque ter, ultra
   Miserat annoso ventre Salaura vorax,
Callida vel solo rerum, quas viderat, usu
   Vafrior abbatum pontificumque novem,
Saecula sex tulerat Reingrimi dira trineptis,
   Ne vindex prisco debita deesset avo.
Tunc, ut saepe alias, miser Ysengrimus et illam
   Cogitat ingenio fallere posse suo;
"Pax tibi, pax, matrina, tibi, carissima! quantum
   Temporis est, ex quo vexor amore tui!"
Ut venisse senem vidit pedis unius orbum,
   Despicit irridens: "quomodo, frater, ita est?
Anterius dudum (nimirum antistes et abbas)
   Candelabra duo ducere suetus eras,
Pars unius abest, id cuius in aede locasti?
   Corporis at moles alleviata parum est!"
Ille suos narrans casus sivi robora abesse
   Cladibus et senio, ne metuatur, ait,
"Nunc, matrina, nihil nisi solam cogito pacem,
   Cerno mihi modicum temporis esse super;
Proximus ergo neci, quid agas, praerimor et opto
   Iungere matrinae basia iusta meae,
Offero, tuque refer pacem!" iamque ibat ad illam
   Paulatim, veluti basia fida gerens.

# BUCH VII

## *Der Tod des Wolfs*

Das Schicksal wollte diese Mühsal endlich beenden und warf den armen Alten in den Rachen des Todes. Kaum hatte er sich von der Falle losgerissen, da stürzte er auch schon in den grausamen Schlund Salauras. Der Elende war zum Wald gekommen. Dort hatte die gefräßige Sau Salaura, Teufel auch! mehr Eicheln durch ihren bejahrten Magen geschickt als fünfzehn ihresgleichen. Sie war schlau, und allein wegen der Dinge, die sie gesehen und erlebt hatte, war sie durchtriebener als neun Äbte und Bischöfe. Diese furchtbare Ururureenkelin Reingrims hatte sechs Zeitalter gelebt, damit ihrem uralten Ahn nicht eine gebührende Rächerin fehle.

Isengrim glaubte, wie schon oft andere Säue, so auch diese durch seine Verschlagenheit täuschen zu können. »Friede sei mit dir, liebste Patin, Friede sei mit dir! Wie lange schon quält mich meine Liebe zu dir!« Sobald sie sah, dass der Alte gekommen und seines Fußes beraubt war, lachte sie verächtlich: »Wie ist das geschehen, Bruder? Seit langem warst du es, natürlich als Bischof und Abt, gewöhnt, zwei Leuchter voranzutragen. Ein Teil des einen fehlt. In wessen Kirche hast du ihn abgestellt? Doch das Gewicht deines Körpers hat ein wenig abgenommen.« Jener erzählte, was ihm zugestoßen war, und sagte, damit man nicht fürchtete, ihm fehle es infolge seiner Niederlagen und seines Alters an Kraft: »Jetzt denke ich, Patin, nur noch an Frieden. Ich sehe, dass mir nur noch eine kurze Lebensspanne bleibt. Im Angesicht des Todes möchte ich zuerst wissen, wie es dir geht. Und dann wünsche ich, meiner Patin die gebührenden Küsse zu geben. Ich biete dir und gib du mir den Friedenskuss!« Schon näherte er sich ihr langsam, als wolle er vertraute Küsse tauschen.

"Sta penitus, sta, frater, ibi! tua cognita forsan
   Est tibi, sed nondum regula nostra patet,
Tu monachus caperes, si ferrem, basia nonnae,
   Quae timet ad missam iungere nupta viro;
Adde, quod et nondum primae nola nuntia tinnit,
   Orte recens lux est!" (luxque erat orta recens)
"Missa solet pacem, non pax praecedere missam,
   Ergo prior fiat missa, futura prius!" –
"Claudico, non possum missam celebrare, nec alter
   Presbyter est nobis, quis celebraret eam?" –
"Quis celebraret eam, nisi summa magistra suillae
   Abbatissarum religionis ego?
Abbatissa feror nonnis praelata trecentis,
   Vox tamen illarum nullius aequa meae est,
Transabiit mea fama Dacas, nec pone manenti
   Abbatissa tibi nota Salaura fuit?
Silvestrem missam, quam tu mireris et ipse,
   (Debita, fer, donec venerit hora) canam!" –
"Ius didici, matrina, tuum, nunc accipe nostrum
   (Ridendo redeant praestita liba domum):
Carnea clanga mihi, non aerea nuntiat horam,
   Non nola me signum, sed gula lata docet,
Fit mihi non Phoebus, sed venter temporis index,
   Sit fors, quod didici, cum iubet ille, cano;
Credere si vellem semper mea tempora caelo,
   Quando sub inductis nubibus hora foret?
Nunc nox atque dies aequato examine pendent,
   Defaecat nimium prodigus exta sopor;
Visne ministerium celebrem tam luce modo alta,
   Quam propter sancti festa Iohannis ago?
Aestivae lucis nocte hac mihi tertia visa est,

»Bleib mir fern, bleib dort stehen, Bruder! Dir ist vielleicht deine, aber noch nicht unsere Ordensregel bekannt. Du würdest dir, wenn ich es zuließe, als Mönch von einer Nonne Küsse geben lassen, die bei der Messe ihrem Mann zu geben, sich nicht einmal eine Ehefrau traut. Hinzu kommt, dass die Glocke, welche die Prim ankündigt, noch nicht geläutet hat. Die Sonne ist eben erst aufgegangen.« Und die Sonne war gerade aufgegangen. »Die Messe pflegt dem Friedenskuss und nicht der Kuss der Messe voranzugehen. Der Messe gebührt der Vorrang, also soll sie auch zuerst gefeiert werden!« – »Ich hinke und kann die Messe nicht vollziehen. Auch ist kein anderer Priester für uns da. Wer also soll sie feiern?« – »Wer soll sie schon feiern, wenn nicht ich, die oberste Priesterin der Äbtissinnen des Sauordens? Es ist bekannt, dass ich als Äbtissin dreihundert Nonnen vorstehe, und doch kann sich keine Stimme von diesen allen mit meiner messen. Mein Ruf ist bis nach Dänemark vorgedrungen, und dir, der du dich nahebei aufhältst, ist die Äbtissin Salaura unbekannt? Ich werde eine Waldmesse singen, über die du noch staunen wirst. Gedulde dich nur, bis der richtige Zeitpunkt gekommen ist!«

»Ich habe deine Regel gelernt, Patin. Nun vernimm auch meine! (Mit einem Lachen werden die geliehenen Kuchen zurückerstattet.) Eine Glocke aus Fleisch, nicht aus Erz verkündet mir die Stunde. Nicht das Glöckchen, sondern mein weiter Schlund gibt mir das Zeichen. Nicht die Sonne, sondern mein Magen sagt mir, wie spät es ist. Wenn es sich ergibt und jener es befiehlt, singe ich, was ich gelernt habe. Wenn ich meine Zeiten immer dem Himmel ablesen wollte, wann wäre dann die richtige Stunde, wenn Wolken aufgezogen sind? Heute halten sich Nacht und Tag genau die Waage. Ein ausgiebiger Schlaf macht die Gedärme übermäßig leer. Willst du, dass ich die Messe erst feiere, wenn die Sonne ebenso hoch steht, wie bei ihrer Feier am Tag des heiligen Johannes? Heute Nacht, als die alten Hähne anfingen zu krähen

Cum canerent galli carmina prima senes.
Taliter arguerent tua tintinnabula tempus?
Omnia servo intus nullaque signa foris,
Tam meus iracunda movet mihi cymbala venter,
Nocte quoque ut media, ni pudor obstet, edam,
Nec fuit horarum clanga experientior usquam,
Etsi fudisset papa Suavus eam.
Incipe, quod nosti, non curo carmen agreste
An silvestre canas, si placet hora tibi,
Pace data faciam, ne nostro discrepet usu;
Sin autem, dico tempus adesse meum,
Papa parum, maneas missam abstima pransane, curat,
Sobrius en ego sum, pax mea labe caret.
Ergo, mihi dilecta simul matrina sororque,
(Praeter enim missam singula nosco satis)
Tantum lene ferens quantum lucrare reluctans,
Nostra tibi pax est experienda semel;
Sed quid verba iuvat pacem praeeuntia nosse,
Si dederit misere lator ineptus eam?
Si cui iactari probitas sine crimine posset,
Edidici pacem ferre decenter ego:
Tanta meae pietas et tanta peritia pacis,
(Hoc infra medium notificabo diem)
Ut mea matrinis et neptibus oscula figam,
Saepius exiguis grandia frusta trahens;
Experieris idem, neu quartum deesse queraris,
Candelabra super sto tria firmus adhuc!" –
"Quandoquidem, frater, scis tempus adesse, canatur,
Sed nequeo cantum promere sola gravem;
Huc ades immorsamque mihi preme fortiter aurem,
Ut tua concussis dentibus ora crepant,

wollte es mir wie die Terz zur Sommerzeit scheinen. Würden deine Glocken die Zeit auf diese Weise anzeigen? Ich beachte jeden Stundenschlag in mir und keinen außerhalb von mir. Mein Bauch läutet die Glocken für mich so heftig, dass ich auch mitten in der Nacht äße, wenn es die Scham nicht verböte. Keine Stundenglocke schlug jemals eindringlicher, selbst wenn sie ein schwäbischer Pfaffe gegossen hätte. Beginne, was immer du kennst, einerlei, ob du eine Acker- oder Waldmesse singst, wenn dir die Stunde passt.

Nach dem Friedenskuss sorge ich dafür, dass alles nach meinem Brauch abläuft. Wenn es dir nicht passt, sage ich, dass meine Zeit für die Messe gekommen ist. Den Bischof schert es nicht, ob du vor der Messe gefastet oder gefrühstückt hast. Doch siehe, ich bin nüchtern; mein Friedenskuss ist also ohne Makel. Also, meine von mir geliebte Patin und zugleich Schwester, du musst meinen Kuss einmal ebenso unbeschwert genießen, wie du dich jetzt noch dagegen sträubst (außer der Messe kenne ich nämlich noch eine Menge anderer Dinge). Doch was nützt es, das verbale Vorspiel zum Kuss zu beherrschen, wenn ein ungeeigneter Überbringer nur erbärmlich zu küssen versteht. Wenn sich jemand seiner tadellosen Fertigkeit rühmen kann, dann doch wohl ich: Ich habe gelernt, auf elegante Weise den Friedenskuss zu entrichten. So groß sind Herzenswärme und Erfahrung bei meinem Kuss – ich werde es noch vor der Mittagszeit unter Beweis stellen –, dass ich meinen Patinnen und Enkelinnen Küsse versetze, bei denen ich eher große als kleinere Fleischstücke herausbeiße. Du wirst dasselbe erfahren. Sei nicht traurig, dass mir der vierte Leuchter fehlt. Ich stehe auch auf dreien noch immer sicher!«

»Wenn du schon weißt, Bruder, dass die Zeit gekommen ist, möge man also singen. Aber ich kann den feierlichen Gesang nicht allein ausführen. Komm hierher und beiß mir so kräftig in mein Ohr, dass beim Zusammenschlagen der Zähne dein

Confratres quorum spissa ac promucida dentes
Occulit elata voce vocabo meos,
Oscula sacra quibus securo astringere labro,
Cum dandae pacis venerit hora, queas;
Oscula praebenti vereor tibi reddere morsum,
Vix inhibent dentes tenuia labra meos." –
"O veniant fratres, quorum est promucida pinguis!
Spissum aliquod sequitur pinguia labra latus."
Haec tacitus secum; prensa mox aure Salauram
Fortiter angebat, sus levat acre melos,
Sus super aequa levans monocordum iura canebat
Altius et falso sex diapente sono;
Allobrogas pretium si speret carminis omnes,
Clangere tam nequeat tenuiter ipse Satan.
"Officium, matrina, probo, sed scandis inepte,
Deficies media voce, remitte fidem!" –
"Hospite te, frater, festivius organa clangunt,
Rarus es hic, ideo clarior oda sonat;
Officium laudas, aliter graduale sonabit,
Donec conveniat contio nostra, mane!
Nec, si forte roges, comitamur cantibus Anglos,
Musica ter ternos fertur habere modos,
Bisque plagis binis distinguitur ordo tonorum,
Nescio quis legem rusticus hancce dedit;
At vetus in nostro iam musica viluit usu,
Terminat undenis musica nostra tonis,
Harmoniam quandoque damus ter quinque modorum,
Isque solet nostri carminis esse tenor:
Becca mihi cantum sesqualterat, inde Sonoche
Vocis epitritae pondera subtus agit,

Maul kracht. Ich werde meine Stimme erheben und meine Mitbrüder rufen, deren langer Rüssel ihre Zähne verbirgt. Ihnen kannst du ohne Gefahr für deine Lippen heilige Küsse aufdrücken, wenn die Stunde des Friedenskusses gekommen ist. [95] Ich fürchte, dass ich dich beiße, wenn du mir einen Kuss gewährst. Meine zarten Lippen halten meine Zähne kaum zurück.«

»Ach, wenn doch die Brüder mit ihrem fetten Rüssel kämen! Fette Lippen gehen mit mancher Speckseite einher.« Das hatte er leise zu sich gesagt. Er packte Salaura am Ohr [100] und biss kräftig zu. Die Sau sang ein schrilles Lied. Sie erhob ihren einstimmigen Gesang über die richtige Tonhöhe und sang mit falscher Stimme höher als sechs Quinten. Selbst wenn er sich sämtliche Burgunder als Preis für sein Lied erhoffen würde, könnte sogar der Teufel nicht so zart kreischen.

[105] »Ich begrüße deinen Introitus, Patin, doch singst du zu hoch. Deine Stimme wird mitten im Lied versagen. Spann die Saite weniger straff!« – »Wenn du zu Gast bist, Bruder, klingen die Gesänge feierlicher. Du bist selten hier, daher tönt der Lobgesang heller. Du lobst den Introitus. Das Graduale wird anders klingen. [110] Warte, bis erst unsere ganze Gemeinde zusammengekommen ist!

Bevor du fragst: Wir folgen mit unseren Gesängen nicht den Engländern. Deren Musik hat bekanntlich drei mal drei Intervalle, und von dieser Ordnung der Töne unterscheidet man noch vier Nebentonarten. Ich weiß nicht, welcher ungebildete Kerl sich dieses System ausgedacht hat. [115] Bei uns ist diese alte Musik aus der Mode gekommen. Unsere Musik beschränkt sich auf elf Tonarten. Manchmal erweitern wir den Klangraum auf fünf mal fünf Intervalle.

Und das ist gewöhnlich die Stimmverteilung bei unserem Gesang: Bekka begleitet mich eine Quinte tiefer, noch eine Quart tiefer [120] führt Sonoche ihre Stimme. Dann das Mastschwein

Baltero vero baco, pronepos meus, Anglicus hybris,
Quid, villane, putas, qualiter ille canit?
'Cunctipotens' quotiens poscunt encaenia sive
'Alleluia' petit festus herile dies,
Hic grossum diapente tonat sub voce Sonoches,
Et modulos Beccae duplicat ore gravi;
Dum sic organici damus intervalla melodis,
Alternat dulcem contio mira lyram,
Cetera turba modos confusa lege vagantes
Ordine Romano deprimit atque levat.
Eia nunc stringas, si quid sapis, acrius aurem,
Proxima prosperitas, quam tibi quaeris, adest!"
Vix angente lupo vocem dabat illa secundam,
Audiit infesti Becca magistra gregis,
"Proh, proceres! proh, cara soror!" nil addidit ultra,
Undecies senos concutit ira sues;
Undique "proh!" frendunt, "proh! proh!" frendore iuvatur
Cursus, agi penna, non pede, quemque putes,
Non aliter trepidum clamore ac turbine mundum
Proculcare ruent Gog comitante Magog.
Porcellus Cono, proles generosa Salaurae,
Ter septem iunctus fratribus ante volat;
Utraque Cononis matertera, quinque Sonoche
Subsequitur natis Beccaque freta decem;
Pignoribus septem fidens Burgissa subibat,
Quam dicunt amitam, Cono, fuisse tuam;
Baltero postremus ruit instigatque ruentes
Sex generos, fratres quattuor, octo nurus.
Hos lupus infelix ut vidit rictibus amplis
Spumosam rabiem fundere, flare minas,
Offendi terram fremitu, molirier ornos
Impete, diriguit, non stetit absque metu;

Baltero, mein Urenkel und englischer Bastard – was glaubst du Bauerntölpel, wie dieser singt? Jedes Mal wenn Kirchweihfeste das ›Cunctipotens‹ erforderlich machen oder ein hoher Feiertag ein glanzvolles ›Halleluja‹ verlangt, [125] ertönt seine Stimme eine große Quinte unter Sonoche und verdoppelt er mit seinem Bass die Melodie Bekkas. Während wir so in verschiedenen Intervallen unsere mehrstimmige Melodie singen, antwortet unser wunderbarer Chor mit lieblichem Gesang. Die übrige Gemeinde vergrößert und verkleinert die nach wirren Regeln [130] herumfliegenden Intervalle, wie es die römische Gottesdienstordnung vorsieht. Hei, jetzt beiße das Ohr noch etwas heftiger, wenn du etwas davon verstehst! Das Glück, das du dir wünschst, ist ganz nah!«

Kaum biss der Wolf zu, als sie auch schon einen zweiten Schrei ausstieß. Bekka, die Anführerin der feindlichen Rotte, hatte ihn gehört. [135] »Drauf, ihr Edlen! drauf, liebe Schwester!« Mehr rief sie nicht. Der Zorn trieb elf mal sechs Schweine an. »Drauf!«, grunzten sie von allen Seiten, »Drauf! Drauf!« Das Grunzen beschleunigte ihren Lauf. Du könntest glauben, sie würden von Flügeln, nicht von Füßen getragen. Nicht anders werden Gog und Magog voranstürzen, [140] um die zitternde Welt mit Getöse und Stürmen niederzutreten. Der junge Eber Kono, ein edler Abkömmling Salauras, flog voraus, zusammen mit drei mal sieben Brüdern. Die beiden Tanten Konos folgten: Sonoche gestützt auf die Hilfe von fünf und Bekka mit zehn Kindern. [145] Anschließend kam Burgissa voll Vertrauen auf ihre sieben Kinder. Von ihr heißt es, dass sie die Schwester deines Vaters gewesen sei, Kono. Als letzter stürmte Baltero heran und spornte im Laufen sechs Schwiegersöhne, vier Brüder und acht Schwiegertöchter an.

Als der unglückliche Wolf sah, dass sie mit weit aufgerissenem Maul [150] vor Wut schäumten, Drohungen hervorzischten, dass die Erde von ihrem Getöse bebte und Eschen von ihrem Ansturm entwurzelt wurden, erstarrte er und stand nicht ohne Furcht da.

Esse sibi, qualem dare venerat ipse, daturos
Fingebat pacem, cessit ab aure parum.
Risit scrofa nocens: "utquid, vesane, relinquis
Officium? persta, stringe parumper adhuc!
Pax perlata fere est; forsan, ni strinxeris aurem,
Me cantante nihil cassa caterva redit." –
"Cantavit tua turba satis, didicere profecto
Tollere clamose carmina prima nimis." –
"Siccine tu credis nostros cantare sodales?
Erras, frater, adhuc contio nulla sonat,
Comperies cantum, cum venerit hora canendi,
Ut video, templum rarus inire soles;
In templis taciturna praeit confessio missam,
Rure licet positi, nos imitamur idem;
Murmure submisso sua nunc delicta susurrant,
Inde canent luco vix patiente sonum."
Vix bene finierat crudelis scrofa loquelam,
Cono ferit miseri posteriora senis,
Et frustum praegrande rapit de clune sinistra;
Oscula iuravit prava fuisse lupus:
"Tam subito primae qui pacis repperit horam,
Devoveant illum Roma Remisque simul!
Ordine legitimo pacem rebamur agendam,
Sed nescit rectum rustica turba sequi;
Nonne magister eram vita senioque verendus?
Aetatem superat sola Salaura meam,
Rerum ergo series si vobis recta placeret,
Ore meo primum pax tribuenda fuit." –

Er stellte sich vor, dass sie ihm den Friedenskuss geben würden, den er ihnen bei seiner Ankunft zugedacht hatte, und ließ ein wenig das Ohr los.

Das bösartige Mutterschwein lachte: »Warum verlässt du Narr den Gottesdienst? Halte durch! Beiß noch ein bisschen länger! Der Kuss ist fast überbracht. Wenn du aufhörst, das Ohr zu beißen, und ich nichts singe, wird die Schar vielleicht unverrichteter Dinge umkehren.« – »Deine Rotte hat schon genug gesungen, sie hat allerdings nur gelernt, die Gesänge zur Prim allzu lärmend anzustimmen.« – »Du glaubst, dass meine Gefährten auf diese Weise singen? Du täuschst dich, Bruder. Bisher hat noch kein Chor die Stimme erhoben. Du wirst den Gesang noch kennen lernen, wenn die Zeit zum Singen gekommen ist. Wie ich sehe, pflegst du nur selten eine Kirche zu betreten. In den Kirchen ist vor der Messe das stille Sündenbekenntnis abzuhalten. Auch wenn wir auf dem Lande leben, halten wir uns an diesen Ablauf. Jetzt flüstern sie mit unterdrücktem Gemurmel ihre Verfehlungen. Danach aber werden sie ihre Melodie singen, dass es der Wald kaum aushält.«

Kaum hatte das grausame Mutterschwein seine Rede beendet, traf Kono das Hinterteil des armen Alten und riss ihm ein mächtiges Stück aus der linken Hinterbacke. Der Wolf schwor, dass die Küsse nicht richtig gewesen seien: »Mögen Rom und Reims ihn gemeinsam verfluchen, der so plötzlich den Zeitpunkt für den ersten Kuss bestimmte. Wir glaubten, der Friedenskuss sei nach der vorgeschriebenen Ordnung auszuführen. Doch die bäurische Rotte weiß nicht das Richtige zu befolgen. War ich etwa nicht ein durch Lebensweise und Alter zu ehrender Lehrer? Allein Salaura ist älter als ich. Wenn ihr euch mit der richtigen Reihenfolge vertraut gemacht hättet, hätte mein Mund zuerst den Friedenskuss austeilen müssen.«

"Si tibi rennuero pacem, Ysengrime, secundam,
  Prima velim peius, quam mihi poscis, eat!
Ne primam invidia ferar importasse vel ira,
  Foederis haec nostri testis et obses erit,
Nec timeas! ubi prima iacet, non figo secundam,
  Accipient pacem singula membra suam.
Nescieram, donec prorupit mentio pacis,
  Missa quod a nobis esset agenda tibi;
Eia nunc audi, quid epistola sacra loquatur!"
  Bisque fere, quantum dempserat ante, tulit,
Affirmant Britones dextra de clune putatum,
  Quantum tresse solet vendere cerdo Remis.
"Lectio finita est, cantum modo fortiter omnes
  Tollite, sit nullus, qui reticere velit!
Accipe quaesitum, frater carissime, carmen!
  Sic, ubi sacrantur templa vetusta, canunt,
Hoc graduale boni nos edocuere Suavi."
  Protinus in monachum tota caterva furit;
Sed grex multus erat, dumque omnes vellere quaerunt,
  Iam medius lato stat lupus orbe procul,
Circumstentque licet pressa statione coacti,
  Ad plenos ictus copia nulla datur,
Ultima divellit solos promucida villos,
  Praevalidi quidam frustula parva trahunt.
Incipit irasci monachus nec vulnera, quamvis
  Parva forent, laeto corde ferenda putat;
Pulsibus aspiciens offendi Baltero fratrem
  Semotus gyro clamitat ista iocans:
"Quid facitis, stulti? sapitis nihil. unde venitis?
  Creditis hunc ludum posse placere mihi?
Hospitibus caris sic vos cantare soletis?

»Wenn ich dir einen zweiten Friedenskuss verweigerte, Isengrim, müsste der erste meinetwegen schlechter ausfallen, als du mir wünscht. Damit man mir nicht nachsagt, den ersten aus Neid oder Zorn gegeben zu haben, wird dieser zweite Zeuge und Bürge unserer Verbundenheit sein. [185] Doch keine Angst! Ich setze den zweiten nicht auf dieselbe Stelle wie den ersten. Jedes einzelne Glied soll seinen Friedenskuss empfangen. Bis die Rede auf den Friedenskuss kam, hatte ich nicht gewusst, dass wir für dich eine Messe abhalten sollen. So höre denn jetzt, was die heilige Epistel sagt!«

[190] Er entfernte ein fast doppelt so großes Stück wie das zuvor genommene. Die Bretonen versichern, dass aus der rechten Hinterbacke so viel geschnitten wurde, wie ein Gerber zu Reims für drei Pfennige zu verkaufen pflegt. »Die Lesung ist beendet. Beginnt nun alle mit lauter Stimme ein Lied! Niemand soll stumm bleiben! [195] Liebster Bruder, empfange das gewünschte Lied! So singen sie, wenn alte Kirchen geweiht werden. Dieses Graduale haben uns die Schwaben beigebracht.«

Sogleich stürzte sich die ganze Rotte wütend auf den Mönch. Aber weil die Horde groß war und jeder ein Stück herausreißen wollte, [200] stand der Wolf unversehens mitten in einem weiten Kreis. Wenn sie auch, zusammengedrängt auf einem Haufen, einen Kreis bildeten, fehlte es doch an Platz für volle Schläge. Der hinterste Rüssel rupfte lediglich ein paar Haare aus, einige Stärkere rissen kleine Fleischbrocken heraus. [205] Der Mönch wurde wütend und glaubte nicht, die Wunden, auch wenn sie nur klein waren, in fröhlicher Stimmung hinnehmen zu müssen.

Als Baltero sah, dass der Bruder an den Stößen Anstoß nahm, trat er aus dem Kreis heraus und schrie im Scherz: »Was macht ihr, Dummköpfe? Ihr versteht nichts. Woher kommt ihr? [210] Glaubt ihr, dass mir dieses Spiel zusagen kann? Ist es bei euch üblich, für liebe Gäste auf diese Weise zu singen? Mit euren Feinden, nicht

Hostibus hoc vestris, non mihi, debet agi,
Sic cantetur ei, qui sic graduale notavit,
Gaudeat et cantor carmine sicut ego!
Luditis ut fatui, male luditis, iste profecto
Ludus villanos vos probet esse reos,
Colligere egregie socios didicise putatis,
Colligitis sane sicut agreste pecus!
Quas super hoc ludo grates sperare potestis?
Ludus ommittatur, dum liquet esse bonum,
Heu, genus illepidum, fugite hinc! nisi protinus iste
Desierit ludus, non ego lene feram.
Venimus huc, matrina, tuo, fidissima, ductu,
Meque tibi recolis saepe fuisse pium,
Hos age Iudaeos, iocus hic malus incipit esse,
Ne peior fieri possit, abire iube!
Nolo diu duret iocus hic, pro me anxior, ante
Quam scierint, possunt laedere me, oro, veta!
Quando quid incipiunt, ratione tenacius urgent,
Pessima quae potuit monstra cacare Satan;
Divide nos subito, propera intercurrere nobis,
Offensam ludus forsitan iste parit."
Quo suus hanc pronepos intendit Baltero sannam,
Noverat in primo cauta Salaura sono.
"Suffer, amice, graves cruciatus corde quieto,
Constantes animas carnea poena beat,
Fortiter et longum aedituus vasa aerea tundit,
Dum sperat plena lucra futura manu;
Ut salves animam, tormentis subde cadaver,
Verberat electos ira benigna dei,
Nec furor hos saevire facit, dilectio suasit
Hoc opus, ut poenas hic patiare tuas,
Si quid habes culpae, gauderes pendere vivens,

mit mir muss so verfahren werden. Man soll demjenigen das Graduale vorsingen, der es vertont hat, und der Sänger möge sich an dem Lied ebenso erfreuen wie ich! [215] Ihr spielt wie Narren, ihr spielt falsch! Dieses Spiel beweist in aller Klarheit, dass ihr bäurische Übeltäter seid. Ihr glaubt, ihr hättet gelernt, wie man Freunde glanzvoll empfängt, tatsächlich aber gleicht euer Empfang dem wilder Tiere. Wieviel Dankbarkeit könnt ihr wohl für dieses Spiel erwarten? [220] Man muss aufhören zu spielen, solange man gewinnt. Du Volk ohne Manieren, verschwinde von hier! Wenn dieses Spiel nicht sofort aufhört, verliere ich meine Beherrschung! Eng vertraute Patin, ich bin unter deiner Führung hierher gekommen, und du erinnerst dich, dass ich dir immer mit Liebe begegnet bin. [225] Vertreibe daher diese Juden! Der Scherz wird ungut. Befiehl fortzugehen, bevor er noch übler werden kann! Ich will nicht, dass dieses Spiel noch lange dauert. Ich habe Angst, sie können mich schneller als gedacht verletzen. Bitte verbiete es! Diese Ungeheuer, die schlimmsten, die Satan ausscheiden konnte, [230] führen mit rücksichtsloser Härte aus, was sie einmal begonnen haben. Trenne uns sofort, beeile dich dazwischen zu gehen! Sonst erregt dieses Spiel vielleicht Missvergnügen.«

Die schlaue Salaura hatte schon beim ersten Wort erkannt, worauf ihr Urenkel Baltero mit seiner Scharade hinauswollte. [235] »Freund, ertrage die schweren Peinigungen mit ruhigem Herzen. Die Züchtigung des Fleisches bringt geduldigen Seelen die Seligkeit. Kräftig und lange schlägt der Glöckner die ehernen Glocken und hofft dabei auf künftigen Lohn aus voller Hand. Setze deinen Körper den Qualen aus, damit du deine Seele rettest. [240] Der gütige Zorn Gottes geißelt die Auserwählten. Nicht sinnlose Wut lässt die Rotte rasen. Die Liebe hat sie dazu bewogen, dass du deine Strafen schon hier auf Erden ableistest. Lastet Schuld auf dir, solltest du dich freuen, sie zu Lebzeiten zu büßen.

Post obitum cruciant longa flagella reos.
Denique venisti moriendi nescius istuc,
Hoc praeter solum cuncta peritus eras,
Mors tibi discenda est, non delibabere morti,
Nolo feras mortem sed doceare mori;
Discere nunc debes, qui doctor saepe fuisti,
Virga aliis fueras, nunc tibi virga vacat."
Suspensus senior, quis tam lugubre seorsum
Plangeret, haerebat mente oculoque vagus;
Baltero suspicitur post Beccae terga, senemque
Respicit irridens: "frater, ubi esse putas?
Hic tibi fautores sperabas affore paucos,
Speratis plures (ne verearis!) habes:
Nempe ego nunc collega tibi fidissimus assum,
Beccaque te multum, scrofa fidelis, amat;
Distractus paulo ante tui meminisse nequibas,
Quo tibi erat, pro te qui loqueretur, opus,
Hactenus ergo dabam verbum, quasi tutemet essem,
Clamque apud hos omnes Becca gerebat idem.
Quod si scire libet, cur convellaris ab istis,
Contendunt, primum quis tuus hospes erit,
Nescit iniquus homo panis meminisse comesti,
Nos opis acceptae non meminisse piget;
Saepe coegisti scisso velamine nostros
Currere cognatos in penetrale tuum,
Ergo tuam mavult pars nostri scindere vestem,
Quam, quo vis, si vis, ire sinare semel,
Elige, nobiscum maneas invitus an ultro,
Nil nisi te raro nos penes esse queror."

Nach dem Tod quälen lang anhaltende Geißelungen die Schuldigen.

[245] Und schließlich bist du ohne irgendein Wissen vom Tod hierher gekommen. Du warst auf allen Gebieten erfahren, nur in diesem einen nicht. Du musst den Tod lernen! Opfere dich nicht dem Tod! Du darfst den Tod nicht einfach hinnehmen, sondern musst lernen zu sterben. Du musst jetzt lernen, der du oft ein Lehrer gewesen bist. [250] Du bist anderen eine Rute gewesen, jetzt wartet die Rute auf dich.«

Der Alte war unsicher, wer von weiter hinten so unheilvoll klagte. Er zögerte und ließ Gedanken und Augen schweifen. Er erblickte hinter dem Rücken Bekkas Baltero. Dieser blickte zurück und verspottete den Alten: »Bruder, wo glaubst du zu sein? [255] Du erwartetest, dass hier nur wenige Gönner für dich zugegen seien. Jetzt hast du wider Erwarten viele. Doch fürchte dich nicht! Ich bin doch als dein treuester Gefährte bei dir, und Bekka, die treue Sau, liebt dich sehr. Du warst ein wenig durcheinander und konntest dich nicht auf dich besinnen. [260] Daher war es nötig, dass jemand für dich sprach. Bisher habe also ich gesprochen, als wenn ich du wäre. Und Bekka tat insgeheim bei diesen allen dasselbe.

Wenn du wissen willst, warum du von ihnen gezaust wirst: Sie streiten, wer als erster dein Gastgeber sein wird. [265] Ein unredlicher Mensch erinnert sich nicht des gegessenen Brotes. Wir dagegen schämen uns, empfangene Hilfe zu vergessen. Oft hast du unsere Verwandten genötigt, mit zerrissener Kleidung dein inneres Heiligtum zu betreten. Also will ein Teil von uns lieber dein Kleid zerreißen [270] als dich noch einmal gehen lassen, wohin du willst, wenn du überhaupt willst. Wähle also, ob du wider Willen oder freiwillig bei uns bleibst. Ich bedaure nur, dass du so selten bei uns bist.«

Talibus intento seniore subassilit atque
Eradit laevum callida Becca pedem.
"Gaudeo vosque velim mihi congaudere, sodales!
Non hodie quoquam noster amicus abit,
Arrhabo, quam mihi quaero, datur pes iste manendi,
Hunc dedit et plures sponte dedisset adhuc."
(Sus partim mentita fuit, dedit ille profecto
Sponte pedem, sed non sponte manebat ibi.)
Ysengrimus humi velut oraturus in ora
Labitur, accedit dulce Salaura rogans:
"Obsecro pro me etiam, domine abba, precare, merebor,
Matrinae veteris quaeso memento tuae!
Scilicet hoc saltem nostri memorabere signo,
Accipe!" (et invisum perfodit illa latus,
Multifidumque extraxit hepar) "germana Sonoche,
Aspice, quod fecit perfidus iste nefas!
Glutierat librum, quo pax oblata daretur,
Et mihi latorem se fore pacis ait!
Inventus liber est, omnes admittite pacem!"
Indubium senior sensit adesse necem.
"Illepidam rabiem, stulti, frenate, bisiltes!
Mortiferum nostis vulnus inesse mihi,
Mors Mahamet patienda mihi est! ignobile letum
Unius indultu conciliate precis:
Cedite dumtaxat, donec ventura prophetem,
Effugere amisi, cedite quaeso parum!
Ceditur, ille canit, plaudit fortuna canenti,
Prona nocere aliis, non bene velle seni.
"En morior, nec vita potest mihi longior esse,
Exequiis celebris nox erit ista meis.
Prospera mors misero numquam tardare roganda est,
Mors omnes miseros pensat honesta dies;

Während der Alte darüber nachsann, sprang die schlaue Bekka ihn an und riss ihm den linken Fuß ab. [275] »Ich freue mich und wünsche mir, dass ihr euch mit mir freut, Gefährten! Unser Freund geht heute nirgendwohin. Als Pfand für sein Bleiben, das ich verlangte, habe ich diesen Fuß erhalten. Diesen hat er gegeben, und er hätte gern noch weitere gegeben.« Die Sau schwindelte ein bisschen. In Wirklichkeit hatte er zwar [280] seinen Fuß freiwillig hergegeben, er blieb aber nicht freiwillig dort.

Isengrimus fiel zu Boden auf das Gesicht, als wolle er beten. Salaura trat heran und bat zuckersüß: »Ich beschwöre dich, auch für mich zu beten, Herr Abt. Ich verdiene es. Erinnere dich bitte deiner alten Patin! [285] Du sollst wenigstens durch dieses Mal an mich denken. Nimm es hin!« Und sie durchbohrte seine verhasste Seite und zog seine zerklüftete Leber heraus. »Schwester Sonoche, schau nur, was für ein Verbrechen dieser Schurke begangen hat! Er hat die Urkunde verschluckt, durch die der angebotene Friede bestätigt wurde. [290] Und mir sagt er, er überbringe den Frieden! Die Urkunde ist gefunden, empfangt alle den Friedenskuss!«

Der Alte spürte, dass ihm untrüglich der Tod bevorstand. »Zügelt eure unmanierliche Wut, ihr dämlichen Schweine! Ihr wisst, dass ich tödlich verwundet bin. [295] Ich muss den Tod Mohammeds erleiden! Macht diesen schändlichen Tod durch die Gewährung einer einzigen Bitte wett! Macht wenigstens Platz, bis ich das Künftige prophezeit habe. Die Möglichkeit zur Flucht habe ich verloren. Macht bitte ein wenig Platz!«

Man trat zurück. Jener weissagte. Fortuna war dem Weissager hold, [300] nicht weil sie dem Alten wohlwollte, sondern weil sie anderen gern schadete. »Seht, ich sterbe, und mein Leben kann nicht länger währen. Diese Nacht wird mein Leichenbegängnis gefeiert werden. Ein Unglücklicher soll niemals um Aufschub eines glücklichen Todes bitten. Ein ehrenvoller Tod wiegt alle Tage

Octo dies pariter numquam laeto omine vixi,
Nunc pressere meum pessima fata caput.
Interitum turpem celebris vindicta secundat,
Turpiter emoriar, vindicer ergo probe;
Expleat hoc Agemundus opus, foris ille pudendae
Arbiter est, mortem vindicet ille meam,
Hoc equidem non est ingens in daemone virtus,
Sed, quaecumque potest, perficit absque dolo.
Dedecore ille novo genus impleat omne Salaurae,
Ultor in extremam saeviat usque tribum:
Hactenus admoto claudebat pollice portam,
Pollice semoto postmodo pandat iter,
Turpibus ut ventis numquam impetus absit eundi,
Laxentur patulae nocte dieque fores;
Haec somnum, haec vigiles, aerumna haec laedat edendo,
Nec siliquam capiant hac sine labe brevem,
Flatibus ergo malis obstacula nulla resistant,
Nec tenui strepitu sibilet aura nocens,
Ut caveant homines et, quem prope laeserit aer,
Verberet infidum devoveatque genus!
Pars hominum probro non inferiore prematur
(Moribus insignes excipiuntur herae):
Obsequa si fuerit stirpis quid nacta profanae,
Segnities illam continuata premat,
Nox hiberna brevis miserae videatur, ut orto
Sole ter undecies surgere iussa neget,
Saepe inter scapulas vestita recumbat itemque
Descendat toto semiparata toro,
Recidat in spondam, non excussura soporem,

des Elends auf. [305] Ich habe nie eine Woche durchgehend unter einem glücklichen Stern gelebt. Und jetzt hat das schlimmste Schicksal mein Haupt niedergedrückt.

Doch eine glänzende Rache folgt auf einen schmählichen Tod. Ich sterbe in Schande, werde also ehrenvoll gerächt. Agemund soll sich dieser Aufgabe annehmen. Er ist der Herr [310] über den Darmausgang, er soll meinen Tod rächen. Dieser Dämon verfügt zwar über keine große Kraft, doch alles, was er vermag, führt er ohne Hinterlist aus. Er möge neue Schande über das ganze Geschlecht Salauras bringen und wütende Rache nehmen bis in den letzten Spross: [315] Bis jetzt hat er mit hineingedrücktem Daumen den Darmausgang verschlossen, von nun an soll der Daumen weggenommen werden und der Weg offen stehen, damit den schimpflichen Winden niemals der Schwung zum Entweichen fehle. Tag und Nacht soll der weit geöffnete Hinterausgang sich entladen. Diese Plage setze ihnen beim Schlafen, Wachen und Essen zu. [320] Nicht eine dürftige Eichel sollen sie ohne diese Schande zu sich nehmen Die üblen Winde mögen also ungehindert austreten. Der Verderben bringende Lufthauch soll nicht mit dezentem Geräusch hervorzischen, damit die Menschen Acht geben und alle, die der Pesthauch aus der Nähe umwirft, das hinterhältige Geschlecht schlagen und verfluchen.

[325] Einen Teil der Menschen (ausgenommen sind die Damen, die sich durch gutes Benehmen auszeichnen) möge eine gleich große Schändlichkeit quälen: Wenn eine Magd sich irgendetwas von diesem gottlosen Geschlecht angeeignet hat, soll sie von fortwährender Faulheit befallen werden, so dass der Bemitleidenswerten die Winternacht kurz erscheint und sie sich weigert, [330] nach Sonnenaufgang dem dreiunddreißigfachen Befehl, aufzustehen, zu gehorchen. Während sie ihre Schultern bedeckt, soll sie immer wieder zurücksinken. Sie möge halb mit ihrem Hemd bekleidet aus dem Bett steigen, aber ins Kissen zurückfallen, weil sie den

Ter nisi sit dominae poplite pulsa suae;
Brachia tunc costasque humerosque et crura femurque
Temporaque et collum strenuus unguis aret!
Inter mulgendum citra nimis usque vel ultra
Subsideat variam lacte tenente viam,
Pars tunicae, pars stillet humi, pars influa mulctro,
Imputet hoc sedi dissideatque loco;
Tunc meus astringat fallaciter ostia daemon,
Pressa parum laxans et prope laxa premens,
Ut, quotiens sellam demoverit obsequa, longo
Eruptu luctans horreat aura foras;
Rarescat butirum super illo lacte, levique
Attactu laedens ustulet ignis idem.
Mos suus emulcta bove saepe resopiat illam,
Excutiat plenum dum pede vacca cadum,
Futile sit mulctrum, sit futilis obba, putrescant
Lacte sinus, colae limus inesto iugis;
Non expectata dormitum nocte recurrat,
Dormiat officii nullius ante memor,
In lare quodcumque est utensile sive supellex,
Esto vagans, sparsim singula iacta cubent:
Straba supinetur, transversa cathedra iaceto,
Prodeat aut redeat sospite nemo genu;
Urceus, olla, lebes, coclear, lanx, pelvis, aenum
Scrutaque diversae sparsa vagentur opis,
Integra mane, eadem sint vespere fissa; reliquit
Sana cadens Titan, fissa videto redux!
Haec dabit ille meae daemon solatia morti,
Amplius est illi non potuisse datum."

Schlaf nicht abschütteln kann, wenn sie nicht das Knie ihrer Herrin dreimal stoßen würde. [335] Dann sollen ihre rastlosen Fingernägel ihre Arme durchpflügen, ihre Rippen, Schultern, ihre Beine von oben bis unten, ihre Stirn und ihren Hals. Beim Melken soll sie zu nah oder zu weit entfernt sitzen, so dass die Milch in alle Richtungen spritzt: Ein Teil tropft auf das Hemd, ein Teil auf den Boden, ein Teil fließt in den Eimer. [340] Sie soll das ihrem Sitz zuschreiben und sich anders setzen. Dann soll mein Dämon heimtückisch ihren Hinterausgang anspannen, dann den Druck ein wenig lösen, dann wieder anspannen, so dass die gepresste Luft in einer langen Entladung die Umgebung verpestet, sooft die Magd ihren Melkschemel verschiebt. [345] Auf dieser Milch soll nur wenig Rahm schwimmen, und das Feuer soll sie schon bei kleiner Flamme anbrennen lassen. Nach dem Melken der Kuh soll sie nach ihrer Gewohnheit immer wieder einnicken, bis die Kuh mit dem Fuß das volle Gefäß umstößt und ausschüttet. Der Melkeimer sei undicht, der Topf sei undicht, ihr Busen [350] soll vor Milch verschimmeln, der Milchseiher soll verdrecken.

Die Magd möge zurücklaufen, um schon vor Anbruch der Nacht zu schlafen, und sie möge schlafen, ohne zuvor an irgendeine ihrer Pflichten zu denken. Im Haus möge jede Gerätschaft und aller Hausrat herumschwirren, und alles soll einzeln verstreut auf den Boden geworfen herumliegen. [355] Der Schemel liege verkehrt herum, der Stuhl liege umgestürzt, mit heilem Knie soll niemand hereinkommen oder hinausgehen. Krug, Topf, Kessel, Löffel, Schüssel, Schale, Kupferkessel, Krempel für allerlei Verrichtungen sollen in alle Richtungen herumfliegen. Was am Morgen noch heil war, sei abends zerschlagen. [360] Was die untergehende Sonne unversehrt zurückgelassen hat, soll sie bei ihrer Rückkehr zerbrochen sehen. Diesen Trost spendet jener Dämon meinem Tod. Mehr steht nicht in seiner Macht.«

Finierat senior, verum fortuna prophetam
Illius auxilio daemonis esse dedit,
Cuius ut accipitris rostrum, iuba sicut equina est,
Catti cauda, bovis cornua, barba caprae,
Lana tegit lumbos, dorsum plumatur ut anser,
Ante pedes galli, post habet ille canis;
Sub quo posteritas premitur damnata Salaurae
Et mulier stirpis quaeque quid huius habens.
"Audi, quid iubeam, domine Ysengrime propheta:
Nulla umquam nonna est nomine functa meo,
Nemo tuo vatum; mutetur nomen utrimque,
Sis mihi tu Ionas et tibi Cetus ego,
Ecce prophetatum satis est, tibi sicut amico
Dicitiur: in musac projiciere meum.
Ingredere ergo meam felix alacerque tabernam;
Impensum sumptus omne remitto tui,
Nec, quibus hibernum possis expellere frigus,
Defectura tibi ligna timebis ibi,
Nec duce me vectus Niniveam tendis ad urbem,
Non in suspecta te regione vomam,
Sed, donec securus eas ac sponte, quiesces,
Istud amicitiae pignus habeto meae!
Tam celeris nulli provenit gloria sancto,
Si crepere hunc probitas immoderata daret;
Primum sacra suis emergunt corpora tumbis,
Clarescunt signis, inde levantur humo,
Denique vulgantur scripto commissa feretris;
Dissimiles meritis non decet unus honor:
Hi post fata diu, tuque incassabere vivens,
Nec famam meritis praebet arundo tuis,

Der Alte hatte geendet. Fortuna hatte ihm mit Hilfe jenes Dämons die wahre Prophetengabe verliehen, [365] der einen Schnabel wie ein Habicht und eine Mähne wie ein Pferd besitzt, den Schwanz einer Katze, die Hörner eines Rindes, den Bart einer Ziege. Wolle bedeckt die Lenden, der Rücken ist gefiedert wie bei einer Gans, vorn hat er Füße eines Hahns, hinten die eines Hundes. Unter ihm leidet die verdammte Nachkommenschaft Salauras [370] und jede Frau, die etwas von dieser Sippe an sich hat.

»Herr Isengrim, du Prophet, höre, was ich befehle: Keine Nonne wurde jemals mit meinem Namen bedacht und kein Prophet mit deinem. Ändern wir unser beider Namen: Sei du mir Jonas, dann werde ich dir der Walfisch sein. [375] Sieh, es ist genug vorhergesagt worden. Wie einem Freund wird dir gesagt: Du sollst in meinen Opferstock geworfen werden. Tritt glücklich und munter in mein Gasthaus ein! Ich erlasse dir vollständig die Zeche für deinen Verzehr. Du musst nicht befürchten, dass es dir dort an Holz mangelt; [380] mit dem du die winterliche Kälte vertreiben kannst. Unter meiner Führung wirst du nicht nach Ninive, der Stadt, laufen noch werde ich dich in einer verdächtigen Gegend ausspucken. Vielmehr wirst du ungestört sein, solange du forsch und willig ausschreitest. Das sei dir bei meiner Freundschaft garantiert!

[385] Keinem Heiligen wird so schneller Ruhm zuteil, auch dann nicht, wenn er vor übermäßiger Tugend platzen würde. Zuerst müssen die heiligen Leiber aus ihrem Grab auferstehen, Wunderzeichen machen sie bekannt, dann werden sie aus der Erde gehoben, zu gleicher Zeit und endlich in Reliquienschreinen verwahrt und durch die Schrift verbreitet. [390] Es gehört sich nicht, Heiligen mit unterschiedlichen Verdiensten dieselbe Ehre zu erweisen. Diese wurden lange nach ihrem Tod, du aber wirst lebendig in den Schrein gelegt. Und nicht erst die Feder wird den Ruhm für deine Verdienste verkünden. Wir wissen nämlich, dass du

Scimus enim, iam sanctus ades, iam dignus inire
Scrinia, iam pleno dignus honore coli!
Si scires, ratio quam congrua suadeat illud,
Ut vellem peteres, si facere ipsa negem,
Nam scriptura refert, 'quod amari debeat hostis,
Omnis amans hostem dignus amante deo est';
Hoc ago praeceptum, si quonam quaeris in hoste,
Quis mihi ventre meo verior hostis obest?
Me flagris, me saepe minis, me pulsibus infert,
Hunc, rea ne fiam perditionis, amo;
Namque hic cuncta mei devastat lucra laboris,
Quod vi, quod furtim, quod paro iure, vorat,
Quodque magis dulce est, hoc offero laetius illi,
Ut plenum sacro pectus amore geram.
Sanctior hoc amor est, quo purius hostis amatur,
Nec mihi te excepto carior hoste quis est,
Ergo ego proposui carum committere caro,
Quam mihi complaceas, experiare velim:
Tu mihi dilectus dilectum intrabis in hostem,
Ut mea saepe hostem stirps tibi cara tuum,
Utque sacer discurrat amor, nos ibis in omnes,
Non mereor tanta sola salute frui.
Conditus ergo simul dignis donabere capsis,
Notitiam meritis hoc epigramma dabit:
VNVM PONTIFICEM SATIS VNVM CLAVDERE MARMOR
SVEVERAT. EX MERITO QVISQVE NOTANDVS ERIT.
VNDECIES SENIS IACET YSENGRIMVS IN VRNIS.
VIRTVTVM TVRBAM MVLTA SEPVLCRA NOTANT.
NONO IDVS IVNIAS EXORTV VERIS IS INTER

schon jetzt heilig bist, schon jetzt würdig, in die Schreine einzugehen, schon jetzt würdig, in vollem Umfang verehrt zu werden.

[395] Wenn du wüsstest, wie überzeugend die Argumente dafür sind, würdest du darum bitten, dass ich es tue, selbst wenn ich es nicht wollte. Denn die Bibel sagt: ›dass man seinen Feind lieben müsse und dass jeder, der seinen Feind liebe, der Liebe Gottes würdig sei.‹ Wenn du fragst, bei welchem Feind ich diese Regel anwende: [400] Welchen wahrhaftigeren Feind habe ich als meinen Bauch? Er geißelt mich, er droht mir, er stößt mich. Und ich liebe ihn, um nicht der Verdammnis anheim zu fallen. Denn er vernichtet alle Früchte meiner Arbeit und verschlingt, was ich durch Gewalt, Diebstahl oder auch rechtmäßig erwerbe. [405] Je süßer etwas ist, desto fröhlicher biete ich es ihm an, so dass sich mein Herz mit heiliger Liebe erfüllt. Umso heiliger ist diese Liebe, je reiner der Feind geliebt wird. Mit Ausnahme von dir ist mir kein Feind lieber. Also habe ich mir vorgenommen, das Liebe mit dem Lieben zu verbinden. [410] Ich will, dass du erfährst, wie sehr du mir am Herzen liegst: Als mein Geliebter wirst du in meinen geliebten Feind eingehen, so wie meine von dir geliebte Sippe oft in deinen Feind eingegangen ist. Damit sich die heilige Liebe verteilt, wirst du dich mit uns allen vereinigen. Ich verdiene es nicht, ein so großes Glück alleine zu genießen.

[415] Zu gleicher Zeit wirst du also begraben und den Reliquienschreinen übergeben. Folgende Grabinschrift wird von deinen Verdiensten künden:

EIN EINZIGER SARKOPHAG AUS MARMOR GENÜGTE, UM EINEN EINZIGEN BISCHOF EINZUSCHLIESSEN. ABER JEDER IST NACH SEINEN VERDIENSTEN AUSZUZEICHNEN.
ISENGRIM LIEGT DAHER IN ELF MAL SECHS URNEN.
[420] DIE VIELZAHL DER GRÄBER
VERWEIST AUF DIE VIELZAHL SEINER TUGENDEN.
ER STARB AM NEUNTEN VOR DEN IDEN DES JUNI

CLVNIACVM ET SANCTI FESTA IOHANNIS OBIT."
Tunc hepar ereptum crudelis scrofa voravit,
Irruit in reliquum turba cadaver atrox,
Discindunt miserum, citiusque vorata fuisse
Frustula dicuntur quam potuisse mori.
Avellit diaphragma simul cum corde Sonoche,
Fisa sigillatae pacis habere notam;
"Becca, quid hic habeo? deus hoc dedit, amodo sane
Pace sigillata fungimur, ecce vide!
Sorbuit ut librum pacis, sic iste sigillum."
Elicuit guttur cardine Cono cavum;
"Glutierat, socii, flatricem pacis et ipsam,
Ne quid perfidiae deforet, iste tubam,
Cornicinor pacem, matertera, tuque sigillas,
Mater habet librum, pax modo plena viget."
Taliter interiit miser Ysengrimus; ego autem
Ut notam scripsi, credulus esto legens!
Vix mihi, quam penitus periit, si dixero, credes,
Ut mihi credatur, vix memorare queo:
Parte minus minima porci superesse tulerunt,
Si fuerit partes sectus in octo pulex.
"Cana genas annis, sed mentem canior astu,
Omnes te sequimur, fare, Salaura soror:
Dicitur hic abbas olim praesulque fuisse,
Quamquam noluerit pectoris esse boni,
Qualibus impensis honor exequialis agetur?
Nil prosunt animae dona precesque malae,
Perdita namque anima est; sed honestas publica mundi
Exequias celebres et sacer ordo petit!" –

AM FRÜHLINGSBEGINN ZWISCHEN CLUNY
UND DEM FEST DES HEILIGEN JOHANNES.«

Dann verschlang die grausame Sau die herausgerissene Leber. Über den restlichen Körper machte sich die wilde Rotte her [425] und zerriss den Bemitleidenswerten. Man sagt, dass die Fleischstücke schon verschlungen gewesen seien, bevor er überhaupt tot war. Zusammen mit dem Herz riss Sonoche das Zwerchfell heraus und glaubte, den besiegelten Friedensbrief zu haben. »Bekka, was habe ich hier? Gott hat es uns geschenkt. Von jetzt an [430] verfügen wir tatsächlich über den besiegelten Brief, sieh nur, schau! Der da hat die Friedensurkunde ebenso gefressen wie das Siegel.« Kono löste die hohle Gurgel aus ihrer Verankerung. »Um das Maß der Hintertriebenheit voll zu machen, Kameraden, hat er sogar die Trompete, die den Frieden ausposaunt, hinuntergeschluckt. [435] Tante, ich blase den Frieden, du besiegelst ihn, die Mutter hat die Urkunde: Schon hat der Friede seine volle Gültigkeit.«

Auf diese Weise fand der arme Isengrim sein Ende. Wie ich alles, was man weiß, aufgeschrieben habe, so sollst du es als Leser für wahr halten. Du würdest es mir kaum glauben, wenn ich sagte, wie vollständig er vernichtet wurde. [440] Ich kann es kaum so beschreiben, dass man mir glaubt: Die Schweine ließen weniger als den kleinsten Teil eines Flohs übrig, den man in acht Stücke zerschnitten hat.

»Schwester Salaura, deine Wangen sind vom Alter grau, doch grauer noch ist vom Wissen dein Hirn. Sprich also! Wir alle werden dir folgen. [445] Es heißt, dieser sei einst Abt und Bischof gewesen, obwohl er nicht gutherzig sein wollte. Wieviel sollen wir aufwenden, um ihm die letzte Ehre zu erweisen? Einer schlechten Seele helfen keine Almosen und Fürbitten. Seine Seele ist nämlich verloren. Aber sein Ansehen in der weltlichen Öffentlichkeit [450] und sein heiliger Stand erfordern eine prächtige Begräbnisfeier.«

"Becca soror, mihi crede, licet meus iste sit hostis,
Si semel implesset quod probitatis opus,
Non me auctore foret privandus honore sepulchri!
Hunc scelerum numquam paenituisse liquet,
Ordinis ergo sacri pereat reverentia, postquam
Occubuit, cuius vita nefanda fuit.
Numquid, apostolici quod erat collega senatus,
Promeruit Iudas exequiale decus?
Quo magis alta tenet nequam, magis ima meretur,
Et bonus ex humili surgit ad alta loco,
Extulit Isaides frontem diademate regni,
Disperiitque deo projiciente Saul;
Perfidus hic itidem, non curo praesul an abbas,
Quam prius ascendit, tam modo vilis erit.
Has decet exequias illud, quo papa dolosus
Christicolas Siculo vendidit aere duci;
Proh pudor in caelo! dolor orbe! cachinnus Averno!
Regna duo monachus subruit unus iners!
Eohe me miseram! quam novi flebile verbum,
Cur adeo linguae frena relaxo meae!" –
"Cara, refer nobis, germana, nec occule tactum,
Quicquid id est, verum ne recitare time!" –
"Cara soror, boreas, oriens, occasus et auster
Comperit ac deflet, nec tibi monstra patent?
Qui vos ergo lues, nisi non mansistis in orbe,
Quae nullum potuit clima latere soli?" –
"Christicolae populi collectas novimus iras
Barbariem contra concaluisse procul,
Hic satis est nostras rumor perlatus ad aures,
Felicemque homines creditur isse viam:
Consilio et iussu papae sua seque dederunt

»Schwester Bekka, glaub mir, dieser da mag mein Feind sein, doch ich würde ihn nicht der Ehre eines Begräbnisses berauben, wenn er wenigstens ein einziges Mal ein gutes Werk geübt hätte. Es ist aber klar, dass er niemals seine Verbrechen bereut hat. [455] Der heilige Ordensstand verdient keine Ehrfurcht mehr nach dem Tod dessen, der ein ruchloses Leben geführt hat. Hatte etwa Judas den Glanz einer Begräbnisfeier verdient, weil er dem Ältestenrat der Apostel als Mitglied angehörte? Je höher ein Verbrecher gestiegen ist, desto tiefer muss er fallen, [460] und ein guter Mensch erhebt sich von seinem niedrigen Platz in die Höhe. Der Sohn Jesse schmückte seine Stirn mit der Königskrone, Saul ging unter, als Gott ihn verwarf. In gleicher Weise wird auch dieser Verbrecher – ob Bischof oder Abt kümmert mich nicht – so ehrlos sein, wie er vorher angesehen war. [465] Für sein Begräbnis soll man das Geld nehmen, für das der geriebene Papst die Christen an den Herzog von Sizilien verkauft hat. Oh Scham im Himmel! Leid auf Erden! Unbändiges Gelächter in der Hölle! Ein einziger unfähiger Mönch hat zwei Königreiche ins Verderben gestürzt. Ach ich Arme! Welch einen traurigen Bericht habe ich gehört, [470] Weshalb ich meiner Zunge so sehr die Zügel schießen lasse!«

»Liebe Schwester, sag es uns und verschweig nichts von dem Angesprochenen. Was auch immer es ist, fürchte nicht, die Wahrheit auszusprechen!« – »Liebe Schwester, Norden, Osten, Westen und Süden hören und beweinen diese Ungeheuerlichkeiten, und dir sind sie nicht bekannt? [475] Wie konnte euch das Unheil verborgen bleiben, das in jedem Winkel der Erde bekannt ist, außer ihr befandet euch nicht in der Welt?« – »Wir wissen, dass der gesammelte Zorn des Christenvolkes gegen die Heidenschaft in der Ferne entbrannt ist. Dieses Gerücht ist uns reichlich zu Ohren gekommen. [480] Man glaubt, dass diese Menschen eine erfolgreiche Fahrt unternommen haben. Auf Rat und Befehl des Papstes haben sie sich und ihren Besitz dem ungewissen Schicksal

Casibus incertis arbitrioque dei,
Cur ergo perhibes, quia vendidit? immo redemit
Christicolas omni crimine papa bonus!" –
"Cara soror, nimium clamas, reminiscere sexus,
Maereat exultet femina, clamor obest,
Rem tetigi, tetigisse piget, sed quaelibet ortum
Postquam res habuit, non habuisse nequit;
Incidit attonitam lacrimosa tragoedia mentem,
Quam posset vates vix superare Maro.
Quod si me premeret penuria nulla loquendi
Parque modus calami materiaeque foret,
Immemor esse suae non debet femina sortis,
Vincula naturae rumpere nolo meae,
Femina sit reverens, quamvis praeclara loquentem
Hunc sexum nimio non decet ore loqui.
Dissecor in bivium, non haec omnino taceri
Convenit, et non sum talibus apta modis,
Hoc igitur ritu, qui nobis competit, utar:
Iure sibi innato femina flere potest;
Materiam fletu, sexum sermone tuebor,
Et tenuis maesto planget avena sono,
Coniugis extincti sic fortia facta modeste
Flet referens coniunx strenua flensque refert."
Plancturae graviter cari pro morte Salaurae
Reinardus veluti voce dolentis ait:
"Domna Salaura, tui singultus detege causam!
Nescio cur, species sed tibi flentis inest;
An patruo violenta meo fors contigit usquam?
Si super hoc doleas, ede, dolebo simul.
Dic, Cono, reticet mater tua" (namque tacebat

und dem Ratschluss Gottes anvertraut. Warum erzählst du also, er habe sie verkauft? Vielmehr hat der gute Papst die Christen von aller Schuld losgekauft.«

[485] »Liebe Schwester, du kreischt zu sehr. Denk an dein Geschlecht: Gekreisch schadet einer Frau, ob sie nun klagt oder sich freut. Ich habe die Angelegenheit angesprochen, und das ärgert mich. Aber nachdem eine Sache erst begonnen ist, kann man sie nicht mehr ungeschehen machen. Eine tränenreiche Tragödie ist meinen bestürzten Sinnen widerfahren, [490] wie sie nicht einmal der Prophet und Dichter Vergil überbieten könnte. Auch wenn ich mich besser ausdrücken könnte und meine Feder dem Stoff gewachsen wäre, darf eine Frau ihre vom Schicksal gegebene Rolle nicht vergessen. Ich will aus den Fesseln meiner naturgegebenen Bestimmung nicht ausbrechen. [495] Die Frau sei zurückhaltend. Auch wenn sie vorzüglich redet, gehört es sich für ihr Geschlecht nicht, mit erhobener Stimme zu sprechen. Ich befinde mich in einem Zwiespalt: Man darf darüber nicht mit Schweigen hinweggehen, doch bin ich nicht die passende Person für solchen Vortrag. Ich werde mich also so verhalten, wie es uns zusteht. [500] Aufgrund des ihr von Natur aus zugefallenen Rechts darf die Frau weinen. Meine Tränen nehmen auf die Sache Rücksicht, meine Rede auf mein Geschlecht: Meine zierliche Hirtenflöte klagt mit schwermütigem Ton. So weint die rührige Gattin, während sie die Heldentaten ihres gestorbenen Mannes erzählt, so erzählt sie, während sie weint.«

[505] Zu Salaura, die gerade über den Tod des Geliebten in Tränen ausbrechen wollte, sprach Reinhard mit scheinbar gramerfüllter Stimme: »Herrin Salaura, verrate mir den Grund für dein Geschluchze! Ich weiß nicht warum, aber du siehst aus, als ob du weinst. Hat etwa mein Oheim einen gewaltsamen Tod erlitten? [510] Wenn du darüber trauerst, sag es, ich werde mit dir trauern. Sprich du, Kono, deine Mutter schweigt« (sie schwieg nämlich im

Anxia, principium carminis unde trahat)
"Dic mihi, Cono, precor, quid habet mea domna doloris?
Evenit patruo quid nisi dulce meo?
Nil ego vos novi laturos tristius esse,
Ni fallor meriti vos meminisse putans."
(Sic, quasi nesciret Reinardus facta, rogabat,
Omniaque agnorat, cominus inde latens)
"Non hodie ad missam, frater Reinarde, fuisti?
Festa tibi curae debuit esse dies!
Quae te causa, miser, fecit tam sero venire?
Missa hodie est patruo saepe iterata tuo,
Desiit esse malus, mores proiecit iniquos,
Nil sceleris faciet postmodo nilque doli." –
"Ergo obiit? Certe? Proh, patrue dulcis, obisti?
Heu tumulum sine me, patrue care, tenes?
Addite me patruo! miseri subducite cippum!
Commoriar patruo, vivus inibo lacum!" –
"Frater, tumba prope est, accede, rotaberis intro,
Exilem nobis Praebuit ille cibum." –
"Falsificabo prius, quaecumque Salaura loquetur,
Nescio quae siquidem dicere falsa parat,
Et cras ingrediar vivus patruele sepulchrum;
Laude caret probitas immoderata nimis." –
"Frater, si patruum, sicut testaris, amasti,
Nunc patruo dulci contumulandus obi;
Propositum felix dilatio saepe resolvit,
Libera sit virtus, prodeat absque mora,
Nil nisi non fieri virtus concepta timeto,
Incide, dum pietas aestuat alta, necem!" –

Ungewissen darüber, womit sie ihr Lied beginnen sollte) »Sag mir bitte, Kono, worüber trauert meine Herrin? Ist meinem Oheim etwas weniger Angenehmes zugestoßen? [515] Ich weiß, dass euch nichts Schlimmeres begegnen könnte, wenn mich meine Vermutung nicht täuscht, dass ihr seiner und seiner Verdienste gedachtet.« So fragte Reinhard, als wenn er nicht wüsste, was geschehen war. Er hatte aber alles aus einem nahegelegenen Versteck verfolgt.

»Bist du heute nicht bei der Messe gewesen, Bruder Reinhard? [520] Der Festtag hätte dir schon wichtig sein müssen. Was ist der Grund, Elender, für dein so spätes Kommen? Immer wieder ist heute die Messe für deinen Oheim gelesen worden. Er ist nicht mehr schlecht, er hat seine üblen Gewohnheiten abgelegt. Er wird fortan kein Verbrechen mehr begehen und keinen Anschlag.« – [525] »Also ist er tot? Bestimmt? Ach, mein süßer Oheim, du bist gestorben? Weh, lieber Oheim, du liegst ohne mich im Grab? Legt mich zu meinem Oheim! Nehmt den Grabstein des Unglücklichen fort! Ich will mit meinem Oheim sterben und lebendig begraben werden!«

»Bruder, das Grab ist ganz in der Nähe, tritt heran, und du wirst hineingeworfen. [530] Isengrim war uns nur für einen kleinen Happen gut.« – »Zuerst werde ich alles widerlegen, was Salaura sagt, weil sie ja darauf aus ist, wer weiß was für Lügengeschichten zu erzählen. Und morgen werde ich dann lebendig in das Grab meines Oheims eingehen. Übermäßige Tugendhaftigkeit ist nicht zu loben.«

[535] »Bruder, wenn du, wie du beteuerst, deinen Oheim geliebt hast, stirb jetzt und lass dich mit deinem süßen Oheim begraben. Eine Verzögerung hat einen guten Vorsatz schon oft hinfällig gemacht. Ungehindert sei der Entschluss und soll unverzüglich umgesetzt werden. Ein guter Vorsatz muss einzig fürchten, nicht eingelöst zu werden. [540] Stürze dich in den Tod, solange deine tiefe Frömmigkeit noch lodert!« – »Man soll von mir sagen,

"Non dicar furiis, sed amore in fata salisse,
Actio cor stultum praecipitata probat;
Mentibus in pravis virtus concepta tepescit,
At mihi mens eadem cras hodieque manet,
Tempore vera fides interlabente calescit,
Mens furiosa tepet, qua levitate calet."
Postquam conticuit vulpes et tota Salaurae
Contio, vox tristem solvit amara lyram.
"Quam longum divina ferat patientia sontes,
Peccando facile est quaerere, nosse grave est;
Iudicis asperitas magno anticipanda timore est,
Optima peccatis est medicina timor,
Ubere si laqueos proventu gratia nondum
Conterit, hoc saltem est allicienda modo.
Sint hodie sordes, metuatur poena Gehennae,
Et miser in vitiis horreat esse sini,
Qui metuit parce, pravos non diligat actus,
Nolle timere malum, peius amare mala est;
Qui non spont cadit, miserabilis esse videtur,
Labentes ultro sistere nemo cupit.
Protinus alternant certamen flebile, prave
Hinc transgressor agens, hinc deus acta ferens,
Donec perversos ultra, quam parcere iudex
Devovet, in poenas exigat aequa dies;
Lis ea saepe habita est inter mundumque deumque,
Et quasi devicto pessima palma deo.
Quid referam Sodomae foetores atque Gomorrae,
Quod commisit Adam, quod iugulator Abel?
Quid Noe fluitantis aquas animosque gigantum,
Niliacas pestes et Pharaonis iter?

ich sei aus Liebe und nicht aus geistiger Verwirrung in den Tod gegangen. Überstürztes Handeln zeugt von Dummheit. Bei Leuten mit schlechter Gesinnung kühlen gute Vorsätze ab. Doch meine Einstellung ändert sich weder heute noch morgen. [545] Wahre Treue erhitzt sich sogar im Verlauf der Zeit. Nur ein unberechenbarer Geist wird ebenso schnell kalt wie warm.«

Nachdem der Fuchs und die ganze Rotte Salauras verstummt waren, begann sie mit herber Stimme ein trauriges Lied zu singen: »Beim Sündigen ist es leicht zu fragen, wie lange Gott Geduld [550] mit den Sündern hat, aber schwer, eine Antwort zu bekommen. Der Strenge des Richters muss man durch große Furcht zuvorkommen, Furcht ist das beste Heilmittel gegen die Sünden. Wenn die überfließende Gnade noch nicht die Fallstricke der Sünde beseitigt, muss man sie wenigstens auf diese Weise anlocken. [555] Mag heute noch der Sündenschmutz da sein, so fürchte man doch die Höllenstrafe, und der Unglückliche schrecke davor zurück, in seinen Lastern zu verharren. Wer sich nur wenig fürchtet, soll sich vor schlechten Taten hüten. Schlimm ist es, keine Furcht haben zu wollen; schlimmer ist es, das Böse zu lieben. Wer gegen seinen Willen hinfällt, scheint unser Mitleid zu verdienen, [560] die freiwillig Stürzenden wünscht niemand aufzurichten. Fortwährend richten sie einen traurigen Streit aus: einerseits der Sünder mit seinen bösen Taten, anderseits Gott, der mit diesen Sünden Geduld hat, bis der Tag des Gerichts diejenigen, die über den Zeitpunkt hinaus gesündigt haben, bis zu dem der Richter Schonung zugesagt hatte, ihrer Strafe zuführt.

[565] Dieser Streit zwischen Gott und der Welt hat schon oft stattgefunden. Und es bedeutete den schlimmsten Sieg, wenn Gott scheinbar unterlegen war. Warum soll ich vom Gestank Sodoms und Gomorrhas erzählen? Warum vom dem, was Adam und der Mörder Abels begangen haben? Wozu die Fluten, in denen Noah trieb, und die Leidenschaften der Riesen, [570] die ägyptischen Pla-

Impia quid Dathan et Abiron factaque Coreque
  Inque eremo varias agmina passa neces,
Splendentis vituli scelus et male manna cupitum?
  Quid Balaam fraudes insidiasque Balac,
Amalechitarum, Iericho, Ismaelis et Assur,
  Atque Philistaeos Antiochique manus?
Quid, cum saevierit fornax Chaldaea lacusque
  Et quem non homines ut timuere ferae?
Quid torrens Cison, quid cladis comperit Endor,
  Pestibus hic populos, hic cecidisse fame?
Quid Canadae gemitus pravorumque idola regum
  – Quis secuit vatem? – fataque tristis Heli?
Quid tulit Helias, altare quis inter et aedem
  Et qui sub duplici vate ruere viri?
Et quae praetereo mundi portenta nocentis,
  Ne desperato fine vagetur opus?
Finiit has tandem vindex sententia lites,
  Noluit omnipotens saecula prava pati,
Mittitur humano discretor corpore saeptus,
  Qui paleas urat puraque grana legat,
Mittitur Emmanuel, quem si Iudaea sequatur,
  Si minus, in tenebras, quas meruere, ruant;
Addictus post probra cruci est, diffunditur ergo
  Blasphemae toto plebis in orbe furor.
Ex hoc dura manus punit, non sustinet hostes,
  Haec est, quae miseros obruit, ira gravis:
Numquam venturi cassa expectatio Christi
  Exilium, tenebrae morsque salute carens;
Plectuntur sontes nec, quem vicere ferentem,

gen und die Heerfahrt Pharaos? Was die ruchlosen Taten Dathans und Abirams und Korahs? Wozu die Heere, die in der Wüste vielfältige Tode starben? Den Frevel des goldenen Kalbes und das Manna, das murrend gewünscht wurde? Wozu den Betrug Bileams und die Nachstellungen Balaks, der Amalekiter, Jerichos, Ismaels und der Assyrer, und die Philister sowie die Heerscharen des Antiochus? Was, als man zu Chaldaea mit dem Feuerofen und der Löwengrube wütete, und wozu den, den Mensch und Tier nicht gefürchtet haben? Was die Schlachten, die der Wildbach Kison und Endor gesehen haben, die Völker, die hier von Seuchen, dort vom Hunger hingerafft wurden? Wozu die Seufzer Kanaans und die Götzen der schändlichen Könige und – wer hat den Propheten zerteilt? – das traurige Schicksal Helis? Was Elias erduldete, wer zwischen Altar und Tempel und welche Männer zur Zeit der beiden Propheten zu Tode kamen? Und welche Ungeheuerlichkeiten der Verderben bringenden Welt übergehe ich, damit das Werk sich nicht ohne Hoffnung auf einen Ausgang verläuft?

Endlich hat ein strafender Richterspruch diese Streitigkeiten beendet. Der Allmächtige wollte die Schlechtigkeit der Menschen nicht länger dulden. Es wurde ein Richter in fleischlichem Gewand gesandt, der die Spreu verbrennen und das reine Korn sammeln sollte. Es wurde Immanuel gesandt, ob das Volk der Juden ihm folgen würde. Wenn nicht, sollte es verdientermaßen in die Dunkelheit stürzen. Man schmähte ihn und überließ ihn dem Kreuz. Folglich verbreitete sich die Raserei des gottlosen Volkes in der ganzen Welt. Deswegen straft Gott mit harter Hand und hat keine Nachsicht mit seinen Feinden. Das ist der grimmige Zorn, der die Elenden vernichtet: Die niemals aufgegebene Erwartung eines künftigen Messias, das Leben in der Fremde, die Dunkelheit und ein Tod ohne Erlösung. Die Sünder werden geschlagen. Sie rührten die Nachsicht Gottes, seinen

Iratum possunt exsuperare deum,
Immodice parcens manet immoderabilis ultor,
Quique diu tulerat, nunc sine fine ferit.
Non ergo Hebraeos miror gentesque perire,
Quos praeiudicii poena tenacis habet,
Non secus in mundo quam daemones ante creari,
Insita confectos vindicat ira reos;
Qui sumpsere fidem, quibus est baptisma tributum,
Involvi prisca perditione queror.
Prima crucis satio messem dedit ubere fructu,
Vinea labruscas multiplicata tulit;
Paulatim reprobo coepit rarescere mundo
Spiritus excessu corripiente sacrum,
Prorupit Satanas vitiosum liber in orbem,
Omniaque in scelera est irreverenter itum.
Saecula damnavit rursum polluta creator,
Pura tamen bonitas usa tenore suo est;
Noxia non subito zizania messuit ense,
Horribiles longum praefremuere minae,
Praenorunt miseri, non excusare sinuntur,
Indicium mundi machina trina dedit,
Transsumpsere suas elementa ac tempora leges,
Deseruitque prior non loca pauca situs.
Aestive transivit hiems, hiemaliter aestas:
Intorsit tonitrus, fulminat udus Ilas,
Mulciber hibernus combussit templa domosque;
Severunt hiemem Carcinus atque Leo,
Instar parmarum crystallos Saxo iacentes
Repperit in campis obstupuitque suis,
Extimuit galciem, qui tutus staret in enses,
Concutiente novo fortia corda metu:
Duruit in terram mare, terra liquatur in aequor,

Zorn aber können sie nicht überwinden. Der Nachsicht im Übermaß übte, ist ein maßloser Rächer. Der lange geduldig war, straft jetzt ohne Ende.

Ich wundere mich nicht, dass Juden und Heiden zugrunde gehen; die für ihren starrsinnigen Irrglauben bestraft werden, [605] und dass wie früher in der Welt Wiedergänger entstehen; Der Zorn, der Gott zu eigen ist, rächt sich an den toten Sündern. Ich beklage, dass die, die den Glauben angenommen haben und getauft wurden, in den alten Zustand der Sündhaftigkeit zurückfallen. Die erste Aussaat des Kreuzes ergab eine Ernte reich an Früchten, [610] doch als der Weinberg sich ausgebreitet hatte, trug er wilde Trauben. Allmählich ist der Heilige Geist in der verwerflichen Welt nur noch selten anzutreffen, und die Sünde verdirbt das Heilige. Ungehindert stürzt sich der Teufel auf die lasterhafte Welt, und man begeht rücksichtslos alle Verbrechen.

[615] Der Schöpfer hat die sündenbefleckte Welt erneut verurteilt. Doch hat seine reine Güte von ihrer Eigenart Gebrauch gemacht: Sie hat nicht sofort das schädliche Unkraut mit ihrer Sichel abgeschnitten. Fürchterliche Drohungen sind seit langem kundgetan worden. Die Elenden haben es im Voraus erfahren, keine Entschuldigung wird angenommen. [620] Der dreiteilige Weltbau hat es angezeigt: Die Elemente und Jahreszeiten haben ihre Gesetze auf den Kopf gestellt, und etliche Orte haben ihre vormalige Lage aufgegeben. Der Winter wurde zum Sommer, der Sommer zum Winter. Der nasse Wassermann wälzte Donnerschläge und schleuderte Blitze. [625] Das winterliche Himmelsfeuer verbrannte Kirchen und Häuser. Krebs und Löwe brachten den Winter hervor. Schreckensstarr fand der Sachse auf seinen Feldern Hagelkörner von der Größe eines Schildbuckels liegen. Er, der vor keinem Schwert zurückweichen würde, fürchtete das Eis, [630] und mutige Herzen zitterten vor einer neuartigen Angst. Das Meer wurde zu fester Erde, die Erde zu fließendem Wasser. Den Fischen

Piscibus accessit campus, arena satis;
Evasit discrimen aquae pro navibus utens
Nantibus in fluctu plurima turba casis. –
Prodigium refero, quod Fresia tota fatetur,
Consolidatque agri sessor agerque fidem:
Demolitus agrum cum possessore domoque
Protulit externi pontus in arva viri,
Publica litigium tandem censura diremit:
Incola, cuius humum nemo videbat, abit,
Quique superficiem fundi vellusque superne
Vendicat, hic liber iudice plebe sedet;
Hoc in iudicio non sensit Fresia rectum:
Qui dominus fundi, legitime esset agri. –
Excussit templis ingentia tigna trabesque
Et longinqua tulit ventus in arva furens;
Fugit inextincta populus sua tecta favilla,
Et repsit gemina vix ope tutus homo,
Vix applosa solo tenuerunt corpora fortes,
Horruit ingenti turbine terra tremens.
Nocte sub hiberna Phoebi radiantior ore
Cernitur arctoum flamma cremare polum,
Noctibus innumeri bello concurrere soles,
Sanguineus lymphas horrificasse rubor;
Bis latuit taeter Titan, causamque latendi
Non soror aut nubes terreave umbra dabat.
Omnia dixerunt clades elementa futuras,
Nec tetigit tantus pectora dura pavor."
Coeperat abbatissa loqui lugubria flendo,
Et lacrimae imbuerant milibus octo solum;

fiel das Feld zu, am Strand wurde gesät. Sehr viele Menschen entkamen dem Tod im Wasser, indem sie ihre in den Fluten schwimmenden Häuser als Schiffe benutzten.

[635] Ich berichte von einem Wunderzeichen, über das ganz Friesland spricht und das der Besitzer des Landes und das Land selbst bestätigen. Das Meer hatte den Acker zerstört und Besitzer und Haus auf die Felder eines Fremden getrieben. Den daraus entstandenen Streit schlichtete endlich ein öffentlicher Schiedsspruch: [640] ›Der Besitzer, dessen Boden niemand mehr sah, ging fort. Derjenige, der sich Gebäude und Pflanzen des Grundstücks von oben aneignet, darf nach dem Urteil des Volkes frei darüber verfügen.‹ Mit diesem Urteil hat Friesland das Recht verfehlt, denn der Herr des Grundstücks ist auch der rechtmäßige Besitzer des Hofes.

[645] Ein Wirbelsturm riss gewaltige Verstrebungen und Balken aus den Kirchen und trug sie in weit entfernte Gegenden. Das Volk floh aus den Häusern, ohne die Glut im Herd gelöscht zu haben. Man kam auch mit Hilfe von zwei anderen kriechend kaum sicher voran. Kräftige Männer konnten sich kaum halten, obwohl sie sich fest an den Boden gepresst hatten. [650] Der gewaltige Sturm machte die Erde zittern vor Angst. Es wurde beobachtet, wie in einer Winternacht ein Feuer, strahlender als das Antlitz der Sonne, den Himmelspol verbrannte, wie in den Nächten unzählige Sonnen im Kampf zusammenstießen, wie sich Gewässer in schrecklicher Weise blutrot verfärbten. [655] Zweimal verbarg sich der schändliche Titan, und weder seine Schwester noch Wolken noch der Schatten der Erde waren die Ursache der Verdunkelung. Alle Elemente sagten künftige Kriege voraus, doch nicht einmal ein so großer Schrecken berührte die verhärteten Herzen.«

Unter Tränen hatte die Äbtissin ihr Trauerlied vorzutragen begonnen, [660] und ihre Tränen wässerten den Boden über acht

Auribus ut surdis foret intolerabile verbum,
Clamor ad undecimum venerat usque polum.
Excidium mundi plancturam triste Salauram
Corripuit vulpes: "stulta Salaura, sile!
Praescio, quid penses: sceleris damnare dolique
Pontificem Latium, perfida porca, cupis,
Dicere vis, quia dux Ierosolmam Aetnaeus ituros
Christicolas timuit per sua regna gradi ..." –
"Papa ergo Siculi ducis aere illectus utroque
Argolicum populos carpere suasit iter,
Casibus atque dolis Graiorum immissa famique
Regna duo monachus subruit unus iners;
Praeter quos pelagi rabies et pesticus aer
Et fraus Argolidum perdidit atque fames,
In convalle virum duo milia somnus et imber
Enecuere, altis undique saepta iugis." –
"Improba, tu nescis, hoc quare papa benignus
Fecerit! ausculta, cognita dico tibi:
Dimidiare solet nummos ignobile vulgus,
Et dirimit sacram rustica turba crucem,
Hoc scelus est ingens, hic mundi pessimus error,
Taliter errantes papa perire dolet;
Qui secat ex nummis obolos, in frustula mille
Quotidie hunc Satanas dividat ense suo!
Scit bonus hoc pastor stolidasque in devia labi
Et per opaca trahi compita maeret oves,
Salvificare animas omnes vult papa fidelis,
Caelitus est illi creditus omnis homo;
Idcirco aes Siculi sumpsit, Francique tyranni,
Angligenae et Daci et totius orbis avet,

Meilen. Ihr Rufen hörte man bis in den elften Himmel, damit ihre Worte auch für taube Ohren unerträglich würden.

Der Fuchs wies Salaura zurecht, die dabei war, den beklagenswerten Untergang der Welt zu beweinen: »Törichte Salaura, schweig! [665] Ich weiß schon vorher, was du denkst. Du willst den Bischof von Latium eines Verbrechens und der Hinterlist beschuldigen, treuloses Schwein! Du willst sagen, dass der Herzog vom Ätna fürchtete, dass die christlichen Jerusalempilger durch seine Königreiche zögen. Demnach hat der Papst, verführt durch Gold und Silber des sizilischen Herzogs, [670] den Völkerscharen geraten, den Weg über Griechenland zu nehmen. Ein einziger unfähiger Mönch hat zwei Königreiche ins Verderben gestürzt, indem er sie Unglücksfällen, den Listen der Griechen und dem Hunger aussetzte. Dazu noch jene, die das stürmische Meer, die verpestete Luft, die Hinterlist der Argolier und der Hunger umbrachten. [675] In einem Talkessel, den von allen Seiten hohe Bergkämme einfassten, tötete der Regen im Schlaf zweitausend Männer.

Schurkin, du weißt nicht, warum der gütige Papst so gehandelt hat! Höre, ich werde dir sagen, was bekannt ist: Das niedere Volk pflegt die Münzen kleiner zu machen, [680] und die Bauernschar nimmt das heilige Kreuz auseinander. Das ist ein ungeheures Verbrechen, das ist die schlimmste Verirrung der Welt. Den Papst schmerzt es, dass die in solchem Irrtum Befangenen zugrunde gehen. Der Teufel soll mit seinem Schwert denjenigen in tausend Stücke schlagen, der von den Münzen sein Scherflein abschneidet! [685] Der gute Hirte weiß das und ist traurig, dass seine dummen Schafe auf Abwegen zu Fall kommen und auf dunkle Irrwege geführt werden. Der getreue Papst will, dass alle Seelen errettet werden. Jeder Mensch ist ihm vom Himmel anvertraut. Daher hat er das Geld des Sizilianers genommen und verlangt nach dem [690] des französischen, englischen und dänischen Herrschers und

Omnes namque animas hominum salvare laborat,
Quaque licet, dirum vult abolere nefas.
Non valet, ut vellet, totum delere reatum,
Qua sinitur, scindi stemma salubre vetat,
Materiam minuit signum caeleste secandi,
Quamvis non valeat tollere prorsus eam;
Hoc tulit aes Siculum pacto et pietatis eodem
Totius immensas tolleret orbis opes,
Aes sibi non rutilum, non aes desiderat album,
Vult sibi commissum salvificare gregem.
In sua quot librat thesauros scrinia, servat,
Non creat inde obolos, integra quaeque tenet;
Pontificem ergo pium cur proditione nefanda
Arguis? ignoras, quod bene nosse putas!
Patrue care, iaces! utinam efficerere superstes,
Obloquium fatuae non paterere suis,
Innocui papae fieres spontaneus ultor,
Stultitiam linguae penderet ista suae!”

dem der ganzen Welt. Er ist nämlich bestrebt, alle Seelen der Menschen zu retten, und will, wo es möglich ist, diese schreckliche Ruchlosigkeit ausrotten. Er ist nicht mächtig genug, um, wie er es wollte, die ganze Schuld zu beseitigen. Wo es zugelassen wird, verbietet er, das heilbringende Bild zu zerschneiden. [695] Er verkleinert die Menge und damit die Möglichkeit das himmlische Zeichen zu zerteilen, obwohl er sie noch nicht ganz wegnehmen kann. Mit dieser Verpflichtung hat er das sizilische Geld genommen und mit derselben frommen Pflicht würde er die unermesslichen Schätze der ganzen Welt nehmen. Für sich verlangt er kein Geld aus Gold oder Silber. [700] Er will nur die ihm anvertraute Herde retten.

Alle Schätze, die er für seine Truhen abwiegt, bewahrt er auf. Er macht sie nicht zu Pfennigen, sondern behält alles unangetastet. Warum beschuldigst du also den Papst der gottlosen Verräterei? Du weißt nicht, was du gut zu wissen glaubst. [705] Lieber Oheim, du liegst tot danieder! Wenn man dich doch zum Leben erwecken könnte! Du würdest die törichte Widerrede der Sau nicht zulassen. Du wärest ein bereitwilliger Rächer für den unschuldigen Papst, und würdest sie für die Dummheit ihrer Zunge büßen lassen!«

# ERLÄUTERUNGEN

## *Buch I*

20 Gemeint ist der Rabe als Unglücksbote; vgl. HdA 7 (1936), 444–451 (Rabe).

27 Obizo, Leibarzt König Ludwigs VI. (›des Dicken‹) von Frankreich, Kanoniker von Notre-Dame und Saint-Victor, † um 1139.

35 Der vom Wal verschluckte Prophet Jonas (vgl. Jona 2).

47f. Die Prügel, die Isengrim von der tierischen Pilgerschar erhielt, wurden ihm als ›Abschiedstrunk‹ verabreicht (vgl. IV, 560–566, 633–636, 651); *Sclava potio*: Die Grausamkeit der Böhmen war spätestens seit dem Blutbad in der 2. Schlacht bei Kulm am 18. Februar 1126 sprichwörtlich.

49 Brabanter waren als wild und zügellos verrufen.

50 Engländer galten seit der normannischen Eroberung von 1066 als schwach und mutlos.

51f. Zur Episode von Fuchs und Wölfin vgl. V, 705–820.

56 *deterere*: schlechter werden (*deteriorare, peiorare*).

58 *adhiscere*: aufsperren (*inhiare*).

63 Sprichwörtlich; vgl. TPMA 6, Katze 148–153.

71f. Der Goldreichtum Arabiens war in Antike und Mittelalter sprichwörtlich.

75 nach 75 in DE: Deprensum credit nil nisi velle mori,
Nil ausum redimi, nil praeter vivere nolle.
(Er glaubte, dass der Gefangene nur noch sterben wolle, sich nicht zu befreien wagen würde und alles wünsche, außer zu leben.)

86 Sprichwörtlich; vgl. TPMA 12, Tür 8–10.

100 Sprichwörtlich; vgl. TPMA 11, Sparen 32–36; ebd. 12, Verschwenden 3–5.

113f. Zur Vorgeschichte vgl. IV, 560–566, 633–636, 651.

124 Skythen, Sachsen und Sueven galten als Barbaren (vgl. V, 734; VII, 627–630).

153 Sprichwörtlich; vgl. TPMA 7, Klein 96–129.

167 Vgl. Ps 5,11: *Sepulchrum patens est guttur eorum* (ihr Rachen ist ein offenes Grab).

193 Das reiche Arras war wegen seines Textilgewerbes und seiner Bildteppiche berühmt.

195 Sprichwörtlich; vgl. TPMA 8, Narr 460–518.

225 In Reinhards spöttisch-provokativer Frage ist ein versteckter Hinweis auf das Ende des Wolfs enthalten: Frisst Isengrim hier noch Schweinefleisch, wird er am Ende zu Schweinefutter.

227 *liquaster*: Pejorativbildung von *liquare* – weich machen, schmelzen.

229 *graeca salix* und *daca sacerdos* als Dinge der Unmöglichkeit (Adynata). Die Weide kommt in Griechenland nicht vor. Die ersten Nonnenklöster in Dänemark entstanden Anfang des 12. Jahrhunderts; die Kunde davon war offenbar noch nicht bis Flandern vorgedrungen.

233 Gemeint ist: damit ich dann dich verspeisen kann.

271 *varia ambage meandi* zitiert Ovids Schilderung des kretischen Labyrinths (vgl. *Metamorphoses* 8, 161).

278 Dädalus, antiker Baumeister, der das kretische Labyrinth errichtete.

283 *diludia*: Spiele, Täuschungsmanöver

331f. *Ter* […] *ter* […]: parodistische Nachahmung einer vergilischen Formel (vgl. besonders *Aeneis* 2, 792f. und 6, 700f.)

333 Vgl. Sir 34,1f.: *Somnia extollunt imprudentes quasi qui adprehendit umbram et persequitur ventum* (Die Unverständigen halten sich an die Träume wie jemand, der den Schatten greifen und den Wind erhaschen will).

334 Sprichwörtlich: *Qui tenet anguillam per caudam, non habet illam* (Wer den Aal am Schwanz hält, hat ihn nicht), oder kürzer: *Cauda tenes anguillam* (Du hältst den Aal beim Schwanz); vgl. TPMA 1, Aal 1–30.

365 Anspielung auf die Totenmesse, die mit der Formel *requiescat in pace* schließt.

374 Vgl. Mt 16, 26.

389 Verbrecher wurden mittels eines Weidenstrangs gehängt; vgl. mittelhochdeutsch *an der wide*: am Strang, am Galgen; *bî der wide*: bei der Strafe des Erhängens.

395 *funem trahere*: lenken, dirigieren.

400 Sprichwort: *Man muss das Eisen schmieden, solange es heiß ist*; vgl. Wander 1, 801, Nr. 36; TPMA 2, Eisen 20–70.

414 nach 414 in E: Quam super abmorsa ligni quoque parte gravaris!
Quo facto probitas est mihi parta duplex:
Hinc minus ut posses ad lignum illidere dentes,
Et mihi ne stomachus conquereretur edax.

(Was beschwerst du dich auch über den abgebissenen Teil des Holzes! Ich hatte dadurch einen doppelten Vorteil: dass du dir deine Zähne weniger am Holz verletzen konntest und dass mein gefräßiger Magen keine Beschwerden bekam).

432 Benedicti Regula, Kap. 34, 3f. (auf der Grundlage von Apg 4,35).

433f. Vgl. ebd., Kap. 43, 13f.
441f. Vgl. ebd., Kap. 33, 6 (auf der Grundlage von Apg 2,44 und 4,32).
453 Vgl. Mt 6,34.
455 *torques*: geflochtenes Band
457 Geschrei war den Mönchen untersagt; vgl. Benedicti Regula, Kap. 7, 60.
510–512 Vgl. Mt 6,14f.; *alibi*: gemeint ist ›im Jenseits‹.
526 Wohl auf Grundlage des Sprichworts *Man soll den Tag nicht vor dem Abend loben*; vgl. Wander 4, 1007, Nr. 375; TPMA 1, Abend 27–65.
530 nach 530 in DE: Venerat ergo dies, hostem qui contulit hosti;
Reinardus viso fit memor hoste mali.
(Es war also der Tag gekommen, der den Feind mit dem Feind zusammenbrachte. Beim Anblick des Feindes erinnerte sich Reinhard der erlittenen Schlechtigkeit.)
539 Sprichwörtlich; vgl. TPMA 12, Trügen 146–151.
555f. Zum Verbot, Fleisch zu essen, vgl. Benedicti Regula, Kap. 39, 11.
563 Sprichwörtlich; vgl. TPMA 3, Essen 149–153; TPMA 11, Trinken 110–115; vgl. auch Lk 21,34.
570 nach 570 in D: Nulla tibi speranda salus; damnabere prorsus,
Si fuerit priscae vita coaequa sequens.
(Kein Heil, vielmehr Verdammnis musst du erwarten, wenn dein künftiges Leben dem vergangenen gleicht).
597 1 Thess 5,15: *Videte, ne quis malum pro malo alicui reddat* (Seht zu, dass niemand Böses mit Bösem jemandem vergelte); vgl. Freidank 107,2: *Swer übel wider übel tuot, Daz ist menneschlicher muot; Swer guot wider übel tuot, Daz ist gotelicher muot; Swer übel wider guot tuot, Daz ist tiuvelicher muot.*
641 Charybdis: Meeresstrudel in der griechischen Mythologie; vgl. Homer, *Odyssee* 12, 101–110 und 235–244.
652 Eine der größten Ängste der Menschen im Mittelalter bestand darin, unvorbereitet, d.h. ohne Verabreichung der Sterbesakramente, den Tod zu erleiden; zur *mors repentina* vgl. Philippe Ariès: Geschichte des Todes. München 1982, S. 19–23. Die Formulierung lässt offen, ob Isengrim sich selbst meint, der unversehens von seiner Gier dahingerafft werde (vgl. I, 632), oder ob der Wolf dem Fuchs mit dessen plötzlichem Tod droht.
681 Sprichwörtlich; vgl. TPMA 7, Last 19–39.
684 Sprichwörtlich; vgl. TPMA 4, Gewinn 86–97.
686 Sprichwörtlich; vgl. TPMA 8, Mass (Mässigkeit) 161–175.
728 *pavens* wörtlich: furchtsam.
741 Das Lied *Salve, festa dies, toto venerabilis aevo, Qua deus infernum vicit et astra tenet* von Venantius Fortunatus wurde am Ostersonntag und den

folgenden Sonntagen bis Trinitatis gesungen. Dass der Pfarrer es auch im Februar singt, verweist auf sein beschränktes liturgisches Repertoire.

742 Die Verballhornung des *Kyrie eleison* wird durch die Tmesis und die Betonung am Ende des Pentameters herausgestellt.

745f. Kontrafaktur auf das Lied des Venantius (vgl. zu I, 741)

749f. Der Pfarrer ist, wie seinen Worten zu entnehmen ist, von seinem Bischof begnadigt, statt suspendiert worden. Näheres über diese Begebenheit erfährt der Leser nicht. Wenn der Pfarrer suspendiert gewesen wäre, hätte er zuhause seine Hühner bewachen können, statt die Messe zu lesen; daher bekommt der nachsichtige Bischof die Schuld an dem Raub des Hahns.

789 *solidi*: Schillinge; ein Pfund Silber (*pondo*) entsprach zwei Mark (*marca*) oder 20 Schillingen oder 240 Pfennigen (*nummus*). Der Silbergehalt schwankte von Münzstätte zu Münzstätte. Das Sollgewicht eines Kölner Pfennigs betrug im 12. Jahrhundert 1,46 g.

791 Reinhard gebraucht gegenüber dem fischenden Wolf höhnisch das Bild vom Angelhaken, mit dem er den Hahn des Priesters erbeutet habe.

796 Sprichwörtlich; vgl. TPMA 4, Freund 360–554; vgl. auch Sir 12,8: *Non agnoscetur in bonis amicus, et non abscondetur in malis inimicus* (In guten Zeiten wird man den Freund nicht erkennen, und in schlechten bleibt der Feind nicht verborgen).

821 Sprichwörtlich; vgl. TPMA 11, Stehen 1–21.

824 Vgl. Sir 31, 23f.

858 nach 858 in C, D, und E: Hirsutumque caput asperget aqua benedicta,
Et festam missam forsitan ille canet.

(Und dein struppiges Haupt wird er mit Weihwasser besprengen und vielleicht eine feierliche Messe singen).

883 Negativer Fragesatz; möglich wäre auch ein hypothetischer Konjunktiv (ergänze: *nisi simulares*) oder ein imperativischer Subjunktiv.

919f. Die Umwandlung geographischer in kalendarische Begriffe dient der Kennzeichnung eines unmöglichen Sachverhalts (Adynaton).

927 Das *tu autem domine miserere nobis* diente als Gebetsschluss bei der Tischlesung der Mönche; vgl. Friedrich Ohly: Zum Dichtungsschluss *tu autem, domine, miserere nobis*. In: Ders.: Ausgewählte und neue Schriften zur Literaturgeschichte und zur Bedeutungsforschung. Hg. von Uwe Ruberg / Dietmar Peil. Stuttgart/Leipzig 1995, S. 1–33, hier S. 2. Darauf spielt der Fuchs an, der die Suggestion aufrechterhält, dass der Wolf einen reichen Fang an Land ziehen und die Fische fressen werde.

928 Die Titulierungen Isengrims als Abt und Bischof beziehen sich auf die Vorgeschichte vom ›Wolf im Kloster‹ (vgl. V, 940–1095).

945 *aequicolore sub herba*: Die Blätter sind im Februar wie das Fell des Fuchses rotbraun gefärbt.

949 Vgl. Vergil, *Aeneis* II, 369.

977–982 Gottesurteil (Ordal), bei dem der Beschuldigte auf jeden Fall zu Schaden kommt; vgl. Robert Bartlett: Trial by Fire and Water. The Medieval Judical Ordeal. Oxford 1986 ; Daniela Karner: Täuschung in Gottes Namen. Fallstudien zur poetischen Unterlaufung von Gottesurteilen in Hartmanns von Aue *Iwein*, Gottfrieds von Straßburg *Tristan*, des Strickers *Das heiße Eisen* und Konrads von Würzburg *Engelhard*. Frankfurt a.M. [u.a.] 2010.

980 Der Begriff der Phalanx, der die geschlossene und streng organisierte Schlachtreihe bei den Griechen bezeichnet, wird hier ironisch auf den wilden Haufen der Bauern bezogen.

1004f. Isengrim malt sich ein Hochamt mit Schafen aus, bei dem nicht nur der Friedenskuss, sondern auch Brot (Fleisch) und Wein (Blut) ausgeteilt wird.

1017f. Zum Wolf als Rechenmeister vgl. das römische Sprichwort *lupus non curat numerum* (vgl. Vergil, *Eclogae* VII, 52).

1027 Bovo ist der Name des Priesters.

1029 Das *Benedicite* leitete den klösterlichen Tischsegen ein.

1055 Die Wolltücher wurden durch Stampfen, Schlagen und Kneten in einer Suspension aus Mergel und warmem Wasser verfilzt. Zuvor wusch man die groben Bestandteile des Mergels aus.

## *Buch II*

11f. *Gerardus* und *Teta* als metonymisch verwendete Namen für einen Ganter und eine Henne.

24 vgl. Mt 5,21-28.

27 Sprichwörtlich; vgl. TPMA 4, Geben 418–433.

48 *bulla* in doppelter Bedeutung: einmal als ›Blase, Beule, Schwellung‹ und dann als ›um den Hals gehängte Kapsel, Medaillon‹.

61ff. Von den folgenden Heiligennamen sind *Excelsis, Osanna, Alleluia* und *Celebrant* während der Messe häufig vorkommende Wörter, die von der des Lateinischen unkundigen Aldrada für Heilige gehalten werden.

61f. Die Gottessohnschaft des vermeintlichen Heiligen Osanna ist zurückzuführen auf das missverstandene *Hosianna dem Sohn David*, das im Anschluss an Mt 21,9, Mk 11,10 und Lk 19,38 bei den Prozessionen am Palmsonntag gesungen wurde. In denselben Kontext gehört das *Hosianna in excelsis*, das von der Pfarrköchin als *Osanna en* (= niederländisch ›und‹) *Excelsis* missverstanden und folglich zu einem Heiligenpaar gemacht wird.

63 Verwechslung der Prophetin Hanna, die nach Lk 2,36 eine Tochter Phanuels war, mit Anna, der Mutter Marias und Tochter des Priesters Mathan (vgl. Mt 1,15).

65 Die Kombination von Apostel Petrus, Erzengel Michael und Alleluia dürfte auf einen Hymnus zurückgehen, in dem Petrus und Michael mit einem Refrain *Halleluja* gepriesen werden.

67 Helpvara ist möglicherweise mit der flämischen Lokalheiligen Hildewaris bzw. Hilwaris gleichzusetzen, die in der Gegend um Beek verehrt wurde; dabei wurde der Name bei dem Gedanken an die erflehte Hilfe der Heiligen zu Helpvara verändert. Noburgis bezieht sich vermutlich auf die Heilige Noitburgis, die in Köln und in den Niederlanden verehrt wurde.

68 Brigida, eine irische Heilige, deren Kult gleichfalls in Köln und in den Niederlanden gepflegt wurde.

69 Das *Sanctus, sanctus, sanctus* der Messe wurde durch die Formel *per quem maiestatem tuam laudant angeli, adorant dominationes, tremunt potestates, caeli caelorumque virtutes ac beata seraphim socia exultatione concelebrant* beschlossen. In der Reihe der himmlischen Heerscharen, die das Gotteslob singen, erscheint somit am Ende das Wort *Celebrant*, das von der Magd als Name eines Sängers im Himmelschor angesehen wird.

71 Die Heilige Pharaildis führt als Attribut eine Gans, weil sie bei strengem Frost hungernde Wildgänse in einen schützenden Stall getrieben und am nächsten Tag wieder freigelassen hatte. Die Gebeine der Heiligen wurden im Kloster St. Bavo in Gent verwahrt. Pharaildis war wie Johannes der Täufer Patronin von Gent; zu ihrer Verehrung vgl. Actes de Sainte Pharaïlde, vierge. Hg. von Édouard Hautcœur. Lille 1882. Zur Verwechslung mit Herodias, der Tochter des Herodes und Mörderin Johannes des Täufers, zuletzt Heizmann.

97-100 Gemeint sind: 1. *Pater noster*, 2. *Credo in deum*, 3. *Da pacem* (*domine*), 4. *Miserere nobis*, 5. *Orate fratres* (*ut meum ac vestrum sacrificium acceptabile fiat apud deum*), 6. *Pax vobis*, und 7. *Deo gratias* (als Schlusswort der Messe).

121 Am Schluss des Introitus der Messe fordert der Diakon Gemeinde und Priester auf: *flectamus genua*.

128 Wortspiel mit ănus, -ūs f. (alte Frau) und ānus, -i m. (After).

132 Sprichwörtlich; vgl. TPMA 6, Katze 30f.

137-148 Die Amtspflichten des Bischofs bestehen aus seelsorglichen (137f.), richterlichen (139-142) und liturgischen Handlungen (143-148).

151f. Schließt an die Vorstellung vom Gottesurteil an (vgl. I, 981f.)

179 Gereon war der Legende nach Offizier der Thebäischen Legion und wurde Ende des dritten Jahrhunderts mit seinen Kameraden als Christ in Köln mit dem Schwert hingerichtet. Als Stadtpatron von Köln strahlte sein Kult weit in den niederländischen Raum aus. Zur Wunderkraft der in der Kölner Gereonskirche befindlichen sog. Blutsäule (Übeltäter waren unfähig, vor der Ableistung einer Sühne die Kirche zu verlassen) vgl. Berschin, und Gompf (1988).

207f. Chiasmus aus drei Gliedern: Knüppel, Spieße, Haken – reißen (schinden), stechen, schlagen.

209 Das nur noch aus Löchern bestehende Fell erinnert noch einmal an den Fischer Isengrim und sein ›Netz‹.

215 Vgl. 1 Kor 3,8: *unusquisque autem propriam mercedem accipiet secundum suum laborem* (Ein jeder aber wird seinen angemessenen Lohn erhalten entsprechend der von ihm geleisteten Arbeit); vgl. auch TPMA 8, Lohn 39–101.

226 Reinhard greift hier die biblische Geschichte vom Propheten Jonas auf, die Isengrim eingangs ironisch zitiert hatte, als er den Fuchs aufforderte, es sich im Wolfsinneren bequem zu machen; vgl. I, 35.

236 Für wiederholte Vergehen konnten Mönche mit Schlägen bestraft werden; dabei wurde ihnen das Hemd zerrissen; vgl. Benedicti Regula, Kap. 28.

253f. Zur mittelalterlichen Säftelehre vgl. Thomas Bein: Lebensalter und Säfte. Aspekte der antik-mittelalterlichen Humoralpathologie und ihre Reflexe in Dichtung und Kunst. In: Henri Dubois / Michael Zink (Hgg.): Les âges de la vie au moyen âge. Paris 1992, 85–105; zum Aderlass als Therapie in der humoralpathologischen Medizin vgl. Josef Bauer: Geschichte der Aderlässe. München 1870.

267f. Vgl. II, 199f.

276 *Colvarianus* ist vermutlich von *calvus aure* (ohrenlos) hergeleitet; vgl. Voigt: Einleitung, LXXVII, Anm. 16.

279 *Belinus* wird von *hyalinus* (gläsern, kleines Glas) abgeleitet; andere Herleitungen beziehen sich auf das französische *bêler* (blöken) oder *belle laine* (schöne Wolle).

280 *insula*: Weideinsel.

281 Zu *hos* ergänze *tantos esse.*

299–302 Polykeratie ist eine häufiger vorkommende Erscheinung bei verschiedenen Hausschafrassen; vgl. Walter Spöttel: Über die Polykeratie bei Schafen (vorläufige Mitteilung). In: Zs. für Tierzüchtung und Züchtungsbiologie 10 (1927), 469–476.

311 Sprichwörtlich; vgl. TPMA 2, Ein 169–194.

333 *vivum* hier im Sinne von *bellum, tumultum.*

367 Sprichwörtlich; vgl. TPMA 1 Auge 42–44.

399 Kleie wurde sowohl an Hunde wie auch an Schweine verfüttert. Dabei konnte es offenbar, wie hier geschildert, zu erbitterter Futterrivalität kommen. Vgl. Voigt: Einleitung, S. LXXIII.

412 *corniseca*: ›Hornmäher, -fäller‹ greift spöttisch das *feniseca*: ›Rasenmäher, Grasschneider‹ auf (II, 406).

423 Sprichwörtlich; vgl. TPMA 9, Regen 28–57.

424 Sprichwörtlich; vgl. TPMA 5, Glück 185–233; zu Darstellungen der *rota Fortunae* im Mittelalter vgl. Michael Schilling: *Rota Fortunae*. Beziehungen zwischen Bild und Text in mittelalterlichen Handschriften. In: Wolfgang Harms / Leslie Peter Johnson (Hgg.): Deutsche Literatur des späten Mittelalters. Berlin 1975, 293–313.

434 Das Sprichwort ist eigentlich auf die Verschiedenheit der Menschen in ihrem äußeren Erscheinungsbild bezogen (vgl. TPMA 5, Gleich 224–235), konnte aber auf die soziale Ungleichheit übertragen werden; vgl. Hugo von Trimberg: Der Renner. Hg. von Gustav Ehrismann. Tübingen 1908f., V. 834–841: *Wâr üm unser herre den rîche mache, Den arm, des frâgent manige liute:* [...] *Sît er uns machet sô gar ungelîche An stimme, an antlütze und an muote, Sölte er uns denne mit sînem guote Glîch arm machen oder rîche?*

452 Anspielung auf das römische Sprichwort *Bis dat, qui cito dat*, das auch im Mittelalter in verschiedenen Versionen weit verbreitet war; vgl. TPMA 4, Geben 260–300; Freidank 112, 1f.: *Diu gâbe ist zweier gâben wert, der schiere gît, ê man ir gert.*

530 20 Gänge entsprechen den insgesamt 20 Hörnern, mit denen die vier Widder den Wolf zusammenstauchen.

541 Ausblick auf das im siebten Buch geschilderte Ende Isengrims.

567-572 Durch den zweiten Stoß fliegt Isengrim in die Luft und droht, auf den heranstürmenden Belin zu stürzen. Deshalb verändert Bernhard die Richtung des Sturzes, indem er den fallenden Wolf zur Seite schleudert. Die Folge ist, dass Belin nicht auf Isengrim, sondern auf seinen von der anderen Seite herankommenden Bruder Kolvarian trifft.

584 Sprichwörtlich; vgl. TPMA 2, Bruder 14–16.

635 Vgl. Eccl 28,12 (Sir 28,10); TPMA 6, Holz 39–57.

644 Sprichwörtlich; vgl. TPMA 7, Lehre 20–26; vgl. auch III, 1104.

651 Vgl. Mt 21,19.

653f. Verbeugung und Ausschenken des Minnetrunks beenden die festliche Mahlzeit. Zum Minnetrunk vgl. HdA 6 (1935), 375–380; Schwab, S. 221–224.

677 Sprichwörtlich; vgl. TPMA 7, Letzt 13f.

678 Zum Böhmertrank vgl. I, 47f.

## *Buch III*

28 Sprichwörtlich; vgl. TPMA 5, Glück 50–61.

34 Die Sueven waren Anwohner der unteren Donau.

38 Im Sternzeichen des Krebses erreicht die Sonne ihren höchsten Stand.

40 Vertauschung von Objekt (*umbra*) und Subjekt (*nemus*).

74 Sprichwörtlich; vgl. TPMA 13, Wind 133–138.

80 Derartige Fragekataloge über das angemessene Schenken waren verbreitet; vgl. Bonvicinus de Ripa: Vita scolastica I, cap. 12: *Quid des, cui largus, qui, quantum, cur, ubi, quando, Discrete videas, ut sapienter agas* (in: Qvinqve claves sapientiae. Hg. von Anežka Vidmanová-Schmidtová. Leipzig 1969, S. 41–102); weitere Belege in den Anmerkungen zur Stelle in den Ausgaben von Voigt und Mann.

90 *ius*: hier ironisch.

113 *status*: in der mittelalterlichen medizinischen Terminologie der Höhepunkt des Fiebers.

117 *complexio*: medizinischer Terminus zur Bezeichnung einer Verbindung körpereigener Säfte mit den Eigenschaften heiß, kalt, trocken und feucht. Die Komplexionen bilden die Grundlage der vier Temperamente Phlegmatiker (trocken und kalt), Choleriker (trocken und heiß), Sanguiniker (feucht und heiß) und Melancholiker (feucht und kalt). Krankheiten wurden auf die Störung des Säftegleichgewichts zurückgeführt; vgl. Heinrich Schipperges: Der Garten der Gesundheit. Medizin im Mittelalter. München 1990, S. 62–68.

118 Man unterschied vier verschiedene Arten (Grade) von Fieber; vgl. Voigt, Anm. zu III, 37.

159 Vertauschung von Objekt (*quos*) und Subjekt (*curia*).

162 Sprichwörtlich; vgl. TPMA 4, Gelegenheit 68–73.

163 Vgl. III, 62.

165 Vgl. Joh 11,50.

166 *Gloria regni tota*: Vertauschung (Enallage) der Epitheta.

177 Sprichwörtlich; vgl. TPMA 7, Klein 136–147.

187 Sprichwörtlich; vgl. TPMA 7, König 139f., 157–171.

194 Vgl. Sir 13,23.

201 *strata, -orum*: Lager, Polster, Bettstatt

217f. Vgl. II, 685f.

248 Mt 19,30; Mk 10,31; Lk 14,11; vgl. TPMA 3, Erst 1–13.

252 *est* wie in allen Handschriften; Voigt konjiziert *es*.

306 Wohl eine Anspielung auf die Fabel vom Listensack des Fuchses; vgl. Dicke/Grubmüller, S. 223–226.

307 Sprichwörtlich; vgl. TPMA 9, Rute 191–151.

317 Rhetorische Figur der Praeteritio (vorgebliches Übergehen).

320 D.h., Reinhard war so breit wie lang.

324 Dass der Maulwurf keine Knochen besitze, ist in der antiken und mittelalterlichen Naturkunde nicht belegt. Eventuell spielt über die mittelniederländischen Bezeichnungen ›molworm‹, ›moltworm‹ oder ›moiltworm‹ die Vorstellung des knochenlosen Wurms eine Rolle.

339 Sprichwörtlich; vgl. TPMA 1, Ändern 7f.

370 Kometen galten schon in der Antike als Unheilszeichen, die den Tod von Herrschern ankündigen; vgl. RE 11,1 (1921), 1143–1193; HdA 5 (1933), 89–170 (Komet).

375 In Salerno (südlich von Neapel) befand sich die älteste und berühmteste medizinische Akademie des Mittelalters.

380 Vgl. Jos 9,13.

382 Die vom Fuchs verwendeten Sprachen zielen auf die Kenntnisse des Löwen; vgl. III, 34; *turcicus* bezeichnet hier die griechische Sprache.

383–386 Durch diesen Zahlentrick werden aus sechs Paar 18 Paar zerschlissener Schuhe.

401 Ironische Anspielung auf den Bocksgestank.

407 Anspielung auf die Feldvermesser-Episode.

431 *sua quisque tenet, sua quoque tenente*: metrisch unterstützter Parallelismus.

453 *mulciber*: der ›Schmelzende‹, Beiwort des Gottes Vulcanus; metonymisch für Feuer.

474 Die acht Barone, die seitlich um das Bett des König stehen, sind Bruno, Grimmo, Berfried, Joseph, Karkophas, Rearid, Bertiliana und Gutero (vgl. III, 48–54); den Ehrenplatz am Kopfende hatte als neunter Pair Isengrim beansprucht (vgl. III, 103–107).

506 nach 506 in CDE: Inter pontificem Geroldum teque vicissim
Per consanguineam dic mihi, quaeso, fidem,
(Bei der Blutsverwandtschaft zwischen dem Bischof Gerold und dir – sag mir bitte im Vertrauen)
Gerold (Gerard) wurde als Nachfolger Anselms (vgl. V, 110) Bischof von Tournai (1149–1166). Die Verse wurden nach dem Tod Anselms hinzugefügt, um den Text zu aktualisieren.

535 Zur Rute als Attribut des Lehrers vgl. die Darstellung des Schulmeisters von Esslingen in der Großen Heidelberger Liederhandschrift (Ingo F. Walther / Gisela Siebert: Codex Manesse. Die Miniaturen der Großen Heidel-

berger Liederhandschrift. Frankfurt a.M. 1988, S. 197 mit Tafel 96); vgl. auch das reiche Bildmaterial bei Emil Reicke: Magister und Scholaren. Illustrierte Geschichte des Unterrichtswesens. Leipzig 1901 (Nachdruck Düsseldorf 1971).

538 Der Bär spottet über die dürftigen Verse und die Dummheit des Wolfs, den Joseph ironisch mit der Magisterrute ausgezeichnet hat.

563f. Vgl. III, 483.

571 Der Löwe hält Diät.

591f. *auspicium* changiert zwischen verschiedenen Bedeutungen. Zum einen desavouiert der Wolf die Heilkünste Reinhards als Wahrsagerei, zum andern verweist es auf die manipulative Kontrolle des Fuchses über die Situation und schließlich auf den Erfolg Reinhards, den er sich nicht zu Kopf steigen lassen soll.

594 Sprichwörtlich; vgl. TPMA 1, Abend 27–65.

595 Sprichwörtlich; vgl. TPMA 10, Skorpion 1–30.

607 Reinhard beleidigt den Wolf als freigelassenen Leibeigenen.

617–624 Vgl. die Wallfahrt der Tiere IV, 435–442.

655 Sprichwörtlich; vgl. TPMA 7, Krähe 24–39. Die ›weiße Krähe‹ ist ein Adynaton und steht für ›niemand‹.

659 Die Engländer trugen ihr Haar zu Zöpfen geflochten und wurden deshalb als *caudati* bezeichnet.

663–665 Joseph wendet Isengrims eigene Argumentation gegen ihren Urheber (vgl. III, 167–170).

673 *quod amas* bezieht sich auf den Wolf; vgl. III, 631.

680 Retourkutsche auf III, 153f.

685 Das wegen Isengrims schwankender Altersangaben ironisch gebrauchte Oxymoron spielt mit dem Topos des ›puer senex‹; vgl. Curtius, S. 108–112.

687 Zur sprichwörtlichen Dummheit und Unbelehrbarkeit des Esels vgl. TPMA 3, Esel 264–267. Zum Esel in der Schule vgl. Ayers Bagley: Bruegel's *The Ass at School.* A Study in the Iconics of Education. In: Paedagogica Historica 24 (1984), 357–378. Die Herkunft des Esels aus Étampes ist möglicherweise ein satirischer Seitenhieb auf den Ort, in dem 1147 die Bedingungen und die Route des Zweiten Kreuzzugs zwischen Ludwig VII. von Frankreich, Kaiser Konrad III. und König Roger II. von Sizilien ausgehandelt wurden; vgl. Mann, Anm. zur Stelle.

688 Scherzhafte Mischung örtlicher und zeitlicher Angaben.

689f. Karkophas leitet seinen Namen aus den Wörtern *ars* (Kunst, Wissenschaft) und *Cephas* (Beiname des Petrus, vgl. Joh 1,42) ab: K-ar[s]k[e]phas. Das anlautende K deutet er als Knurren des Apostels.

717 Der Hl. Bavo ist der Stadtpatron von Gent.

742 Die Legende berichtet, dass der Hl. Martin seinen Mantel mit dem Schwert teilte und die Hälfte einem nackten Bettler gab.

761 Die Tierkreiszeichen Steinbock und Krebs stehen für die kälteste und wärmste Zeit im Jahr.

769f. Die widersprüchliche Wortwahl *membrana senis* (zarte Haut des Alten) und *iuvenis corium* (Leder des Jungen) entlarvt das Rezept des Wolfs als wenig glaubwürdig.

801 Vgl. III, 769.

812 Sprichwörtlich; vgl. TPMA 12, Vogel 170–186.

837 Gebratener Pfau galt als Delikatesse im Mittelalter.

843 Sprichwörtlich; vgl. TPMA 9, Pech 45–52.

844 Sprichwörtlich; vgl. TPMA 8, Narr 304–313.

850 D erläutert *manzer* als *genitus adulterio et dicitur flaminge vrec hoerenzone* (geborener Ehebrecher und auf flämisch: schändlicher Hurensohn).

898 Reinhard verdreht das Sprichwort, indem er den ›geschenkten Gaul‹ durch eine trächtige Stute ersetzt, und passt es so an die Situation des Wolfs an, der ja nicht geschenkt wird, sondern, wie die Stute, etwas geben wird. Zum ›geschenkten Gaul‹ vgl. TPMA 9, Pferd 301–338.

901f. Vergil schildert die Unterwelt als eine Fluss- und Sumpflandschaft (*Aeneis* VI, 411–436).

921 Das ›Schmelzen‹ meint das Vergießen des Schweißes, welches das Fieber senkt und die Heilung befördert.

932f. *ille*: Bischof Anselm von Tournai; vgl. V, 121f.

939 Botulph, Bruder des hl. Bischofs Adulphus von Maastricht. *quem*: dessen Reliquien.

952 Ephod: Schultertuch des Priesters. Zum ›betagten Jüngling‹ vgl. III, 685.

956 Frühester Nachweis der Redensart *wie ein heißes Messer durch die Butter* (nicht bei Wander und im TPMA).

957 *suralia*: Pontifikalstrümpfe.

959 *caudale*: Zierbehang am hinteren Teil der Mitra.

963 Die Bezeichnung des Fells als Pergament ist abgestimmt auf die Metapher des ›Lesens‹; vgl. Scheidegger, S. 14; Vögel.

981 Zum Verbot, Schimpf- und Spottwörter zu gebrauchen, vgl. Benedicti Regula, Kap. 4, § 32.

997 *balnea*: Bad (mit Weihwasser), Salbung.

1006 Mitra und Tiara waren im 11. und 12. Jahrhundert noch nicht streng unterschieden.

1023f. Reinhard vergleicht die angeblich sanfte Behandlung des Wolfs mit der

Hervorbringung von Milch und Honig durch Bock und Esel; die beiden verhielten sich also gegen ihre eigene Natur.

1027 *sindo*, Nebenform zu *sindon*; eigentlich Tuch aus Baumwolle oder Leinen, im Mittellatein auch für Seide, Seidengewand. Scharlach- und purpurrote Seide wurde aus dem Orient importiert.

1028 Vgl. Vincentius Bellovacensis: Speculum Naturale. Venedig 1494, fol. 237v (Buch 19, Kap. 51): *ebur candidum est, planum, lucidum, frigidum, quantoque venustius, tanto rubicundius* (Elfenbein ist weiß, glatt, glänzend, kalt und je älter, desto roter).

1029 Gemeint ist die scharlachrote Tunicella, die der Bischof über seiner Kasel trug.

1037 Tyros im Libanon wurde 1124 von den Kreuzrittern erobert und war bis 1187 Sitz eines Erzbischofs.

1044 Adynaton: niemals. Zum ›schwarzen Schwan‹ vgl. TPMA 10, Schwan 1–10.

1088 nach 1088 in $D^4$: Per sanctum, Latia qui pausat in urbe Bibrensi
Et Basilam Scotae de regionis humo.

(Bei dem Heiligen, der im römischen Beveren ruht, und bei Basila von der Erde Schottlands.)

Der Zusatz erfolgte, weil Reinhard von einem dreifachen Schwur spricht. Die beiden Heiligen wie das ›römische‹ Beveren (das bei Antwerpen liegt) hat der Fuchs erfunden.

1097 Das Nasenband war ein am Helm angeschmiedeter Eisenstreifen zum Schutz der Nase.

1104 Vgl. II, 644.

1116 Der Vers schließt an das *Apage Satanas* (Mt 4, 10) an, mit dem Jesus den Teufel bei der dritten Versuchung von sich weist.

1124 Der Knüppel entspricht dem bäurischen Stand des Gegners.

1175f. Die Wiederholungen spiegeln die von jedem einzeln, aber durcheinander gerufenen Abschiedsgrüße.

## *Buch IV*

5–20 Aufzählung der Pilger im Stil eines Heldenkatalogs.

10 mlat. *carcare* – beladen.

15 Reminiszens an die Gänse des Kapitols.

25 Vgl. II, 179.

43 Hi 20,4f.; vgl. auch Hi 8,13; 13,16; 15,34; 27,8ff.

53 Sprichwörtlich; vgl. TPMA 8, Nichts 39–67.

86 Parodie der Verse Vergils auf den Tod Didos; vgl. *Aeneis* IV, 690f.

98 Wolfs- und andere Tierschädel, die man an der Haustür anbrachte, dienten als Apotropäum; vgl.: HdA 9 (1941), 767 (Wolf); vgl. auch V, 970.

113 *repserit* greift Isengrims Vorstellungen von seinen Bewegungsmöglichkeiten auf; vgl. IV, 91.

167 Sprichwörtlich; vgl. TPMA 11, Sünde 121–141.

171f. Ironie, da Gänse neben Schaf und Ziege die bevorzugte Beute Isengrims sind.

173 *Jung gewohnt, alt getan*; vgl. TPMA 5, Gewohnheit 1–40.

180 Den Pilgerscharen wurde ein Kreuz vorangetragen, das von einem Bischof gesegnet worden war. Reinhards Pilgergruppe fehlt der bischöfliche Segen.

182 *carus* im Sinn von ›lieb und teuer, weil nicht vorhanden‹.

189 Scherzhafte Reaktion auf IV, 171f.

204 *inscissis pilis* wörtlich: ungeschoren (mit ironischem Unterton, da das angestrebte Bleiben des Wolfs dazu führt, dass er schwer misshandelt wird).

228 Vgl. Tit 1,15.

280 Im Sinne von ›gegönnt und vorgesetzt‹.

285f. Sithiu, St. Omer mit seinem Kloster St. Bertin; St. Atrebas ist identisch mit St. Vedastus, dessen Kloster sich in Arras befand.

306 Die formelle Auflistung der Zeugen lehnt sich an die Corroboratio in Urkunden an.

332 Im Sinne von ›über alle Berge‹. Die Geten waren ein Reitervolk in Thrakien.

368 Sprichwörtlich; vgl. TPMA 3, Esel 179–193.

439 *arca*: Kiste, Kasten (zum Aufbewahren von Dokumenten), Archiv.

443 Vgl. III, 685.

459 Vertauschung (Hypallage) der Kasus.

482 Blendung als schwere Leibesstrafe im Mittelalter.

557 Komplet, das letzte der Stundengebete bei Tag und, wie hier, bei Nacht.

609 Vgl. zu I, 49.

620 Der dem Wolf gereichte Abschiedstrunk besteht aus Schlägen.

622 Ironie; der 160 Jahre alte Isengrim konnte bei seinem Eintreffen wegen seines überfüllten Bauches kaum gehen.

636 Die vordere Hälfte Isengrims befindet sich außerhalb des Hauses.

641f. Chiasmus aus drei Gliedern: Hahn auf dem Rücken, Fuchs am Glied, Ganter am Schwanz – ziehen, beißen, scharren.

662 Rechtsgrundsatz; vgl. Schmidt-Wiegand, S. 26f. (Allmende), 127 (gemein).

665 Die offene Hand steht für Freigebigkeit; der ›Daumen in der Faust‹ verweist auf die verweigerte Bereitschaft, etwas zu geben.

687 Die achte Lesung wegen der Achtzahl der Pilger.

719 Beim Scheibenspiel kam es darauf an, eine Scheibe möglichst nah an ein Ziel zu rollen.

721 im Sinne von ›Was soll ich alles im Einzelnen ausführen?‹. Gegenteil von ›alles in einen Topf werfen‹.

724 Vgl. I, 124; IV, 332.

727 Sprichwörtlich; vgl. TPMA 12, Weg 138–149.

728 Sprichwörtlich; vgl. TPMA 6, Hund 731–788.

739 Ein Stadion entspricht etwa 190 m.

741 Wörtlich: zusammengeblasen, -trompetet.

742ff. Heerschau der Wölfe, die sprechende Namen tragen. Schließt an den Heldenkatalog der Pilger an (vgl. IV, 5–20).

825–830 Hier wird der eigentliche Grund sichtbar, weswegen sich Hahn, Ganter, Bock, Widder und Esel der Pilgerfahrt angeschlossen haben.

841 Rechtsgrundsatz: *Not kennt kein Gebot*; vgl. Schmidt-Wiegand, S. 251f.

857 Freitag und Sonnabend waren Fastentage.

866 Sprichwörtlich; vgl. TPMA 11, Süss 24–33.

879 Meineid wurde mit dreimal vierzig Tagen Fasten bei Wasser und Brot gesühnt.

930 *effestucare*: den Strohhalm werfen. Rechtsbrauch: Bei der Lossagung und Aufkündigung eines Schutzverhältnisses warf man einen Strohhalm auf den Boden oder in einen Hut; vgl. HdA 3 (1931), 1357–1362 (Halm), hier 1358.

932 Die Hss. A, B, D sowie Mone und Mann lassen die Rede des Fuchses mit diesem Vers enden. Voigt nimmt den folgenden Vers noch mit in die Rede hinein. Für seine Auffassung spricht, dass mit dem Stichwort der *artes* der Hinweis auf die angeblichen Fähigkeiten von Sprotins Vater vorbereitet wird, mit geschlossenen Augen auf einem Bein herrlich singen gekonnt zu haben.

957f. Komisierende Hyperbolik.

1025 Anspielung auf die Fabel vom Fuchs und den Trauben.

## *Buch V*

27 *culica*: Meißel, Beitel; sonst nicht nachgewiesen.

64 Sprichwörtlich; vgl. TPMA 6, Hunger 55–66.

100–130 Seit Ende des 11. Jahrhunderts bemühte sich die Stadt Tournai, die der Diözese Noyon-Tournai eingegliedert war, um einen selbständigen Bischofssitz. Auf Betreiben Bernhards von Clairvaux (um 1090–1153; vgl.

V, 126–128) willigte Simon von Noyon-Tournai (Bischof 1121–1148; vgl. die Namensanspielung in V, 108) in eine Teilung seiner Diözese ein. Dabei handelte er mit Innozenz II. (Papst 1130–1143; vgl. V, 100–108) aus, dass ein Teil der Kircheneinkünfte von Tournai weiterhin zu seiner Verfügung stand. 1146 wurde Anselm († 1149; vgl. V, 110) in Rom von Eugen III. (Papst 1145–1153) zum ersten Bischof von Tournai geweiht.

101 Zu Cephas als Beiname des Petrus vgl. III, 689. Paulus gehörte zum Stamm Benjamin; in der Bezeichnung *magister* klingt sein Titel *doctor gentium* (Lehrer der Heiden) an (1 Tim 2,7).

108 Zu Simon, dem Zauberer, vgl. Apg 8, 9–24.

115 Vgl. 1 Petr 5,8.

127 Sprichwörtlich; vgl. TPMA 1, Binse 3–23.

143 Sprichwörtlich; vgl. TPMA 8, Lügen 152–180.

176 $A^{5}$ erläutert in einer Glosse, dass im Altertum die zum Tode Verurteilten mit einem Zeichen in Form des griechischen Buchstabens Theta (wohl für griech. thanatos – Tod) gebrandmarkt wurden.

220 St. Machutus (Malo) wurde in Brabant und Flandern verehrt. Sein Tag fiel auf den 15. November, wurde als hoher Feiertag am Vorabend eingeläutet und mit einem allgemeinen Landfrieden gefeiert.

404 Sprichwörtlich; vgl. TPMA 1, Arsch 17–28.

442 Luzifer wurde wegen seiner superbia in die Hölle verbannt; Isengrim gibt vor, die Todsünde des Hochmuts vermeiden und daher nur eine niedere Position im Kloster bekleiden zu wollen.

447 Kloster Blandinium: Sankt-Peters-Abtei auf dem Blandijnberg in Gent.

455–540 Es ist in der Forschung umstritten, ob das Lob der Äbte Walter von Egmond (Abt 1130–1161) und Balduin von Liesborn (Abt 1131–1161) ernst gemeint oder purer Sarkasmus ist. Für die satirische Lesart sprechen die Elfzahl der Äbte, die von Walter angeführt werden, die Beobachtung, dass alle anderen historisch identifizierbaren Personen im Text zu Objekten satirischer Attacken werden, und vor allem der dubiose Umgang mit der Bibel: Walter zeichne sich durch seine besondere Freigebigkeit aus, durch die jede Ausgabe in doppeltem Umfang an ihn zurückfalle. Dieses vorgeblich kluge Verhalten, das mit dem sparsamen Wirtschaften früherer Äbte kontrastiert wird, entspreche der biblischen Aussage, dass dem, der gibt, im Überfluss zurückgegeben werde (Lk 6,38). Was Jesus aber auf den Lohn im Himmel bezieht, wird vom Erzähler des *Ysengrimus* rein materiell verstanden und damit konterkariert. Auch die Bezeichnung *abbatum Lucifer* ist zweideutig, zumal unmittelbar zuvor der Höllenfürst Luzifer und seine superbia genannt wurden (V, 442).

455 Elf galt als Zahl der Sünde, weil sie die Zehnzahl der Gebote überschritt; vgl. dazu Gompf (1993); Dietz-Rüdiger Moser: *Der Narr halt die Gebot Gotes nit.* Zur Bedeutung der Elf als Narrenzahl und zur Funktion der Zahlenallegorese im Fastnachtsbrauch. In: Werner Mezger [u.a.]: Narren, Schellen und Marotten. Elf Beiträge zur Narrenidee. Remscheid 1984, S. 135–160.

459 Kloster Egmond in Nordholland, im 10. bis 12. Jahrhundert Grablege der Grafen von Holland.

463 Vgl. Lk 6,38.

478 Vgl. Mt 13,12.

498 Kloster Liesborn bei Lippstadt gehörte im 12. Jahrhundert zur Diözese Köln.

509 Vgl. 2 Kor 9,7.

511f. Der Kontrast zwischen dem strengen Cato und dem verbindlichen Cicero findet sich häufiger in mittelalterlichen Quellen.

522 Vgl. Mt 22,21; Mk 12,17; Lk 20,25.

547–549 Der Segenswunsch *Dominus vobiscum* wird im Ohr und Maul Isengrims zu *Cominus, ovis! cum!*

555 Gemeint ist ›ins Gefängnis seines Magens‹.

565 Sprichwörtlich; vgl. TPMA 7, Kleid 108–170.

577f. Vgl. Joh 10, 3–5.

587 Die Benediktinerregel sah für den Sommer Essen um 12 Uhr und eine anschießende Mittagspause vor (vgl. Benedicti Regula, Kap. 41 und 48).

593 Sprichwörtlich; vgl. TPMA 10, Sieb 7–27.

620 Die Formulierung ist doppeldeutig: *Pauperies* (Armut) verweist sowohl auf den Hunger als auch auf das Armutsgelübde.

650 Es wurden nur zwölf Responsorien gesungen (vgl. V, 640). Isengrim ist gerne bereit, sogar einen fünfzehnten Gesang zu übernehmen, da er glaubt, ein Responsorium sei eine Mahlzeit.

677 Sprichwörtlich; vgl. TPMA 13, Weise 471–493.

687 Ypern war ein Zentrum der Wollweberei.

695 Zu einem späteren Zeitpunkt, als Isengrim zweimal sein Fell hergeben musste, weiß er fremde und auch Schafsfelle durchaus zu schätzen; vgl. die Episoden ›Wolf und Pferd‹, ›Der Rachensprung‹ und ›Der Schwur auf das Wolfseisen‹.

700 Die Formulierung lässt offen, ob die Vereinigung sexuell oder kulinarisch erfolgte; vgl. VII, 73–84.

711 Die Frage soll Zweifel an der Vaterschaft Isengrims wecken. Im Hintergrund steht der Rechtsgrundsatz *mater certa, pater incertus*; vgl. Schmidt-Wiegand, S. 244.

740 *mixtum* eigentlich: Frühstück. Das klösterliche Frühstück bestand aus Brot, das man in Wein tunkte.

746 Doppeldeutig: In Reinhards Verständnis ist zu ergänzen: »weil ich sie ohnehin nicht erhielte«, die Welpen hören hingegen heraus, dass Reinhard gar nicht um Erlaubnis bitten müsse, weil er diese selbstverständlich erteilt bekommt.

775–782 Der locus amoenus als Ort einer Liebesbegegnung präludiert hier ironisch die Vergewaltigung der Wölfin durch Reinhard. Zum locus amoenus vgl. Curtius, S. 202–206; Dagmar Thoss: Studien zum locus amoenus im Mittelalter. Wien/Stuttgart 1972.

779 Tempe, liebliches Tal in Thessalien, topisches Versatzstück in Schilderungen des locus amoenus.

818 nach 818 in B: Atque parum curans patruelis foedera lecti,
Assilit in fixam pravus adulter heram.
»Alter«, ait, »faceret, si non ego; rectius ergo
Hoc ego, quam furtim quis peregrinus, agam.
Si consanguinei minor est externus amore,
Sum generis serie proximus atque fide,
Clareat obsequio pietas mea, nolo quis ausit
Sospite me patruum zelotipare meum;
At tu, domna, subi tectum! quasi vincta quid haeres?
Hospitis hic mores experiere boni!«
Illa iocum cupiens »Reinarde, facetius«, inquit,
»Publica quae de te fama fatetur, agis;
Si tibi, qualis inest industria, robur inesset,
Verna penes dominas assererere probus,
Vix egomet cogenda tuos intrare penates,
Ianua si paulum latior esset, eram!«
Gavisam scriptura refert his lusibus illam
Et moechum patruum zelotipasse suum.

(Und er scherte sich wenig um das im Bett seines Oheims geschlossene Ehebündnis. Der ehrlose Ehebrecher besprang seine Herrin, die sich nicht bewegen konnte. »Wenn ich es nicht täte«, sagte er, »würde es ein anderer tun. Besser ich mache es als heimlich irgendein Fremder. [818,5] Die Liebe zwischen Fremden ist geringer als die unter Verwandten. Ich bin dir der Nächste in Bezug auf Verwandtschaftsgrad und Treue. Mein Pflichtgefühl möge durch diesen Dienst an dir zu Tage treten. Ich möchte nicht, dass irgendjemand wagt, meinen Oheim zum Hahnrei zu machen, solange ich lebe. Aber Herrin, komm doch ins Haus! Warum verharrst du, als seiest du festgebunden? [818,10] Lass dir hier die Manieren eines guten Gastgebers zeigen!« Jene erwärmte sich für das Spiel und sagte: »Reinhard, überaus elegant führst du aus, was die öffentliche Meinung über dich sagt. Wenn du ebenso viel Kraft wie Eifer besäßest, würden dich die Damen zu ihrem Lieblingsdiener erwählen. [818,15] Man müsste mich jedenfalls kaum zwingen, dein Haus zu betreten, wenn nur deine Tür ein bisschen weiter wäre!« Die Geschichte vermeldet, dass sie ihre Lust an diesen Spielen hatte und dass der Ehebrecher seinem Oheim Hörner aufgesetzt habe.)

Der Schreiber von A hat die Passage vermutlich wegen ihres sexuellen Gehalts weggelassen und darauf vertraut, dass die Beschreibung des locus amoenus und das doppeldeutige *ludere* (V, 812, 819) das Geschehen hinreichend deutlich umschreiben.

832 Die Wasseruhren des Mittelalters waren mit einer akustischen Vorrichtung verbunden, bei der stündlich eine abgemessene Zahl von Metallkügelchen auf ein Cymbalum fiel oder kleine Glöckchen angeschlagen wurden.

836 Vgl. Mt 20, 14–16, wo die zur elften Stunde angeworbenen Arbeiter denselben Lohn erhalten wie die der ersten Stunde.

855 *Te Deum* als Glockeninschrift.

862 Zur Abwehr gegen den Teufel und böse Geister.

868 Die Zahl von 51 Mönchen setzt sich zusammen aus den zwölf Lektoren, zwölf Sängern und dem Subprior sowie aus den sieben, zwölf und acht Brüdern, die sich an verschiedenen Plätzen in der Kirche verstecken. Von den insgesamt 52 Mönchen wird Isengrim nicht mitgerechnet.

871 Falerner, beliebter Wein im antiken Rom.

879 *macidus* (mager), hier ironisch; vgl. V, 876.

901 Sprichwort: *Leerer Bauch singt nicht gern*; vgl. TPMA 10, Singen 1–6.

909f. Vgl. 1 Thess 5, 21.

922 Angelehnt an das Sprichwort *Wenig mit Recht ist besser als viel mit Unrecht*; dazu TPMA 13, Wenig 20–27.

937f. Bezieht sich auf Benedicti Regula, Kap. 40, wo den Mönchen das Trinken von Wein zugestanden wird, jedoch *non usque ad satietatem* [...] *sed parcius*, also nicht bis zur Trunkenheit, sondern weniger.

939 Kanoniker oder Stiftsherren leben außerhalb eines Klosters und sind mit Umhang oder Mantel (*chlamys*) bekleidet; die im Kloster lebenden Mönche tragen die Kutte.

962 Nämlich fünf, vgl. V, 603f.

970 Auf Stangen gesteckte oder am Haus angebrachte Pferdeköpfe sollten Dämonen, Seuchen und Ungeziefer abwehren; vgl. HdA 6 (1935), 1664–1670 (Pferdekopf); vgl. IV, 98.

1031 Sprichwörtlich; vgl. TPMA 2, Ein 20-24.

1035 Isengrim unterbreitet den Vorschlag in Hinblick darauf, dass die Benediktinerregel für die Kranken Fleisch auch an Fastentagen vorsah (Benedicti Regula, Kap. 36).

1041f. Zum ›geschwänzten‹ Engländer vgl. III, 659. Rothaarigkeit galt als Zeichen für Bösartigkeit und Verschlagenheit.

1045–1089 Das Verprügeln des Wolfs ist als Parodie der Investitur eines Bischofs inszeniert: Geleit mit Fahnen zur Kirche, Salbung, Aufsetzen der Mitra, Überreichen des Palliums und die Darbringung von Geschenken.

1061 *tiara*: vgl. III, 1006.

1097 Als Kennzeichen der trinkfreudigen Spielleute galt ihre rote Nase, über die auch Isengrim aufgrund seines Weinkonsums verfügt.

1100 Mit Blitero ist vermutlich der in Utrecht bezeugte Verfasser eines verlorenen Gedichts über den Untergang der Welt und den Tod der Menschen gemeint; vgl. Voigt, Einleitung, S. CIII.

1101 *facinus* (Untat, Verbrechen) ist hier auf das weltliche Musizieren bezogen, dessen Urheber, die Spielleute, übel beleumundet waren.

1105 Ironie.

1106 Redensartlich; vgl. TPMA 7, Kohlen 17–19, 21–24.

1112 In Nachahmung der Bogenführung auf dem Instrument, das zwischen Hals und Schultern angesetzt wurde.

1125 Der rote Reinhard errötet!

1139 *ibis*: eigentlich der Ibis, hier der Storch; vgl. Konrad von Megenberg, S. 201: *Ibis* [...] *ist ain vogel, der izt slangen und slangenair* [...] *dâ von waenent manig gramatici* [...], *daz ibis ain storch haiz, wan ain storch izt auch slangen.*

1156 Der Teufel wurde häufig mit Vogelkrallen als Füßen dargestellt.

1159f. Die Formulierung des Storches unterstellt, dass sich der Wallach in jedem Fall verletzen wird.

1219 Sprichwörtlich; vgl. TPMA 13, Wollen 216–221.

1261f. Die große Exkommunikation erfolgte durch einen Abt und 15 Priester, die mit ihrer Stola angetan waren und während der Zeremonie brennende Kerzen auf den Boden warfen, so dass diese zum Zeichen der Verdammnis erloschen. Voigt vermutet, dass Korvigar zur Strafverschärfung in die möglicherweise tiefere Hölle der weiblichen Kirchenräuber versetzt werden soll. Es handelt sich aber wohl eher um eine Fortführung des Witzes über die sexuelle Ausstattung des Wallachs (!).

1268 Vgl. Sir 28,4.

# *Buch VI*

45f. Der Ring des Hufeisens ist nicht ganz geschlossen; daher ist der ›Mond‹ noch nicht oder nicht mehr ganz voll.

82 D.h., ihren Anteil an der Beute beanspruchen.

89 Seitenhieb auf Bernhard von Clairvaux, der von seinen Gegnern aufgrund seiner Beredsamkeit als *summus magister hiandi* (oberster Magister im Maulaufreißen) verspottet wurde; vgl. van Mierlo, S. 50.

103 In der normalen Angriffshaltung, also mit gesenktem Kopf, wäre der Widder dem Wolf durch die Kehle gerutscht. Deswegen richtet er sich im Sprung auf und trifft mit seinen Hörnern den oberen Bereich des Wolfskopfes.

120 Greift VI, 71f. auf.

128 *dextro poplite*, wörtlich: mit der rechten Kniekehle; im übertragenen Sinn: mit glücklichem Schritt, wohlbehalten.

138 *tertium* verweist auf die Teilung der Beute in einem Lehnsgebiet: Ein Drittel gehörte dem landbesitzenden Lehnsmann, ein Drittel bekam der Lehengeber, und ein Drittel fiel der Kirche zu.

141f. Sprichwörtlich; vgl. TPMA 10, Schlecht 649–652.

170 Reinhard deutet die rötliche Mähne des Löwen als Schamesröte; der Name des Königs Rufanus leitet sich von *rufus* – rothaarig ab.

175f. Sprichwörtlich, vgl. TPMA 2, Brücke 1f.: Einen Übergang zu einer Weideinsel zu bauen, ist nur sinnvoll, wenn man auch Vieh besitzt.

204 *patrinus*: Taufpate, aber auch Anrede des Abtes.

235 Sprichwörtlich; vgl. TPMA 11, Teil 12–29.

247 *incidit amissum*, wörtlich: er hat einen Verlust erlitten (im Sinne von: er hat Schulden gemacht).

290 Es ist unklar, worauf sich die Anspielung bezieht.

299f. Die redensartlichen Gemeinplätze werden ironisch als *mystica dicta* ausgegeben; vgl. TPMA 3, Faul (verdorben) 1f.; TPMA 4, Gefäss 221–226; vgl. auch Freidank 114, 25f.: *Man sol vollen becher tragen ebene hoere ich dicke sagen.*

304 Vgl. Konrad von Megenberg, S. 295: *diu krot* […] *lebt der erden, iedoch mit rehter mâz und wag, wan sô vil und si besliezen mag mit dem vordern füezel, daz ist ir tagezzen.*

314 Vgl. das Sprichwort *Not kennt kein Gebot* (TPMA 9, Not 26–74).

323 Sprichwörtlich; vgl. TPMA 7, Kirche 10–17.

324 *oculus* verbessert aus dem irrtümlichen *culus* (Hintern) bei Voigt.

325 Sprichwörtlich; vgl. TPMA 10, Schaf 159–170; vgl. auch Freidank 155, 20: *so ist bezzer schern dan schinden.*

337f. Kornsieb und das aus dem Korn gewonnene Mehl für Weißbrot (das hier mit *Ceres* gemeint ist) sowie Melkeimer und Wein sind einander zugeordnet.

341 Vgl. Disticha Catonis. Hg. von Marcus Boas. Amsterdam 1952, III, 21: *Utere quaesitis, sed ne videaris abuti: Qui sua consumunt, cum deest, aliena sequuntur* (Bediene dich des Erworbenen, doch missbrauche es nicht. Wenn der eigene Besitz verbraucht ist, kommt fremdes Gut an die Reihe).

441 Sprichwörtlich; vgl. TPMA 13, Zahlen 15–24.

455 Sprichwörtlich; vgl. TPMA 7, Klein 205–207.

485 *testes*, hier: Eideshelfer, welche die Glaubwürdigkeit des Schwörenden und seines Schwurs auch ohne Kenntnis der Wahrheit durch ihren Eid bekräftigten.

533 Die alte Rechtsformel *mit Haut und Haar* (*bestraft werden*) ist hier verstärkend abgewandelt zu ›Hals und Haar‹.

## *Buch VII*

5 *papae!* Ausruf der Verwunderung.

9f. Der Autor will vermutlich andeuten, dass der betagte Isengrim oder einer seiner Vorfahren vor Zeiten das Wildschwein Reingrim getötet hat; vgl. V, 700.

18 Der Prozession zum Altar wurden zwei Kandelaber vorangetragen, die hier mit Isengims Vorderpfoten in eins gesetzt werden.

22 *metuatur*: Ironie.

43 Dänemark, wo es angeblich noch keine Klöster gab (vgl. I, 229), als äußerster Rand der Zivilisation.

48 Sprichwörtlich; vgl. TPMA 2, Borgen 59–64.

58 In der Nacht vom 23. auf den 24. Juni, also am Vorabend des Johannistages, feierte man die Sonnenwende und den längsten Tag des Jahres. Die Prim wurde bei Sonnenaufgang geläutet, verschob sich also im Jahreslauf. Die Messe wurde nach der Terz gefeiert.

66 Die bekanntesten Glockengießereien waren in bayrischen Klöstern beheimatet. ›Schwäbisch‹ meint hier so viel wie ›deutsch‹.

73–84 Der Friedenskuss erhält in der Rede des Wolfs sexuelle Untertöne, die in der Vorstellung vom Liebesbiss kulminieren.

91 Das *ac* gehört vor den Hauptsatz und wurde in den Relativsatz verschoben.

102 *sex diapente* – Es war üblich, eine Quint über der Grundmelodie zu singen. Sechs Quinten sind als groteske Hyperbolik aufzufassen.

105 Der Introitus wird zum Auftakt der Messe beim Einzug des Priesters gesungen.

109 Das Graduale ist ein Zwischengesang zwischen der alttestamentlichen Lesung und der Epistellesung während der Messe.

123f. Der Choral *Cunctipotens Genitor Deus* wurde an Apostelfesten, das große Halleluja zu Ostern, Pfingsten und Fronleichnam gesungen.

135 *Proh … soror*: Lautmalerei für das Grunzen Bekkas.

140 Gog und Magog sind Völker der Endzeit (Apk 20, 8f.). Vgl. EM 5 (1987) 1348–1353.

143 *Matertera* – Schwester der Mutter, Muhme.

146 *Amita* – Schwester des Vaters, Tante.

172 Nach der Gottesdienstordnung hätte dem Älteren, also dem Wolf, der erste Kuss zugestanden.

174 Rom und Reims, metonymisch für Papst und Erzbischof.

191 Die Bretonen galten – nicht zuletzt wegen der Erzählstoffe des Artuskreises – als fabulierfreudig.

192 *tressis* – drei Pfennige, hier ironisch für ›viel Geld‹.

209–232 Baltero schlüpft in die Rolle Isengrims, um sich über ihn lustig zu machen.

220 Sprichwörtlich; vgl. TPMA 11, Spiel 76–91.

225 Baltero bezieht Isengrims Leiden auf die Passion Christi.

230 Die teuflische Aftergeburt wird als Motiv noch in der reformatorischen Polemik eingesetzt; vgl. DIF II, Nr. 7 und 86, IV, Nr. 63.

240 Vgl. Hebr 12, 6.

245–248 Zur *ars moriendi*, also der Lehre über die richtige Vorbereitung auf den Tod, entstand im späten Mittelalter ein reiches Schrifttum; vgl. Rainer Rudolf: Ars Moriendi. Von der Kunst des heilsamen Lebens und Sterbens. Köln, Graz 1957.

265 Sprichwörtlich; vgl. TPMA 2, Brot 82–89.

295 Im Mittelalter glaubte man, dass Mohammed von Schweinen gefressen wurde; vgl. Stephan Hotz: Mohammed und seine Lehre in der Darstellung abendländischer Autoren vom späten 11. bis zur Mitte des 12. Jahrhunderts. Frankfurt a.M. [u.a.] 2002, S. 35 und 50.

309 Agemundus: Quälgeist, Hauskobold. Der Name leitet sich vermutlich von *age mundos* (›Such die Reinen heim‹) her und spielt möglicherweise auf das Kloster Egmond (Egmundus) und seinen Abt Walter (vgl. V, 455–497) an.

327f. Die Zusammenstellung von faulen Hausmägden und Säuen war später ein beliebtes Motiv der populären Druckgraphik vom 15. bis zum 19. Jahrhundert; vgl. Nicholas Boerma: Spinning Pigs and the Lazy Maid on European Popular Prints. In: Nils-Arvid Bringéus /Sten Åke Nilsson (Hgg.): Popular Prints and Imagery. Proceedings of an International Conference in Lund 2000. (Stockholm) 2001, S. 273–285.

350 Der Kontext lässt den Nominativ Plural von sīnum, -i (Nebenform sīnus, -i – weitbauchiges Tongefäß, Milchkrug) erwarten. Der Plural sĭnūs ist aber von sĭnus, -ūs – Busen, Schoß herzuleiten und muss sich folglich auf die Magd beziehen.

381f. Jonas ging nach Ninive, um dort seine Prophezeiungen zu verkünden (Jona 3, 3). Das Ausspucken bezieht sich auf den Wal, der den verschluckten Propheten wieder von sich geben musste (Jona 2, 11).

397f. Vgl. Mt 5, 44f.; Lk 6, 27 und 35.

421f. Zeit- und Ortsangabe ist ein Unsinnsscherz.

459f. Vgl. Mt 28,12; Lk 14,11 und 18,14.

461 *Isaides*: Sohn, Nachkomme des Isai (Jesse), hier: David.

465–476 Zum zweiten Kreuzzug vgl. Jason T. Roche / Janus Møller Jensen (Hgg.): The Second Crusade. Holy War on the Periphery of Latin Christendom. Turnhout 2015 (mit weiterer Literatur in der Einleitung).

465f. Für die vom Text unterstellte finanzielle Vereinbarung zwischen Papst Eugen III. und Roger II. von Sizilien, das Kreuzzugsheer über den Balkan und Griechenland marschieren zu lassen, gibt es keine Belege.

468 *monachus*: der Zisterzienser Papst Eugen III.; *regna duo*: Frankreich und Deutschland.

487f. Sprichwörtlich; vgl. TPMA 12, Tun 84–126.

490 Vergil galt im Mittelalter wegen seiner vierten Ecloge, die man als Ankündigung Christi verstand, als Prophet; vgl. St. Benko: Virgil's fourth eclogue in Christian interpretation. In: Aufstieg und Niedergang der römischen Welt 31, 1 (1981), S. 646–705.

495f. Sprichwörtlich; vgl. TPMA 3, Frau 1717–1734. Eventuell liegt hier ein Seitenhieb gegen Hildegard von Bingen (1098–1179) vor; vgl. Meier (2005), S. 63.

567 Zu Sodom und Gomorra vgl. 1 Mos 18 und 19.

568 Zu Sündenfall und Brudermord vgl. 1 Mos 3 und 4,1–16.

569 Zu Sintflut und Arche Noah vgl. 1 Mos 7,10–24 und 8,1–14. Zu den Riesen der Vorzeit vgl. 1 Mos 6,4.

570 Zu den zehn biblischen Plagen und zum Durchzug durch das rote Meer vgl. 2 Mos 7,20–12,31 und 14,16–31.

571 Dathan, Abiram und Korah führten einen Aufstand gegen Moses und Aaron an; vgl. 4 Mos 16,1–35.

573 Zum Goldenen Kalb und zum Manna-Regen vgl. 2 Mos 32 und 16,4–36.

574 Zu Bileam und Balak vgl. 4 Mos 22–24.

575 Zum Kampf gegen die Amalekiter vgl. 2 Mos 17,8–16; zur Eroberung von Jericho vgl. Jos 6,4–20. Die Ismaeliten und Assyrer galten als traditionelle Feinde der Israeliten.

576 Die Kämpfe mit Antiochus werden in 1 und 2 Makk geschildert. In die Kriege mit den Philistern gehören die Erzählungen um Simson und von David und Goliat.

577 Zu den drei Männern im Feuerofen vgl. Dan 3,8–30; zu Daniel in der Löwengrube vgl. Dan 6,2–29.

578 Zu Nebukadnezars Wahnsinn vgl. Dan 4,22 und 5,21.

579 Zur Schlacht am Bach Kison vgl. Ri 5,21 (Erwähnung). Zur Schlacht bei Endor vgl. 1 Sam 28–31.

581 Zu Kenath vgl. 1 Chr 2,23 (Erwähnung).

582 Die Zersägung des Jesaias durch Manasse berichtet zuerst die apokryphe Schrift *Ascensio Jesaiae* (3./4. Jahrhundert n.Chr.). Zu Eli, seinen Söhnen und seinem Tod vgl. 1 Sam 2,12–16 und 22–25; 1 Sam 4,14–18.

583 Zu Elias' Kampf gegen den Baalskult vgl. 1 Kön 17–21; 2 Kön 1f. Der Prophet Zacharias wurde »zwischen Altar und Tempel« gesteinigt, vgl. 2 Chr 24,21; Mt 23,35; Lk 11,51.

584 Die zwei Propheten sind Elias und Elisa, vgl. 1 Kön 19,15–21; 2 Kön 2,1–25.

590 Vgl. Mt 3,12.

591ff. Zum Antijudaismus im Mittelalter vgl. Alfred Haverkamp: Juden und Christen zur Zeit der Kreuzzüge. Stuttgart 1999; Ursula Schulze (Hg.): Juden in der deutschen Literatur des Mittelalters. Religiöse Konzepte, Feindbilder, Rechtfertigungen. Tübingen 2002; Gerd Mentgen: Die Judenvertreibungen im mittelalterlichen Reich. Ein Forschungsbericht. In: Aschkenas. Zeitschrift für Geschichte und Kultur der Juden 16 (2006), 367–403.

605f. *Aus den Seelen der Christushasser [entstehen] nach deren Tode Gespenster, die bis zum jüngsten Tage qualvoll umherirren* (Voigt, S. 399). HdA 9 (1941), 570–578 (Wiedergänger).

610 Vgl. Jes 5,2.

620 Bestehend aus Erde, Wasser und Luft.

624 Hylas, Mundschenk des Hercules, steht hier für das Sternzeichen des Wassermanns.

633-635 Vermutlich die Sturmflut von 1143.

644 Rechtssprichwort; vgl. Schmidt-Wiegand, S. 119f.

654 Zu sogenannten Blutquellen vgl. DIF VI, Nr. 41, und VII, Nr. 144.

655f. Die Titanen Hyperion und Theia zeugten den Sonnengott Helios und die Mondgöttin Selene. Sonnenfinsternisse in Mitteleuropa gab es 1133, 1140 und 1147.

662 Die kosmologischen Weltmodelle des Mittelalters sahen zehn Sphären vor, über denen sich noch das *caelum Trinitatis* befand.

672 Wortgleich mit VII, 468.

675f. Am 7. September 1147 wurde das Heer der Kreuzfahrer in einem Tal in Thrakien nachts von einer Sturzflut überrascht. Dabei sollen mehrere Tausend Pilger zu Tode gekommen sein.

680 Dem mittelalterlichen Pfennig war ein Kreuz eingeprägt. Geldschneiderei, d.h. das Abschneiden der Ränder der aus Edelmetall bestehenden Münzen, war ein verbreitetes Delikt bis weit in die Neuzeit hinein.

695 *materia* – die Menge an umlaufendem Geld.

# LITERATURVERZEICHNIS

## *Allgemeines*


Benedicti Regula. Hg. von Rudolf Hanslik. Wien $^{2}$1977 (Corpus Scriptorum Ecclesiasticorum Latinorum 75).

Curtius, Ernst Robert: Europäische Literatur und lateinisches Mittelalter. Bern/ München $^{6}$1967.

Dicke, Gerd / Klaus Grubmüller: Die Fabeln des Mittelalters und der Frühen Neuzeit. Ein Katalog der deutschen Versionen und ihrer lateinischen Entsprechungen. München 1987.

DIF – Deutsche illustrierte Flugblätter des 16. und 17. Jahrhunderts. Hg. von Wolfgang Harms / Michael Schilling. Bd. I–IV, VIf., IX. München [u.a.] 1980–2018.

EM – Enzyklopädie des Märchens. Handwörterbuch zur historischen und vergleichenden Erzählforschung. 15 Bde., Berlin [u.a.] 1977–2015.

Freidank – Fridankes Bescheidenheit. Hg. von H. E. Bezzenberger. Halle a.S. 1872.

HdA – Handwörterbuch des deutschen Aberglaubens. 10 Bde., Berlin [u.a.] 1927–1942.

Konrad von Megenberg: Das Buch der Natur. Die erste Naturgeschichte in deutscher Sprache. Hg. von Franz Pfeiffer. Stuttgart 1861.

RE – Paulys Real-Encyclopädie der classischen Altertumswissenschaften. Stuttgart 1894–1963 (1. Reihe, Bd. 1–29), 1914–1972 (2. Reihe, Bd. 1–10) und 1912–1978 (Supplementbde.).

Schmidt-Wiegand, Ruth (Hg.): Deutsche Rechtsregeln und Rechtssprichwörter. München 2002.

TPMA – Thesaurus Proverbiorum Medii Aevi. Lexikon der Sprichwörter des romanisch-germanischen Mittelalters. 13 Bde., Berlin [u.a.] 1995–2002.


## *Ausgaben und Übersetzungen*


Reinardus Vulpes. Carmen epicum seculis IX. et XII. conscriptum. Reinhart Fuchs aus dem neunten und zwölften Jahrhundert. Hg. und erläutert von Franz Joseph Mone. Stuttgart/ Tübingen 1832.

Ysengrimus. Hg. und erklärt von Ernst Voigt. Halle a.S. 1884 (Nachdruck Hildesheim / New York 1974).

Isengrimus. Das flämische Tierepos aus dem Lateinischen verdeutscht von Albert Schönfelder. Münster/Köln 1955.

Ysengrimus by Magister Nivardus. Translation by F. J. Sypher / Eleanor Sypher. New York 1980.

Ysengrimus. Text with Translation, Commentary and Introduction by Jill Mann. Leiden [u.a.] 1987.

Ysengrimus. Uit het Latijn vertaald door Mark Nieuwenhuis. Amsterdam 1997.

## *Forschungsliteratur*

van Acker, Lieven: Parodiërende Elementen in Nivardus' *Ysengrimus*. In: Handelingen van de Koninklijke Zuidnederlandsche Maatschappij voor Taal- en Letterkunde en Geschiedenis 20 (1960), 335–363.

van Acker, Lieven: L'*Ysengrimus abbreviatus*. In: Latomus 25 (1966), 912–947.

Althoff, Gerd / Christel Meier: Ironie im Mittelalter. Hermeneutik – Dichtung – Politik. Darmstadt 2011.

Berschin, Walter: Sancti Gereonis Columna. Zu *Ysengrimus* II 179ff. und IV 25f. In: Edward Rombauts / Andries Welkenhuysen (Hgg.): Aspects of the Medieval Animal Epic. Leuven / Den Haag 1975, S. 105–112.

Bianciotto, Gabriel / Michel Salvat (Hgg.): Èpopée animal, Fable, Fabliau. Actes du IVe Colloque de la Société Internationale Renardienne. Paris 1984.

Billy, Dennis Joseph: Hagiographical Parody in the *Ysengrimus*. In: Journal of the Rocky Mountain Medieval and Renaissance Association 12 (1991), 1–12.

Billy, Dennis Joseph: The *Ysengrimus* and the Cistercian-Cluniac Controversy. In: American Benedictine Review 43 (1992), 301–328.

Billy, Dennis Joseph: The *Ysengrimus* as Hermeneutical Satire. In: American Benedictine Review (1994), 45–61.

Charbonnier, Elisabeth: Le Folklore dans l'*Ysengrimus*. In: Revue Canadienne d'études néerlandaises / Canadian Journal of Netherlandic Studies 4 (1983), 19–23.

Charbonnier, Elisabeth: Recherches sur l'*Ysengrimus*. Traduction et étude littéraire. Wien 1983.

Charbonnier, Elisabeth: Un épisode original: la mort du loup dans le livre VII de l'*Ysengimus*. In: Bianciotto/Salvat, S. 133–139.

Donovan, J. G.: *Ysengrimus* and the Early *Roman de Renart*. In: Revue Canadienne d'études néerlandaises / Canadian Journal of Netherlandic Studies 4 (1983), 33–38.

Erb, Teja: Pauper et Dives im *Ysengrimus*. In: Philologus 115 (1971), 93–100.

van Geertsom, E. H. A.: Bruno, de Auteur van de *Ysengrimus*. In: Verslagen en Mededelingen van de Koninklijke Vlaamse Akademie voor Taal- en Letterkunde, Nieuwe Reeks 2 (1962), 5–73.

Gompf, Ludwig: Ysengrimus und die Gereonssäule. In: Udo Kindermann [u.a.] (Hgg.): Festschrift Paul Klopsch. Göppingen 1988, S. 56–66.

Gompf, Ludwig: Köln und die Zahl Elf im *Ysengrimus*. In: Mittellateinisches Jahrbuch 28 (1993), 47–60.

Grimm, Jacob: Reinhart Fuchs. Berlin 1834.

van Haver, J.: Reinaert en Isengrimus. Volkskundig Vergeleken. In: Liber Memorialis Prof. Dr. P. J. Vandenhoute 1913–1978. Ghent 1983, S. 421–438.

Heizmann, Wilhelm: Die Pharaildis-Überlieferung im mittellateinischen Tierepos *Ysengrimus*. In: Jahrbuch der Brüder Grimm-Gesellschaft 5 (1995), 107–121.

Hellgardt, Ernst: Konflikte in der Gnomik – die Gnomik im Konflikt. Zu den lateinischen Spruchsammlungen des Frühmittelalters und zum *Ysengrimus*. In: Kurt Gärtner [u.a.] (Hgg.): Spannungen und Konflikte menschlichen Zusammenlebens in der deutschen Literatur des Mittelalters. Bristoler Colloquium 1993. Tübingen 1996, S. 301–319.

Hesse, Elisabeth: Der Fuchs und die Wölfin. Ein Vergleich der Hersanthandlung im *Ysengrimus*, im *Roman de Renart* und im *Reinhart Fuchs*. In: Alois Maria Haas / Ingrid Kasten (Hgg.): Schwierige Frauen – schwierige Männer in der Literatur des Mittelalters. Bern [u.a.] 1999, S. 111–128.

Huet, G.: Un Épisode de l'*Ysengrimus*. In: Romania 47 (1921), 383–388.

Jauß, Hans Robert: Untersuchungen zur mittelalterlichen Tierdichtung. Tübingen 1959.

Knapp, Fritz Peter: Materialistischer Utilitarismus in der Maske der Satire: Magister Nivards *Ysengrimus*. In: Mittellateinisches Jahrbuch 10 (1975), 80–99.

Knapp, Fritz Peter: Das lateinische Tierepos. Darmstadt 1979.

Knapp, Fritz Peter: Blüte der europäischen Literatur des Hochmittelalters. Teil 2: Roman, Kleinepik, Lehrdichtung. Stuttgart 2019.

Mann, Jill: »Luditur Illusor«: The Cartoon World of the *Ysengrimus*. In: Neophilologus 61 (1977), 495–509.

Mann, Jill: On Translating the *Ysengrimus*. In: Revue Canadienne d'études néerlandaises / Canadian Journal of Netherlandic Studies 4 (1983), 25–31.

Mann, Jill: Proverbial Wisdom in the *Ysengrimus*. In: New Literary History 16 (1984/85), 93–109.

Mann, Jill: Nivardus von Gent. In: Die deutsche Literatur des Mittelalters. Verfasserlexikon. 2. Aufl., Bd. 6. Berlin / New York 1987, Sp. 1170–1178.

Mann, Jill: The *Roman de Renart* and the *Ysengrimus*. In: Kenneth Varty (Hg.): A la recherche du *Roman de Renart*. 2 Bde., New Alyth / Perthshire 1988–1991, I, S. 135–162.

Mann, Jill: The Satiric Fiction of the *Ysengrimus*. In: Kenneth Varty (Hg.): Reynad the Fox. Social Engagement and Cultural Metamorphoses in the Beast Epic from the Middle Ages to the Present. New York [u.a.] 2000, S. 1–15.

Meier, Christel: Zwischen Komik und Grauen. Die Pervertierung des Zeremoniells in der lateinischen Tierdichtung des Mittelalters. In: Anja Grebe (Hg.): Komik und Sakralität. Aspekte einer ästhetischen Paradoxie in Mittelalter und früher Neuzeit. Frankfurt a.M. [u.a.] 2005, S. 41–63.

Meier, Christel: Dialog- und Redestrategien im *Ysengrimus*. Ein Beitrag zur Kommunikation der Verstellung. In: Alois Hahn (Hg.): Norm und Krise von Kommunikation. Inszenierungen literarischer und sozialer Interaktion im Mittelalter. Münster 2006, S. 35–53.

van Mierlo, Jozef: Het vroegste dierenepos in de letterkunde der Nederlanden, Isengrimus van magister Nivardus, Antwerpen [u.a.] 1943.

Mölk, Ulrich: Fuchs und Wölfin. Über eine Episode des *Ysengrimus* und ihre englische Quelle. In: Klaus R. Grinda / Claus-Dieter Wetzel (Hgg.): Anglo-Saxonica. Beiträge zur Vor- und Frühgeschichte der englischen Sprache und der altenglischen Literatur. Festschrift Hans Schabram. München 1993, S. 515–525.

Peeters, L.: Zu *Ysengrimus*, Liber Secundus vv. 69–70: »Celebrant«. In: Leuvense Bijdragen 60 (1971), 105–114.

Peeters, L.: Kirchliches Leben und kirchliche Politik im *Ysengrimus*. In: Jan Goossens / Timothy Sodmann (Hgg.): Third International Beast Epic, Fable and Fabliau Colloquium. Münster 1979. Proceedings. Köln/Wien 1981, S. 290–311.

Rädle, Fidel: Der Prozess gegen den Wolf (*Ysengrimus*, Buch III). In: Ulrich Mölk (Hg.): Literatur und Recht. Literarische Rechtsfälle von der Antike bis in die Gegenwart. Göttingen 1996, S. 37–56.

Scheidegger, Jean: Le conflit des langues: écriture et fiction dans l'*Ysengrimus*. In: Revue Canadienne d'études néerlandaises / Canadian Journal of Netherlandic Studies 4 (1983), 9–17.

Schouwink, Wilfried: The Sow Salaura and her Relatives in Medieval Literature and Art. In: Bianciotto/Salvat, S. 509–524.

Schouwink, Wilfried: When Pigs Consecrate a Church. Parodies of Liturgical Music in the *Ysengrimus* and some Medieval Analogies. In: Reinardus 5 (1992), 173–181.

Schwab, Ute: Gastmetaphorik und Hornarithmetik im *Ysengrimus*. In: Studi Medievali 3. ser. 10 (1969), 215–250.

Sellert, Wolfgang: Das Verfahren gegen den Wolf aus der Sicht des Rechtshistorikers. In: Ulrich Mölk (Hg.): Literatur und Recht. Literarische Rechtsfälle von der Antike bis in die Gegenwart. Göttingen 1996, S. 57–80.

Sypher, F. J.: Actaeon's Dogs in Ovid's *Metamorphoses*, and the Wolf Pack in *Ysengrimus*. In: Connotations 2 (1992), 52–57.

Syndikus, Anette: Nivardus von Gent. In: Killy Literaturlexikon. Autoren und Werke des deutschsprachigen Kulturraumes 8 ($^2$2010), 615–617.

Tilliette, Jean-Yves: La peau du loup, l'Apocalypse. Remarques sur le sens et la construction de l'*Ysengrimus*. In: Médiévales 38 (2000), 163–176.

Varty, Kenneth: Love, Mariage and Family Relationships in the *Ysengrimus* and the *Roman de Renart*. In: Revue Canadienne d'études néerlandaises / Canadian Journal of Netherlandic Studies 4 (1983), 39-52.

Vögel, Herfried: Ysengrims Haut. In: Bernhard Jahn / Otto Neudeck (Hgg.): Tierepik und Tierallegorese. Studien zur Poetologie und historischen Anthropologie vormoderner Literatur. Frankfurt a.M. 2004, S. 63–70.

Waltenberger, Michael: Wortgewaltige Wolfsvernichtung. Aspekte des Politischen im lateinischen *Ysengrimus* (um 1150). In: Beate Kellner / Andreas Höfele (Hgg.): Menschennatur und politische Ordnung. Paderborn 2016, S. 95–115.

Westra, Haijo J.: The Speech of Animals in the *Ysengrimus* and the Subversion of a Christian Hierarchy of Discourse. In: Reinardus 2 (1989), 195–206.

Willems, J. F.: Proverbia Ysengrimi. In: Belgisch Museum voor de Nederduitsche Taal- en Letterkunde en de Geschiedenis des Vaderlands 9 (1845), 230–242.

Yates, Donald Neal: The Cock-and-Fox Episodes of *Ysengrimus*. Attributed to Simon of Ghent: A Literary and Historical Study. Chapel Hill 1979.

Yates, Donald Neal: Isengrimus à clef. In: Jan Goossens / Timothy Sodmann (Hgg.): Third International Beast Epic, Fable and Fabliau Colloquium. Münster 1979. Proceedings. Köln/Wien 1981, S. 517–536.

Yates, Donald Neal: Parody in *Isengrimus*. In: Bianciotto/Salvat, S. 701–708.

Yates, Donald Neal / Richard H. Rouse: The Extracts from *Ysengrimus* in Paris B.N. lat. 16708. In: Mittellateinisches Jahrbuch 22 (1987), 212–229.

Ziolkowski, Jan M.: Talking Animals. Medieval Latin Beast Poetry. 750–1150. Philadelphia 1993.

del Zotto, Carla: Germanische Tieronomastik im *Ysengrimus*. In: Onoma 36 (2001), 333–350.